B&E 管理学系列

投资项目评估（第3版）

苏 益 编著

U0361094

清华大学出版社
北京

Evaluation of Investment Project

图书在版编目（CIP）数据

投资项目评估/苏益编著. —3 版. —北京：清华大学出版社，2017（2024.6重印）
（B&E 管理学系列）
ISBN 978-7-302-48121-8

Ⅰ. ①投…　Ⅱ. ①苏…　Ⅲ. ①投资项目—项目评价　Ⅳ. ①F830.59

中国版本图书馆 CIP 数据核字（2017）第 202050 号

责任编辑：贺　岩
封面设计：刘晓霞
责任校对：宋玉莲
责任印制：宋　林

出版发行：清华大学出版社
　　　　网　　　址：https://www.tup.com.cn，https://www.wqxuetang.com
　　　　地　　　址：北京清华大学学研大厦 A 座　　　　邮　　　编：100084
　　　　社　总　机：010-83470000　　　　　　　　　　邮　　　购：010-62786544
　　　　投稿与读者服务：010-62776969，c-service@tup.tsinghua.edu.cn
　　　　质量反馈：010-62772015，zhiliang@tup.tsinghua.edu.cn
印　装　者：三河市科茂嘉荣印务有限公司
经　　　销：全国新华书店
开　　　本：185mm×230mm　　印　张：25　　插　页：1　　字　　　数：476 千字
版　　　次：2007 年 9 月第 1 版　2017 年 9 月第 3 版　　印　　　次：2024 年 6 月第 11 次印刷
定　　　价：62.00 元

产品编号：076088-03

20世纪90年代，我主编了一本《项目评估》（中国商业出版社，1995年），从全国高校使用情况来看，反映尚可。20多年过去了，我国市场经济发展很快，情况有了很大变化。投资体制多元化，使投资主体更加关注投资效益和投资风险，关注如何实现其资本金最大增值目标。为此，必须加强投资项目的可行性研究和项目评估，以便实现投资决策分析科学化、程序化和规范化。

我国金融体制也发生了重大变化，与项目评估有关的汇率市场化，人民币汇率大体上平稳，逐渐接近影子汇率，从而使国民经济评价中的价格调整大大简化。融资方式的多样化和国际化，拓宽了投资者的融资渠道，不但可以通过传统的证券方式融资，还可以通过层出不穷的金融创新方式融资，只要效益好，资金来源几乎不受约束。

另外，高等学校课程体系改革，重理论强实际，大力拓宽学生的知识面，提高他们分析问题和解决问题的能力。为此，普遍多开选修课，课程门数增多了，学时减少了。项目评估也多改为选修课，从过去的72个学时减少到现在的36个学时。为适应这种新形势的发展需要，在仰恩大学的大力支持下，根据我多年从事的教学科研和参加多次项目评估的实际工作经验，重新编写了这本《投资项目评估》。其突出特点是内容新、少而精，理论够用，突出实用性。因为"项目评估"是理论与实践均很强的一门学科，所需理论必须讲深讲透。本书删掉了一些不适宜的烦琐理论，尤其是过多的数学推导，增加了环境评价，突出了实例分析和项目评估案例分析，以便加强学生对所学理论的理解和提高运用理论分析问题的能力。每章均有复习思考题与习题，以便教师和学生选用。书末还附有项目评估案例，可根据课时安排适当的教学实习，以便提高学生的整体实际操作能力。

感谢辽宁省建设银行投资项目评估处多次为我提供大型项目评估的实

际工作机会并提供大量评估实例；感谢福建仰恩大学、泉州黎明大学、泉州理工大学、北京吉利大学在我退休后又返聘我任教授，带研究生，教本科生、夜大生、自考生，还有些院校聘我为客座教授，开设学术讲座。还有建行总行邀我培训各地分行行长，使我一直没有脱离"项目评估"的探索研究，不断拓宽知识面和教材的适应范围；还要感谢中国技术经济学会聘任我为高级研究会员，使我有机会多次参加全国学术会议，与同行专家学者交流，获得大量信息资料，使本书内容得以不断更新，跟上新时代的发展要求。所以，本教材出版以来广受读者青睐，行销不衰，现修订出第三版，加强了实例分析，包括环境与软技术评价及其量化分析、投资方案优选及其实例分析等内容。

我建议老师最好根据你校课程大纲要求，自己编写教案，打出自己的课件使用；这可促使你们深思探索，发现问题，创新发展；我们要加强联系，共同努力，不断夯实理论基础，求实创新，使"项目评估"在我国更上一层楼。

本书一定会有错误和不妥之处，深望读者不吝赐教。

苏　益

2017 年于北京

目 录

B&E

第 一 章
导　论

项目评估学是指在可行性研究的基础上,根据国家颁布的有关政策法规、方法和参数,对拟建项目进行全面的科学论证和评价分析,进而判断其可行性的技术经济学科。即在市场经济条件下,以经济资产和资源优化利用为目标,对拟建项目在政策上、经济上和技术上的可行性进行全面分析研究和论证的一门综合性的新兴科学。其结论是投资科学决策的重要依据。建立和运用科学的项目评估理论方法,是实现投资决策科学化、规范化和程序化,提高经济效益,有效配置资源的重要途径。

第一节　投资及项目

一、投资

(一)投资含义

投资(investment)有广义和狭义之分。

广义投资是指投资者为某种目的而进行的一次资源投放活动。投资者包括政府、企业、公司和个人等;目的有政治、经济等目的;资源有无形资源和有形资源两大类。无形资源主要指知识产权、发明专利、专有技术和商标商誉等。有形资源主要指人、财、物,包括劳动力、资本金、房地产和物资设备。随着科学技术的进步,无形资产在经济发展中所起的作用越来越大,将成为知识经济的主推动力。但我国的经济发展目前仍主要靠有形资源的投入。

狭义投资是指经济主体为经济目的而进行的一次资本金的投放活动。经济主体主要指为经济目的而从事经济活动的个人、公司和企业,并将成为市场经济的投资主体,政府机构将逐步撤出经济活动,专门从事市场经济赋予它们的本职工作。这也是计划经济和市场经济不同的分界线。

经济目的是指现在投入的资本金以期将来能获取最佳增值。目前人们所理解的投资,多为狭义的常规项目的直接投资。所以,理解投资的广义与狭义要从三个方面进行考察。

1. 主体

广义——投资主体：政府机构、企业公司、私人。

狭义——经济主体：企业公司、私人。

2. 目的

广义——政治、经济以及其他多种目的。

狭义——经济目的：资本金最大增值。

3. 对象

广义——有形资源和无形资源。

狭义——资本金。

资本金(capital fund)是与国际经济接轨有关的一个新名词，把过去资本主义国家投入的资本(capital)和社会主义国家投入的资金(fund)统一起来，统称为资本金。它在经济活动中的运行规律和追求目标是一致的，不因社会制度的不同而不同，这在我国 1994 年颁布执行的"会计两则"(通则与准则)中已有明确注释。

货币(money)与资本金在形态上均是同一种现金(currency)形式，但在经济活动中其本质和功能截然不同。货币是商品交换的等价物，主要功能是方便市场上的商品交换，是没有时间价值的。若市场价格稳定，其价值不会随时间的增加而增值。资本金则不同，它是投资者把暂时不用的现金(储蓄)投入某项目，为追求预期的增值而从事的一种经济活动，它是随着时间的增加而增值的。增值越高，其投资效益就越好。所以，不同学者从不同的角度，对投资给予不同含义。英国的《不列颠百科全书》："投资是指在一定时期内期望在未来能产生收益而将收益变换成资产的过程。"戴相龙、黄达主编的《中华金融辞库》："投资是指经济主体为获取预期收益或效益，将货币或资源等经济要素，投入某领域，以形成资产的经济活动。"这种解释显然有广义、狭义不清，用词不达意、不准确、不科学的弊病。

西方学者 E. Imilin 认为，投资为个人或机构对在未来投资期内能产生与风险成正比例收益的金融资产的购买——这显然指证券购买的间接投资。

A. Duqer 认为，投资是投放现有资金，以便以利息、股息、租金或退休金的形式，或以本金价值增值的形式，取得将来的收入。这显然是指狭义投资，既有直接投资——实现本金直接增值，也含有证券的间接投资——获取股息，还含有租赁和社保投资——获取租金和退休金，以及最简单和最保守的投资形式——储蓄投资——获取平稳(无风险)的利息收入。本书所讨论的主要是指狭义的常规项目投资，其含义可简单地概括为：投资是指经济主体(法人和自然人)为未来获取预期收益而现时投入资本金，以形成资产，从而进行常规的商品生产销售的经济活动。

（二）投资特征

投资是一种独特的商品经济活动,有其自身的特征。

1. 收益性

收益(profit)最大化是投资者的主要追求目标,是通过其完成投资过程来实现的,即投资者将投入的资本金 M(货币形态)转化为资产(物质形态)进行商品生产(商品形态),商品销售后又以货币形态收回本与利 M',其过程净利:

$$\Delta M = M' - M$$

$$收益率\ I = \frac{M' - M}{M} \times 100\% = \frac{\Delta M}{M} \times 100\%$$

投资即通过上述不断的循环过程,实现其收益最大化。

2. 风险性

风险性(risk)是指不确定性因素的存在导致未能实现预期目标的潜在可能性。受政治、经济、环境等多种因素所制约,人们目前尚难精确地估算和把握风险性。理论实践证明:投资风险与收益往往呈现出较强的正相关,风险越高,收益也就越大;反之亦然,风险越低,收益也就越小。人们在进行投资风险分析时,往往以国债的风险为最小,定为零,证券风险为最大,定为 1。常规项目投资风险系数 β 一般在 $0\sim1$ 的范围内。投资者一般对风险是厌恶的,期望其越小越好,但实际也难以规避;对收益是喜爱的,期望越高越好,但过高也不实际。所以,在投资决策时,风险与收益要综合分析,取两者最佳的结合值。只偏好一方是不明智的,也是不可取的。

3. 回收性

按投资含义,投资是资本金的一次投放活动。因此,要求投放的资本金必须按期(投资回收期)收回,不但要收本,而且还要收利。一次再次的投放回收周而复始,不断循环,以实现资本金的最大增值,达到投资的预期目标。因此,投资必须强调其回收性,方能促进效益的不断提高。计划经济的拨款制,不强调投资的回收性,其结果必然导致效益的低下。而且,从含义来讲,也不符合投资的基本要求。为此,我们必须强调投资的回收性。不能按期回收的投资对于经济主体来说,是绝对不应该投放的。

4. 长期性

常规项目投资一般周期较长,长达几十年,少者也有 $5\sim10$ 年,具有明显的长期性,建设期和生产经营期长。因此,资本金周转期也长,从而增大了投资风险。投资的过程即为资产的形成过程。时间越长,其不确定因素变化的可能性也就越大,因而风险也就越高。投资长期性要求投资实施过程应具有整体性、连续性和配套性,以便尽快形成资产,早日投入生产,减少风险,发挥其经济效益。投资时间长的特征还要求我们进行投资决策时,必须充分考虑资本金的时间价值因素。现时的投入和将来的收入存在巨大的时间差和价值差,具有明显的不可比性,不充分估算这一点,就可能导致重大的投资决策失误。

(三)投资结构及产业结构

投资结构是指某时期在各产业中投资的比例关系,产业结构是指某时期国民经济中各产业之间的比例关系,投资是国民经济发展和各产业发展的主推动力。因此,产业结构是否合理,是由投资结构是否合理决定的。不同社会经济发展水平其产业结构变化是有规律性的,这就是 Petty-Clark 定律,其特征如表 1-1 所示。

表　1-1

社会经济发展水平	产业结构变化规律	
人均国民收入/(美元/人)	产 业 结 构	主 体 产 业
1. 500 以下	Ⅰ 主体	农、林、牧、渔、开采业
2. 500~1 000	Ⅰ↓ Ⅱ↑	纺织、机械、钢铁、化工、能源、建筑等
3. 1 000~3 000	Ⅱ↓ Ⅲ↑	精密机械、电子通信、汽车、飞机等
4. 3 000 以上	Ⅲ>50%	运输、商业、服务、信息、新兴高科技等

注:Ⅰ——第一产业;Ⅱ——第二产业;Ⅲ——第三产业。

不符合这一定律,表现出产业结构的不合理性,需要调整。通过调整投资在各产业中的分配比例,可以增强一些产业在国民经济中的比重,相对降低另一些产业在国民经济中的比重。现存的产业结构是存量,投资的产业结构是增量,增量改变,会影响存量,相对代价较小,因此,产业结构不合理应主要通过投资增量结构调整来实现。所以,投资也是产业结构调整的主推动力。我国目前产业结构不合理,主要体现在第一产业偏低,第二产业过高,第三产业过低。这主要应通过调整投资结构来逐步实现,即增强第一产业投资,严控第二产业投资,加大第三产业投资,逐步使产业结构符合 Petty-Clark 定律,趋于合理性。同时,投资布局也要合理。即我国要加大西部投入,促进西部经济发展,缓解我国地区经济发展的不均衡性。

2006—2014 年,我国第一产业基本稳定在 10% 左右,不仅没有增长,反而有所下降,粮食自给率也下降,目前只有 8% 左右,所以,我国粮食不能完全自给,13 多亿人口大国,吃饭还要靠进口;第二产业 2006 年为 48%,2014 年为 44%,结构调整下降缓慢;第三产业远远偏低,2006 年为 41%,2014 年为 46%,远低于 60% 以上的合理标准。所以我国今后仍要推进供给侧结构性改革,去产能、去库存、去杠杆、降成本、补短板,适度扩大总需求,以促进向消费驱动经济转型。经济应以创新推动为动力和活力,方能使我国经济真正从"汗水型"走向"智能型"。我国 GDP 2010 年超过日本成为世界第二经济大国;2015 年美国 GDP 为 17.4 万亿美元,我国为 9.4 万亿美元,预计 2030 年中国 GDP 会超越美国,成为世界第一经济大国。但我们要清醒地认识到:我国人口众多,人均 GDP 仍居中下水平,而且差距很大。2010 年世界最富裕的 7 个北欧小国人均 GDP 在 5 万~8 万美元,4 万美元以上有 15 个国家,美国为 4.71 万美元,日本为 4.22 万美元,中国人均 GDP 居世界第 78 位,目前只有 0.78 万美元,越南居第 124 位,为 0.12 万美元。人均收入更能衡量一个国家的发展程度和人民的富裕状况,目前世界标准人均 GDP＞12 000 美元为高收入国家,10 000~12 000 美元为中等收入国家,小于 10 000 美元为低收入国家。所以,我国目前仍是一个低收入的发展中国家,而且距世界最富有的国家挪威人均 GDP 85 380 美元相差很大,几乎是它的 1/10。预计按现在经济发展和人口增长的情况,我们要赶上他们还得再奋斗百年。

(四)投机

投机(speculation)是当前常见的一个词,并且越来越活跃,对经济影响也越来越大。什么是投机? 投机与投资有何异同点? 所谓投机一般是指在证券或外汇市场上抓住机遇,大量套汇套利,利用价差来谋取高利的一种交易行为。它与投资的含义和追求目标有点相似。所以有的学者认为:一次好的投资就是一次成功的投机;投资是稳健的投机,投机是冒险的投资。投资和投机在一定条件下可相互转化,其界限很难划清。但细加观察,两者还是有着本质的不同,如表 1-2 所示。

表　1-2

不　同　点	投　　资	投　　机
1. 动机	获常利(正常利润)	获高利(价差暴利)
2. 方式	长期项目直接投资——创造社会价值	短期证券间接投资——不创造社会价值
3. 资本金来源	主要靠自筹	大量靠借贷
4. 数额	相对量小	相对量大
5. 风险	风险小,$\beta<1$	风险大,$\beta>1$
6. 市场发育程度	市场发育好,成熟完善,法制健全,主体均依法经营管理	市场发育差,不成熟完善,法制不健全,有投机机遇存在
7. 对经济波动影响程度	小	大;泡沫经济起源,经济危机的起源

我们发展经济的目的是促进国民经济的正常发展,为社会创造更多的财富。因此,应大力进行投资活动,不主张过分投机。适当投机,可加速金融市场运行,促进经济发展;过分投机,可导致市场体制崩溃,甚至爆发严重的经济危机。

二、投资项目

(一)项目含义

投资项目(investment project)是指完成一次预期的投资任务。世界银行的定义是指在规定的期限内,为完成某项开发目标或某组开发目标而独立进行的投资活动。包括立项、评估、设计、施工和建成投产等过程,就其具体内容而言应有建筑工程、设备安装、资源供应和机构组织等。项目周期(project cycle)是指完成一次投资循环的过程,包括投资前期(立项、评估)、建设期(设计、施工)和生产期(人员组织、投产运行)。

(二)项目类型

1. 按性质划分

投资建设项目可划分为新建项目、改建项目和扩建项目。新建项目,顾名思义,是指项目的建设从无到有,如新建一家企业,相对投资额大,建设期长。改建项目着重指技术改造,比新建项目具有一定的特殊性,相对投资额小,周期短,见效快,所以它应是我国当前工业项目投资的重点。扩建项目是指扩大老企业的生产规模,以满足市场需求。这类项目比新建项目也有投资相对少,周期短和见效快等特点。

2. 按行业划分

投资项目可划分为农业、工业、水利、交通、通信、能源、原材料、金融、服务业、文教卫生和基础设施等。

3. 按项目规模划分

投资项目可划分为大、中、小三类。大中型项目投资额大,对国民经济起主导作用。交通、水利、能源和原材料项目一般投资额超过5 000万元为大型,5 000万~1 000万元为中型,其他大中型项目以3 000万元为划分界限。对大中型项目不仅要进行财务评估,还要进行国民经济评估。一般投资额小于1 000万元,对国民经济影响不大的项目为小型项目;小型项目只进行财务评估,不进行国民经济评估。在实践中,中小型项目占绝大多数,评价以经济的合理性为主。

国家发改委2010年6号令颁布了《固定资产投资项目节能评估和审查暂行办法》。它适用于各级人民政府发展改革部门管理的,在我国境内的固定资产投资项目。该办法对固定资产投资项目进行节能评估,按照项目建成投产后年能源消费量实行分类管理。其分类标准如表1-3所示。

表 1-3　固定资产投资项目节能评估和审查的分类管理

要　求	固定资产投资项目能源消费量
单独编制 节能评估报告书	年综合能源消费量 3 000 吨标准煤以上(含 3 000 吨标准煤,电力折算系数按当量值,下同) 或年电力消费量 500 万千瓦·时以上 或年石油消费量 1 000 吨以上 或年天然气消费量 100 万立方米以上
单独编制 节能评估报告表	年综合能源消费量 1 000~3 000 吨标准煤(不含 3 000 吨,下同) 或年电力消费量 200 万~500 万千瓦·时 或年石油消费量 500~1 000 吨 或年天然气消费量 50 万~100 万立方米
填写节能登记表	上述条款以外的项目

第二节　可行性研究

一、可行性研究的含义

可行性研究(feasibility study)是指对拟建项目在政策上和经济上的可行性进行研究,为项目投资决策提供科学依据。即在国家产业政策允许下,对拟建项目的技术先进性和经济合理性进行全面分析与论证,以期达到最佳经济效益的一种科学工作方法和必经的决策程序。目前,世界各国可行性研究的具体做法不完全相同,但均把它作为投资决策重要的程序之一,不仅发达国家如此,发展中国家也如此。

我国 20 世纪 70 年代引进可行性研究,并于 80 年代开始实施。1983 年,国家计委颁布了《可行性研究试行管理方法》,并在全国试行。在此基础上,计委和建设部又组织国内专家结合我国国情和改革实际,对《建设项目经济评价方法与参数》进行重大修正和补充,1993 年,以计〔1993〕530 号文颁布了第二版;2006 年又以发改投资〔2006〕1325 号文颁布了第三版,极大地提高了我国项目评估方法的科学性、实用性、完整性和可操作性,并使其逐步实现科学化、规范化、程序化、民主化和制度化。

二、可行性研究的内容

可行性研究一般包括如下内容:

1. 总论

综述项目概况、背景、投资必要性和经济性;项目对国民经济的作用;项目调查依据、范围和要求。

2. 产品市场需求和拟建项目规模

调查国内外近期需求情况、国内供应情况、销售预测、价格分析、产品竞争能力、进入国际市场前景;拟建项目规模、产品发展和技术创新分析等。

3. 条件分析

条件包括建设生产条件和技术条件。

建设生产条件分析包括建厂条件和厂址选择,资源、原材料、能源、交通条件分析等。厂址应选择在地理位置、气象、水文、地质、地形条件适宜,地价低、面积足、交通方便、原材料、能源供应有保障的地方,从多个方案中,经过技术经济分析比较,选择最佳方案。技术条件包括采用的技术、工艺和生产方法,主要设备选型,引进技术及其配套分析等。

4. 环境保护

拟建项目"三废"(废水、废气、废渣)种类、数量、成分和治理方法,对环境影响程度。按绿色循环经济要求,"三废"要充分回收利用,减少排放,保护环境。

5. 经济分析评价

对项目各项现金流量进行经济分析,财务效益评估、国民经济评估和风险分析。根据国家规定的相应参数指标,判别其可行性。

6. 结论

根据市场需求条件分析和经济评估,最后对项目的可行性下结论,可行或非可行。若非可行,项目将放弃;若可行,尚需附上相应的建议,这对将来能否科学地经营好此项目极为重要。

三、可行性研究的步骤

可行性研究一般根据主管部门下达的计划,由建设单位向设计或咨询单位通过委托的方式进行。其步骤如下:

1. 制订计划、人员组织

根据工作要求,指定人员组织,拟订工作计划,开展工作。

2. 调查研究,收集有关资料

主要是实地调查,包括市场调查研究,经济规模确立,能源、工业场地选址,工艺流程,生产系统与设备选型等。

3. 优选方案

从多个方案中,经过经济技术比较,综合评估,确定一个最佳方案。

4. 可行性研究

按内容要求,对优选确定的最佳方案进行可行性研究,编写报告。报告要按国家规定要求的形式和结构内容编写,以作为项目立项审批和申请银行贷款的依据。

四、可行性研究的作用

可行性研究报告的作用一般为:

1. 作为拟建项目申报立项和获得批准的依据

可行性研究报告,一般向各级主管部门的发改委申报,发改委根据产业发展规划和项目可行性研究结论审批立项,项目获得批准后,方可实施。

2. 可作为向银行申请贷款的依据

当前,世界银行等国际金融机构,建设银行、投资银行等国内专业银行,都要根据可行性研究报告,对申请贷款的项目进行全面、细致的分析与评估,确认建设项目经济效益好、偿还能力强、不会担很大风险时,方能给予贷款。

3. 为项目初步设计提供依据

在项目可行性研究报告获得批准后,可依据其规模、要求、产品方案、场址选择、生产工艺、设备选型等具体内容进行初步设计。

4. 为商务谈判和签订有关合同或协议提供依据

项目可能需要引进技术设备,在与外商谈判时要以可行性研究为依据;项目在实施时,需要供水、供电、供气、通信和原材料等部门协作配合,因此,要根据可行性研究报告的有关内容与这些部门签订有关协议或合同,以确保项目顺利实施并按预期投入运行。

第三节　项　目　评　估

一、项目评估的含义

项目评估是可行性研究的再研究,即在可行性研究的基础上,对拟建项目在政策上和经济上的可行性和合理性再进行一次研究,为投资项目的最后科学决策提供依据。

二、项目评估的原则与要求

项目评估是一项系统性、科学性、专业性很强的工作,搞好项目评估,必须遵循一定的原则与要求。

(一)要遵循效益性原则

社会经济活动要求效益,投资项目也要求效益最佳化,但效益是多方面的,项目评估要求:

1. 经济效益

经济效益问题是经济活动中的核心问题。一项投资是否可行,以其技术先进与可行为先决条件,但最终要以能否取得经济效益以及取得经济效益的大小作为衡量标准。经济效益以投入产出比最大为最优。

2. 资源效益

资源是稀缺的,在有限资源条件下如何取得最大经济效益,当然是项目投资所追求的目标之一。但若资源本身的利用不能实现相对最大化,则资源效益就不能持久。这一点对我国尤为重要,因为我国人均资源相对稀缺。

3. 环境效益

发展经济的目的是不断提高人民生活质量,包括物质、精神和环境。在发展循环经济的过程中,项目评估必须重视环境效益。

4. 社会效益

项目评估要遵循社会效益原则,应为社会发展目标作出贡献,使项目对劳动就业、社会稳定、科学文化、城乡发展、公民素质修养等社会效果有所促进。

(二)要遵循系统性原则

项目建设是一项系统工程,对项目评估也要遵循系统性原则,主要有以下几个方面:

1. 内容体系的系统性

项目评估主要是对可行性研究报告的评审与评价,所以,要满足可行性研究报告对项目进行全面系统评价的要求,在技术、经济、条件各个方面进行深入细致的工作。对于达到深度要求的可行性研究报告,评估的内容主要是审查可行性研究的准确性、真实性、可靠性;对于达不到深度要求和评估不够全面的可行性研究报告,项目评估则要做必要的补充研究工作,以达到决策研究的系统性。

2. 指标体系的系统性

评价项目最终是通过评估指标来完成的,这就要对评估的指标进行系统化设计。每一个评估指标都从某一方面体现了被评估项目的特性,而又可能忽略了其他特性,或者某些指标之间还存在某些不一致或矛盾的地方,这时就需要以系统的观点来全面地评估项目。

3. 方法体系的系统性

投资项目决策的难点在于众多因素变化的非定量性,这就容易使决策犯主观、随意的错误,项目评估之所以更科学、更客观,就在于其方法体系的系统性。进行项目评估必须利用现代化的科学分析方法,将各种定性、定量分析方法,静态、动态分析方法组合成系统,避免分析方法导致的分析片面性。

（三）要遵循选优性原则

投资项目的目标是取得效益最大化，评估项目就要体现这一目标。因而，项目评估不是单纯地评估项目有无效益，而是要找出相对最佳项目来。从这一点来讲，选优性原则是效益性原则的深化。项目选优原则主要表现在以下几个方面：

1. 厂址选择的优化

厂址是决定项目投资、成本、收入的重要因素。厂址选择既要体现在利用资源、减少运输成本、减少投资费用等方面，也要体现在增强产品品牌力、花色品种等方面。

2. 物质供应方案的选优

物质供应是项目今后生产的前提，也是成本费用的主要组成部分，要对其来源、结构、组合等方面的方案进行优化选择。

3. 工艺技术设备的选优

要选择先进实用的技术，防止先进不实用或落后假实用的技术被项目采用，并要对技术工艺流程进行优化，使之达到最佳。

4. 资本金筹措方案的优化

资本金筹措方案既决定项目筹措资本金成本高低，也影响项目进度。所以，应对项目资本金筹措方案进行优化，保证效益性、安全可靠性。

总之，要对投资项目涉及的各个方面进行优化，将项目的效益与成本在多层次、多角度、多种方式的测算分析中进行比较，选择相对最佳的投资项目方案。

（四）要遵循公正、客观、科学的原则

评估是对项目的评判，也是对可行性研究的评判，因此，应该持公正、客观的原则，就是要如实地反映和评价项目。这就需要做到以下几点：

1. 评估组选择素质高的人员参加

评估工作是由人来完成的。评估人员能否深入实际，吃苦耐劳，按科学规律办事是决定评估公正、客观的重要因素。因此，项目评估小组成员应具备思想道德好、政策水平高、技术力量强的良好素质。

2. 评估方法规范化

项目评估方法的规范是保证项目评估公正、客观的基础。所谓规范化就是要在制度上、法规上制定一套统一、系统、科学、完善的方法，以利于评估人员采用。

3. 评估程序科学化

评估程序科学合理是保证评估公正、客观的因素之一，必须保证评估程序科学化。

(五) 要遵循统一性原则

遵循统一性原则,可以保证不同项目的可比性。统一性原则主要表现在以下几个方面:

1. 评价参数的统一

目前,可行性研究统一采用的国家参数有社会折现率、影子汇率、影子工资、影子价格、贸易费用率和财务三率等,项目评估采用的评价参数必须与可行性研究采用的评价参数相一致,以保证评价结论的一致性和可比性。

2. 评价方法的统一

不同项目可行性研究的方法具有相同性,特别是其中的经济评价方法部分。《建设项目经济评价方法与参数》中详细规定了财务评价和国民经济评价的具体评价方法,这有利于项目在横向上的可比性。

3. 评估内容及基本格式的统一

评估的内容与可行性研究的内容基本相同,区别只在于各自衡量的重点不同。因而,在基本格式上也就有了统一的基础。

三、项目评估与可行性研究的异同点分析

项目评估与可行性研究内容、目标、要求和评价方法基本相同,均是对项目的可行性进行科学分析论证,为投资决策提供依据。按国家有关规定要求,对其必要性、技术条件、财务和国民经济效益进行分析判断,得出公正客观的结论。但两者也有本质的不同:

1. 主体不同

可行性研究主体是建设单位,主要为公司、企业和私人;项目评估主体是审批机构和贷款银行。

2. 目的不同

可行性研究为上项目,申请贷款;项目评估为审批项目,发放贷款。

3. 依据不同

可行性研究依据项目的意向书或建议书;项目评估依据可行性研究。所以,项目评估也可称为可行性研究的再研究。

4. 时序不同

可行性研究在先;项目评估在后。

通过分析可知:从决策程序来看,项目评估比可行性研究更重要,因为它是项目投资最后的决策。

四、项目评估的作用

项目评估在投资管理中的重要地位,是由其本身的科学性所决定的。在项目管理全过程中,投资前期尤为重要,而投资决策是前期管理的关键所在,决策中评估又是核心。这是多年来从投资项目管理中总结出来的一条基本规律。

项目评估的作用可归纳为以下几个方面:

1. 评估是减少或避免投资决策失误的关键

评估是最后的决策环节,以前做了大量的调查研究,通过调查掌握大量的数据和资料,并进行周密的科学分析,只有在此基础上的决策,才能减少或避免投资失误。

2. 评估是项目取得贷款的依据

按我国现行规定,未经评估的项目,银行不能发放贷款。凡是需要贷款的项目,银行都要进行项目评估。通过评估,把握贷款总额、支用时间,并确认风险和贷款回收期。

3. 评估是投资管理向两头延伸的需要

开展项目评估是投资管理的重要环节。随着经济体制改革的不断深入,投资银行对固定资产投资管理,将由过去侧重于项目实施阶段的监督,逐步向两头延伸。一头是向建设前期延伸,参与项目可行性研究和评估,参与投资决策;另一头是向生产领域延伸,参与贷款企业生产经营和财务管理,协助企业尽快掌握新增生产能力,提高盈利水平,增强企业的偿还能力。这样,风险将大大降低。

4. 评估是抓好重点建设项目的保证

重点项目,是国民经济建设的中枢。抓好重点规划项目决策前的评估工作,是重点建设项目成功的关键,同时也是投资银行做好重点建设项目投资管理工作的必要前提。贷款银行主动参与重点建设项目的建设前期工作,对每个项目都要做好全面深入细致的评估分析,为重点建设项目的投资决策和经营管理提供科学可靠的资料数据,从而保证重点建设项目能实现较高的经济效益。

5. 评估是统一宏观效益和微观效益的手段

在投资领域里,投资结构不合理是目前较为突出的问题。结构不合理是微观效益与宏观效益发生矛盾的根源。

评估工作要求:既要评估企业财务效益,又要评估国民经济效益,而且两者均要达到良好的程度,才是合乎要求的项目。如企业效益好,国民经济效益不好,则项目就不能通过,这样就把微观和宏观效益统一起来了。在实际工作中,微观和宏观的效益问题是相当复杂的。只有采用科学的方法才能克服主观判断上的失误,而评估恰好提供了较为科学的判断方法。

6. 评估是项目实施科学管理的基础

进行项目评估,要收集拟建项目所在地的自然的、社会的、经济的大量资料,也要从类似企业及科研设计部门索取建设和生产方面的技术经济资料,还要从主管部门和各级国家机关那里获得大量的技术经济方面的方针政策及规划发展方面的数据资料等。把这些原始资料和数据加工整理,分析研究,可形成系统的档案、资料,这不仅为项目评估所必需,而且也是项目实施管理的依据和基础。在项目实施过程中,管理人员把实际发生的情况和数据与评估所掌握的资料进行对比分析,及时发现设计施工、项目进度、资本金使用、物质供应等方面的问题,采取措施,纠正偏差,促进项目顺利完成。在项目投产后,管理人员还可以将评估时预测的情况和实际发生的情况进行对比分析,找出生产方面存在的问题和差距,以总结经验,改进工作,提高项目管理水平。

第四节　投资项目评估学

从学科性质上来看,投资项目评估学是一门技术经济学科,既有其独立的学科理论和方法,又与相关学科有一定的交叉联系,涉及可行性研究、会计学、财务学、工程经济学、技术经济学、统计学、企业经济学、市场调查与预测、税收实务、福利经济学等多门学科,具有较强的实用性。学习时,必须注重理论联系实际,因为项目评估是一门操作性比较强的学科,仅掌握理论和方法是不够的。为此,本书除讲深讲透基本理论和方法外,结合作者参与项目评估多年来的教学和实际工作经验,有选择地编写了部分案例,以供教师和学生在教授与学习项目评估时选用。为了复习和练习,在每章后均附有复习思考题与习题。

复习思考题与习题

一、关键名词

投资、投机、资金、资本、货币、资本金、投资主体、经济主体、资源、投资项目、投资特征、投资结构、产业结构、Petty-Clark 定律、增量调整、存量调整、效益性、系统性、统一性、选优性。

二、思考题

1. 分析投资与投机的异同点,你的观点如何?
2. 什么是可行性研究与项目评估? 试分析两者的异同点及其作用。
3. 分析投资为何是进行产业结构调整和促进经济发展的主推动力。
4. 简评我国可行性研究和项目评估发展状况、存在的问题和今后的发展方向。

第 二 章

资本金时间价值

第一节　资本金时间价值的基本概念

一、资本金时间价值的含义及其意义

（一）含义

一定数量的货币如果作为贮藏手段保存起来,若物价稳定,多年以后其价值不变,仍为同等数量的货币。但是同等数量的货币作为投资,变为生产中的资本金,数年之后,就会带来利润,使其自身增值。所谓资本金时间价值就是指资本金在运用的过程中随着时间的增长而增值的现象。利息是储蓄资本金增值最简单的形式。这种资本金随时间推移而不断增值的现象是固有的经济规律,不随社会制度不同而不同。不论生产方式如何,只要有商品生产和商品交换,资本金时间价值就客观存在。因此必须树立较强的资本金时间价值观念,发挥其作用。经济分析中,考虑了资本金时间价值的称为动态经济分析,未考虑资本金时间价值的称为静态经济分析。因此,资本金时间价值为动态经济分析和静态经济分析的分界线。相比较而言,静态经济分析虽然计算简单,但不符合资本金价值运行形式和规律。所以目前多采用动态经济分析法,本书也以动态经济分析法为主。

（二）意义

认识资本金时间价值并在经济活动中加以应用,对合理有效地利用资本金这一稀缺资源具有重大意义。资本金的时间价值大小有赖于人们对资本金的利用及其效果。过去,我们在理论研究和实践中都忽略了资本金时间价值的作用,造成了资本金严重积压和浪费,经济效益极为低下。认识并重视资本金时间价值,可促进资本金的合理利用,随着基建投资拨款改为贷款,必将促进资本金使用效益的提高。这也是我国改革开放、与国际经济接轨和利用外资的需要。

二、现金流量

（一）现金流量的含义

现金流量往往是指在项目经济寿命期中，实际发生的现金流动量，并标有明确的发生时点。有流入量、流出量、净流量和累计净流量等。没有发生现金流入或流出的，如财务上的记账、转账、应收、应支等均不算现金流量。

（二）流入量

实际现金流入量，用"＋"表示，代号为 CI(cash into)，主要有产品销售收入、期末残值收入、回收流动资金等。

（三）流出量

实际现金流出量，用"－"表示，代号为 CO(cash out)，主要有投资、成本、税金支出等。

（四）净流量

现金流量运算只能在同一时点进行，不同时点上的现金流量不能直接相加和相减，因为时点不同，其时间价值量是不等的。

净流量是指在同一时点 t 上，流入量与流出量之差，$(CI-CO)_t$。若 $CI > CO$，则为"＋"，否则 $CI < CO$，则为"－"。

（五）累计净流量

累计净流量是静态思维方法，没考虑资本金时间价值，指各年净流量之和，计为 $\sum\limits_{1}^{n}(CI-CO)_t$。当累计净流量为零时所对应的时间为静态投资回收期。

（六）现金流量图

为了清晰地反映投资项目的现金流入和流出，常以图 2-1 表示，称现金流量图。

横坐标表示时间，常以年 $(0,1,2,\cdots,n)$ 为间隔，其流量若没特别指明，一般为发生在那年的年末。纵坐标箭头表示现金流量的方向，向上为流入量，向下为流出量；箭头长短按流量大小比例标画。现金

图　2-1

流量图便于进行资本金时间价值的计算。

三、利息与利率

(一) 利息

利息是储蓄本金增值最具体的表现形式,是资本金让渡使用应获的报酬,并非像过去所说的"不劳而获"。其计算式为

$$R = P \cdot i \qquad\qquad (2\text{-}1)$$

式中：R——利息;

$\quad$ P——本金;

$\quad$ i——利率。

(二) 利率

利率为利息与本金之比:

$$i = \frac{R}{P}$$

1. 实际利率

实际利率 i,为实际计算利息所用的利率,也称有效利率。若计息期为年、半年、季、月、日则分别称为年、半年、季、月、日利率。常用年、月、日利率,其代号如下:

年利率为 $i/\%$,月利率为 $i/\text{‰}$,日利率为 $i/\text{‱}$。

三者之间关系如下:

$$\text{年利率} = 12 \times \text{月利率} = 365 \times \text{日利率}$$

或

$$\text{月利率} = \frac{\text{年利率}}{12}$$

$$\text{日利率} = \frac{\text{年利率}}{365}$$

2. 名义利率

名义利率 i_n 为一年计息 m 次的年利率,计息期利率 $= \dfrac{i_n}{m}$,当 $m = 1$ 时,实际利率与名义利率相等,即 $i = i_n$,$m = 2$、4、12 和 365,分别为半年利率 $= \dfrac{i_n}{2}$,季利率 $= \dfrac{i_n}{4}$,月利率 $= \dfrac{i_n}{12}$ 和日利率 $= \dfrac{i_n}{365}$。

名义利率,顾名思义,就是实际计息不用的利率,只是在金融活动中或贷款合同文件

上出现的利率。

实际利率 i 与名义利率 i_n 之间的差异取决于 m，两者关系如下式所示：

$$(1+i)^n = \left(1+\frac{i_n}{m}\right)^{mn} \rightarrow (1+i) = \left(1+\frac{i_n}{m}\right)^m \tag{2-2}$$

所以，

$$i_n = (\sqrt[m]{1+i}-1)m \quad 或 \quad i = \left(1+\frac{i_n}{m}\right)^m - 1$$

3. 连续利率

连续利率 i_s 为当计息期趋于无限小或计息次数 m 趋于无限大时的实际利率。即连续不断进行利息计算的利率。计算式如下：

$$i_s = \lim_{m \to \infty}\left[\left(1+\frac{i_n}{m}\right)^m - 1\right] = \lim_{m \to \infty}\left[\left(1+\frac{1}{\frac{m}{i_n}}\right)^{\frac{m}{i_n}}\right]^{i_n} - 1 \tag{2-3}$$

即

$$i_s = e^{i_n} - 1, \quad e = 2.718\,28$$

4. 实例分析

假如 $i_n = 12\%$，当计息期和次数 m 不同时，有效利率计算结果如表 2-1 所示。

表 2-1

计息期	m	$i_n/\%$	计息期利率/%	$i_s/\%$	变化率/%（以上期为基数）
年	1	12.000 0	12.000 0	12.000 0	
半年	2	12.000 0	6.000 0	12.360 0	3.000 0
季	4	12.000 0	3.000 0	12.550 9	1.544 5
月	12	12.000 0	1.000 0	12.682 5	1.048 5
日	365	12.000 0	0.032 9	12.747 5	0.512 5
小时	8 760	12.000 0	0.001 4	12.749 6	0.016 5
无限小	∞	12.000 0	0.000 0	12.749 7	0.000 8

由表 2-1 可见，实际利率比名义利率高，随年计息次数 m 增大，两者差值也大。同时可见，计息次数越大，实际利率差异变化率也就越小，年与半年相差 3%，小时与无限小只差 0.000 8%。月以下计息，其差值变化率就降到百分比小数以下，但月计息和日计息的计息次数 m 却猛增，计息工作量加大，差值却很小。因此，实际要求计息次数到月即可，不宜再大，再大没有实际意义。连续利率为有效利率随计息次数 m 增加而增大的最大值，没有实用意义，只是理论分析的极值界限，在建立经济活动连续化的过程中有时会用到。

四、资本金时间价值的计算方法

资本时间价值的计算方法有单利法和复利法,现多用复利法。

(一)单利法

单利计算法是以本金为基数计算利息的方法,每期利息不变,是一种静态的分析方法,不符合资本金运行规律,未反映各期利息的时间价值,因而不能完全反映资本金的时间价值,目前基本不用,其计算式如下:

$$F = P(1 + i \cdot n) \tag{2-4}$$

式中:F——本利和;

　　　P——本金;

　　　i——年利率,%;

　　　n——计算期,年。

(二)复利法

复利计算法是以上期本利为基数计算利息的方法,每期利息不等,是一种动态分析方法,符合资本金运行规律,反映各期利息的时间价值,能完全反映资本金的时间价值,因此目前常被采用。其计算式如下:

$$F = P(1 + i)^n \tag{2-5}$$

(三)两种方法实例分析比较

若 $P=100$ 万元,$i=10\%$,$n=5$ 年,两种计算法结果如表 2-2 所示。

表　2-2　　　　　　　　　　　　　　　　　　　　　　　　　　　　　　　万元

年份	单 利 法			复 利 法		
	年初总额	年末利息	年末本利和	年初总额	年末利息	年末本利和
1	100	10	110	100	10	110
2	110	10	120	110	11	121
3	120	10	130	121	12.1	133.1
4	130	10	140	133.1	13.3	146.4
5	140	10	150	146.4	14.7	161.1

分析比较可见,两种方法计算结果是不一样的。5 年本利和相差 161.1－150＝11.1(万元)。用曲线表示,如图 2-2 所示。

五、资本金时间价值的复利计算

复利计算有终值计算、现值计算和年值计算等。

（一）终值 F 计算

复利终值也称将来值或一次支付的本利和终点的现金流量,是指已知现值 P,年利率 i,年限 n,求 n 年后的本利和。

现金流量如图 2-3 所示("$\sqrt{}$"表示已知;"?"表示未知)。

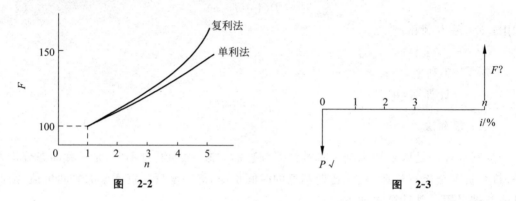

| 图　　2-2 | 图　　2-3 |

计算式如下:

$$F = P(1+i)^n$$
$$= P(F/P,i,n) \qquad (2\text{-}6)$$

式中:$(F/P,i,n)=(1+i)^n$——终值系数,其值可根据 i 和 n 查终值系数表获得。

根据复利计算原则,终值计算式推导如表 2-3 所示。

表　2-3

代号	年	本	利	本利和
F_1	1	P	Pi	$P+Pi=P(1+i)$
F_2	2	$P(1+i)$	$P(1+i)i$	$P(1+i)+P(1+i)i=P(1+i)^2$
F_3	3	$P(1+i)^2$	$P(1+i)^2i$	$P(1+i)^2+P(1+i)^2i=P(1+i)^3$
...	...	...	...	...
F_{n-1}	$n-1$	$P(1+i)^{n-2}$	$P(1+i)^{n-2}i$	$P(1+i)^{n-2}+P(1+i)^{n-2}i=P(1+i)^{n-1}$
F_n	n	$P(1+i)^{n-1}$	$P(1+i)^{n-1}i$	$P(1+i)^{n-1}+P(1+i)^{n-1}i=P(1+i)^n$

从上述推导过程可见,在后一期的本金中包含了前一期的利息,并对前期利息一并再计利息,这种"利滚利"就是复利的计算特点。

例 2-1　某公司向银行借款 10 万元,年利率 10%,预期 3 年后偿还本金与利息,其值为

$$F = P(F/P, i, n) = 10(F/P, 10\%, 3) = 10 \times 1.331\ 0 = 13.31(万元)$$

(二)现值 P 计算

现值计算是终值计算的逆运算,即将未来一笔资金 F 换算成现在值 P,这种运算也称为贴现,贴现所使用的年利率称为贴现率或折现率。其计算式可由终值计算式导出:

$$P = F \cdot \frac{1}{(1+i)^n} = F(P/F, i, n) \tag{2-7}$$

式中:$(P/F, i, n) = \dfrac{1}{(1+i)^n}$,现值系数可查现值系数表获得。

现金流量如图 2-4 所示。

例 2-2　某公司现在准备向银行存入一笔款项,以备 3 年后购置 60 万元的设备之用,若银行存款年利率为 10%,问应向银行存入多少方能保证 3 年后购置所需设备所用?

$$P = F(P/F, 10\%, 3) = 60 \times 0.751\ 32 = 45.08(万元)$$

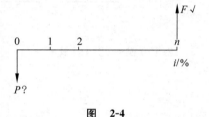

图　2-4

(三)年值 A 计算

年值也称年金,是指每年年末收支的等额系列款项,如积累基金、偿债基金、人寿保险金、退休金等。年值有着广泛的实用价值。因为一个投资项目建成投产后,当产量达到设计产量时,若产品市场价格稳定则其各年的收支大体是相等的,可视为等额年值,极为方便我们进行经济分析和效益评价。为便于理解和应用以及能体现出其间的相互关系,年值可分为年金现值、现值年金、年金终值和终值年金。

1. 年金现值计算

年金现值计算是将已知各年等额年金 A 均换算为现值之和,流量如图 2-5 所示。

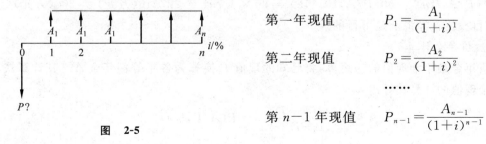

第一年现值　　$P_1 = \dfrac{A_1}{(1+i)^1}$

第二年现值　　$P_2 = \dfrac{A_2}{(1+i)^2}$

……

第 $n-1$ 年现值　　$P_{n-1} = \dfrac{A_{n-1}}{(1+i)^{n-1}}$

图　2-5

第 n 年现值 $\qquad\qquad P_n = \dfrac{A_n}{(1+i)^n}$ $\qquad\qquad$ (2-8)

n 年现值和 $\qquad P = P_1 + P_2 + P_3 + \cdots + P_{n-1} + P_n = \sum\limits_1^n P_i$

$$P = \frac{A_1}{(1+i)^1} + \frac{A_2}{(1+i)^2} + \cdots + \frac{A_{n-1}}{(1+i)^{n-1}} + \frac{A_n}{(1+i)^n} \qquad (2\text{-}9)$$

因为 $\qquad A_1 = A_2 = \cdots A_{n-1} = A_n = A$

所以 $\qquad P = A\left[\dfrac{1}{(1+i)^1} + \dfrac{1}{(1+i)^2} + \cdots + \dfrac{1}{(1+i)^{n-1}} + \dfrac{1}{(1+i)^n}\right]$

$$\frac{P}{A} = \frac{(1+i)^{n-1} + (1+i)^{n-2} + \cdots + (1+i)^2 + (1+i) + 1}{(1+i)^n} \qquad (2\text{-}10)$$

将(2-10)式两边各乘以$(1+i)$得:

$$\frac{P}{A}(1+i) = \frac{(1+i)^n + (1+i)^{n-1} + (1+i)^{n-2} + \cdots + (1+i)^3 + (1+i)^2 + (1+i)}{(1+i)^n}$$

$$(2\text{-}11)$$

(2-11)式$-$(2-10)式得

$$\frac{P}{A}i = \frac{(1+i)^n - 1}{(1+i)^n}$$

所以 $\qquad\qquad P = A\dfrac{(1+i)^n - 1}{i(1+i)^n} = A(P/A, i, n)$ $\qquad\qquad$ (2-12)

式中:$(P/A, i, n) = \dfrac{(1+i)^n - 1}{i(1+i)^n}$——年金现值系数,可根据 n, i 查表得到。

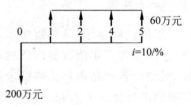

图 2-6

例 2-3 某企业现投资 200 万元,预期 5 年内每年可获收益 60 万元,若折现率 $i = 10\%$,试分析该投资在经济上是否可行。

现金流量如图 2-6 所示。

求各年收益现值:

$P = A(P/A, i, n) = 60(P/A, 10\%, 5) = 60 \times 3.791 = 227.46(万元) > 200(万元)$

因此,项目投资在经济上是可行的。

2. 现值年金计算

现值年金是年金现值的逆运算,将已知的现值 P 换算为各年等额年金 A。其计算式可由年金现值的计算式导出:

$$A = P\frac{i(1+i)^n}{(1+i)^n - 1} = P(A/P, i, n) \qquad\qquad (2\text{-}13)$$

式中：$(A/P,i,n) = \dfrac{i(1+i)^n}{(1+i)^n - 1}$——现值年金系数，可查表得到。

现值年金的经济含义：现投资一笔资本金 P，贷款年利率为 i，预计 n 年内收回，每年应等额收回的 A 值。因此，现值年金也称年回收金，其系数 $(A/P,i,n)$ 也称资本金回收系数。现金流量如图 2-7 所示。

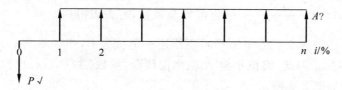

图 2-7

例 2-4 某项目投资 300 万元，计划 5 年内等额收回，若年利率为 8%，问每年应回收多少？

$$A = P(A/P,i,n) = 300(A/P,8\%,5) = 300 \times 0.250\,4 = 75.12(\text{万元})$$

3. 年金终值计算

年金终值计算是将已知年金 A 换算成终值 F，其计算式可由年金现值计算式导出：

$$\begin{aligned}
F &= P(F/P,i,n) = A(P/A,i,n)(F/P,i,n) \\
&= A\frac{(1+i)^n - 1}{i(1+i)^n} \times (1+i)^n = A\frac{(1+i)^n - 1}{i} \\
&= A(F/A,i,n)
\end{aligned} \tag{2-14}$$

式中：$(F/A,i,n) = \dfrac{(1+i)^n - 1}{i}$——年金终值系数，可查表得到。

现金流量如图 2-8 所示。

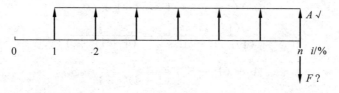

图 2-8

例 2-5 某项目建设期为 5 年，每年向银行贷款 100 万元，若贷款年利率为 8%，则项目竣工时应向银行偿还本利总额：

$$\begin{aligned}
F &= A(F/A,i,n) = 100(F/A,8\%,5) \\
&= 100 \times 5.867 = 586.7(\text{万元})
\end{aligned}$$

4. 终值年金计算

终值年金是年金终值的逆运算,将已知终值 F 换算为各年等额年金 A。计算式可由年金终值的计算式导出:

$$A = F \frac{i}{(1+i)^n - 1} = F(A/F, i, n) \qquad (2\text{-}15)$$

式中:$(A/F, i, n) = \dfrac{i}{(1+i)^n - 1}$——终值年金系数,可查表得到。

终值年金的经济含义:已知 n 年后要偿还一笔债务 F,年利率为 i,现每年应等额向银行存款 A 为多少。因此,终值年金 A 也称偿债金,系数 $(A/F, i, n)$ 也称偿债系数。

其现金流量如图 2-9 所示。

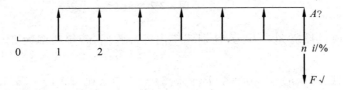

图 2-9

例 2-6 某企业有一笔 4 年后到期的 100 万元借款,为此设置偿债基金,若银行存款年利率为 10%,问企业现每年应向银行存款多少?

$$A = F(A/F, i, n) = 100(A/F, 10\%, 4) = 100 \times 0.215 = 21.5(\text{万元})$$

上年回收金计算式没有考虑期末固定资产折旧收回的残余值 S_v。若有残值,其年回收金计算式应为:

$$A = P(A/P, i, n) - S_v(A/F, i, n)$$
$$= P \frac{i(1+i)^n}{(1+i)^n - 1} - S_v \frac{i}{(1+i)^n - 1}$$

因为

$$\frac{i(1+i)^n}{(1+i)^n - 1} - i = \frac{i}{(1+i)^n - 1}$$

所以

$$A = (P - S_v) \frac{i}{(1+i)^n - 1} + S_v i$$

即

$$A = (P - S_v)(A/P, i, n) + S_v i$$

例 2-7 某企业技术改造投资 50 万元,预期 10 年,期末残值为 5 万元,若年利率为 10%,则每年应回收:

$$A = (P - S_v)(A/P, i, n) + S_v i$$
$$= (50 - 5)(A/P, 10\%, 10) + 5 \times 10\%$$
$$= 45 \times 0.162\,75 + 0.5 = 7.824(\text{万元})$$

（四）复利系数的变化规律及其相关分析

1. 现值系数与终值系数

（1）现值系数

$$(P/F,i,n) = \frac{1}{(1+i)^n} \tag{2-16}$$

因为　$n>1, i>0$　所以　$0<(P/F,i,n)<1$

其变化范围为 $0\sim1$，而且随 n 和 i 的增大而减小。

（2）终值系数

$$(F/P,i,n) = (1+i)^n \tag{2-17}$$

因为　$n>1$，　$i>0$　所以　$(F/P,i,n)>1$

随 n 和 i 的增大而增大。

显然两系数变化规律相反，而且互为倒数，即

$$(P/F,i,n)(F/P,i,n) = 1$$

2. 年金现值系数与现值年金系数

（1）年金现值系数

$$(P/A,i,n) = \frac{(1+i)^n - 1}{i(1+i)^n} \tag{2-18}$$

当 i 不变，　$n\uparrow$，$(P/A,i,n) = \dfrac{(1+i)^n-1}{i(1+i)^n} = \dfrac{1-\dfrac{1}{(1+i)^n}}{i} \uparrow$

当 n 不变，　$i\uparrow$，$(P/A,i,n)\downarrow$

当 $n=1$ 时，$(P/A,i,n) = \dfrac{1}{1+i}$ 为系数的最小值，

所以　$(P/A,i,n) > \dfrac{1}{1+i}$

当 $n\to\infty$ 时，$(P/A,i,n) = \lim\limits_{n\to\infty} \dfrac{1-\dfrac{1}{(1+i)^n}}{i} = \dfrac{1}{i}$ 为系数的最大值。

所以　$(P/A,i,n) < \dfrac{1}{i}$

因此，年金现值系数$(P/A,i,n)$随 n 的变化范围为 $\dfrac{1}{1+i} \sim \dfrac{1}{i}$。

(2) 现值年金系数

$$(A/P,i,n) = \frac{i(1+i)^n}{(1+i)^n-1} \qquad (2\text{-}19)$$

现值年金系数$(A/P,i,n)$与年金现值系数$(P/A,i,n)$互为倒数关系,$(P/A,i,n) \times (A/P,i,n)=1$。

因此,两者的变化规律相反,即$n\uparrow(A/P,i,n)\downarrow$,$i\uparrow(A/P,i,n)\uparrow$,$(A/P,i,n)<1+i$;$(A/P,i,n)>i$。

$(A/P,i,n)$变化范围为$i\sim(1+i)$。

3. 年金终值系数与终值年金系数

(1) 年金终值系数

$$(F/A,i,n) = \frac{(1+i)^n-1}{i} \qquad (2\text{-}20)$$

因为 $n>1$, $i>0$, 所以 $(F/A,i,n)>1$;当 i 不变, $n\uparrow$,$(F/A,i,n)\uparrow\uparrow$,呈指数增大,用双箭头表示;当 n 不变, $i\uparrow$,$(F/A,i,n)\uparrow$。

(2) 终值年金系数

$$(A/F,i,n) = \frac{i}{(1+i)^n-1} \qquad (2\text{-}21)$$

因终值年金系数$(A/F,i,n)$与年金终值系数$(F/A,i,n)$互为倒数关系,因此,两者变化规律相反,即$n\uparrow$,$(A/F,i,n)\downarrow\downarrow$;$i\uparrow$,$(A/F,i,n)\downarrow$,$(A/F,i,n)<1$。

4. 系数逆对关系

$$(F/P,i,n) \cdot (P/F,i,n) = 1$$
$$(P/A,i,n) \cdot (A/P,i,n) = 1$$
$$(F/A,i,n) \cdot (A/F,i,n) = 1$$

5. 系数差值关系

$$(A/P,i,n) - (A/F,i,n) = i$$

因为 $\dfrac{i(1+i)^n}{(1+i)^n-1} = \dfrac{i(1+i)^n-i+i}{(1+i)^n-1} = \dfrac{i[(1+i)^n-1]+i}{(1+i)^n-1} = i+\dfrac{i}{(1+i)^n-1}$

即$(A/P,i,n)=i+(A/F,i,n)$或$(A/F,i,n)=(A/P,i,n)-i$

利用系数的差值关系,也可导出有残值S_v的年回收金计算式:

$$A = P(A/P,i,n) - S_v(A/F,i,n)$$
$$= P(A/P,i,n) - S_v\{(A/P,i,n)-i\}$$
$$= (P-S_v)(A/P,i,n) + S_v \cdot i \qquad (2\text{-}22)$$

6. 系数的乘积关系

系数有多个乘积关系，下面两个是常用的：

$$(F/A,i,n) = (P/A,i,n) \cdot (F/P,i,n)$$
$$(P/A,i,n) = (F/A,i,n) \cdot (P/F,i,n)$$

掌握系数的变化规律、变动范围及其互逆关系，可大大提高我们应用查表时的识别错误能力，如查表时可以上下左右对照看看是否符合变化规律，以判别取值的正确性。同时，也可扩大系数表的应用范围，如利用系数的互逆关系，知其一，用计算器倒过来就知其二。因此，一般附表只附现值系数表和年金现值系数表就足够了。其他系数根据相互之间的关系即可推出。

（五）等差换算

在经济活动中，有时会遇到收支是按照等额逐期递增或递减变化的，如设备的维修费随其性能变化而大体上可视为逐年等额递增的，这就需要等差换算，将其换算为相当的年值、现值或终值，方能进行分析对比。

1. 换算公式

有一等差数列流量如图 2-10 所示。

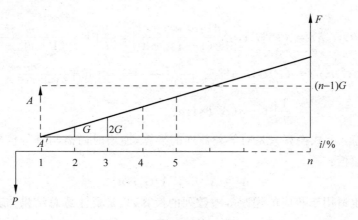

图　2-10

为了便于换算，把上图流量划分为两部分：（1）每年均相等的初始年金 A'；（2）每年递增额 G 的等差数列。然后，根据 G 计算其总终值 F、现值 P 和年值 A，即可推导出等差换算公式：

$$F = G(1+i)^{n-2} + 2G(1+i)^{n-3} + \cdots + (n-2)G(1+i) + (n-1)G$$
$$= G[(1+i)^{n-2} + 2(1+i)^{n-3} + \cdots + (n-2)(1+i) + (n-1)] \qquad (2\text{-}23)$$

两边各乘以$(1+i)$得:

$$F(1+i) = G\left[(1+i)^{n-1} + 2(1+i)^{n-2} + \cdots + (n-2)(1+i)^2 + (n-1)(1+i)\right]$$

$$(2\text{-}24)$$

(2-24)式－(2-23)式得:

$$Fi = G\left[(1+i)^{n-1} + (1+i)^{n-2} + \cdots + (1+i) + 1 - n\right]$$

$$\frac{F}{G} = \frac{1}{i}\left[\frac{1-(1+i)^n}{1-(1+i)} - n\right] = \frac{1}{i}\left[\frac{(1+i)^n-1}{i} - n\right] = \frac{1}{i}\left[\frac{F}{A} - n\right]$$

所以 $\qquad F = G\frac{1}{i}\left[\frac{(1+i)^n-1}{i} - n\right] = G(F/G,i,n)$

等差终值换算系数为

$$(F/G,i,n) = \frac{1}{i}\left[\frac{(1+i)^n-1}{i} - n\right] \qquad (2\text{-}25)$$

现值换算系数为

$$(P/G,i,n) = (F/G,i,n)\frac{1}{(1+i)^n} = \frac{1}{i}\left[\frac{(1+i)^n-1}{i(1+i)^n} - \frac{n}{(1+i)^n}\right]$$

$$= \frac{1}{i}\left[(P/A,i,n) - n(P/F,i,n)\right] \qquad (2\text{-}26)$$

年值换算系数为

$$(A/G,i,n) = (P/G,i,n)\left[\frac{i(1+i)^n}{(1+i)^n-1}\right] = \frac{1}{i}\left[1 - \frac{ni}{(1+i)^n-1}\right]$$

或 $\qquad (A/G,i,n) = (F/G,i,n)\left[\frac{i}{(1+i)^n-1}\right] = \frac{1}{i}\left[1 - \frac{ni}{(1+i)^n-1}\right]$

$$= \frac{1}{i}\left[1 - n(A/F,i,n)\right] \qquad (2\text{-}27)$$

要特别注意:上式换算只是对等差数列的换算,递增时尚需与其等值年金 A' 换算相加方为相应的总值:

$$A = A' + G(A/G,i,n)$$

上式同样也适用于相应的递减等差数列的换算,只是要注意总结果与其等值年金 A' 换算相减:

$$A = A' - G(A/G,i,n)$$

2. 实例分析应用

例 2-8 某设备可使用 5 年,第一年维修费 400 万元,以后每年递增 200 万元,若贷款年利率为 10%,问每年应记账等额贷款多少?

解 $A = A' + G(A/G,i,n) = 400 + 200(A/G,10\%,5)$

$\qquad = 400 + 200 \times 1.81 = 762$(万元)

例 2-9　向银行存款,第一年存 800 元,以后每年将少存 100 元,年利率 8%,问第五年年末能得多少钱?

　解　$A = A' - G(A/G, 8\%, 5) = 800 - 100 \times 1.846\,5 = 615.35$(元)

　　　　$F = A(F/A, 8\%, 5) = 615.35 \times 5.866\,6 = 3\,610.0$(元)

例 2-10　有一笔债务为 7.6 万元,以后 5 年内逐年递增偿还,第一年偿还 1.2 万元,若年利率为 8%,问每年递增额为多少?

　解　7.6 万元债务 5 年内的年值:$A_5 = 7.6(A/P, 8\%, 5) = 1.903\,5$(万元)

等差年值:$A_e = 1.903\,5 - 1.200\,0 = 0.703\,5$(万元)

列等式:$A_e = G(A/G, 8\%, 5) = 1.846\,5G$

解得:$G = \dfrac{0.703\,5}{1.846\,5} = 0.381\,1$(万元)

例 2-11　有一笔 5 年支付的贷款,第一年支付 500 万元,以后每年递增 100 万元,年利率为 8%,问这笔贷款现额是多少?

　解　$P = P_1 + P_2$

　　　　$= A'(P/A, 8\%, 5) + G(P/G, 8\%, 5)$

　　　　$= 500 \times 3.993 + 100 \times 7.412\,5 = 2\,737.75$(万元)

(六) 复利计算小结

1. 需注意的问题

在运用复利计算式时,要特别注意以下几点:

(1) 当年发生的现金流量,其时点为该年年末,或下一年的年初。

(2) 现值 P 发生在开始 0 年年末。

(3) 终值 F 发生在 n 年年末,和固定资产折旧的残余值 S_v 在同一时点上,但 S_v 为收回,其流量箭头向上。

(4) 等额年金 A 在经济寿命期内各年均有,且均相等,发生在各年年末。当求现值 P 时,其时点为第一个 A 的前一年年末即 0 年;当求终值 F 时,其时点与最后一个 A 相重合,即均在 n 年上。

只有在同一时点上的现金流量方能进行加或减运算或比较其大小,因不同时点的现金流量时间价值量不等,不具备可比性。

2. 复利系数极值及其变化范围

了解常用复利系数极值及其变化范围,无疑是有用的,有利于识别系数的应用范围,限制条件及其查表的错误,提高取值的准确性。复利系数极值及其变化范围如表 2-4 所示。

表 2-4

复利系数,代号,表达式	最小值	最大值	变化范围
现值系数$(P/F,i,n)=\dfrac{1}{(1+i)^n}$	0	1	$0\sim1$
终值系数$(F/P,i,n)=(1+i)^n$	1	∞	$1\sim\infty$
年金现值系数$(P/A,i,n)=\dfrac{(1+i)^n-1}{i(1+i)^n}$	$\dfrac{1}{1+i}$	$\dfrac{1}{i}$	$\dfrac{1}{1+i}\sim\dfrac{1}{i}$
现值年金系数$(A/P,i,n)=\dfrac{i(1+i)^n}{(1+i)^n-1}$	i	$1+i$	$i\sim1+i$
年金终值系数$(F/A,i,n)=\dfrac{(1+i)^n-1}{i}$	1	∞	$1\sim\infty$
终值年金系数$(A/F,i,n)=\dfrac{i}{(1+i)^n-1}$	0	1	$0\sim1$

3. 常用等值换算关系

在项目评估中,常用的计算是现值、终值、年值之间的等值换算。其换算关系可用图 2-11 表示。

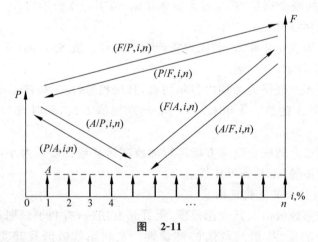

图 2-11

4. 资本金时间价值计算汇总如表2-5所示,以便总结应用。

表 2-5

支付性质	已知	求	计算公式	流量图	计算结果
一次性收支	现值 P	F	$F=P(1+i)^n$ $F=P(F/P,i,n)$		$F=1\,000(F/P,10\%,8)$ $=1\,000\times2.143\,6$ $=2\,143.6$
一次性收支	终值 F	P	$P=F(1+i)^{-n}$ $=F(P/F,i,n)$		$P=1\,000(P/F,10\%,6)$ $=1\,000\times0.564\,5$ $=564.5$
等额系列收支	年金 A	P	$P=A\dfrac{(1+i)^n-1}{i(1+i)^n}$ $=A(P/A,i,n)$		$P=A(P/A,10\%,9)$ $=100\times5.759\,0$ $=575.9$
等额系列收支	现值 P（资本金收回）	A	$A=P\dfrac{i(1+i)^n}{(1+i)^n-1}$ $=P(A/P,i,n)$		$A=1\,000(A/P,10\%,10)$ $=1\,000\times0.162\,7$ $=162.7$
等额系列收支	年金 A	F	$F=A\dfrac{(1+i)^n-1}{i}$ $=A(F/A,i,n)$		$F=2\,000(F/A,10\%,3)$ $=2\,000\times3.310\,0$ $=6\,620$
等额系列收支	终值 F（偿债金）	A	$A=F\dfrac{i}{(1+i)^n-1}$ $=F(A/F,i,n)$		$A=1\,000(A/F,10\%,5)$ $=1\,000\times0.163\,8$ $=163.8$

续表

支付性质	已知	求	计算公式	流量图	计算结果
等差系列收支	等差 G	现值 P	$P=G(P/G,i,n)$ $=G\frac{1}{i}\left[\frac{(1+i)^n-1}{i(1+i)^n}-\frac{n}{(1+i)^n}\right]$ $=G\frac{1}{i}\left[(P/A,i,n)-n(P/F,i,n)\right]$		
	等差 G	终值 F	$F=G(F/G,i,n)$ $=G\frac{1}{i}\left[\frac{(1+i)^n-1}{i}-n\right]$ $=G\frac{1}{i}\left[(F/A,i,n)-n\right]$		
	等差 G	年值 A	$A=G(A/G,i,n)$ $=G\frac{1}{i}\left[1-\frac{ni}{(1+i)^n-1}\right]$ $=G\frac{1}{i}\left[1-n(A/F,i,n)\right]$ $=G\left[\frac{1}{i}-\frac{n}{(1+i)^n-1}\right]$		

六、综合实例应用分析

(一)实例决策分析

复杂的问题,先画出现金流量图,考虑决策计算点选在何处以使计算简便。

例 2-12 某技改项目现投资 70 万元,$n=6$ 年,银行贷款年利率前两年为 4%,中间两年为 6%,后两年为 10%,预期项目投产后第 2 年收入 20 万元,第 4 年收入 30 万元,第 6 年收入 50 万元,不考虑残值,请做出投资决策。

1. 现值法

解 决策计算点选在 0 年,即把所有收与支均换算为现值,然后再加以比较。若 $\sum_收 > \sum_支$,则投资;否则,若 $\sum_收 < \sum_支$,则不投资。流量图如图 2-12 所示。

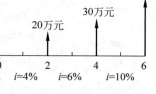

图 2-12

$$\sum_收 =20(P/F,4\%,2)+30(P/F,6\%,2)(P/F,4\%,2)+$$
$$50(P/F,10\%,2)(P/F,6\%,2)(P/F,4\%,2)$$
$$=20\times0.9246+30\times0.8900\times0.9246+50\times0.8264\times0.8900\times0.9246$$
$$=77.18(万元)>70(万元)$$

所以,可投资。

2. 终值法

把所有收与支均换算到终点加以比较:

$$\sum_{收}=50+30(F/P,10\%,2)+20(F/P,10\%,2)(F/P,6\%,2)$$
$$=50+30\times1.21+20\times1.21\times1.123\,6$$
$$=113.49(万元)$$

$$\sum_{支}=70\times(F/P,4\%,2)\times(F/P,6\%,2)\times(F/P,10\%,2)$$
$$=70\times1.081\,6\times1.123\,6\times1.21$$
$$=102.93(万元)$$

因为 $\sum_{收}>\sum_{支}$,即 113.49 万元>102.93 万元

所以,可投资。

可见,现值法与终值法评价结果一致。

(二)综合分析

综合分析,一般要绘出流量图和不同分析的标准式。

例 2-13 某项目初投资 50 万元,建设期为 2 年,生产期为 8 年,$i=10\%$,残值率为 5%,求投产后每年应等额收回多少方能收回投资?

解 $S_v=50\times5\%=2.5(万元)$

1. 计算点"0"

计算流量图如图 2-13 所示。

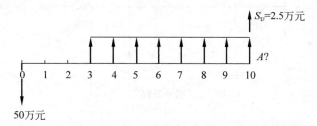

图 2-13

标准式:$50=A(P/A,10\%,10-P/A,10\%,2)+2.5(P/F,10\%,10)$
$$=A[6.144\,6-1.735\,5]+2.5\times0.385\,5$$

所以 $A=11.12(万元)$

或标准式:$50=A(P/A,10\%,8)(P/F,10\%,2)+2.5(P/F,10\%,10)$

同样得 $A=11.12(万元)$

2. 计算点"2"

标准式：$50(F/P,10\%,2)=A(P/A,10\%,8)+2.5(P/F,10\%,8)$

$$50\times1.21=A\times5.3349+2.5\times0.4665$$

所以　$A=11.12$(万元)

可见，两不同点计算结果一致，但"2"点计算更加简便。因此，在决策计算时，多思考一下，并选择一个最佳计算点极为重要。

例 2-14　某公司拟建一项奖学金，每年支付一次，第一年为 1 万元，以后逐年增加 0.4 万元。到第 6 年增加到 3 万元，以后就以此数额为准永久地支付下去，若现银行存款年利率为 10%，问现应向银行存入多少现金方能建立起这项奖学金？

解　其流量图如图 2-14 所示。

先求 6 年年值：

$$A=1+0.4(A/G,10\%,6)$$
$$=1+0.4\times2.224$$
$$=1.8896(万元)$$

再求两者现值之和：

$$P=A(P/A,10\%,6)+\frac{3\times(P/F,10\%,6)}{10\%}$$

$$=1.8896\times4.355+\frac{3\times0.565}{0.10}=25.18(万元)$$

分析结果可见：公司现应向银行存入 25.18 万元，方能建立起这笔奖学金。

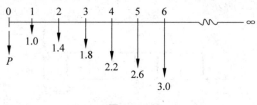

图　2-14

例 2-15　拟建一项奖学金第一年支付 2 000 万元，以后每年增加 300 万元，到 3 500 万元为止，以后均以此数额永久地支付下去，若银行存款利率为 6%。问现应向银行存入多少现金方能建起这项奖学金？

解　绘出现金流量图，方知 $n=6$，年支付款可达 3 500 万元，如图 2-15 所示。

$$G=300,\quad n=6,\quad i=6\%$$
$$A=2\,000+300(A/G,6\%,6)$$
$$=2\,000+300\times2.33=2\,699(万元)$$

$$P_1 = 2\,699(P/A,6\%,6)$$
$$= 2\,699 \times 4.917 = 13\,271(万元)$$
$$P_2 = \frac{3\,500}{6\%}(P/F,6\%,6) = \frac{3\,500}{0.06} \times 0.705 = 41\,125(万元)$$

所以 $P = P_1 + P_2 = 13\,271 + 41\,125 = 54\,396$（万元），现应向银行存 54 396 万元方能建起这项奖学金。

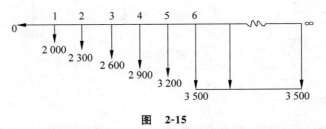

图　2-15

（三）利率选择

例 2-16　某企业拟向银行贷款 1 500 万元，5 年后一次还清，A 银行贷款年利率 17%，B 银行名义利率 16%，每月计息一次。问企业选择哪个银行贷款合算？

解

$$F_A = 1\,500(F/P,17\%,5) = 1\,500 \times 2.192\,4 = 3\,288.6(万元)$$
$$F_B = 1\,500\left(1 + \frac{0.16}{12}\right)^{12 \times 5} = 1\,500 \times 2.213\,8 = 3\,320.7(万元)$$

因为 $F_B > F_A$，所以企业应向 A 银行贷款，5 年后还款少

$$3\,320.7 - 3\,288.6 = 32.1(万元)$$

例 2-17　某企业连续 3 年向银行贷款 1 000 万元，合同签订贷款年利率为 12%，季计息一次，问 3 年后企业应还款多少？

解　1. 合同利率为 12%，为名义利率，应先换算为实际利率 i，然后求其终值 F，即为企业 3 年后的还款总额

$$i\left(1 + \frac{i_n}{m}\right)^m - 1 = \left(1 + \frac{12\%}{4}\right)^4 - 1 = 12.55\%$$

$$F = 1\,000 \times (F/A,12.55\%,3) = 1\,000 \times 3.392\,3 = 3\,392.3(万元)$$

2. 按计息期季利率和期限计算还款总额

$$季利率\ \frac{12\%}{4} = 3\%, \quad 期限\ 3 \times 4 = 12$$

计算流量图如图 2-16 所示。

$$F = 1\,000 \times (F/P, 3\%, 8) + 1\,000 \times (F/P, 3\%, 4) + 1\,000 = 3\,392.3(万元)$$

两种计算方法结果一致。

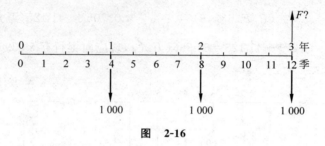

图 2-16

(四)反查表运算

复利系数一般已知 n 与 i,查表得其数值。现反运算之,已知其值,反查得 n 或 i,这大大拓宽了复利计算的应用范围。

1. 求利率 i

例 2-18 现存款 1 000 万元,5 年后得本利 1 611 万元,求存款年利率 i 为多少?

解 $1\,611 = 1\,000(F/P, i, 5)$

$$(F/P, i, 5) = \frac{1\,611}{1\,000} = 1.611$$

反查表得知 $i = 10\%$。

2. 求年限 n

例 2-19 上例,若已知年利率 $i = 10\%$,反查表 $(F/P, 10\%, n) = 1.611$,得年限 $n = 5$ 年。

(五)静、动态混合分析

在实际工作中,往往也会遇到静态和动态混合分析问题,应慎重判断与处理。

例 2-20 某企业贷款 10 万元,年利率为 10%,偿还期为 5 年,试就下列 4 种还款方式,分别计算还款总额、现值与终值,并判别哪种还款方式为最佳。

1. 每年只还利息,本金 5 年后还清;

2. 每年还本 2 万元和所欠利息;

3. 每年等额偿还本金与利息;

4. 5 年到期一次还清本金与利息。

解 1. 总额 = $10 \times 10\% \times 5 + 10 = 15$(万元)

现值 $P = 10$ 万元

终值 $F=10(F/P,10\%,5)=16.1$（万元）

2. 总额 $=2\times5+(10\times10\%+8\times10\%+6\times10\%+4\times10\%+2\times10\%)=13$（万元）

现值 $P=10$ 万元

终值 $F=10(F/P,10\%,5)=10\times(1+10\%)^5=16.1$（万元）

3. 总额 $=10(A/P,10\%,5)\times5=13.2$（万元）

现值 $P=10$ 万元

终值 $F=16.1$ 万元

4. 总额 $=10\times(1+10\%)^5=16.1$（万元）

现值 $P=10$ 万元

终值 $F=16.1$ 万元

分析结果可见：4 种不同还款方式，现值和终值均相同，分别为 10 万元和 16.1 万元，不同的是总额值，其中第二种还款方式 13 万元为最小，因此为最佳的还款方式。

（六）按揭购房实例分析

例 2-21　夏青拟按揭购房，向银行借款 50 万元，年利率 $i=6\%$，按揭期为 $n=20$ 年，现试就下列 4 种还款方式进行分析评价。

1. 每年等额还款额是多少；

2. 等额偿还 5 年后，预计第 6 年有一笔收入想一次性还清借款，这笔收入应是多少；

3. 等额偿还 5 年后，银行从第 6 年年初开始将利率调高为 8%，以后 15 年仍等额偿还，每年偿还额应是多少；

4. 等额偿还 5 年后，银行从第 6 年年末开始将利率调高为 8%，以后 15 年仍等额偿还，每年偿还额应是多少。

解　1. $A_1=50\times(A/p,6\%,20)=50\times0.0872=4.36$（万元）

偿还现金流量图如图 2-17 所示。

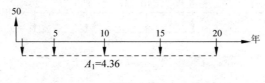

图　2-17

2. 设第 6 年年末一次性还款额 P_2 等于以后 14 年 A_1 换算到第 6 年年末的现值＋第 6 年年末的 A_1 值。

$$P_2 = A_1 \cdot (P/A, 6\%, 14) + A_1 = 4.36 \times 9.295 + 4.36 = 44.886(万元)$$

计算流量图如图 2-18 所示。

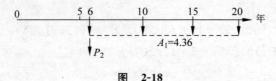

图　2-18

3. 当等额还款 5 年后,银行从第 6 年年初将利率调高为 8%,以后 15 年等额还款应为

$$A_3 = A_1(P/A, 6\%, 15) \cdot (A/P, 8\%, 15)$$
$$= 4.36 \times 9.712\ 2 \times 0.116\ 8 = 4.946(万元)$$

计算现金流量图如图 2-19 所示。

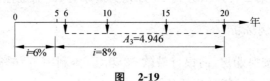

图　2-19

4. 当等额还款 5 年后,银行从第 6 年年末开始调高利率为 8%,以后 15 年等额还款额为

A_4 换算到第 6 年年末的现值应等于 $P_2 = 44.886(万元)$,从而有

$$44.886 = A_4 + A_4(P/A, 8\%, 14)$$

解得

$$A_4 = \frac{44.886}{1 + (P/A, 8\%, 14)} = \frac{44.886}{1 + 8.244\ 2} = 4.856(万元)$$

计算现金流量图如图 2-20 所示。

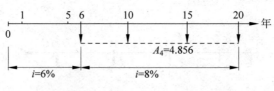

图　2-20

分析可见,对于使用等额本息偿还方式的借款人,随着还款本金递增,还款利息递减,即借款人前期偿还利息比重较大,本金比重较小。如果借款人到偿还中期再选择提前还

款的话,已经偿还了大部分利息,提前还款则需更多的本金,这种情况再选择提前还款的意义不大。当还款期超过 1/3 时,其实借款人已还了超过一半的利息,再选择提前还款的话,偿还的更多是本金,不能有效地节省利息支出和有效利用资本金。

复习思考题与习题

一、关键名词

现金流量、现金流入量、现金流出量、净现金流量、累计净现金流量、现值、终值、年值、年金现值、现值年金、年金终值、终值年金、名义利率、实际利率、连续利率、单利法、复利法、残值。

二、思考题

1. 什么是资本金时间价值?其意义是什么?

2. 什么是现金流量及其流量图?

3. 什么是单利法和复利法?分析比较两者不同点。

4. 什么是利息、利率、实际利率、名义利率和连续利率?并举实例分析后三者的不同。

5. 复利计算有哪些?试列出其计算式及其系数。

三、习题

1. 某项目现金流量如图 2-21 所示,$i = 12\%$,总流出量等于流入量,利用各计算式标出待求值。

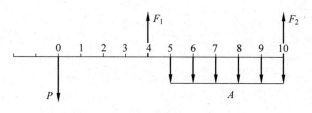

图　2-21

(1) 已知 F_1,F_2,A,求现值 P。

(2) 已知 F_1,F_2,P,求年值 A。

2. 某企业以年利率 6% 单利借出 200 万元,期限为 2 年,到期后以年利率 10% 复利把本息再借出,借期3年,问5年后企业本利和为多少?

3. 某企业贷款10万元,计划分8年偿还,贷款年利率12%,按月计息。试问:

(1) 每年偿还额是多少?

(2) 每年偿还额中,本与利各为多少?

(3) 若第5年公司希望一次还清余下的欠款,问还款额为多少?

4. 某发明人与两家公司谈判转让专利权,A公司提出每年付100万元,共付9年,首次付款在专利出让后一年;B公司提出现一次付600万元立即买下专利,年利率10%,问发明人应将专利转让给哪家公司?

5. 若名义利率 $i_n = 15\%$,请分别计算不同计息期的实际利率和连续利率,并加以分析比较。

表 2-6

计 息 期	m	计息期利率 $\dfrac{i_n}{m}$/%	i/%
年	1		
半年	2		
季	4		
月	12		
日	365		
连续(无限小)	∞		

第 三 章
项目必要性评估

投资项目建设必要性评估是指对所确定的拟建项目将来生产的产品或所提供的服务是否能满足市场需求和得到社会承认所进行的审查、分析和评价。这是投资项目能否实施的先决条件。如果一个项目根本没有建设的必要，或者说，这个项目生产的产品或提供的服务没有市场需求或需求量较小，那么，这个项目就不允许付诸实施，项目评估的其他技术经济论证也都没有必要进行。因此，只有对项目必要性进行严格审查，分析和评估，方能确认其确立或兴建的必要程度，从而保证项目投资决策的正确性和合理性。必要性的主要根据是将来的市场需求。

第一节　必要性评估内容

项目必要性评估的主要内容包括以下几个方面：

一、投资项目概况审查

对投资项目概况的审查，主要是依据项目调查所得的资料，结合项目可行性研究的有关内容着重审查、分析项目建设背景、目的，找出项目目标中存在的问题，企业或主管部门所提供的建设项目是否合理，是否符合国家、部门、地区的建设方针、产业政策。在审查目标时，既要分析确立项目目标的必要性、合理性，也要估计项目实现目标的可能性，为进一步审查、分析和评价拟建项目建设必要性做好准备。

二、拟建项目市场需求与供给分析

市场将来需求与供给分析是确定项目建设的基础，是项目评估的前提和重要组成部分，是决定项目生命力的重要环节。

1. *产品市场需求分析*

市场需求，包括有支付能力的生产消费需求和生活消费需求。决定市场需求的两个基本因素，一是社会需求，这是市场需求的实质性因素，没有社会需求，就不能产生市场需求;二是支付能力,这是市场需求的制约因素,没有支付能力,只有社会需求也不会产生市场需求。

拟建项目产品市场包括国内市场和国外市场,因此,产品市场需求的预测,应包括国内国外两个市场需求量测定。

(1)国内市场需求量测定

产品的国内市场需求量的测定是在市场调查的基础上,通过一定的市场预测方法,测定国内市场将来的需求量及其变动趋势实现的。关键在于:第一,要认真调查和分析该产品最近几年的实际销售量和潜在需求量,较准确地测定其变化趋势,为下一步市场预测提供可靠的数据基础;第二,要运用科学的预测方法,对将来市场的需求量进行正确的预测。

(2)国外市场需求量测定

如果产品可以外销,其国外市场需求量的测定是通过调查和预测该产品目前出口量、过去出口量增长率、今后出口计划及发展趋势等,并在此基础上,用科学的预测方法测定实现的。这样,拟建项目国内市场需求量和国外市场需求量总和,即为该产品的市场需求量。该数据为确定拟建项目生产规模的基础。

2. 市场供给分析

掌握了市场需求之后就要了解市场供给,从而判断将来市场的供求关系,为项目建设的必要性提供依据。市场供给是指商品生产者以一定价格向市场提供可供销售的一定数量的商品。凡有国际贸易的国家或地区,进口量也是对国内市场的一种供给。

(1)产品国内供给量的测定

产品国内供给量是该产品的国内生产能力。对远期生产能力的估计,可按现状加规划的思路进行,即预测其生产能力为现有企业的现有生产能力、现有企业预测其新增生产能力及预测其新建企业生产能力之和。

(2)产品国外供给量的测定

如果拟建项目产品有进口,则应以目前进口量为基础,在定性分析的基础上,估计未来进口量的增减情况。定性分析要考虑以下几个主要因素:一是对我国进口政策的分析研究;二是国内企业与生产同类产品的国外企业竞争力的比较分析,以估计国外产品在本国市场上的占有率。国内供给量与国外供给量之和为某产品市场供给量。根据拟建项目生产产品市场需求量和供给量的数据资料,可进行该产品市场供求的综合分析和评价,如果项目寿命期内总的预测需求量都超过供给量,说明这个项目产品有比较稳定、可靠的市场。如果需求与供给相比忽高忽低,说明这个项目产品市场是不稳定的,如果需求与供给基本持平,那也应该认为这个项目的产品市场不一定可靠。在后两种情况下,就应该作进一步分析,比如这个项目产品的性能、价格、质量如何,是否优于其他同类产品,在市场竞争中能否处于有利地位等。又如本项目产品有无替代产品,后者有无直接出口的可能,其他在建或拟建项目有无停建或改变计划的打算等。如果总的供给量已经大于总需求量,那这个项目建设就没有必要了。

三、国家政策、国民经济计划、行业规划和地区规划

项目必要性,首先,要审查是否符合国家此时的产业政策,这是决定项目取舍的重要依据。如我国现在经济建设的重点是:加强农业、基础工业和基础设施建设,加强技术改造投资,加强教育和科技事业。要按照"统筹规划、改造投资、加强教育和科技事业"的原则,要按照"统筹规划,合理分工,优势互补,协调发展"的原则,进一步改善我国的地区经济布局。加强西部地区投资,促进西部经济发展。其次,要看是否同国民经济长远规划、五年计划相一致。国民经济长远规划是国家在一定时期的奋斗目标和行动纲领,确定了经济和社会发展的战略目标、步骤和重大比例关系,生产力布局等重大经济政策。五年计划是我国计划的主要形式,是我国长远规划和中期计划的体现,拟建计划是否符合这些计划目标的要求,是建设项目有无建设必要的前提。最后,项目对本地区、本行业发展是否有利。项目建设要符合本地区发展规划和近期计划要求,看是否有利于促进本地区优势的发展和增强本地区的经济实力,合理利用本地区的资源。

四、拟建项目的产品竞争能力

拟建项目的产品有市场需求,只说明该产品进入市场的可能程度,但要使这种进入市场的可能性变为占有市场的现实,还必须靠产品的竞争能力。产品的竞争,是同类产品的不同生产者在占领市场方面的竞争,是一种"争夺市场的比赛"。因此,产品竞争能力是某一生产者的产品占领市场或夺取市场的能力,它是企业综合素质的集中表现。决定产品竞争能力的基本要素有以下几个方面。

1. 质量

产品质量包括产品的性能、功能、品位、花色、规格、耐用性等。这些具体的质量要求对于不同的产品是不一样的,同一种产品对于不同的消费者来说,也可能有不同的质量要求。概括地说,产品质量能反映单位产品的效用满足某种需要的程度,满足需要的程度高,产品质量就好;满足需要的程度低,产品质量就差。显而易见,在价格相同的情况下,质量好的产品,其竞争力就强;反之,其竞争力就差。

2. 价格

产品价格是产品价值的货币表现,是消费者使用和消费产品的经济代价。在质量相同的情况下,价格低的产品,其市场竞争力就强;否则,其市场竞争力就差。

3. 包装

包装具有保护产品、方便运输和携带、美化和增强产品吸引力、方便再次利用等作用，包装物扩大了质量的内容，同时也增加了产品价格因素。一般来说，在产品内在质量和价格相同的情况下，包装好的产品，其竞争力就强；否则，其竞争力就差。

4. 服务

服务是指在产品销售和消费过程中，企业为营销者或消费者提供的服务。企业可提供的服务主要包括销售服务、技术服务、财务服务等。毫无疑问，优良的服务能大大提高产品的竞争能力。

5. 广告

客观和艺术性完美结合的上乘广告对提高产品竞争能力是有极大影响的。所以，现在很多企业都肯在广告上花钱，但一定要注意真实性，千万别有虚假，一次虚假的广告将给产品信誉带来无法估计的损失。

在以上各要素中，产品质量和价格是产品竞争力的最基本要素，在项目评估中应重点对这两个要素进行分析。可通过计算"产品价值"指标定量地反映产品竞争能力。

"产品价值"指标是将产品竞争能力的内在要素加以量化的定量分析指标。这里所说的"产品价值"具有特别的含义。它不是指产品中凝结的劳动量，而是指产品质量价格的比值，其表达式为：

$$产品价值 = \frac{产品质量}{产品价格}$$

一般来说，在价格相同的同类产品中，质量好的产品竞争力强，在质量相同的同类产品中，价格低的产品竞争力强。但是，在两种同类产品中，一种产品的质量好，而另一种产品价格较低，这就需要借助"产品价值"的概念来进行分析了。

产品价值分析中，产品价格是一个定量的概念，但产品质量却是一个定性的概念，需要使用一定的方法加以量化。一般方法是邀请产品质量评估专家对相互竞争的产品进行质量评分。质量评分应根据产品用途和主要特点，将质量划分出若干个指标，逐项评分并累计出产品质量总分。产品质量总分除以产品价格即为产品价值的指标值。产品价值指标值高，其竞争能力就强；反之，其竞争能力就差。

五、拟建项目的生产规模

生产规模是否经济将决定产品生产成本，而成本将影响产品价格，价格是决定产品竞争能力的主要因素，因此，拟建项目的生产规模也将影响产品的竞争能力。所以，要对拟建项目的生产规模进行充分论证，使其经济合理。

第二节　市 场 研 究

市场研究包括市场调查和市场预测两个方面。

一、市场调查

（一）市场调查的含义与作用

1. 含义

市场调查是指对拟建项目产品市场销售和供给两方面的资料作系统的收集、记录和分析,以了解产品的现实市场和潜在市场,确定其需求量,为将来市场预测和确定经济规模提供科学的依据。

2. 作用

市场调查之所以重要,是因为它有以下几个方面的作用。

（1）通过市场调查可以提高投资决策的科学性,使项目评估更切合实际。

（2）可改造老产品和更新产品。

（3）通过市场调查取得了大量实际资料,为将来市场预测提供了科学的、可靠的依据。市场调查不应只局限于项目建设的前期,在项目建成投产后,为了适应市场的变化,不断开拓新市场,及时满足消费需求,仍需要加强市场调查。通过市场调查,掌握信息,不断提高产品质量,增加花色品种,为社会提供更多、更好的产品。因此,市场调查在投资项目整个经济寿命期间内始终发挥着极其重要的作用,贯穿于投资项目经济活动的全过程。

（二）市场调查的内容

从项目评估角度来看,市场调查主要包括以下基本内容:

1. 市场需求调查

市场需求是指消费者在一定时期和一定市场范围内有货币支付能力购买产品的总数量。一定时期是指项目经济寿命期;一定市场范围是指项目产品的销售范围,即项目产品所能占有的市场空间。有的可以外销,出口创汇;有的可以替代进口,节省外汇。当然,还有一些产品只能在国内销售,满足国内消费者的需求。所以,产品市场需求调查包括国内市场需求和国外市场需求调查。市场需求可区分为市场实际需求量和潜在需求量。实际需求量是指预测市场上的产品实际销售量,潜在需求量是指在预测时,随其影响因素变化的可能增加量。两者之和为产品市场需求量。

（1）国内市场需求调查

产品国内市场需求受到很多客观因素影响。不能简单地把每个人的平均需求量乘以全区或某一地区的人口总数来估算，而应先认真调查这些产品目前的国内需求量，再在此基础上预测未来需求量。

① 调查国内目前需求量

国内市场需求调查主要是搞清国内市场最近或前一段时期对产品的需求情况，以便对未来的市场需求作出预测。市场需求资料来源主要是商业和物资等产品销售部门、统计部门、主管部门和综合经济部门等。

通过广泛的调查，可以测定过去一定时期内社会对某种产品需求情况的发展趋势，据此推测未来需求。同时也应调查目前是否尚有一部分需求未得到满足，潜量有多大。对未满足的需求量调查是很重要的，因为未满足的需求量既可能为产品提供目前的市场，也会影响到未来市场需求预测。未满足的市场需求量虽然很难准确估计，但商业部门会有一个大概数据。在某种情况下，现成的市场销售资料可供参考。

② 预测国内未来需求量

预测产品未来需求量，应将消费资料和生产资料分开分别进行预测。

消费资料需求的增长，一般与平均家庭收入和平均个人收入增长率呈正比，可根据国家定期公布的有关这方面的数据估算，也可利用一些经济较发达国家的数据。这些国家的收入水平，估计是我国今后若干年内可能达到的水平。根据这些国家当前对某项产品的需求量，结合我们预期的收入增长量，再考虑两国之间的差异，就可预测未来的需求量。

生产资料需求的增长，应首先取决于国民经济长远计划中对有关生产和建设发展速度的需求，以此来预测某项生产资料需求的增长。对生产资料需求的预测也可间接采用上述消费资料的预测方法，因为生产资料一般都是制造消费资料的原材料或生产工具。这就可以先预测消费资料的未来需求量，据以推算出生产资料的未来需求量。

（2）国外市场需求调查

调查预测该产品现在与将来有无进入国际市场的可能，其数量为多少。开展这项工作时，可先向外贸部门了解情况，尤其是要了解该产品的目前出口数量、出口国家地区、过去的出口增长率以及今后的出口计划和前景。对上述调查资料的分析比较，可大体上判断产品进入国际市场的可能性及其数量的大小。为了在激烈的国际市场竞争中取胜，应了解国际市场对产品规格、性能、型号、质量等方面比较具体的要求，还要考虑可能受到政治、经济、贸易政策等方面的影响。

因此，在调查预测国外需求时，必须充分估计多方面的因素，同时，应加强对国外竞争对手的分析，采取有效措施占领和扩大国外市场。

2. 市场供给调查

市场供给是指在一定时期和一定市场范围内可提供给消费者的某种商品或劳务的总量。一定时期指项目经济寿命期内，市场范围包括国内市场和国外市场。市场供给可分为实际供给和潜在供给，前者是指市场的实际供给能力，后者是指可能增加的供给能力，两者之和为市场总供给量。

(1) 调查预测国内供给量

产品的国内供给量，主要决定于国内的生产能力。因此，调查供给量，首先必须先调查全国或一定地区产品现有的生产能力。所需资料一般可由计划、统计部门，有关企业的主管部门以及金融部门等单位提供，也可以对现有生产企业作一些实地调查，这些企业可以提供一些重要的第一手资料。掌握了目前的供给量后，就可以预测未来的供给量。

(2) 调查预测国外供给量

调查预测国外供给量是指我国可能进口这种产品的数量。如果国内这项产品需求要依靠一部分进口来满足，应向外贸部门了解，掌握目前进口量和将来可能的增加量。一般原则是进口量以满足国内生产缺口为度。这样，减少进口量就可为项目产品开辟国内市场；反之，如果增加进口量，就会使项目产品的国内市场缩小。根据经验可知，国外供给往往对产品市场产生很大影响。有的产品，原来国内供应很小，显然是短线产品，但由于没有进行有效的控制，各地纷纷盲目进口，使项目投产后产品销不出去。得出产品市场需求和供给后，就可进行市场的综合分析，求出总需求缺口：

$$总需求缺口 = 总需求 - 总供给$$
$$总需求 = 国内需求 + 未满足需求 + 出口$$
$$总供给 = 国内现有生产能力 + 进口$$

总需求缺口即潜在的产品市场，往往是决定项目生产规模的基础。

(三) 市场调查程序

1. 制订调查计划

根据所要调查的问题，明确调查目标、对象、范围、方法、进度、分工等。

(1) 明确调查目标

调查目标是调查中的核心问题，是正确调查的行动指南。所谓调查目标就是在市场调查中要解决的问题。

(2) 确定调查对象和范围

在制订调查计划时要根据调查内容选择合适的调查对象和范围。如调查对象是单位还是个人，是全面调查还是抽样调查等。

（3）选择合理的调查方法

调查方法选用是否合理得当关系所调查效果的好坏及调查费用的多少。因此，必须根据不同情况，选择合理的调查方法。

（4）调查数据汇总表的制定

对各类问题的调查结果，应设计出数据汇总表以便整理、分析和汇总。

（5）明确调查进度与分工

市场调查应在规定时间内完成。因此，应根据调查目的、对象、范围和要求，合理安排调查时间和人员分工。

2. 实地调查，收集有关资料

实地调查是将调查计划付诸实践。根据进度要求，运用选择的调查方法，分工协作进行实地的市场调查，收集有关资料数据。首先，应利用政府统计部门公布的统计数据和年鉴上的资料。其次，对一些市场行情变化迅速的行业，需要调查人员收集内容新颖和信息准确的能反映实际情况的资料。由于市场是经常变化的，因此在调查时可能会出现一些预想不到的事情。这时，要求调查人员要深入，应始终保持客观的态度，绝不能用主观想象代替客观事实。

3. 整理资料，编写调查报告

鉴别资料的真实性，去伪存真，将可靠准确的资料进行归纳处理并制作统计图表以便分析研究，编写调查报告。报告是调查工作的总结，要点简单明了，结论明确，应包括以下三方面的内容：

（1）总论。详细说明市场调查目的、对象、范围、方法等。

（2）结论。在得出市场调查结论之后，应对其进行论据充足、观点明确的说明和解释，并提出相应的建议。

（3）附件。包含市场调查所得到的图、表等。

（四）市场调查方法

1. 全面调查法

全面调查法是以访谈或问卷的方式全面地向被调查者提出询问，以获得所需要资料的一种调查方法。此法是市场调查中最常用的方法，特点是全面、精确、范围广、内容深、类型多，但所花时间较长，费用也较高，一般调查者可根据需要选用。

具体方法：

（1）调查表法

即事先准备好调查提纲，设计一套精确而便于明确回答的调查表格，用电话、通信或网络方式进行调查，获取所需调查资料。电话调查仅限于市内和简单问题的调查。

（2）询问法

即评估人员直接向被调查的单位和个人当面进行调查，这是一种被广泛采用的方法，调查人员可以比较深入地进行了解，可能会发现新问题。

2．抽样调查法

抽样调查是按随机的原则从总体中抽取样本进行调查，从而推算总体的一种调查方法。随机抽样，同样具有相当的准确性，耗用的经费和时间也比较少，因此也是市场调查中比较常用的一种调查方法。随机抽样法有三种：

（1）简单随机抽样

是在总体单位中不进行任何有目的的选样，完全按随机原则抽选调查单位，进而推算总体的一种方法。

（2）分层随机抽样

是将总体单位按其属性分为若干层或类型，然后在各层中随机抽取样本进行调查。分层随机抽样可以避免简单随机抽样过于集中于某个地区或某个层次的缺陷，从而增加样本的代表性和普遍性。

（3）分群随机抽样

是从总体中按随机原则，成群地抽取样本进行调查，从而推算总体的一种调查方法。其方法是先将总体按某个标准分为许多群（组），然后成群地抽选，对抽中的每个群中所有单位全面进行调查，然后，推算总体。分群抽样与分层抽样在抽样形式上基本一致，但在分类上有较大差异。分层抽样适于界限分明的母体，层间个体有差异性，层内个体有相同性，分群抽样正相反，适合于不宜归类的调查对象。群间个体有相同性，群内个体有差异性。

二、市场预测

市场预测是指在市场调查的基础上，运用科学的方法和手段，对未来一定时期内某种产品的市场供求变化及其发展趋势进行分析测算。它是经济预测的一个重要方面。

（一）市场预测的程序

市场预测程序如下：

1．确定预测目标

进行市场预测，首先必须确定预测目标，只有目的明确、具体，才能取得良好的预测结果。预测目标的确定应包括对象、目的、范围、产品名称、用途和特点等。预测目标应详细、具体，否则会降低预测的准确度。

2．收集整理资料

资料是市场预测的依据。应根据市场预测目标的具体要求，收集所需的各种资料，其中包括预测对象发展的历史资料,影响预测对象发展变化的各种现实因素等。同时,将收集来的资料进行分析、加工和整理,判别资料的真实程度和可用程度,去粗取精,去伪存真。

3. 选择预测方法

预测就是利用选择的预测方法和建立的数学模型,对整理的资料进行数据处理和分析判断,得出预测结果。预测方法繁多,应根据预测对象的特点、精度要求、资料的占有情况和市场预测费用等因素选择适宜的方法。在符合预测要求的前提下,方法应力求简单。

4. 进行预测

方法选定之后,根据加工整理的数据资料,建立数学模型,进行处理类推计算,得出预测结果。

5. 分析预测结果

预测结果不可能做到十分精确,都会与实际产生一定的误差。因此,应对预测结果进行分析评价,检验误差的程度,找出产生误差的原因,并相应修正预测结果。若是由于方法或模型不完善,就要对方法和模型进行改进,以臻完善。若有可能,可采用多种预测方法进行市场预测,然后加以综合分析比较,确定出可信的预测结果。

由此可见,市场预测过程是资料、方法和分析的综合过程,资料是基础,方法是核心,分析则贯穿市场预测的全过程。

(二)市场预测方法

市场预测的方法种类繁多,大体上可分为定性和定量预测分析两大类。

1. 定性预测方法

定性预测方法是预测者依据经验和分析能力,利用所掌握的信息资料,通过对影响市场变化的各种因素的分析、判断和推理来预测市场未来的发展变化。其特点是简便易行,不需要复杂的运算过程,特别是当不具备定量分析条件时,就要通过市场发展变化性质的分析,对未来的市场作出判断,预测市场未来的发展趋势。有一些方面,如消费者心理变化,国家方针政策的变化对市场未来的影响,都是无法或不容易用定量预测法的,只能用定性分析方法进行预测。定性预测方法的确定往往不能提供以精确数据为依据的市场预测值,而只能提供未来发展的大致趋势。

(1)专家调查法

专家调查法是在20世纪40年代由美国兰德公司研究人员创立的一种定性预测方法,也称德尔菲(Delphi)法。根据市场预测目的要求,向有关专家提供一定的背景资料和调查表格,请专家就市场未来发展变化作出判断,最后汇总预测结果。具体步骤如下:

① 拟定调查提纲

提纲内容应包括预测目标、期限、要求等,要设计出简单明了并能正确征询专家意见的表格。

② 挑选专家

专家法结果是否正确,很大程度上取决于专家选择。所选择的专家应对预测对象和问题有比较深入研究,具有一定的理论水平,有丰富的实践经验和渊博的知识,平时掌握大量有关这方面的动态信息和资料。其人数要根据预测性质和问题大小而定,通常为20~50人,多的可达100~200人,按统计学对样本数的要求,一般应不少于20人。

③ 征询专家意见

以通信和网络方式向专家发送征询意见表。征询表中不应有倾向性意见,要有利于专家充分发表各自的意见。在专家之间互不交换意见的前提下,请专家作出积极的判断。

④ 整理集中专家意见

将各专家的意见进行归纳整理,列出不同的看法及其依据,并反馈给各个专家,请专家再作出判断,征询和反馈一般要重复进行四轮,直至专家意见大致相近时为止。对专家意见的处理方法,因预测对象和要求而异,通常用中位数反映预测结果。

⑤ 整理预测结果

经过反复征询,在专家意见比较集中的基础上,进行分析、处理、判断,最后得出预测结果——通常是专家意见的集中。

专家调查法有三大特点:

a. 匿名性:对被选择的专家要求保密,不让他们彼此通气,使他们不受权威、资历等方面的影响。

b. 反馈性:征询意见是一个反复过程,组织者将征询结果进行整理,分析综合,然后反馈给征询者,对专家个人的深入思考起到了引导作用,从而引起新的判断。

c. 收敛性:经过数轮征询后,专家的判断就会相对集中而趋于一致,一般相对收敛。收敛是市场预测的基本要求。

（2）相关预测法

市场上各种经济现象之间是互相联系的,某一种因素发生变化时,另一种因素也随之而变,这两种因素之间的关系称相关关系。利用经济因素之间的相关关系进行市场预测的方法称相关预测法。市场的经济因素之间有各种不同的相关关系。一是正相关,即一个经济因素增加,另一个相关因素也增加。二是负相关,即一个经济因素增加,另一个相关因素减少。若两种商品的需求量成正比例变化,则称这两种商品为正相关关系。如轮胎与汽车销量之间为正相关关系。如果两种商品需求量成反比例变化,则称为负相关关系。如尼龙袜和线袜、机制表和电子表均为负相关关系。在预测时,可根据已知经济因素与未知经济因素的正或负相关关系来推测未知经济因素的预测值。一般研究经济因素之间的相关关系,要收集的数据在30组以上,只有利用大量的数据,才能回归推出经济因素之间的相关关系。

相关预测法计算简单,结果准确,但使用范围小,一般应结合其他预测方法应用。

(3) 产品寿命周期预测法

所谓产品寿命周期是指产品从开始投放市场直到被市场淘汰的全过程。用研究产品的寿命期进行产品市场预测的方法称产品寿命周期预测法。这是常用的一种市场预测方法,可以纠正其他预测方法的偏差。

产品寿命周期大致可分为如下几种:

① 投入期:新产品投放市场后,消费者对这种产品并不熟悉,销售量小,产品成本高,盈利小,也可能亏损,经过一段时间的推广,销售量会缓慢上升。

② 成长期:产品为消费者熟悉并接受,销售量迅速增长,利润也随之上升。

③ 成熟期:产品已逐步满足市场需要,销售量和利润均达到高峰,同时,竞争产品进入市场,使产品销售量和利润不再增长,反而出现下降趋势。

④ 衰退期:产品老化,消费者转而购买新产品,销售量和利润额急剧下降,甚至开始出现亏损。这种变化的一般趋势,用曲线表示如图 3-1 所示。

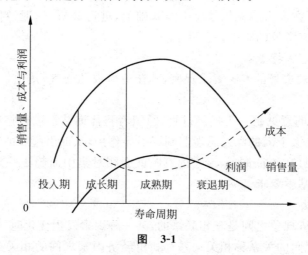

图　3-1

产品寿命周期一般采用定量分析和定性分析相结合的方法。

a. 类推法

此法是根据国内外同类产品的寿命周期、产品更新换代和新产品开发的具体情况进行对比分析、判断,推出项目产品所处的寿命周期阶段。

b. 销售增长率法

以 Δy 表示销售量的增长量,以 Δt 表示时间的增长量,则 $\dfrac{\Delta y}{\Delta t}$ 就是销售增长率。利用销售增长率可确定项目产品所处的寿命期阶段。根据有关统计资料,在一般情况下,当增长率在 0～10％ 为投入期;当增长率大于 10％ 时为成长期;当增长率转入 10％ 或大于 -10％ 时为成熟期;当增长率小于 -10％～0 时为衰退期。

c. 产品普及率法

产品在寿命周期的不同阶段,其普及率不同。因此可采用普及率法预测产品寿命周期阶段。产品普及率有两种:

$$家庭平均普及率 = \dfrac{社会拥有量}{家庭户数}$$

$$人口平均普及率 = \dfrac{社会拥有量}{人口总数}$$

其中:社会拥有量＝历年生产累计量＋历年进口累计量－历年出口累计量－历年国内购买累计量

各阶段的划分标准为:普及率在 15％ 以下为投入期;普及率在 15％～50％ 为成长期;普及率在 50％～90％ 为成熟期;普及率大于 90％ 为衰退期。

2. 定量预测法

定量预测法也称数量预测法,是根据历史资料数据建立数学模型,借以推算将来的预测方法。如果历史数据仅仅是预测对象自身的历史数据,此种方法称为趋势预测法,也称时序预测法。如果历史数据不仅有预测对象的数据,还有其他相关因素的数据,此法称回归预测法。它是利用不同经济因素之间的相关关系建立数学模型进行预测的。

(1) 时序预测法

时序预测法就是按时间顺序排列,随着时间的推移,社会供求也在不断发生着变化,通过这种变化关系分析,对未来市场作出定量预测。其基本原理是假设寿命期内各项因素不发生重大变化,过去的趋势会延续到未来,故也称历史延伸法。因此,此法最适于短期预测。

① 算术平均法

这是一种最简单的时序预测法。它是根据调查实际数据求其平均值,然后将平均值延伸到未来,作为下一时期的预测值。此法适于时序数列呈明显线性增长或下降趋势时使用。计算式为

$$\bar{x} = \frac{\sum_{1}^{n} x_i}{n} = \frac{x_1 + x_2 + \cdots + x_n}{n} \qquad (3\text{-}1)$$

式中:$\bar{x}$ 为平均值,即预测值;x_i 为过去调查实际数值($i = 1, 2, \cdots, n$);n 为调查实际个数。

② 加权平均法

在预测中,各期历史资料对未来的影响是不相同的,近期影响大,远期影响小。因此,对各期数据分别以不同的权重来反映这种影响。近期权重大,远期权重小。然后求出加权平均作为预测值。此法适于预测对象有明显的线性关系时应用。计算式为

$$\bar{x} = \frac{\sum_{1}^{n} f_i x_i}{\sum_{1}^{n} f_i} \tag{3-2}$$

式中:f_i 为 x_i 所对应的权重数。

例 3-1 已调查某产品前 4 年的实际销售额分别为 51、47、60、62 万元,请预测其第 5 年的销售额。

用算术平均法

$$\bar{x}_5 = \frac{x_1 + x_2 + x_3 + x_4}{4} = \frac{51 + 47 + 60 + 62}{4} = 55(万元)$$

用加权平均法

$$\bar{x}_5 = \frac{\sum_{1}^{4} f_i x_i}{\sum_{1}^{4} f_i} = \frac{51 \times 1 + 47 \times 2 + 60 \times 3 + 62 \times 4}{1 + 2 + 3 + 4} = 57.3(万元)$$

③ 移动平均法

移动平均法是在算术平均法基础上发展而来的,旨在消除剧烈的波动,平滑数据,反映变化趋势。它不是调查观察期的平均数,而是移动跨越期的平均值,通过平均法的推移,逐步排除较远期数据的影响,而以较近期的数据为准。所谓"移动"是指参与平均的实际数据随预测的推进而不断更新。当每一个新的实际数据进入时,要剔除平均值中最陈旧的一个,且每次参与的实际个数相同。视需要,移动平均推移过程可进行多次。

移动平均计算式为

一次平滑:

$$M_{t-1}^{(1)} = \frac{1}{n}(x_{t-1} + x_{t-2} + \cdots + x_{t-n})$$

$$M_t^{(1)} = \frac{1}{n}(x_t + x_{t-1} + \cdots + x_{t-n+1}) \tag{3-3}$$

$$= M_{t-1}^{(1)} + \frac{1}{n}(x_t - x_{t-n})$$

二次平滑:

$$M_{t-1}^{(2)} = \frac{1}{n}(M_{t-1}^{(1)} + M_{t-2}^{(1)} + \cdots + M_{t-n+1}^{(1)} + M_{t-n}^{(1)})$$

$$M_t^{(2)} = \frac{1}{n}(M_t^{(1)} + M_{t-1}^{(1)} + \cdots + M_{t-n+1}^{(1)})$$

$$= M_{t-1}^{(2)} + \frac{1}{n}(M_t^{(1)} + M_{t-n}^{(1)}) \tag{3-4}$$

式中：$M_t^{(1)}$——第 t 期的一次移动平均值；

$\quad M_{t-1}^{(1)}$——第 $t-1$ 期的一次移动平均值；

$\quad M_t^{(2)}$——第 t 期的二次移动平均值；

$\quad x_t$——t 期的数据；

$\quad t$——当前周期数；

$\quad n$——移动跨越期，即平均数据分段数，一般取 $2\sim20$。

如果一次移动平均数列比较平缓，可直接用 $M_t^{(1)}$ 作为预测值，否则要进行第二次移动平均，其预测式为

$$Y_{t+T} = a_t + b_t T \tag{3-5}$$

式中：T——由当前到预测的周期数；

$\quad Y_{t+T}$——$(t+T)$期的预测值；

$\quad a_t$——线性模型的截距，$\qquad a_t = 2M_t^{(1)} - M_t^{(2)}$；

$\quad b_t$——线性模型的斜率，$\qquad b_t = \frac{2}{(n-2)}(M_t^{(1)} - M_t^{(2)})$。

例 3-2 现调查 8 年某产品销售额分别为 4、8、16、20、26、32、40、46 万元。试预测未来第 4 年的销售额。

取 $n=2$，预测计算如表 3-1 所示。

表 3-1　　　　　　　　　　　　　　　　　　　　　　　　　　　　　　　　万元

周期 t	销售额	$M_t^{(1)}$	$M_t^{(2)}$
1	4		
2	8	6	
3	16	12	9
4	20	18	15
5	26	23	20.5
6	32	29	26
7	40	36	32.5
8	46	43	39.5

$$a_t = 2M_t^{(1)} - M_t^{(2)} = 2 \times 43 - 39.5 = 46.5$$

$$b_t = \frac{2}{(n-2)}(M_t^{(1)} - M_t^{(2)}) = \frac{2}{2-1}(43 - 39.5) = 7$$

$$Y_{t+T} = a_t + b_t T$$

$$Y_{8+4} = 46.5 + 7 \times 4 = 74.5(万元)$$

④ 指数平滑法

移动平均法有两个明显缺点:一是要求调查取得大量数据资料,这在投资项目评估中往往难以做到;二是对每个调查数据的重视程度是一样的,实际上近期数据对未来发展的影响往往要大于以前的数据。为了克服这两个缺点,可采用指数平滑法。指数平滑法的特点是加强了近期观察值对预测值的影响,给近期观察值以较大权数,给远期观察值以较小的权数。指数平滑法分一次平滑法和二次平滑法。

一次平滑法计算式为

$$S_t^{(1)} = \alpha x_t + (1 - \alpha)S_{t-1}^{(1)} \tag{3-6}$$

式中:$S_t^{(1)}$——为 t 期一次平滑值;

x_t——第 t 期调查观察值;

$S_{t-1}^{(1)}$——为 $t-1$ 期一次平滑值;

α——权重系数,一般取 0.3~0.6。

权重系数 α 是近期数据与远期数据的分配比值。α 值的大小体现了不同时期的数据在 $S_t^{(1)}$ 中所起的不同作用。

例如,当 $\alpha = 1$ 时,$S_t^{(1)} = x_1$,表示任一时的指数平滑值等于最初一个历史调查值。

由此可见,α 取值越大,越接近于 1,近期数据 x_t 对 $S_t^{(1)}$ 的影响就越大;α 取值越小,越接近于零,近期数据 x_t 对 $S_t^{(1)}$ 的影响就越小,远期数据的影响也就越大。

例如,分别取 $\alpha = 0.9$、0.5 和 0.2。列出某产品调查值和计算 $S_t^{(1)}$ 值,如表 3-2 所示。

当 $\alpha = 0.9$ 时,$S_t^{(1)}$ 值:

$$S_1^{(1)} = 0.9 \times 20.6 + 0.1 \times 20.6 = 20.6$$

$$S_2^{(1)} = 0.9 \times 32.6 + 0.1 \times 20.6 = 31.4$$

$$S_3^{(1)} = 0.9 \times 33.2 + 0.1 \times 31.4 = 33.02$$

$$\vdots$$

$$S_{10}^{(1)} = 0.9 \times 78.6 + 0.1 \times 67.93 = 77.53$$

同理,可分别计算 $\alpha = 0.5$ 和 0.2 时的 $S_t^{(1)}$ 值,如表 3-2 所示。

表 3-2 万元

年份	调查值 x_t/万元	$\alpha=0.9$	$\alpha=0.5$	$\alpha=0.2$
1	20.6	20.6	20.6	20.6
2	32.6	31.4	26.6	23.0
3	33.2	33.02	29.9	25.0
4	33.9	33.8	31.9	26.8
5	30.4	30.7	31.1	27.5
6	32.5	32.3	31.8	28.5
7	42.1	41.1	36.9	31.2
8	56.2	54.7	46.6	36.2
9	69.4	67.9	58.0	42.9
10	78.6	77.53	68.3	50.0

结果显示，$\alpha=0.9$ 时，其平滑作用不如 $\alpha=0.2$ 显著，$S_t^{(1)}$ 的均方差与调查数据 x_t 的均方差接近，波动性没有减轻，但对数据的变动反应灵敏；当 $\alpha=0.2$ 时，平滑作用较好，但对数据的变动反应迟缓。

在一次平滑的基础上进行二次平滑，二次平滑计算式为

$$S_0^{(2)} = x_1 \text{ 或前 3 年 } S_t^{(1)} \text{ 的平均值;}$$
$$S_t^{(2)} = \alpha S_t^{(1)} + (1-\alpha)S_{t-1}^{(2)} \tag{3-7}$$

式中：$S_t^{(2)}$——第 t 期的二次平滑值；

$S_{t-1}^{(2)}$——第 $t-1$ 期的二次平滑值。

二次指数平滑与一次指数平滑作用类似，用来进一步平滑时间序列数据值。

二次平滑预测模型：

$$Y_{t+T} = a_t + b_t T \tag{3-8}$$

式中：t——当前周期数；

T——由当前到预计周期的周期间隔数；

Y_{t+T}——第 $t+T$ 期的预测值。

$$\text{系数} \quad a_t = 2S_t^{(1)} - S_t^{(2)}, \quad b_t = \frac{\alpha}{1-\alpha}(S_t^{(1)} - S_t^{(2)})$$

例 3-3 调查观察 5 年的销售量(台)，分别为 $x_0=1\,520, x_1=1\,650, x_2=1\,610, x_3=1\,720, x_4=1\,800$，用指数平滑法预测第 7 年($x_6$)销售量。设 $S_0^{(1)}=x_0=1\,520, \alpha=0.4$，计算一次和二次指数平滑如下。

表 3-3

周期	0	1	2	3	4
$S_t^{(1)}$	1 520	1 572	1 587	1 640	1 704
$S_t^{(2)}$	1 650	1 619	1 606	1 620	1 654

$$a_t = 2 \times 1\,704 - 1\,654 = 1\,754, \quad b_t = \frac{0.4}{1-0.4}(1\,704 - 1\,654) = 33.33$$

预测模型为 $Y_{t+T} = 1\,754 + 33.33 \times T$

得其年销售量: $Y_{5+2=7} = 1754 + 33.337 \times 2 = 1\,821$(台)

例 3-4 某地区粮食产量 x 调查如下,取 $\alpha = 0.9$,分别计算一次、二次指数平滑值如表 3-4。

表 3-4

年份 t	产量 x	$S_t^{(1)}$	$S_t^{(2)} = \alpha S_t^{(1)} + (1-\alpha) S_{t-1}^{(2)}$
0	52.4	52.4	$65.6 = 52.4 + 66.35 + 78.01/3$
1	67.9	66.35	$66.28 = 66.35 \times 0.9 + 65.6 \times 0.1$
2	79.3	78.01	$76.84 = 78.01 \times 0.9 + 66.28 \times 0.1$
3	89.7	88.62	$87.44 = 88.62 \times 0.9 + 78.01 \times 0.1$
4	91.6	91.30	$90.91 = 91.30 \times 0.9 + 87.44 \times 0.1$
5	100.3	99.40	$98.55 = 99.40 \times 0.9 + 90.91 \times 0.1$
6	112.1	110.83	$109.61 = 110.83 \times 0.9 + 98.55 \times 0.1$
7	118.0	117.28	$116.51 = 117.28 \times 0.9 + 109.61 \times 0.1$
8	123.0	122.43	$121.84 = 122.43 \times 0.9 + 116.51 \times 0.1$

系数
$$\alpha_t = 2S_t^{(1)} - S_t^{(2)} = 2 \times 122.43 - 121.84 = 123.02$$

$$b_t = \frac{\alpha}{1-\alpha}(S_t^{(1)} - S_t^{(2)}) = \frac{0.9}{1-0.9}(122.43 - 121.84) = 5.31$$

直线模型进行趋势外推预测式
$$Y_{t+T} = \alpha_t + b_t T = 123.02 + 5.31T$$

预测 $T = 1、2、3$
$$Y_{t+1} = 123.02 + 5.31 \times 1 = 128.33$$

$$Y_{t+2} = 123.02 + 5.31 \times 2 = 133.64$$

$$Y_{t+3} = 123.02 + 5.31 \times 3 = 138.95$$

⑤ 弹性分析法

弹性分析法是一种简单易行的定量预测方法。弹性也称弹性系数,是一个相对量,可衡量一种变量的改变所引起的另一种变量的相对变化,因此,弹性是针对两个变量而言的。一般的,两个变量之间的关系越密切,相应的弹性值就越大;两者变量之间越不相关,相应的弹性值越小。

某种商品需求量大小总是与人们的收入水平和该商品的价格水平密切相关。

a. 需求收入弹性 E_i

需求收入弹性是用收入弹性系数 E_i 来表示,为商品需求量的相对变化与收入相对变化之比:

$$E_i = \frac{Q_1 - Q_0}{Q_0} \bigg/ \frac{I_1 - I_0}{I_0} \quad \text{或} \quad E_i = \frac{Q_1 - Q_0}{Q_1 + Q_0} \bigg/ \frac{I_1 - I_0}{I_1 + I_0}$$

式中: Q_1 和 I_1 ——观察年的商品需求量和收入水平;

Q_0 和 I_0 ——基年的商品需求量和收入水平。

要注意,以不同年份作为观察年与同一基年进行比较,往往会得到不同的收入弹性系数,而收入弹性应该是一个相对稳定的常数值。这就要求在求出不同观察年份对同一基年的收入弹性后,再求出其平均值,并用此平均值预测某商品的需求量。公式为:

商品需求量 ＝基年商品需求量×(1＋商品需求收入弹性×
预测年较基年收入的增长率)

例 3-5　调查过去 8 年居民收入与某商品需求量如表 3-5 所示。

表　3-5

年	商品需求量/千件	人均收入/万元	需求收入弹性 E_i
1	2 000	1.2	
2	2 400	1.4	1.20
3	2 900	1.7	0.97
4	3 600	2.0	1.37
5	4 400	2.4	1.11
6	5 400	3.0	0.91
7	6 600	3.8	1.02
8	8 000	4.7	0.90

需求收入弹性平均值:

$$E_i = 1.20 + 0.97 + 1.37 + 1.11 + 0.91 + 1.02 + 0.90/7$$
$$= 1.069$$

预测今年人均收入将达到 5.4 万元,即比第一年增长 3.5 倍,则今年商品需求量为:
$$2\,000 \times (1 + 1.069 \times 3.5) = 9\,480 (千件)$$

b. 需求价格弹性 E_p

需求价格弹性是需求的相对变化与价格相对变化的比率,其计算式:

$$E_p = \frac{Q_1 - Q_0}{Q_0} \bigg/ \frac{P_1 - P_0}{P_0} \qquad 或 \qquad E_p = \frac{Q_1 - Q_0}{Q_1 + Q_0} \bigg/ \frac{P_1 - P_0}{P_1 + P_0}$$

式中:Q_1 和 P_1 ——观察年的商品需求量和价格水平;

Q_0 和 P_0 ——基年的商品需求量和价格水平。

在市场条件下,商品价格与消费者需求密切相关,价格上升,需求量下降;价格下降,需求量上升。

商品需求量计算式为:

商品需求量 = 现价需求量 × (1 + E_p × 预测年价较现价的变化率)

例 3-6 某商品前年价格为 100 元,销售量为 15 000 件;今年价格为 95 元,销售量为 15 800 件;若明年价格预测为 93 元,预测其销售量:

$$E_p = [(15\,800 - 15\,000)/15\,000] \div [(95 - 100)/100] = -1.067$$

$$销售量 = 15\,800 \times \left[1 + (-1.067) \times \frac{93 - 95}{95}\right] = 16\,155 (件)$$

例 3-7 调查过去 7 年某地空调需求量与其价格数据如表 3-6 所示。

表 3-6

年	空调价/(元/台)	空调需求量/万台	价格较上年增长/%	空调需求量较上年增长/%	E_p
1	4 996	32			
2	4 547	35	−9.0	9.4	−1.04
3	4 012	39	−11.8	11.4	−0.97
4	3 580	44	−10.8	12.8	−1.19
5	3 198	49	−10.7	11.4	−1.07
6	2 820	54	−11.8	10.2	−0.86
7	2 450	62	−13.1	14.8	−1.13

取 E_p 平均值 $= -(1.04 + 0.97 + 1.19 + 1.07 + 0.86 + 1.13)/6 = -1.04$

即价格每降低 1%,需求量增长 1.04%。

预测今年空调价降到 2 000 元/台,其需求量为

$$62 \times \left(1 + 1.04 \times \frac{2\,450 - 2\,000}{2\,450}\right) = 73.84 (万台)$$

c. 能源需求弹性

能源需求弹性可以反映多种经济指标与能源需求之间的关系。可分解为国内生产总值、工农业总产值、国民收入等能源弹性。常用 GDP 能源需求弹性：

$$E_e = (\Delta E / E) / (\Delta GDP / GDP)$$

式中：E 和 ΔE——相应年份能源消耗量和变动量；

　　　GDP 和 ΔGDP——相应年份国内生产总值和变动量。

例 3-8 某地当年 GDP 达 1 778 亿元，电力消耗量 269 万 kW·h，经分析未来前 5 年 GDP 增长速度 9％，后 5 年为 8％，同期电力需求弹性系数 E_e 分别为 0.66 和 0.59。预测各电力需求量：

　　　前 5 年电力需求量 $= 269 \times (1 + 0.66 \times 9\%)^5 = 359(万\ kW·h)$

　　　后 5 年电力需求量 $= 359 \times (1 + 0.59 \times 8\%)^5 = 452(万\ kW·h)$

⑥ 消费系数法

消费系数是指某种产品在各个行业（或部门、地区、人口、群体等）的单位消费量。消费系数法是对某种产品在各行业的消费数量进行分析，在了解各个行业规划产量的基础上，根据消耗定额考虑技术和管理水平的改进，计算出各个行业的需求量，汇总得出该产品的总需求量。

分析该产品在各行业或部门的消费比例，终端消费者与产品的数量关系，从而预测出产品需求量。

分析步骤如下：

a. 分析产品 X 的所有消费部门或行业，包括现存和潜在的市场。

b. 分析产品 X 在各部门或行业的消费量 X_i 与各行业产品 Y_i 的产量，确定各部门或行业的消费系数 E_i。

c. 确定各部门或行业的规划产量，预测各部门或行业的消费需求量：$X_i' =$ 规划生产规模 $Y_i' \cdot E_i$。

d. 汇总各部门的消费需求总量 $X' = \sum X_i'$。

例 3-9 今年某地区各类汽车耗汽油 121.02 万吨，其具体耗油如表 3-7 所示。

表　3-7

	私人轿车	出租车	商用车	小摩托车	其他车辆	合计
汽车保有量/万辆	6.21	3.34	5.73	0.24	1.22	16.74
年耗汽油/万吨	19.62	29.66	64.86	0.03	6.85	121.02

预计 5 年后该地各类车保有量分别为：私人轿车 20 万辆，出租车 5 万辆，商用车 7

万辆,小摩托车 0.5 万辆,其他车辆 2 万辆。若各类车辆年耗汽油量不变,用消费系数预测 5 年后的汽油总需求量。

　　a. 首先计算各类车年耗汽油量:

　　　　今年私人轿车耗油量 = 19.62 万吨 / 6.21 万辆 = 3.16 吨 / 辆·年

类似,出租车年耗油量 = 8.88 吨 / 辆·年

　　　　商用车年耗油量 = 11.329 吨 / 辆·年

　　　　小摩托车年耗油量 = 0.11 吨 / 辆·年

　　　　其他车辆年耗油量 = 56 吨 / 辆·年

　　b. 计算 5 年后各类车年耗汽油量:

　　　　私人轿车年耗油量 = 20 万辆 × 3.16 吨 / 辆·年 = 63.2 万吨 / 年

类似,出租车年耗油量 = 44.4 万吨

　　　　商用车年耗油量 = 79.24 万吨

　　　　小摩托车年耗油量 = 0.06 万吨

　　　　其他车辆年耗油量 = 11.21 万吨

　　汇总得 5 年后各类车辆总年耗汽油量 $X' = \sum (63.2 + 44.4 + 79.24 + 0.06 + 11.21) =$ 198.11(万吨)

　　(2) 回归预测法

　　回归预测法是根据调查数据,通过确定自变量与因变量之间的函数关系,来进行未来值的一种预测方法。根据自变量个数,可以是一元回归,也可以是多元回归。

　　① 时序回归法

　　a. 一元直线时序回归预测法

　　若调查数据增减大体呈现等差级数,其图形表现为直线,可用直线方程预测:

$$\hat{Y} = a + bT \tag{3-9}$$

式中:$\hat{Y}$——预测值;

　　回归系数 $a = \dfrac{\sum Y_i}{n}$

　　回归系数 $b = \dfrac{\sum Y_i T_i}{\sum T_i^2}$

　　T_i——年序数,$\sum T_i = 0$;

　　Y_i——第 i 年的调查数据;

　　n——调查年数。

为使 $\sum T_i = 0$，当 n 为奇数时，可将 T_i 设为 $\cdots,-3,-2,-1,0,1,2,3,\cdots$ 使其间隔为 1；当 n 为偶数时，可将 T_i 设为 $\cdots,-5,-3,-1,1,3,5,\cdots$，使其间隔为 2。

预测值用其调查实际值与用模型反推算出的预测值的均方差 σ 来检验其可信度（保证度）。

$$\sigma = \pm \sqrt{\frac{\sum(\hat{Y}_i - Y_i)^2}{n}}$$

当取 $\pm\sigma$ 时，保证度为 68.26%；当取 $\pm2\sigma$ 时，保证度为 95.44%；当取 $\pm3\sigma$ 时，保证度为 99.74%。

项目评估中通常一般取 $\pm\sigma$，其保证度达 68% 就够了。精度要求特别高的大型重点工程项目，有时会取 $\pm2\sigma$，其保证度为 95%。

例 3-10 某项目产品销售额现调查过去 5 年分别为 60、80、95、115、125 万元。其变化大体呈等差级数，故可用直线回归预测今后第 1 年和第 5 年的销售额和可信度 68% 的变动幅度。

计算结果如表 3-8 所示。

表 3-8

年序号 n	调查销售额 Y_i/万元	年序数 T	T_iY_i	T_i^2	预测额 $\hat{Y}_i$/万元	$\hat{Y}_i - Y_i$/万元	$(\hat{Y}_i - Y_i)^2$/万元^2
1	60	-2	-120	4	62	2	4
2	80	-1	-80	1	78.5	-1.5	2.25
3	95	0	0	0	95	0	0
4	115	1	115	1	111.5	-3.5	12.25
5	125	2	250	4	128	3	9
$n=5$	$\sum Y_i = 475$	$\sum T_i = 0$	$\sum T_iY_i = 165$	$\sum T_i^2 = 10$			27.5

$$a = \frac{\sum Y_i}{n} = \frac{475}{5} = 95; \qquad b = \frac{\sum T_iY_i}{\sum T_i^2} = \frac{165}{10} = 16.5$$

$$\hat{Y} = 95 + 16.5T, \quad \hat{Y}_{5+1=6} = 95 + 16.5 \times 3 = 144.5(\text{万元})$$

$$\hat{Y}_{5+5=10} = 95 + 16.5 \times 8 = 227(\text{万元}) \qquad \sigma = \pm\sqrt{\frac{\sum(\hat{Y}_i - Y_i)^2}{n}} = \pm\sqrt{\frac{27.5}{5}} = \pm 2.35$$

可信度 68%，预测值范围为 $227 \pm 2.35 = 224.65 \sim 229.35$（万元）

b. 多元(二次曲线)时序回归预测法

过去调查数据增减大体呈现等比级数变化,其图形表现为曲线,则可用二次曲线方程进行预测。其方程式为 $\hat{Y}=a+bT+cT^2$

参数 a、b、c 计算方法同直线法一样,用最小二乘法可导出,且 $\sum T_i = 0$,

$$\sum Y_i = na + c\sum T_1^2, \quad \sum Y_iT_i = b\sum T_1^2, \quad \sum Y_iT_i^2 = a\sum T_1^2 + c\sum T_1^4。$$

例 3-11 某区某产品前 7 年销售额调查如表 3-9 所示,预测第 8 年的销售额。

表 3-9

年份	实销额 Y_i/万元	T_i	T_i^2	Y_iT_i	T_i^4	$Y_iT_i^2$
1	4.65	−3	9	−13.95	81	41.85
2	6.05	−2	4	−12.10	16	24.20
3	7.90	−1	1	−7.90	1	7.90
4	10.50	0	0	0	0	0
5	13.70	1	1	13.70	1	13.70
6	16.50	2	4	33.00	16	66.00
7	19.75	3	9	59.25	81	177.75
$n=7$	$\sum Y_i = 79.05$	$\sum T_i = 0$	$\sum T_i^2 = 28$	$\sum Y_iT_i = 72$	$\sum T_i^4 = 196$	$\sum Y_iT_i^2 = 331.4$

观察实际销售额变化,大体呈等比级数(二级增长量相近),故可用二次曲线方程预测,将表中计算数据代入参数方程:

$$79.05 = 7a + 28c$$
$$72 = 28b$$
$$331.4 = 28a + 196c$$

联解可得:$a = 10.57$

$\qquad b = 2.57$

$\qquad c = 0.18$

得二次曲线预测方程为 $\hat{Y} = 10.57 + 2.57T + 0.18T^2$,

第 8 年时序数 $T=6$,

所以 $\hat{Y}_8 = 10.57 + 2.57 \times 6 + 0.18 \times 6^2 = 32.47$(万元)。

② 相关回归法

一元(线性)相关回归预测法

若两个因素呈现线性变化,则可用一元相关回归预测。

$$Y_c = a + bx \qquad (3\text{-}10)$$

式中：Y_c——因变量（预测对象）；

x——自变量；

a、b——回归系数。

运用最小二乘法求得其计算式：

$$\begin{cases} \sum y_i = na + b\sum x_i \\ \sum y_i x_i = n\sum x_i + b\sum x_i^2 \end{cases}$$

解上式，可得回归系数 a、b 计算式为

$$a = \frac{\sum y_i - b\sum x_i}{n} \qquad (3\text{-}11)$$

$$b = \frac{n\sum x_i y_i - \sum x_i \sum y_i}{n\sum x_i^2 - \left(\sum x_i\right)^2} \qquad (3\text{-}12)$$

用相关系数 r 检验变量间的相关程度：

$$r = \frac{n\sum x_i y_i - \sum x_i \sum y_i}{\sqrt{\left[n\sum x_i^2 - \left(\sum x_i\right)^2\right]\left[n\sum y_i^2 - \left(\sum y_i\right)^2\right]}} \qquad (3\text{-}13)$$

$r = 1$，完全相关；

$r > 0.7$，相关较好；

$r < 0.7$，相关差；

$r = 0$，不相关。

一般 $r > 0.7$，相关较好，方能用回归方程式进行预测；否则 $r < 0.7$，相关关系较差，不能用回归方程式进行预测。

例 3-12 某项产品销售额与当地农村人均可支配收入有关，现调查两者前 9 年数据如下，若第 10 年预计农村人均可支配收入为 550 元，预测该产品销售额。

表 3-10

年 份	1	2	3	4	5	6	7	8	9
某地农村人均收入/元	150	180	240	300	350	390	440	480	500
产品销售额/万元	4.8	5.7	7.0	8.3	10.9	12.4	13.1	13.6	15.3

设 y 为产品销量，x 为人均收入，两者调查散点图基本上呈线性关系，因此，可用一元线性方程进行预测，回归式为：$\hat{Y} = a + bx$

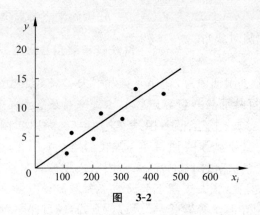

图 3-2

表 3-11

年份	销售额 y_i /万元	人均收入 x_i/元	$x_i y_i$	x_i^2	y_i^2	$\hat{Y}$	$\hat{Y} - y_i$	$(\hat{Y} - y_i)^2$
1	4.8	150	720	22 500	23.04	4.7	−0.01	0.001 0
2	5.7	180	1 026	32 400	32.06	5.58	−0.12	0.014 4
3	7.0	240	1 680	57 600	49	7.32	0.32	0.102 4
4	8.3	300	2 490	90 000	68.89	9.06	0.76	0.577 6
5	10.9	350	3 815	122 500	118.89	10.51	−0.39	0.152 1
6	12.4	390	4 836	152 100	153.76	11.67	−0.73	0.532 9
7	13.1	440	5 764	193 600	171.61	13.12	0.02	0.000 4
8	13.6	480	6 528	230 400	184.96	14.28	0.68	0.462 4
9	15.3	500	7 650	250 000	234.09	14.86	−0.44	0.193 6
$n=9$	$\sum Y =$ 91.1	$\sum X =$ 3 030	$\sum XY =$ 34 500	$\sum X^2 =$ 1 151 100	$\sum Y^2 =$ 1 036.65			$\sum (Y^2 - Y_i)^2 =$ 2.036 8

求回归系数：$b = \dfrac{n \sum x_i y_i - \sum x_i \sum y_i}{n \sum x^2 - (\sum x_i)^2} = \dfrac{9 \times 34\,500 - 3\,030 \times 91.1}{9 \times 1\,151\,100 - (3\,030)^2} = 0.029$，

$$a = \frac{\sum y_i - b \sum x_i}{n} = \frac{91.1 - 0.029 \times 3\,030}{9} = 0.36。$$

由此可得一元相关回归方程式：$y = 0.36 + 0.029x$

检验相关程度。求相关系数：

$$r = \frac{n \sum x_i y_i - \sum x_i \sum y_i}{\sqrt{[n \sum x_i^2 - (\sum x_i)^2][n \sum y_i^2 - (\sum y_i^2)]}}$$

$$= \frac{9 \times 34\,500 - 3\,030 \times 91.1}{\sqrt{[9 \times 1\,151\,100 - (3\,030)^2][9 \times 1\,036.65 - (91.1)^2]}}$$

$= 0.988 > 0.7$。

检查结果表明：两者密切相关，因此，可用相关回归方程进行预测：$Y_{10} = 0.36 +$ $0.029 \times 550 = 16.31$（万元），检验可信度 68%，求其 $\sigma = \pm \sqrt{\dfrac{\sum(\hat{Y} - Y_i)^2}{n}} = \pm \sqrt{\dfrac{2.0368}{9}} = \pm 0.475$，预测值变化范围为 $16.31 \pm 0.475 = 15.835 \sim 16.785$。

多元（线性）相关回归预测法，在投资项目评估分析中，一个因变量往往受到多个自变量的影响，涉及两个或两个以上自变量的线性回归分析称多元线性回归分析。多元回归分析原理与一元回归分析基本相同，只是运算较为复杂，除二元外，一般要借助计算机来完成。

多元线性回归预测方程为

$$Y_c = a + b_1 x_1 + b_2 x_2 + \cdots + b_m x_m \qquad (3\text{-}14)$$

式中：Y_c——因变量，即预测值；

$\quad x_1, x_2, \cdots, x_m$——自变量；

$\quad a, b_1, b_2, \cdots, b_m$——回归系数。

二元系数运用最小二乘法，同样可得其计算式：

$$\begin{cases} \sum y_i = na + b_1 \sum x_{i1} + b_2 \sum x_{i2} \\ \sum x_{i1} y_i = n \sum x_{i1} + b_1 \sum x_{i1}^2 + b_2 \sum x_{i1} x_{i2} \\ \sum x_{i2} y_i = n \sum x_{i2} + b_1 \sum x_{i1} x_{i2} + b_2 \sum x_{i2}^2 \end{cases}$$

例 3-13　某地区前 6 年家具销售额 y 与新建住房户数 x_1 和新婚户数 x_2 有关，调查数据如表 3-12 所示。预计第 7 年新建住房户数 14 000，新婚户数 8 000。试预测第 7 年家具销售额。

表　3-12

年份	销售额 y_i／万元	x_{i1}（4）	x_{i2}（4）
1	280	6	6
2	300	7	7
3	320	9	8
4	330	12	6
5	350	12	6
6	400	13	8

回归系数计算表如下:

表 3-13

年份	y_i	x_{i1}	x_{i2}	x_{i1}^2	x_{i2}^2	$x_{i1}x_{i2}$	y_ix_{i1}	y_ix_{i2}
1	280	6	6	36	36	36	1 680	1 680
2	300	7	7	49	49	49	2 100	2 100
3	320	9	8	81	64	72	2 880	2 560
4	330	12	6	144	36	72	3 960	1 980
5	350	12	6	144	36	72	4 200	2 100
6	400	13	8	169	64	104	5 200	3 200
$n=6$	1 980	59	41	623	285	405	20 020	13 620

$$\begin{cases} 1\,980 = 6a + 59b_1 + 41b_2 \\ 20\,020 = 59a + 623b_1 + 405b_2 \\ 13\,620 = 41a + 405b_1 + 285b_2 \end{cases}$$

解得:$a = 113.52, b_1 = 12.26, b_2 = 14.044$。

得回归预测方程:$Y_c = 113.52 + 12.26x_1 + 14.044x_2$,将 $x_1 = 14, x_2 = 8$ 代入得:

$$Y_{第7年} = 113.52 + 12.26 \times 14 + 14.044 \times 8 = 397.51(万元)。$$

③ 指数变换法

当各期数据呈环比变化时,可用指数曲线来预测。但指数曲线运算复杂,通过变换,可将指数曲线变为时序直线进行预测。其变换过程如下:

$$Y_c = ab^x \tag{3-15}$$

两边取对数

$$\lg Y_c = \lg a + x\lg b$$

这与时序直线方程形式相似,但其系数 $\lg a = \dfrac{\sum \lg y_i}{n}$,$\lg b = \dfrac{\sum \lg y_i \cdot x_i}{\sum x_i^2}$,且 $\sum x_i = 0$。

例 3-14 某地区现调查洗衣机销售额如下:

表 3-14

年 序	1	2	3	4	5	6	7	8
销售额/万元	9	10	12	15	18	22	27	34
环比增长/%	100	111	120	125	120	122	123	126

可见各年销售额环比增长大体相近,故可用指数预测后一年的销售额。

表 3-15

年　序	销售额 y_i/万元	x_i	x_i^2	$\lg y_i$	$\lg y_i \cdot x_i$
1	9	-7	49	0.954 2	-6.679 4
2	10	-5	25	1.000 0	-5.000 0
3	12	-3	9	1.079 2	-3.237 6
4	15	-1	1	1.176 1	-1.176 1
5	18	1	1	1.255 3	1.255 3
6	22	3	9	1.342 4	4.027 2
7	27	5	25	1.431 4	7.157 0
8	34	7	49	1.531 5	10.772 05
$n=8$	147	$\sum x_i = 0$	168	9.770 1	7.066 9

$$\lg a = \frac{\sum \lg y_i}{n} = \frac{9.770\ 1}{8} = 1.221\ 3,$$

反查对数表得 $a = 16.64$，　$\lg b = \dfrac{\sum \lg y_i \cdot x_i}{\sum x_i^2} = \dfrac{7.066\ 9}{168} = 0.042\ 1,$

反查对数表得 $b = 1.102$，

$Y_c = ab^x = 16.64(1.102)^x$，后一年 $x = 9$，

所以　$Y_c = 16.64(1.102)^9 = 39.88$（万元），

即下一年洗衣机销售额为 39.88 万元。

第三节　经 济 规 模

项目规模是指劳动和生产资料的集中程度，一般用生产能力来衡量。生产规模一经形成，就很难加以改变，将长期影响和决定企业与社会的经济效益。因此，给项目确定一个经济合理的规模有重大意义。

一、生产规模及其制约因素

生产规模一般是指企业的生产能力，衡量指标通常用职工人数、产量、固定资产价值来表示。对于机械化程度低的手工作业，一般用职工人数来衡量；对于机械化程度高的行业，一般用产量来衡量；对于不宜用前两个指标表示的，可按固定资产价值来衡量。规模不能过大，也不能过小，既要经济，又要合理。经济合理的生产规模为经济规模，其表现特征为生产成本低和经济效益高。

(一)规模类型及其特点分析

根据我国当前经济发展水平、机械化和自动化程度,按国家规定,企业大中小的划分标志有三类:

1. 按生产能力分

如钢铁联合企业,年产钢材 100 万吨以上为大型企业;10 万~100 万吨为中型企业;10 万吨以下为小型企业。

2. 按装机容量或设备数量分

如发电厂的装机容量在 25 万 kW 以上为大型企业;2.5 万~25 万 kW 为中型企业;小于 2.5 万 kW 的为小型企业。

3. 按固定资产原值分

如通用设备制造厂,固定资产原值在 3 000 万元以上的为大型企业;800 万~3 000 万元为中型企业;小于 800 万元为小型企业。

划分企业规模大中小的标准是随经济发展而变化的。今后,随着我国市场经济逐步形成和发展,企业活力的增强和多种经营的开拓,尤其是计算机网络系统在生产中的运用,企业自动化水平的提高,对企业规模划分标准也应作相应的调整和变更。

不同规模企业具有不同的技术经济特点,因此,它们对国民经济发展的作用和优势也各不相同。一般说来,大型企业有利于采用先进技术和高效率设备,有利于合理而充分地利用资源,自动化程度高,管理现代化,经营成本低,经济效益好。但大型企业投资多、建设周期长、产品转向慢,因而对市场的适应性差。一般适于基础性工业和技术密集型工业项目,如钢铁、石油、煤炭、化工、建材、电力、汽车等。

中小型企业具有投资小、建设周期短、见效快、市场应变能力强等优势,并能充分利用分散的自然资源,有利于工业布局的均衡分布,吸纳较多的社会劳动力,促进地区社会经济的综合发展。但由于中小型企业规模小、技术水平低、资源利用率低、产品成本高,因此,一般经济效益差。所以,中小型企业一般适于轻工、纺织等工业项目。

(二)规模的制约因素

生产规模的制约因素有多种,但主要有以下四个方面:

1. 市场需求

市场需求是确定项目生产规模的基础。因此,项目规模首先要通过市场预测来决定,有多大的市场需求,就决定多大的生产规模,即市场需求量往往等于项目生产量。同时,还要注意分析产品寿命周期引起的产品更新换代。

2. 条件制约

包括资金条件、资源条件、环境条件、技术设备条件等。资金是制约规模的关键性条件,资金不足或资金不到位,项目就难以进行。资源中的原材料和能源供应,也是制约项目规模的关键性条件,还有技术设备条件不具备,难以实现生产标准化、系列化,产品难以达到设计标准,产品竞争能力差,影响企业的经济效益。环境条件要求各项标准均要达标,不能影响生产生活和产品质量,自身污染要自然清洁,不影响生态环境质量。还要有社会环境好、人力资源足、所需专业人才能得到满足等条件。

3. 国家地区经济发展规划和战略布局

对于基础工业、重点项目和建设规模,要根据国家地区经济发展规划和战略布局来考虑确定,一般项目规模也要纳入计划,以利于生产力布局和产业结构的合理性。

一般根据产品或项目特点及供应、需求条件确定生产的集中与分散程度。通常集中的规模大些,分散的小些。

4. 产品特点和经济效益

对于产品规格简单的项目,如啤酒、洗衣机等项目,规模可大一些,对于产品规格复杂的项目,如餐饮业、服务业等项目,规模可小些。规模与成本效益有密切关系。在一定条件下,要有一定的规模,过小过大均不经济,应接近最佳的经济规模,以充分发挥其规模经济的效益。

(三)我国企业规模划分标准

我国大中小型企业划分标准自新中国成立以来曾作过五次更改,最后一次为2003年国家经济贸易委员会、国家发展计划委员会、财政部、国家统计局联合公布[2003]143号文件《关于印发中小型企业标准暂行规定的通知》中规定的。

中小型企业标准是根据企业职工人数、销售额、资产总额等指标,结合行业特点而制定的。规模超过此标准的为大型企业。

职工人数以统计年末从业人员为准;工业企业的销售额以统计年末销售收入为准;建筑业的销售额以统计年中工程结算收入为准;批发和零售业的销售额以统计年销售额为准;交通运输和邮政业,住宿和餐饮业以统计年营业收入为准;资产总额以统计年中的资产合计为准。行业中小型企业规模共划分为七大类。

1. 工业

职工人数2 000人以下,或销售额3亿元以下,或资产总额4亿元以下。其中,中型企业必须同时满足职工人数300人及以上,销售额3 000万元及以上,资产总额4 000万元及以上;其余为小型企业。

2. 建筑业

职工人数3 000人以下,或销售额3亿元以下,或资产总额4亿元以下。其中,中型企业必须同时满足职工人数 600 人及以上,销售额 3 000 万元及以上,资产总额 4 000 万元及以上;其余为小型企业。

3. 零售业

职工人数 500 人以下,或销售额 1.5 亿元以下。其中,中型企业必须同时满足职工人数 100 人及以上,销售额 1 000 万元及以上;其余为小型企业。

4. 批发业

职工人数 200 人以下,或销售额 3 亿元以下。其中,中型企业必须同时满足职工人数 100 人及以上,销售额 3 000 万元及以上;其余为小型企业。

5. 交通运输业

职工人数 3 000 人以下,或销售额 3 亿元以下。其中,中型企业必须同时满足职工人数 500 人及以上,销售额 3 000 万元及以上;其余为小型企业。

6. 邮政业

职工人数 1 000 人以下,或销售额 3 亿元以下。其中,中型企业必须同时满足职工人数 400 人及以上,销售额 3 000 万元及以上;其余为小型企业。

7. 住宿餐饮业

职工人数 800 人以下,或销售额 1.5 亿元以下。其中,中型企业必须同时满足职工人数 400 人及以上,销售额 3 000 万元及以上;其余为小型企业。

根据我国社会经济发展水平,国务院 1994 年 3 月 25 日第 16 次常务会审议通过了《90 年代国家产业政策纲要》,规定了 18 类项目经济规模标准、年生产能力,如表 3-16 所示。

表 3-16

序号	产品名称	项目经济规模标准	备注说明
1	乙烯	30 万吨以上	
2	炼油	500 万吨以上	
3	氯乙烯	20 万吨以上	采用乙烯法
		6 万吨	采用天然气乙炔法
		4 万吨	采用电石乙炔法
4	聚氯乙烯	4 万吨	单系列
5	聚丙烯	7 万~10 万吨	
6	乙二醇	10 万吨	
7	纯碱	20 万吨	氨碱法,单系列
		18 万吨	联碱法,单系列
8	烧碱	5 万吨	
9	合成氨	8 万吨	尿素配套,以块煤重油为原料
		6 万吨	磷铵配套,以天然气、块煤重油为原料
		20 万吨	以粉煤为原料

续表

序号	产品名称	项目经济规模标准	备注说明
10	电解铝	10 万吨	
11	铝电解	5 万吨	
12	氧化铝	50 万吨	烧结法
		40 万吨	联合法
		30 万吨	拜耳法
13	纤维用聚酯	6 万吨	单系列生产
14	锦纶-6，抽丝	5 000 万吨	
	锦纶-66，抽丝		
15	轿车	15 万辆	
16	轻型载重汽车	10 万辆	
17	轻型客车	15 万辆	
18	重型货车	11 万辆	

分析比较可见，我国当前企业规模普遍偏小，经济以中小型企业为主体，经济规模没有得到充分发挥和利用。因此，我国企业，尤其是国营企业经济规模效益普遍低下。

二、经济规模

经济规模为生产规模。

（一）理论分析

1. 总收入 S 与总成本 C 的函数式通过调查回归可得

$$S = aQ + bQ^2$$
$$C = c + dQ + eQ^2$$

式中：a,b,c,d,e——经济规模参数均可通过调查统计资料归纳整理加以确定；

Q——年产量，即生产规模。

2. 总收益函数式

$$R = S - C = aQ + bQ^2 - c - dQ - eQ^2$$

3. 最小规模 Q_{min} 和最大规模 Q_{max}

当 $R = 0$，$aQ + bQ^2 - c - dQ - eQ^2 = 0$，

$$(b-e)Q^2 + (a-d)Q - c = 0，$$

解得：$Q_{min} = \dfrac{d-a-\sqrt{(a-d)^2+4(b-e)c}}{2(b-e)}$，$Q_{max} = \dfrac{d-a+\sqrt{(a-d)^2+4(b-e)c}}{2(b-e)}$。

4. 最佳经济规模 Q_0

对总效益 R 函数求导，并令 $\dfrac{dR}{dQ} = 0$，

$$a + 2bQ_0 = d + 2eQ_0，$$

即边际收入 MR 与边际支出 MC 相等，MR＝MC，此时，年产量 Q 即生产规模为最佳经济规模 Q_0，此时效益值将最大，为 R_{max}。

解得：$Q_0 = \dfrac{a-d}{2(e-b)}$ 或 $\dfrac{d-a}{2(b-e)}$

由经济规模分析图可见：Q_{min} 和 Q_{max} 点为盈亏的转折点，不亏不盈点也称规模临界点，项目规模应在两临界点之间，超出临界点之外，将发生亏损，经济项目是绝对不行的。最佳规模，其效益最佳。通常在条件允许的情况下，项目规模应尽量接近最佳规模，以充分发挥规模经济效益。

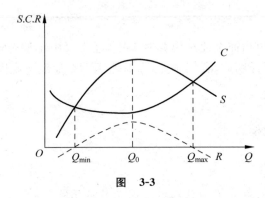

图 3-3

(二) 实例应用

例 3-15 某产品(台)年销售收入 $S = 300Q - 0.03Q^2$(元)，总成本 $C = 180\,000 + 100Q + 0.01Q^2$(元)，请进行经济规模分析，并绘制分析图。

1. 临界规模 S＝C

$$300Q - 0.03Q^2 - 0.01Q^2 - 100Q - 180\,000 = 0$$

整理得：$200Q - 0.04Q^2 - 180\,000 = 0$

解得：$Q_{min} = 1\,177$(台)，$Q_{max} = 3\,823$(台)。

2. 最佳规模

$$\frac{\mathrm{d}R}{\mathrm{d}Q}=0, \quad 200-0.08Q_0=0,$$

解得：$Q_0=\dfrac{200}{0.08}=2\,500$（台）

3. 最大效益

$$R_{\max}=200Q_0-0.04Q^2-180\,000$$

$$200\times2\,500-0.04\times(2\,500)^2-180\,000=70\,000（元）$$

4. 经济规模分析图

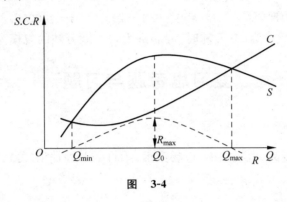

图　3-4

（三）随机最佳规模的确定

在确定项目规模时，缺少信息和资料，甚至在预测中，只能用概率的大小来估计各种状态，称为随机性的。在随机条件下，可用期望值来确定最佳规模。其计算式为：

$$E_{(x)}=\sum_{1}^{n}x_iP_{(x_i)}$$

式中：$E_{(x)}$——期望值；

x_i——第 i 个规模方案的损益值；

$P_{(x_i)}$——第 i 个规模方案 x_i 所对应的概率值，$\sum_{1}^{n}P_{(x_i)}=1$；

n——规模方案个数，$i=1,2,3,\cdots,n$。

例 3-16 某项目未来产品销售状况，经调查三种状况概率分别为 0.4、0.3、0.3，$\sum_{1}^{n}P_{(x_i)}=1$；若有 3 个不同设计规模。其投资及收益如表 3-17 所示，求随机最佳规模。

表 3-17

投资/万元	规模/万吨	每年可得利润/万元		
		销售状况好,概率0.4	销售状况一般,概率0.3	销售状况差,概率0.3
5 000	25	1 500	600	−600
3 000	20	1 000	800	0
2 000	15	400	400	400

规模 25 万吨的期望值 $E_{(x)}=1\,500\times0.4+600\times0.3+(-600)\times0.3=600$(万元);

规模 20 万吨时的期望值 $E_{(x)}=1\,000\times0.4+800\times0.3+0\times0.3=640$(万元);

规模 15 万吨时的期望值 $E_{(x)}=400\times0.4+400\times0.3+400\times0.3=400$(万元)。

结果可见:项目规模为 20 万吨时,利润最大,故 20 万吨的规模为最佳生产规模。

复习思考题与习题

一、关键名词

市场调查、市场预测、市场供给、市场需求、项目必要性评估、经济规模

二、思考题

1. 项目必要性评估及其内容?

2. 市场调查含义、作用、内容、程序和方法?

3. 市场预测及其程序和方法?

4. 市场预测定性分析法和定量分析法及其各自的特点和适用条件?

5. 经济规模、制约因素、划分标准及其特点分析?

6. 临界规模、最佳经济规模与随机最佳规模的确定?

三、习题

1. 调查某产品 15 个月的销售额如下,分别取 $n=3$。用移动平均法和指数平均法($\alpha=0.5$),预测第 17 个月的销售额。

月　序	1	2	3	4	5	6	7	8	9	10	11	12	13	14	15
销售额/万元	10	15	8	20	10	16	18	20	22	24	20	26	27	29	29

2. 调查某产品前 11 年销售额分别为 20、23、26、28、31、33、36、39、42、45、48 万元。请分析预测第 12 年销售额及其可信度 68% 的变化幅度范围。

3. 调查某地区前 8 年钢材销售量分别为 100、180、250、305、380、400、410、415 万吨，请预测第 9 年销售量。

4. 某地丝织品销售量与蚕茧收购量相关。两者前 10 年调查数据如下表所示，若已知第 11 年蚕茧收购量 28 万 t，请预测丝织品销售量及其可信度 68% 的变化幅度范围。

年　份	1	2	3	4	5	6	7	8	9	10
丝织品销售量/亿 m	2.84	2.43	3.20	3.60	3.45	3.80	4.40	4.86	5.00	5.20
蚕茧收购量/万吨	16.8	17.0	17.5	18.8	18.0	19.5	20.9	21.7	24.3	26.3

5. 调查我国过去 6 年有关资料如下表所示，预计 5 年后人均收入增加 70%，人口增长控制在 0.4%。用收入弹性法预测，5 年后的照相机需求量为（　　　）万台。

　　A. 5.92　　　　　　B. 7.23　　　　　　C. 6.59　　　　　　D. 7.67

调查年	人均收入/(元/年)	人口/万人	照相机销量/万台
1	2 820	680	3.22
2	3 640	684	3.56
3	4 640	688	3.99
4	5 978	692	4.36
5	7 585	696	4.81
6	9 198	701	5.18

6. 某地调查资料如下表所示，用消费系数法预测 5 年后的汽车耗汽油量为（　　　）万吨。

车　型	私人轿车	出租车	商用车	其他
本年车辆数/万台	5	5	4	2
本年耗汽油量/万吨	20	30	60	10
5 年后车辆数/万台	6	6	5	3

　　A. 95　　　　　　B. 125　　　　　　C. 150　　　　　　D. 175

7. 某项目年产量 Q(台)。预计年销售收入 $S = 600Q - 0.03Q^2$（元），年固定成本为 40 万元，年可变成本为 $200Q + 0.03Q^2$（元），求该项目临界规模和最佳经济规模，并绘制分析曲线图。

第 四 章
项目条件评估

当对项目必要性进行评估并确认有必要之后,就要对项目的条件进行全面分析与评价,只有条件均具备了,项目方能考虑实施。否则,必要性再强,条件不具备,项目也难以实施。条件包含建设条件、生产条件、环境条件和实施及配套条件等。条件有时难以分开,往往相互渗透,但重要的是生产建设条件,其核心是厂址的选择。

第一节　生产建设条件评估

生产建设条件的影响因素很多,其中主要有:

一、自然资源条件

自然资源是指自然环境中与人类社会发展有关的,能被人类用来生产使用价值,以满足人类生活和生产发展需要,并影响劳动生产率的各种自然要素,如矿藏、农林、生物、土地及水资源等。它是生物赖以存在的物质基础,只有具备了可靠的资源条件,项目才能有稳固的生存基础。因此,评估和落实各种资源条件是保证项目顺利建设和正常生产的重要条件。

(一) 资源特点

1. 资源的有限性

绝大多数资源是经过漫长的年代,在特定条件下形成的。这决定了它们数量的有限性,而且随经济社会发展,资源数量也在日益减少。因此,在条件评价分析时就必须考虑资源有限性的约束。

2. 资源的复杂性

由于工业项目所需资源大多埋藏在地下,其储量、成分、品质等往往不易探明,而其他农、林、牧、渔等资源受自然条件的影响较大,其来源并不十分稳定,这就增加了资源分析的难度。所以,在评价时必须慎重,不能仅凭不准确的资源信息加以判断,盲目兴建项目。

3. 资源分布的不均衡性

世界资源分布是极为不均衡的,中国也如此。所以,在拟建项目时,必须根据本地资源特点、品位、储量及开采条件,考虑资源分布的不均衡,充分利用本地资源条件,发挥优势,作出正确决策。

（二）资源评价原则

1. 环境原则

资源开发利用,必须保护生态环境,维护生态平衡。

2. 综合利用原则

对资源开发利用,必须达到多层次、多目标的综合利用。

3. 经济开发原则

资源开发利用,必须注意经济合理性,注意资源的供应数量、质量、使用年限、开发方式和利用条件等因素,注意技术进步对资源利用的影响,使其达到最佳的经济开发利用程度。

4. 永续利用原则

对可再生资源,如森林、农、牧、渔等产品开发利用,要注重永续作业,保证资源连续补偿,使其能持续地发展和利用。

（三）资源条件评价

评价资源时要抓住以下几点:

（1）以矿产资源为原料的项目,必须有国家矿产委员会批准的关于该资源储量、品位、开采价值以及运输条件的报告,作为项目建设的依据。

（2）必须明确项目所需资源的种类和性质,对于利用矿产资源的项目,则需评价所需矿产资源的矿床规模（总产量和可采量）、类型特征、矿体形态及其大小、矿石品位和结构、伴生的有用或有害之物、矿石的物理性能和化学性能,以及矿床开采技术和加工条件等,分析其能否满足项目工艺设计方案和设备选型的基本要求。对于利用农业资源的项目,应根据过去农产品资源供应量及其部分分布数据,估测有关农产品的目前供应及今后可能获得的品种和数量,并注意农村经济发展及世界农产品市场的变化。

（3）分析资源的可供数量、质量和使用年限。根据资源类型特征及其自然经济环境条件分析,研究资源的开采方式和供应方式;按确定的开采方案采取多层次的综合开发利用,对资源开发投资、使用年限、生产成本和综合开发利用价值进行综合分析评价。

（4）研究技术进步对充分利用和发挥资源的作用和影响。一般情况下,采用先进的科学技术手段,提高对资源的深加工程度,可以充分发挥和利用资源的优势,挖掘资源的使用价值,增加资源利用的经济效益。

(5) 对于需要利用稀缺资源和资源供应紧张的项目,还需要分析评价开辟资源的可能前景及其代用品的途径。如对于矿山资源开采来说,应注意寻找接替矿,以保持矿山开采的持续能力。

二、原材料条件评价

项目在生产建设期内只有得到足够稳定的原材料供应,方能正常运行。由于原材料供应市场的有限性及原材料费用在成本中占有较大比重,为使项目取得较好的经济效益,项目必须合理选择原材料利用途径。原材料条件评价主要包括分析和评价项目所需原材料种类、数量、质量、供应渠道和采购方式等。

(一) 原材料合理利用途径的评价

对原材料合理而有效地利用,可降低产品成本,提高经济效益。

(1) 审查和分析对原材料是否进行了预处理。原材料经过预处理后,可以提纯并取得精料,从而提高原材料利用水平,相应提高产品质量。

(2) 审查和分析是否选择最适合的原材料。有时同一产品可以用不同的原材料进行生产,对此应进行缜密的审查分析,以便选用技术上最适用,经济上最合理的原料。例如,钢铁厂对不同品位铁矿石的选择;造纸厂对木、麻、竹、草等不同原材料的选择。

(3) 审查和分析是否对原材料进行了综合利用或回收利用。在工业生产过程中,利用某种原材料生产出主产品的同时,可能有另一种被当作无用的废弃物丢掉。随着科技的发展和进步,应对这些废弃物进行综合利用。在获得多种产品、提高资源利用率的同时,也有利于保护环境。

(二) 原材料供应条件评价

1. 对项目所需原材料的种类、数量、质量、规模的评价

不同项目所需原材料不尽相同,应根据项目产品的性质,首先确定所需原材料的种类、数量,进而再分析原材料的质量和规格。在认真研究原材料的物理性能和化学性能的基础上,审查和分析原材料的质量和规格是否符合需要。对可以利用多种原材料生产的产品,则应进行技术经济分析比较,选用经济合理的原材料。

2. 对原材料需求量与供给量的评估

根据年生产量和每个单位消耗原材料的数量来核算原材料的需求量,进而分析评估市场原材料的供给量。同时分析供应渠道和采购方式,最后评价项目所需原材料的可靠性和保证程度。项目所需原材料可从多渠道获得,从市场采购的原材料供应量、质量均不

可靠,而且价格变动大,风险大;而把原材料的生产或种植企业作为项目的附属单位,则风险小,且供应量和质量均可保证,价格合理稳定。对于国内市场没有或生产不了的原材料,要评价国外市场的供应。

三、燃料和动力供应条件评价

燃料和动力是项目建设与正常生产极其重要的物质条件和保证。燃料,主要包括煤、石油和天然气等;动力主要包括电、水、压缩空气、蒸汽、氧气及各种惰性气体。

(一)燃料的需求与供应审查分析

着重研究合理选择燃料供应来源和品种、数量、质量以及运输和仓储条件等。至于选择何种燃料比较合理,主要应分析所选燃料对生产布局、生产过程、产品成本、产品质量及环保等的影响情况如何。

(二)电力的需求与供应审查分析

电力是项目生产建设的主要动力。在项目评估中应分析项目最大耗电量、高峰负荷和可能的备用要求以及项目的每日耗电量和年度耗电量。调查分析项目所在地区的电力供应情况及能否保证项目生产建设的稳定用电。还应对建设变电站、高压输电线路和自备电厂的可能性和可行性进行分析并作出结论。

(三)水资源的需求与供应审查分析

主要分析项目生产建设过程中的原料用水、工业用水、锅炉用水、冷却用水和生活用水等的用水量、水质要求、水源地及其供应设施和条件的分析。

(四)其他动力条件和审查分析

对项目生产建设中所需的压缩空气、蒸汽、氧气、惰性气体在分析需求数量、质量的基础上,着重研究其生产方法、供应方式或协作配合要求等。

四、交通运输条件评价

项目的物资供应和生产销售都靠交通运输来完成,交通运输是项目生产建设正常进行的关键环节。项目交通运输分厂内运输和厂外运输两大类。

(一)厂内运输方式及设备选择审查分析

厂内运输方式及设备选择应在考虑厂区地形地貌以及总图布置要求的基础上,根据工艺流程的特点、车间组成特点来确定。

(二)厂外运输方式及设备选择审查分析

影响项目厂外运输方式及设备选择的因素很多,总的原则是应根据运输物资数量、类型和特点以及外部具备的运输条件来确定。对于靠近铁路干线的项目,且原材料或产品运输量大,则应修建铁路专用线、编组站等,采用铁路运输方式。项目如果靠近江、河或海,则应修建港口、码头,采用水路运输方式;项目所在地地形复杂,运输批量小,可以采用公路运输方式;对于原材料来源比较固定或产品用户相对稳定的项目,且产地与销售地有一定的地势差时,可采用管道运输。在选择运输方式时,要比较不同运输方式的经济合理性,达到及时和低成本的目的,做到装、运、卸、储等各个环节协调配合。

五、通信条件评价

具备必要的通信条件是现代工业生产建设的一个基本条件,也是项目建成后与外界联络和信息交流的重要手段。通信条件包括电信系统、网络系统和邮电系统。评价通信条件时,要着重分析项目所在地的通信能否保证项目与外界信息的正常交流。如果当地通信条件落后,就应分析通信条件的发展趋势以及与主体项目同步建设通信项目的可能性。

六、人力资源条件评价

人力资源包括项目所需的各类工作人员,有工人、技术人员和管理人员等。人力资源的数量与质量会对知识密集型项目和劳动密集型项目形成制约。一个项目所拥有的工程技术人员、经营管理人员的数量、素质、经验,构成一个企业技术能力的重要因素,决定其创新能力的基础。人力资源条件评价要注意以下几点:

(1)审查分析项目所需各类人员的数量、素质和技能;

(2)审查分析项目所需各类人员的来源是否保证,不符合要求的人员的培训手段是否落实;

(3)分析各类人力成本。

第二节　厂址选择条件评估

厂址选择是一个具有全局性、长远性和战略性的重要问题,是一项政策性和科学性很强的综合性工作。因为厂址选择合理与否,不仅对工厂设计、施工、投资有影响,而且对项目建成投产后的经营管理、产品成本、长远发展、环境保护以及工农关系等方面均有重大的直接影响。

一、厂址选择原则

（一）科学性原则

科学性原则是指厂址选择应符合国家和地区的长远发展规划与生产力的合理布局、国家生产建设方针政策，服从行业发展规划和所在城市的总体发展规划要求。

（1）应考虑拟建项目地区的工业基础的影响。工业基础好的地区，一般拥有良好的生产协作网，容易实现专业化生产和分工协作，实现规模经济。同时，也有良好的基础设施，交通通信便利，水电、人力资源充足，容易获得熟练的工人和工程技术人员。项目建成投产，定会取得良好的经营效果。

（2）应考虑地区间的均衡发展问题。我国目前地区间的经济发展很不均衡，沿海地区较为发达，内地较为落后。因此，应在内地多投资建厂，促使内地经济加速发展，逐步清除各种经济发展的不均衡性。

（二）经济性原则

（1）节省资源，降低成本，提高经济效益。地点选择或地址选择都应以节省项目投资、降低经营成本这个核心问题进行多方案的分析对比，以确定经济上最合理的厂址。

（2）节省占用土地。随着经济发展和建设项目的增多，建设用地紧张的形势将越来越严重。在选择项目用地时，尽量少占或不占用耕地，充分利用山地、荒地和空地。

（三）全面性原则

厂址评估时，应综合而全面地考虑生产、生活和施工的方便，正确处理三者之间的关系。首先应满足生产需要，保证各种工艺技术条件的实施和正常运行。但厂址的选择也应充分利用已有的生活设施，为职工的生活创造必要的条件。同时，选址还要考虑建设施工条件，否则，即使其他条件再好，也无法进行项目生产建设。

（四）环保性原则

随着工业发展，环境保护问题越来越受到重视。现代投资项目在选择建场地区时都必须考虑对环境的影响。对于有"三废"排放的项目，在选址时，应使"三废"易于稀释和处理；对建成后在生产中有可能引起爆炸，毒气、毒剂和辐射泄漏的项目，应避开工业中心和居民中心区。

二、建厂地区选择

建厂地区选择要考虑如下几方面因素：

(一)自然环境

自然环境包括气候条件和生态要求两个方面。

1. 气候条件

气候条件对某些项目可能是一个重要因素。除影响项目生产建设外,将直接影响经营成本。可以从气温、湿度、日照、风向、降水量和飓风风险等方面来加以说明和分析。一般情况,地理勘查问题对选择厂址关系更大,包括土壤条件、地下水位和自然灾害,如地震、洪水泛滥和山体滑坡、地层下沉或坍陷等,所有这些都会危及项目的安全生产建设。

2. 生态要求

有些项目本身并没有对环境产生不利影响,但对环境影响的结果更为敏感。如农产品加工明显依赖使用的原材料——农产品,若农产品受污染的水和土壤影响,必将影响其产品质量而降低等级。有的项目用水量大而水质要求高,若它附近的工厂将废水排入河中,则该项目将受到损害。

(二)社会经济因素

1. 国家政策的作用

政府法规及限制对项目的地区选择至关重要。有某种特性项目,可能只允许在某些地区兴建。为减少城市工业过分集中所造成的外部不经济性,政府要求工业分散布局。即使国家政策并未过分限制某一特定区域或地区的工业增长,仍有必要了解有关选择建厂地区的政策,以适当地考虑可能获得的各种特许及鼓励政策。

2. 财政与法律问题

适用于各种建厂地区方案的财政、法律条例及程序应加以解释,并列出在动力、水的供应,建筑规划,安全要求方面的各个地区的名单。应了解项目所适用的税种及税率,同时还应弄清新建项目所能获得的鼓励和优惠政策。

(三)基础设施条件

1. 基础设施的重要性

一个项目能否正常生产建设,基础设施极为重要。评估时,应确定这些重要设施的需要量。为此,要了解项目的范围及其技术经济特征,了解装机生产能力和所采用的工艺。

项目规模也可能对建厂地区构成严重的制约。国有项目规模大,则可能只有少数几个地区能满足项目生产建设对能源、动力、人力、土地等的质量与数量的需要;交通通信能否满足项目运输物质产品和信息交流量的需要。这都要进行仔细分析,并在各个建厂地区方案间进行对比分析。

2. 燃料动力

项目的用水量和动力可根据生产能力加以确定,并进行成本分析比较,选出最佳方案实施。燃料的用量、质量、热量值及化学组成、排污量、来源、运输量均应进行分析比较,择优选用。

3. 人力资源

现代化企业,人才是关键。企业能否聘用到合格的技术人员和管理人员以及熟练的技工是一个极其重要的因素。在选择建厂地区时,应把人力资源考虑在内。大多数项目还包括培训规划。

4. 废弃物处理

大多数工厂的废弃物或排放物可能对环境造成重大影响。因此,废弃物处理、排放物净化以及尽可能加以回收利用,对项目的社会经济及财务效益是至关重要的。评估时,必须加以重视,认真审查分析。水泥厂、化肥厂和化工厂不能在人口稠密的上风方向;炼油厂污水不能排放到饮水源的上游。

(四)建厂地区最后决策

面向资源,建厂地区应选择在原材料和燃料动力产区;面向市场,建厂地区应选择在产品消费中心地区。具体做法是根据原材料来源地及主市场的交通情况,提出几个可供选择的厂址方案,并计算其运输量和生产成本。以资源为基础的项目,由于运输费用较大,应选择在基本原材料产地附近;对易变质的产品或农产品加工业应面向市场,选择在主产品消费中心附近。对于不过分强调面向资源和市场的项目应选择距原材料和市场距离合理、环境条件良好、人力资源丰富、价格经济合理、交通通信条件良好、废弃物能完全处理并可回收再利用的地区。对于技术密集型项目,应选在技术协作条件好和技术水平高,人才相对集中的大中城市;对于劳动密集型项目,应选在劳动力充裕和工资水平低的地区。

三、厂地选择

(一)厂址选择的基本要求

(1)厂区面积与地形应满足厂内总体平面布置的需要,要满足生产区、生活区、"三废"处理场地及其设施的用地要求,并有适当发展空间和绿化美化用地,且土地费用低。

(2)厂址应尽量选在地形平坦或稍有自然坡度的地段,以减少场地平整的土石方量并便于排水。

(3)厂址应邻近铁路、公路、航道等运输干线的停靠点,以减少运输量;应靠近水源,便于引水。

(4)厂址选择时,必须分析工程地质及水文地质条件,要避开断层、岩溶、流沙和洪水地带,并要根据项目生产特点考虑高温、高湿、降水量、风向等气候条件对生产的影响。

(5)厂址应靠近常有生产联系的企业和城镇居民点,基础设施好,以方便生产和生活的地段。要选择一个各方面要求都符合上述条件的厂址是难于实现的。在具体评价项目的厂址条件时,应对各方案的优缺点进行对比分析,着重分析那些对拟建项目有决定影响的因素,经技术经济论证和综合比较后择优选取。

(二)厂址选择方法

1. 方案比较法

这种方法是通过对项目不同选址方案的投资和费用的对比,来作出选址决定。其基本步骤为:对初选的几个厂址方案,列出比选因素,进行初步比较后,从中选出 2~3 个较好的方案,再进行详细的调查和勘查,计算出各方案的投资和经营费用,其中投资和经营费用均低的方案,自然是最合适的方案。但我们实践中遇到的情况正相反,投资较高的方案往往其经营费用较低,而投资较低的方案往往经营费用较高。这时,我们应计算两个方案的最佳投资回收期,以此与标准投资回收期比较,若追加投资回收期小于标准投资回收期,则投资额较大的方案为优,否则,则投资额较小的方案为优。其计算式为:

$$T = \frac{I_2 - I_1}{C_1 - C_2} \qquad (4\text{-}1)$$

式中:T——追加投资回收期,年;

I_2、I_1——两方案 2、1 各自的投资额,$I_2 > I_1$;

C_1、C_2——两方案 1、2 各自的经营费用,$C_1 > C_2$。

例 4-1 经初评得两选址方案,方案 1 投资额为 120 万元,年经营费用为 100 万元;方案 2 投资额为 200 万元,年经营费用为 80 万元,若标准投资回收期为 5 年,试对选址进行决策。

$$T = \frac{(I_2 - I_1)}{(C_1 - C_2)} = \frac{(200 - 120)}{(100 - 80)} = 4(\text{年}) < 5(\text{年})$$

因此,投资额大的方案 2 为优,决定为厂址。

2. 评分选优法

这是一种定性问题定量分析优选方法。首先对比较方案所需考虑的共同对比指标,按其对方案的重要影响程度给以一定的权重；然后对各方案的评比指标，根据实际情况给出相应的分值，并列出指标分值表；最后分别计算出每个指标得分值，即指标分值×相应权重，累加得出每个方案的总分值，取总分值最高者为最佳厂址方案。

例 4-2 某汽车发动机厂的厂址初选有两个方案，经详细调查比较资料如表 4-1 所示。

表　4-1

指　　标	方案 A	方案 B	权重/%
厂址位置	某区工业区	某市汽车厂旁	15
占地面积/万 m²	15	36	15
可利用原有生产设施/m²	无	生产性设施 14.7 铸造车间 3.4 其中可被利用 1.9	10
交通运输条件	无专用线	有专用线	5
土石方工程量/万 m²	填方 6 新建厂房和公用设施 3	无大的土方施工量	10
所需投资/万元	7 500	5 000	15
消化引进技术条件	易	不易	20
可利用固定资产原值/万元	2 900	7 600	10

给出各指标相应的分值及其计算得分值如下：

表　4-2

指　　标	权重/%	不同方案给分值		不同方案得分值	
		A	B	A	B
厂址位置	15	0.350	0.650	0.052 5	0.097 5
占地面积	15	0.300	0.700	0.045 0	0.105 0
可利用原生产设施	10	0.000	1.000	0.000	0.100
交通运输条件	5	0.200	0.800	0.005 0	0.045 0
土方工程量	10	0.100	0.900	0.010 0	0.090 0
所需投资额	15	0.400	0.600	0.060 0	0.090 0
消化引进技术条件	20	0.800	0.200	0.160 0	0.040 0
可利用固定资产原值	10	0.276	0.724	0.027 6	0.072 4
合　　计	100			0.360 1	0.639 9

指标给分值,有的可根据经验给出,有的可根据已调查得知的数据算出,如可利用固定资产原值 A 分值 27.6%,即 $\dfrac{2\,900}{2\,900+7\,600}\times100\%=27.6\%$。A 得分值为 $27.6\%\times10\%=2.76\%$。

得分值累加 A 为 36.01%,B 为 63.99%,因此,B 方案为优选址方案。

例 4-3 某农药项目定点选址有三个可供选择的厂址方案,各方案的主要指标如表 4-3 所示,试确定最佳方案。

表 4-3

主要指标	甲厂址	乙厂址	丙厂址
占地面积	8 万平方米	7 万平方米	9 万平方米
给排水条件	距离较近	距离近	距离近
供电条件	增容费较多	增容费较少	不必增容
土方工程量	挖方填方平衡	挖方多	挖方少
石方工程量	没有石方	石方少	石方多
拆迁补偿费	60 万元	40 万元	20 万元
施工条件	较好	一般	好
经营条件	较好	好	一般
运输条件	较好	差	好

根据表 4-3 所列各厂址主要判断因素的情况,结合专家的经验确定权重及评价值汇集于表 4-4。

表 4-4

主要指标	权重(W_i) %	不同厂址指标评价值(P_i)			评价值之和
		甲厂址	乙厂址	丙厂址	
占地面积	15	0.33	0.38	0.29	1.00
给排水条件	9	0.30	0.35	0.35	1.00
供电条件	9	0.15	0.35	0.50	1.00
土方工程量	5	0.25	0.35	0.40	1.00
石方工程量	5	0.40	0.35	0.25	1.00
拆迁补偿费	10	0.17	0.33	0.50	1.00
施工条件	12	0.35	0.20	0.45	1.00
经营条件	20	0.35	0.45	0.20	1.00
运输条件	15	0.40	0.10	0.50	1.00

根据表 4-4 给出的权重及指标评价量计算得到各厂址的总评价分,见表 4-5。

表　4-5

主要指标	权重(W_i) %	不同厂址指标评价值($W_i \cdot P_i$)			评价值之和
		甲厂址	乙厂址	丙厂址	
占地面积	15	0.049 5	0.057 0	0.043 5	0.150 0
给排水条件	9	0.027 0	0.031 5	0.045 0	0.090 0
供电条件	9	0.013 5	0.031 5	0.045 0	0.090 0
土方工程量	5	0.012 5	0.017 5	0.020 0	0.050 0
石方工程量	5	0.020 0	0.017 5	0.012 5	0.050 0
拆迁补偿费	10	0.017 0	0.033 0	0.050 0	0.100 0
施工条件	12	0.042 0	0.024 0	0.054 0	0.120 0
经营条件	20	0.070 0	0.090 0	0.040 0	0.200 0
运输条件	15	0.060 0	0.015 0	0.075 0	0.150 0
总评价分	100	0.311 5	0.317 0	0.371 5	1.000

计算结果表明,丙厂址评价分最高,为建厂地点的最优方案。

在计算评分时,表中各项权重之和应等于 100%,各方案评价分之和应等于 1,否则可能某一环节计算有误。

3. 最小运输费用法

最小运输费用法也称为重心法,其特点是将运输费用作为厂址选择的重要基点。运输费用主要指原材料、燃料运输费和销售产品运输费。假定生产所需要的多种原材料由不同地区供应,而产品又要销售到若干地区用户,要寻找运输距离最短、运输量最少、运输费用最低的方案,厂址往往就是在重心的位置上。所以,此法也称重心法。

假定已知各原料、燃料及产品销售量在一定时间内(如一年)为 $Q_i(i=1,2,\cdots,N)$,其位置为已知,分别标明在直角坐标点上 $P_i(x_i,y_i)$,如图 4-1 所示。

则其重心位置 $P_0(x_0,y_0)$ 运费用最小,其计算式为:

$$x_{i_0} = \frac{\sum_{1}^{n} Q_i x_i}{\sum Q_i} \qquad (4-2)$$

$$y_{i_0} = \frac{\sum_{1}^{n} Q_i y_i}{\sum Q_i} \qquad (4-3)$$

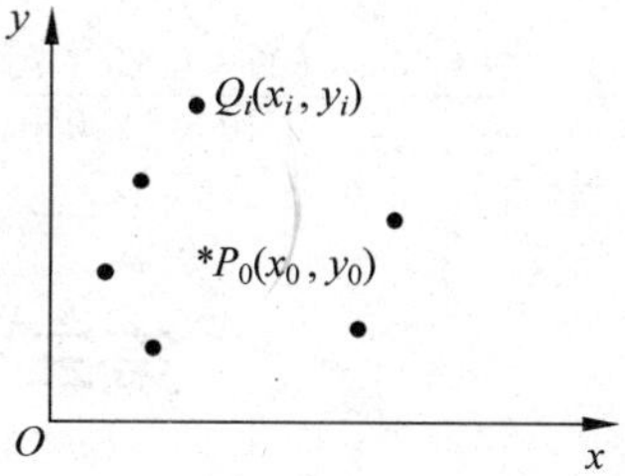

式中: x_i——i 点横坐标;

y_i——i 点纵坐标;

图　4-1

Q_i——i 点上的运量;

n——运输点数。

例 4-4 某项目每年从 A 点运生铁 6 900 万 t,运费为 0.10 元/t·km,从 B 点运焦炭 780 万 t,运费 0.25 元/t·km,产品铸件每年销售到 D 点 2 500 万 t,E 点 3 500 万 t,运费均为 0.2 元/t·km,各点坐标位置如图 4-2 所示。

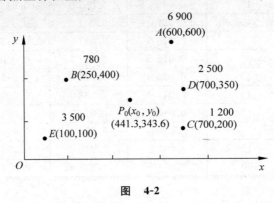

图 4-2

求运费最低厂址位置点:

$$x_0 = \frac{\sum_1^n Q_i x_i}{\sum_1^n Q_i}$$

$$= \frac{0.10 \times 6\,900 \times 600 + 0.25 \times 780 \times 250 + 0.12 \times 1\,200 \times 700 + 0.2 \times 2\,500 \times 700 + 0.2 \times 3\,500 \times 100}{0.10 \times 6\,900 + 0.25 \times 780 + 0.12 \times 1\,200 + 0.2 \times 2\,500 + 0.2 \times 3\,500}$$

$$= 441.3$$

$$y_0 = \frac{\sum_1^n Q_i y_i}{\sum_1^n Q_i}$$

$$= \frac{0.10 \times 6\,900 \times 600 + 0.25 \times 780 \times 400 + 0.12 \times 1\,200 \times 200 + 0.2 \times 2\,500 \times 350 + 0.2 \times 3\,500 \times 100}{0.10 \times 6\,900 + 0.25 \times 780 + 0.12 \times 1\,200 + 0.2 \times 2\,500 + 0.2 \times 3\,500}$$

$$= 343.6$$

第三节　环境保护条件评估

投资项目环境保护条件评估是审查分析项目在生产建设过程中是否会排放污染物或造成新的污染源,对环境造成什么影响,采取了哪些相应措施,这些措施是否达到《环境保护法》的要求和符合哪些环境保护标准。

一、投资项目可能造成环境污染和后果

环境污染包括自然环境污染和社会环境污染两个方面。自然环境污染主要是指人类社会生产活动对空气、土壤、河流和森林等的破坏。而社会环境污染主要指城市膨胀、交通拥挤、垃圾堆积等。投资项目环境保护条件评估主要是指对自然环境污染治理措施的审查分析。

（一）投资项目可能造成环境污染的因素

（1）项目投产后，生产过程中排放的废水、废气、废渣（"三废"）等污染物。废水是工业生产过程中的液态排放物，如造纸厂、化工厂、电子工业等所排放的废水，都含有一种或多种对人体或其他生物有害的物质。废气是工业生产过程中的气态排放物，对大气造成污染，从而影响人类活动和动植物正常生长。尽管大气环境本身有净化能力，但当排放的气体污染物的数量和浓度超过了大气的净化能力时，就会对人类和生物构成危害。废渣包括矿山的废弃开采物、炉渣、粉煤灰等。废渣的大量排放除了直接影响到地区人们的生活环境外，有些废渣污染物随河流、雨水冲刷渗入土壤，还会造成更大范围的污染。

（2）项目投产后所用能源导致的污染。如煤、石油、天然气等燃烧产生的硫的氧化物、氮的氧化物、烃类、一氧化碳和颗粒粉尘等。这些污染物除了危害人类呼吸系统外，还以酸雨形式返回地面，影响生物生长和污染江河水体与土壤。

（二）投资项目可能对环境污染造成的后果

（1）土壤遭到破坏。除了影响农作物产量和质量外，有害物向果实渗透，可能引起人类慢性中毒。

（2）河流遭到破坏。如向河流里排放了污染物，可导致生物灭亡和水产品不能食用，下游人们饮水受到危害。

（3）水质下降。地面和水系长期排放污染物的结果将不断污染水源，造成生活生产用水质量下降。

（4）气态污染物将直接影响人们的健康和人类生存安全。

二、投资项目环境保护条件评估内容

（一）环境污染治理方法

（1）化学处理法。通过化学反应把有毒物质转变为低毒或无毒物质。

(2) 生化处理法。利用各种微生物,把污染物中的有机物分解并向无机物转化,以达到净化的目的。

(3) 物理处理法。利用吸收、吸附、除尘、过滤、沉淀等手段来消除污染物。

(4) 物理化学法。利用吸附、泡沫分离、反渗透等方法来治理污染。

(5) 焚烧处理。用焚烧污染物的方法来治理污染。

(6) 堆存处理。找一个不易对环境造成大危害的地方将污染物存放起来。

(7) 综合利用。对一些工业废弃物,通过回收利用来消除它们对环境的污染。

(二)环境保护措施的评价

(1) 审查分析投资项目对环境产生的不良影响并采取相应措施。投资项目在生产建设中,产生污染物是不可避免的,事先应进行分析预计,并采取治理措施,以防止或减轻污染物对环境的破坏。

(2) 审查分析投资项目污染治理技术是否科学可靠。污染物的治理对技术的依赖性很强,应对治理技术的可靠性进行分析,对技术上没能解决污染问题的项目,则应建议采用其他生产工艺以避免污染环境。

(3) 审查分析治理后是否达到环保部门的规定。完全消除项目环境污染几乎是不可能的,应该把投资项目环境污染控制在不对环境造成危害的程度上。

在项目评价时,应以国家颁布的有关标准为依据,检查项目造成的环境污染经治理后能否达到标准要求,能否保证环境的质量。

(4) 审查分析环保资金落实情况。环保资金得不到落实和保证,就难以达到治理污染的目的。另外,也应分析环保资金使用安排是否合理,是否做到保证污染治理工程与项目主体工程同时进行,并确保同时建成,同时投入使用。

三、安全防护条件评估

审查分析投资项目在生产建设过程中有关防爆、防火、防腐、防震和防放射性污染的措施是否得到落实和保证。

(一)防爆

(1) 审查分析是否安装预警控制系统。对项目生产建设中容易产生可燃性气体或液体的工序应设置仪器仪表控制系统,以便在爆炸极限前及时报警,消除爆炸危险。

(2) 审查分析是否采取安全措施。如对易爆工段进行隔绝或保持一定的安全距离等。

（二）防火

应按照安全防火的规定或规范,分析项目的耐火等级、防火间距和防火距离是否达到有关要求。

（三）防腐

审查分析项目的有关防腐部分是否按有关规定要求采取措施进行防腐,以提高项目的使用寿命。

（四）防震

投资项目一般不应在 9 级以上地震强度区建设,对在地震区建设的项目,应采取抗震措施,保证建筑物在 7～9 级地震时不发生倒塌。

（五）防放射性污染

对有放射性污染的项目应审查分析项目是否采取防护设施,如设置防护门、防护屏等,以避免或减少放射性污染对人体和环境的危害。

四、生态环境保护经济评价

（一）概述

生态环境是指人类和生物生存和发展的总体,包括大气、水、海洋、土地、矿藏、森林,草原、野生生物,自然界和人文遗迹,自然保护区,风景名胜区,城市和乡村等。

1. 生态环境的特点

（1）主体为人类;

（2）它既有天然环境,又有经人工改造后的自然环境;

（3）它不包含社会因素,如文化环境、治安环境和法律环境等。

按《中华人民共和国环境影响评价法》,生态环境影响评价是指"对规划项目和建设项目实施后可能造成的环境影响进行分析、预测和评估,提出预防或减轻不良环境影响的对策和措施,进行跟踪监测的方法与制度"。

2. 我国环境保护的基本方针

我国环境保护的基本方针是"全面规划、合理布局、综合利用、化害为利、依靠群众、大家动手、保护环境、造福人民"。

基本方针政策是:

(1) 环境与经济协调发展,即经济建设、城乡建设与环境建设同规划、同步实施、同步发展,以实现经济效益、社会效益和环境效益的统一;

(2) 预防为主,防治结合,即应采取各种预防措施,防止环境问题的产生或将其限制在最小的程度内,而不要等到环境污染和资源破坏产生后再去想办法治理;

(3) 谁污染谁负责,受益者补偿,即造成环境污染和危害的单位和个人,都负有治理环境污染和补偿损害的责任;受益者补偿是指受益于环境治理的单位和个人,有责任按照有关的法律规定进行补偿。

3. 我国环境保护的基本工作原则

基本工作原则要求是:

(1) 符合基本方针政策,即评估工作必须符合国家环境保护法律法规和环境功能规划要求,必须达到执行的规定标准;

(2) 符合针对性原则,即评估工作者必须针对项目的工程特点和所在地区的环境特征进行深入调查分析,抓住危害环境的主要因素,以确保环境影响评估报告真正起到"为主管部门提供决策依据,为设计工作制定防治措施,为环境管理提供科学依据"三个基本功能作用;

(3) 符合科学性原则,评估是由多学科组成的综合技术,从调查、评估因素筛选到专题设置、监测布点、测试、取样、分析、数据处理,模式预测及评估结论都应严持科学态度,认真完成各项目评估任务;

(4) 优先使用可再生资源降低资源消耗量,项目往往要消耗大量能源和资源,必须采取措施把能源和资源的消耗,特别是不可再生资源的消耗降到最低。为此,尽可能地利用可再生资源来代替石油和煤炭的使用;利用替代材料来取代金属材料和木材,尽可能利用太阳能取暖和自然光照明,采用节能电器、节水设备、绝热的墙体材料和门窗材料等;

(5) 工程材料无害化原则,即在工程材料选择上,必须选用那些无毒、无害、易处理、易回收的材料,而不要选择那些对人体和环境有害的材料。如装饰材料,要选择对人体健康无害或影响小的材料。

基本要求是选址合理,符合国家土地政策和生态环境要求,采用无毒无害或低毒低害的原材料,采用新工艺设备,最大限度地提高资源、能源的利用率,减少污染,实现清洁生产要求;污染物排放总量控制要达到国家或地区有关部门颁发的标准,废水、废气、废渣尽可能回收利用,有二次或多次污染物产生,要有二次或多次回收利用措施,使污染物排放降到最低,并力求实现环境效益和经济效益的统一。

（二）环境影响的经济评估方法

影响环境的因子很多,有水、土地、空气、噪声等自然环境因素,还有物种与种群、种群与环境系统的生态环境,还有人、福利等社会环境,以及自然和人文遗迹等环境,而且有些因子相互影响。所以,经济评价常用到综合指数法和矩阵法。

1. 综合指数法

分析研究评价生态因子的特性与变化规律,建立表征各生态因子特性的指标体系,确定评价标准,建立评价函数曲线,将因子现值(项目前)与预测值(项目后)转换为统一的无量纲环境质量指标;用 1～0 表示质量优劣,1—最佳,0—最差,一般在 0～1;由此计算出开发项目开发前后环境因子的质量变化值。根据各评价因子的相对重要性赋予权重,将各因子的变化值综合,提出综合评价值 ΔE:

$$\Delta E = \sum (E_{hj} - E_{qi}) W_i \tag{4-4}$$

式中：E_{hj}——开发项目后 i 因子的质量指标;

$\quad\quad E_{qi}$——开发项目前 i 因子的质量指标;

$\quad\quad W_i$——质量 i 因子的权重。

此法既可用于单因子质量评价,也可用于多因子质量评价。一般用于多因子质量评价,故称为综合指数法。建立评价函数曲线须根据标准规定的指标值确定曲线的上限和下限。对空气和水这些已有明确质量标准的因子,可直接用不同级别的标准值作为上限和下限;对于尚无明确标准的生态因子,须根据项目评价目的、评价要求和环境特点,选择相应的环境质量标准值作为上限和下限。

2. 矩阵法

先将调查影响环境因子按因果关系系统加以排列组成一个矩阵,从而在项目活动和环境影响之间建立起一种因果关系,并以定量或半定量的方法揭示项目活动对环境的影响。其数学表达式为:

$$\sum_{i=1}^{n} \sum_{j=1}^{m} W_{ij} M_{ij} \tag{4-5}$$

式中：M_{ij}——项目活动 j 对环境因素 i 的影响;

$\quad\quad W_{ij}$——环境因素 j 在项目活动 i 的权重。

3. 项目影响环境经济评价实例分析

在某地区拟建一项工程,经调查分析对环境影响各因素大小列为 1～10 级,1—没有影响,10—影响最大,负值表示坏影响,正值表示好影响;括号内表示权重,数值越大,该因子对环境影响也越大。

按矩阵法排列,影响环境计算结果如表 4-6 所示。

表 4-6

环境要求	居信区的改变	水文排水改变	修路	噪声和震动	城市化	平整土地	侵蚀控制	园林化	汽车环行	总影响
地形	8(3)	−2(7)	3(3)	1(1)	9(3)	−8(7)	−3(7)	3(10)	1(3)	3
饮用水	1(1)	1(3)	4(3)			5(3)	6(1)	1(10)		47
气候	1(1)				1(1)					2
涝灾	−3(7)	−5(7)	4(3)			7(3)	8(1)	2(10)		5
地震	2(3)	−1(7)			1(1)	8(3)	2(1)			26
空旷地	8(10)		6(10)	2(1)	−10(7)			1(10)	1(3)	89
居住区	6(10)				9(10)					150
健康安全	2(10)	1(3)	3(3)		1(3)	5(3)	2(1)		−1(7)	45
人口	1(30)			4(1)	5(3)					22
建筑	1(3)	1(3)	1(3)		3(3)	4(3)	1(1)		1(3)	34
交通	1(3)		−9(7)		7(3)				−10(7)	−109
总影响	180	−47	42	11	97	31	−2	70	−68	314

分析结果表明，项目工程建成后对环境总影响为正值 314，是好影响而不是坏影响，并为项目决策实施提供了强有力的论证。

第四节　投资项目建设实施条件评估

在上述有关生产建设条件评价的基础上，还需要进一步审查分析项目的设计单位、施工单位是否具备项目的要求，施工准备安排是否合理等问题。

一、项目设计单位评估

优良的设计是项目顺利建成投产的重要保证条件。我国各设计单位除分工比较明确外，技术力量也有较大差别。所以必须对设计单位的设计质量、设计信誉、设计历史作出正确分析评价，它不仅关系到项目总体设计方案是否合理、项目的初步设计和施工图设计能否保证项目建设要求的实现，而且还关系到设计质量的可靠性和设计方案的经济合理性。

审查设计单位的设计能力时，可从设计单位现代化设计手段（如 CAD 技术）的应用、设计人员的组成及专业特长、设计单位的信誉等各方面去分析了解。另外，为保证设计按质按量完成，投资项目建设单位还应提供必要的资料和资金作为先决条件。

二、项目施工单位评估

投资项目的建设一般都有土建工程、设备安装工程,对于矿产资源开采项目还有井巷工程等施工任务。项目施工队伍的素质如何,对保证项目的施工质量和施工进度有重要影响。对施工队伍的评价可从施工队伍中的中高级工程技术人员的比例、大型现代化施工装备拥有数量等方面来进行。对于大型特殊工程的项目或有特殊要求的工程项目,应由素质高的专业化施工队伍来承担。为保证项目的施工质量和工期的按时完成,一般应通过招标的办法来确定项目施工单位。通过招投标这一市场竞争机制的引入,项目建设单位可根据对投标单位施工方案的比较择优选择施工单位。

三、施工阶段场地准备条件评估

(1)分析场地条件是否符合总平面布置的要求,预计土石方工程量,能否摆开大型的施工机械,且留有空地来堆放建筑材料和机械设备。

(2)审查施工阶段用水用电是否能得到保证,是否与有关单位签订了用水用电协议。

(3)对所选厂址有拆迁任务的项目,还应审查是否与有关单位或住户签订了拆迁协议,有关单位或住户是否已同意搬迁。

四、项目同步建设条件评估

项目同步建设条件是指与项目相关的项目建设是不是同步,它直接关系到投资项目经济效益的发挥,分析一个投资项目同步建设条件如何,是评价项目是不是具备建设条件的重要方面。

(一)审查分析相关项目时间安排的同步性

由于不同类型的建设项目在建设时间长短上是不相同的,如与火电厂配套的煤矿建设时间要长于火电厂建设时间。所以,分析建设项目时间上的同步性,并不是要求相关的建设项目同时开工,而是要求相关项目同时建成投产,同时发挥经济效益。

(二)审查分析相关项目生产能力的同步性

相关项目生产能力的同步性是指相关项目之间生产能力的协调、配套。它包括拟建项目与它配套的前序项目的生产能力应该适应,以及拟建项目与它配套的后续项目的生产能力相配套两个方面的内容。

生产能力的同步分析是一个复杂的问题。主要是由于建设项目的规模还与市场供需、经济规模等因素有关。评估项目生产能力的同步,应进行综合的调查分析。

(三)审查分析建设项目内部的同步建设性

一个建设项目包括许多的单项工程，如不同的生产车间、供水工程、供电工程等，只有这些单项工程保持同步建设，才能保证项目建设效益的发挥。

复习思考题与习题

一、关键名词

生产建设条件评估、厂址选择条件评估、厂址选择方法、最小运输费法、环境保护、建设实施条件评估。

二、思考题

1. 为什么要进行项目的条件评估，评估的主要内容是什么？
2. 生产建设条件评估的主要内容、特点、原则及其评估方法？
3. 厂址选择原则、考虑因素、基本要求和选择方法？
4. 环境保护条件评估内容，分析排放污染物因素及其后果？
5. 试问投资项目建设实施条件评估内容及同步建设性的重要性？

三、习题

1. 请自行调查设计一个项目厂址选择多方案(至少 2 个)数据资料，用评分选优法最后决策最佳厂址。

2. 某项目原材料和产品销售点数量(万 t)及其坐标(x,y)分别为 300(100,200)，800(600,400)，600(450,500)，1 200(700,300)，1 400(400,800)，1 000(300,300)。试用最小运输费用法(重心法)决策最佳厂址位置 $P_0(x_0, y_0)$。

第 五 章
投资项目技术评估

第一节　技术评估概述

一、技术含义

技术是指人们社会实践活动中体现出来的经验、知识及操作技巧的科学总结。《辞海》中将它解释为："根据生产实践经验和自然科学原理而发展成的各种工艺操作方法和技能。"项目技术方案评估是对项目技术选择、工艺设备、引进技术等诸方面进行技术经济审查分析论证，以判断项目在技术上是否可行。

二、技术类型

项目技术评估按其特点可划分为如下类型。

（一）资金密集型技术

该技术占用和消耗的资金多。其特点有：
（1）资金占用较多，时间较长；
（2）容纳劳动力较少；
（3）劳动生产率高，成本低，产品竞争力强。

（二）劳动密集型技术

即劳动占用和消耗较多的技术。其特点有：
（1）容纳和占用劳动力较多；
（2）资金占用较少；
（3）技术装备程度低，劳动生产率较低。

（三）技术密集型技术

即技术含量较高，机械化和自动化程序较高的技术。其特点有：

（1）要求劳动者掌握技术的熟练程度和科学技术知识水平较高；

（2）劳动生产率较高,创新能力强,可为其他工业部门提供新材料、新工艺和新设备。

（四）知识密集型技术

即高度凝结先进技术成果的技术。其特点有：

（1）要求中、高级科技人员和管理人员；

（2）技术装备复杂,投资费用高；

（3）产品科技含量高,占用劳动少,消耗材料少,不污染环境。

按技术存在的形态,技术类型还可分为有形技术(硬技术)和无形技术(软技术)。有形技术是指能看得见、摸得到的有实物形态的技术,如厂房设备、工艺方案和设计图纸等；无形技术是指看不见、摸不到的无实物形态的技术,如软件、发明创造、专利技术和知识产权等。

随着科学技术的发展,技术密集型、知识密集型或无形技术将得到飞速发展,并将成为知识经济时代的核心。

三、项目技术选择的制约因素

（一）需求制约因素

满足社会某种需求即市场需求是项目采用某项技术的前提。市场需求对项目技术选择的制约主要表现在：

（1）项目的生产规模、产品品种、规格和质量都是根据市场需求决定的,而不同的规模、品种、规格和质量的产品,需要采用不同的生产工艺设备。

（2）从发展的观点看,随着社会经济文化的发展,市场需要的结构在不断地变化,企业为适应市场需求的变化,必须调整其技术结构,促进技术发展,提高产品质与量,以保持市场竞争力。

所以,在对项目进行技术选择时,不仅要考虑当前的市场需求状况,还应考虑技术对市场需求变化的适应能力。

（二）资源制约因素

从项目技术类型划分可以看出,不同的技术在实际应用中表现出不同的资源密集特征,在进行技术选择时,必须考虑项目所能拥有的资源条件。

资源条件主要指资金、人力、能源、原料、机械设备等。资源制约主要指资源在可提供的量与质上的约束。在一定时期内,金融市场上所能提供的资金或投资项目所能筹集到的资金总是有限的,进行项目投资时,必须考虑其筹资能力。资金的可供量尤其会对资金密集型技术形成制约。

人力资源的制约主要表现在可提供的人力资源数量与质量上,工程技术人员和熟练的工人对项目尤其对技术密集型技术、知识密集型技术或无形技术形成制约。

尽管能源类型多样,但由于自然分布不均和对生产力布局的考虑,不同地区的能源稀缺程度是不同的。此外,能源也对高耗能技术形成制约。

各种原材料、机械设备等生产资料,如在国内市场上取得,就应调查国内生产能力和技术水平;如从国外进口,还得考虑外汇资金和贸易政策等因素。

(三)环境制约因素

环境制约因素包括三个方面:

1. 经济技术环境约束

经济技术环境是指能使技术发挥作用的经济条件,主要指基础设施和技术能力。

2. 社会文化环境约束

其一是由于一定时期的技术选择必须和当时的社会发展目标相一致;其二是技术选择受一定时期人们价值观的影响。

3. 自然生态环境约束

任何技术的采用都不应当对当地的自然生态系统构成危害,使其影响人类生活的质量。当前我国生态环境污染严重,严重影响了人们的生活质量。为此,我们要特别加重自然生态系统约束的评审。

四、项目技术评估原则

(一)先进性原则

技术先进性原则是指项目所选用的技术是先进的,并在技术领域中处于前列的地位。技术先进性在工艺方案的选择上要有利于专业化、流水线生产或实现生产自动化,并能降低能耗、物耗和提高劳动生产率。从设备选型来看,应做到主机、辅机及备品备件的同步先进。当然,先进的技术是相比较而言的,这个比较是通过各种技术经济指标来体现的。不同行业有不同的技术经济特点,评估技术水平的指标也不同。因此,评估技术是否先进应结合项目的具体情况,选用相应的指标,作为评估技术先进性的指标。考虑技术先进性,还应考虑技术的先进程度。我国不同行业的发展水平不同,与世界先进水平的差距也不同。因此,应根据行业特点和技术政策,选择适当的技术层次,不能盲目追求"最先进"技术。

考虑技术先进性,还应考察技术所处的寿命周期。一般来讲,技术处于投产期,技术尚不成熟,风险大,不宜普遍采用;技术处于成长期,有较强的生命力,可在领先行业的项目中采用;技术处于成熟期,是比较稳定的,可在一般项目中采用;技术处于衰退期,则是落后的,是绝对不能采用的。

（二）适用性原则

技术上的适用性原则是指项目所采用的技术应符合我国国情、国力和国家技术发展政策,并能在较短时间内投入使用,产生较好的经济效益和社会效益。

国情、国力就是指国家的自然条件、经济条件、社会条件和技术能力。选择先进技术,不论是国内的还是国外的技术,均要结合这些条件作出适用性评价。切不可脱离我国实际,盲目追求高精尖技术。所以,先进性和适用性一定要结合起来,最好把两者的"先进适用性"加在一起来考虑,选出最适宜的技术。

要克服两种倾向:一是片面追求技术的先进性,不考虑适用性;二是以选择适用性为由,降低项目的技术先进性。在我国现有条件下,技术适用性应符合以下几条标准:

（1）符合国家和行业的技术发展政策;

（2）能提高产品质量,并有利于新产品的开发;

（3）有利于充分、合理利用本国本地的有限资源,降低原材料和能源消耗,并能减少环境污染,安全生产;

（4）适应现有的技术水平和管理水平,充分而有效地利用现有设备和生产资料,提高劳动生产率、经济效益和社会效益;

（5）引进技术能很快吸收、消化和掌握。

此外,还要考虑不同行业的技术经济特点。例如石油行业,石油是非再生资源,储量有限,必须注重合理利用和综合利用;石油加工生产过程中产生的废气、废水较多,就应加重环保评估;石油炼制过程是连续的,因此要考察其技术自动化程度。

（三）经济性原则

经济性原则是指项目所采用的技术,能以一定的消耗获得最大的经济效益。技术与经济之间存在着一种相互依赖相互制约的关系。一般来说,先进技术会带来好的经济效益。但两者统一是有一定条件的,技术先进不一定经济合理。因此在对项目进行技术评估时,必须根据经济效益来研究技术方案的正确与否,要防止单纯追求技术先进而忽视经济效益的倾向。为了保证技术的经济性必须注意处理好以下关系:

（1）微观与宏观的经济关系。既要分析项目本身的经济性,又要顾及国家整体的经济性。

（2）目前经济效益与长远经济效益关系。即应从长远的战略眼光来评价先进技术的经济性，又要求目前的经济效益服从长远的经济效益。

（3）经济效益与社会效益关系。既要分析技术对项目带来的经济效益，又要分析项目对国家和整个社会带来的效益。如技术扩散效益，环保效益，社会就业等的社会效益。

为了实现经济性，必须保证项目技术方案的合理性，其具体体现在以下几个方面：

（1）生产规模和生产效率的合理性；

（2）工艺流程合理性；

（3）设备配套的合理性；

（4）专业化协作程度等。

（四）安全性原则

技术的安全性原则是指项目所采用的技术不应给人类、社会和环境带来负影响和负效益。包括：

（1）对人类身心健康，人身安全的危害；

（2）对自然环境、生态平衡的破坏；

（3）对资源加速消耗等。

产生负影响和负效益的原因大致有：

（1）技术本身不可靠；

（2）技术使用不当，或没有预防治理措施。

安全性是选择技术的前提，是项目生产的保障；技术没有安全性，即使项目建成，也不能安全、正常运行，甚至给生产和社会造成严重后果。

五、技术评估程序

（一）收集资料

1. 可行性研究报告

收集并熟悉可行性研究报告中的有关内容，才能在项目总体上把握技术评估并把技术评估同其他部分有机地衔接起来。

2. 有关基础技术资料

与技术评估有关的基础资料有工艺流程、工艺说明及设备规格、原材料、能源、消耗定额等。

3. 有关技术发展趋势和可能的发展速度

技术评估是对项目寿命期内所采用技术的可能性进行的审查分析。随着科技的发展,新工艺、新设备不断涌现,且更新速度日益加快。因此,必须认真分析技术发展的趋势及对投资项目拟采用技术方案的影响。

(二)确定技术评估的主要原则

列出项目在技术选择中可能面临的制约因素,结合项目具体的市场目标、生产目标,确定技术评估的主要原则。

(三)明确技术评估的主要内容

项目技术评估所涉及的技术问题很多,项目评估不可能也无必要对每一个技术问题都进行审查分析,因此必须划分技术问题的主次,明确技术评估的重点。作为项目技术评估的重点内容有:所采用技术是否符合行业发展政策和规划;所采用的技术是否与协作企业配套;所采用的技术是否影响环境和生态平衡。另外,对项目的内在技术因素,如工艺方案、设备选型等也应作为技术评估的重点。至于其他一般性技术问题,如在可能性研究报告中已有论证,并予以明确,一般可不再予以审查分析。

(四)优选方案

按照技术评估的原则,结合项目的实际条件,对项目可能采用的备选技术方案进行分析、计算、比较和评价,从中选出一个最优方案加以实施。

第二节 项目工艺方案评估

工艺是指为生产某种产品所采用的工艺流程和制造方法。它是技术评估内容的核心,工艺选择直接决定设备的选择;工艺技术方案不仅直接影响到项目的投资费用,而且对未来的产品质量、产量和项目的经济效益都会产生直接的影响。

一、工艺选择评估

对于工业项目来说,选择适当的工艺技术是一个关键问题。这种选择应联系所选定的项目或投资战略,联系社会经济和生态条件,对各种工艺方案进行详细考察、分析评价并选出最合适的工艺方案加以实施。

(一)工艺的可靠性

项目所选择的工艺必须是成熟的和可靠的,并在实践中能发挥预期效益。可靠性是选择工艺的前提。新技术、新工艺要进入生产领域,必须经过试验,只有通过试验并由权威机关鉴定后,方能投入生产使用。

(二)工艺流程合理性

工艺流程亦称工艺线路,是指劳动者使用生产工具改变劳动对象的形状和性能,使其具有特定使用价值的过程。合理的工艺流程应符合如下要求:

(1)原材料从其投入到形成产品的过程流畅、便捷、具有连续性,以提高劳动生产率和设备利用率;

(2)产品能满足技术方案的要求;

(3)能适应生产类型的要求,自动化程度高;

(4)应达到经济合理性要求。

在项目评估中,对工艺流程合理性分析可以通过对不同工艺的流程图和技术经济指标的分析对比来确定。

(三)对产品质量的保证程度

产品质量的好坏,主要取决于生产工艺。随着生产工艺和技术的发展,消费者对产品质量要求越来越高,企业家把产品质量视为企业的生命,其质量好坏将直接决定企业的生存和发展。为此,项目所采用的工艺必须保证产品的质量。

(四)工艺与原材料的适应性

工艺的选择必须同项目所用原材料相结合,而且还必须能同长期和短期资源因素适当结合起来。在某些情况下,原材料可以决定采用的工艺。某些原材料没有来源或来源受到限制,就可能成为工艺的制约因素。投入物如果是国内供应的,则可能会得到保证;如果是国外进口,则可能靠不住,风险较大。

(五)工艺经济合理性

工艺成本是项目总成本费用中的主要部分,是工艺经济合理性的具体体现,而降低成本,提高经济效益,则是投资的主要目的。因此,技术评估必须对各工艺方案的工艺成本进行分析。工艺成本主要由下列费用构成:原材料费、燃料及动力费用、工资与福利费、修理费、折旧费等。

可用年费用比较法,将各种备选方案的年工艺成本进行比较,从中选出一个最低工艺成本方案,即为最经济合理的工艺方案。

二、工艺技术引进和特征

(一)取得工艺技术方法

在选择工艺的同时还应确定这项工艺技术的来源,途径有:

1. 许可证交易

在工艺交易中,工艺技术许可证交易已成为一种普遍而有效的方法。

许可证交易是用一定代价,从工艺技术所有者那里,以签订合同的方式,购买使用所需工艺技术的权利。

根据相互协议的条款,一份许可证可能给予使用专利工艺的权利并提供有关技术的转让。在认为必须有工艺许可证时,最理想的办法是将成套的工艺进行分解和确定关键的合同内容。

2. 工艺技术的购买

在某些情况下,最好是通过整套采购来取得工艺技术,使工艺技术所有权全部归买方所有,当然这样所需资金较多。

3. 合资经营

合资经营是由工艺技术所有者提供所需工艺技术,同项目的所有者共同经营、共负盈亏、共担风险。项目在采用某项特定工艺的同时还需要获得相应的工艺服务,包括具体的工程设计、工厂设计和设备布置,提供辅助设施,在工程实施过程中的技术监督和项目建成后的测试,交付使用与投入生产。

(二)合同条件和条款

在评估时,需要着重分析考察引进和特征工艺合同的条款和条件。考察重点为:

(1)说明:是否明确说明工艺的详细情况,包括产品生产过程及提供的技术服务;文件是否齐全。

(2)期限:工艺协定的期限是否符合项目要求。

(3)担保:是否说明工艺技术在协定期限内有担保和保证。

(4)付款:确定付款方式,一次总付或分期提成付款。还有使用改进后的工艺,是否规定取得使用许可证者应分享供应者在工艺方面的改进。

(三)工艺成本

评估时应分析确定所选工艺以及有关技术服务的成本。为此,可参考同类工业项目的付款条件。

第三节　项目设备评估

设备是机器、机械、起重、运输及其他生产和非生产设备的总称。它划分为生产设备、辅助设备和服务设备三大类。

一、设备选择

设备选择一般都与工艺流程的选择同时进行。工艺流程设计是项目设计的核心,而设备选择则是工艺流程设计的主体。因为工艺流程的先进与否,在很大程度上取决于所选用的设备是否先进。因此,项目设备选择应予以重视。

(一)设备选择要考虑的主要因素

1. 生产能力

所选择的设备生产能力应充分满足工艺技术方案的设计要求,并相互配套。

$$配置设备台数 = \frac{项目年生产规模}{单台设备年生产能力}$$

计算设备台数应取整数并加适当的备用台数。

2. 安全可靠

所选用的设备必须安全可靠。要分析其耐用性、稳定性和安全性。设备耐用则使用时间长,其折旧费就相对较少,可降低产品成本;设备稳定性好,生产使用中运转正常,少发生故障,少停产、减产,很少影响产品质量,维修费少;设备安全性好,不危及工人身心健康和厂房的安全,这主要指选用设备不泄漏有害气体、噪声达标、振幅不过大等。

3. 设备的先进性

设备的先进性包括设备的功效性、节能性和环保性好,安装容易,维修方便等。

4. 通用性和标准化

设备选择应尽量采用通用性、标准化设备,少用或不用非标准化设备。标准化设备制造费用低,便于更换。

5. 经济合理性

经济合理性是设备选择的综合指标、核心目的,是指所选用的设备在符合工艺对其功能和各种性能要求的前提下,投资少、使用费用低、经济效益好。

(二)设备选择要遵循的基本原则

(1)设备选择必须根据项目生产能力和所选择的工艺技术来确定。

(2)应选择技术先进、适应性好的设备。特别注意,不要选用国家已明文通知或宣布落后要淘汰的设备;或者能耗高、造价高又不便维修的设备。

(3)设备选择要立足国内。凡是国内能制造或引进仿制的设备,就不必向国外引进,或者只引进关键设备就能由国内配套使用的,就不必向国外引进成套设备。今后应考虑多引进技术,少引进设备,以利于节省外汇,减少投资。若必须引进国外设备时,则必须考虑其配套性,以保证整体设备的正常运转和产品质量。

(4)对损耗率高、检修频繁的设备,如砂轮机、水泵、电机等,一般应有备用设备。

(5)设备选择要进行多方案的分析比较、技术经济论证,从中选出最适宜的、经济合理的设备。

(三)设备评估的主要内容

(1)各主要设备生产能力的确定。

(2)主要设备选型,并列出主要设备方案清单,标明所用设备的类型、规格、数量、来源及单价等。

(3)编制设备投资费用估算表,先列车间,然后汇总全厂。

(4)测算主要设备负荷均衡情况,并说明负荷计算依据。

(5)其他需要选择和论证的问题。因行业特点和项目具体条件不同,项目设备方案选择内容也会各有侧重。如有的选用某设备方案时需要分析和比较备品、备件和维修材料的来源渠道,有的需要分析设备的装备水平和自动化要求等,通常这需要编制项目整体设备一览表及其主要设备连接图或分布图。

二、设备选择的经济评估方法

为了选择经济合理的设备,需要对设备方案进行经济评估,通过对比分析,从中选出最佳方案。常用的设备选择经济评估方法有如下三种。

1. 投资回收期法

投资回收期是指企业使用设备后,每年所获得的收益偿还设备投资所需要的时间,其计算式为

$$设备投资回收期 = \frac{设备投资额}{年利润 + 年税金 + 年折旧额}$$

比优时,在其他条件相同的情况下,以投资回收期短的方案为好。

2. 年均费用法

设备费用一般由设备购置费和设备使用费构成。设备购置费包括设备的购买费用、运费和安装费。设备使用费包括能耗费、保养维修费和操作工人工资等。

当选择的几种设备的主要技术指标相同时,则比较各设备的年均费用,以小者为优。其费用动态分析计算式为

$$C_A = \frac{P_O + C_O(P/A, i, n)}{T} \quad \text{或} \quad C_A = P_O(A/P, i, n) + C_O \tag{5-1}$$

式中：C_A——设备年均费用；

P_O——设备购置费用；

C_O——设备年使用费；

$(P/A, i, n) = \dfrac{(1+i)^n - 1}{i(1+i)^n}$——年金现值系数；

$(A/P, i, n) = \dfrac{i(1+i)^n}{(1+i)^n - 1}$——现值年金系数；

T——设备使用年限。

例 5-1 有两种设备 A、B，性能相同，使用年限均为 10 年，购置费和年使用费分别为 2 万元、1 万元和 1.7 万元、1.2 万元，折现率 $i = 8\%$，请优选设备。

解 A 设备：$C_A = \dfrac{P_O + C_O(P/A, 8\%, 10)}{10} = \dfrac{2 + 1 \times 6.710\,1}{10} = 0.87$（万元）

B 设备：$C_B = \dfrac{P_O + C_O(P/A, 8\%, 10)}{10} = \dfrac{1.7 + 1.2 \times 6.710\,1}{10} = 0.98$（万元）

因为 $C_A < C_B$

所以 A 设备为优，应选 A 设备。

3. 综合效率法

综合效率是指设备在使用期内，其效益与费用的比率，其表达式为

$$E = \frac{N}{C} \tag{5-2}$$

式中：E——设备综合效率；

N——设备效益；

C——设备费用。

设备综合效益往往指设备在使用期内的全面效用，凡是可用数量表示的如产量、节省费用等则可用定量分析计算；不能用数量表示的，如生产性、可靠性、耐用性、配套性、环保性等则可用评分法来确定。

例 5-2 某项目设备方案有关数据如下：

表 5-1

设 备	产量/（万 t/年）	费用/万元
A	300	280
B	350	300
C	400	350

则设备综合效率分别为

$$E_A = \frac{300}{280} = 1.07$$

$$E_B = \frac{350}{300} = 1.17$$

$$E_C = \frac{400}{350} = 1.14$$

计算结果表明 B 设备综合效率最高,应选 B 设备。

三、设备选择案例分析

例 5-3　某项目备选设备 A、B 有关数据如下:$i_c = 15\%$,试用年均费用法优选设备。

表 5-2

设　　备	投资/万元	年使用费/万元	使用年限/年	残值/万元
A	5 500	1 000	4	200
B	9 000	800	6	400

A 设备:$C_A = 5\,500(A/P, 15\%, 4) - 200(A/F, 15\%, 4) + 1\,000$
$\qquad = 5\,500 \times 0.350\,3 - 200 \times 0.200\,3 + 1\,000 = 2\,886.6(万元)$

B 设备:$C_B = 9\,000(A/P, 15\%, 6) - 400(A/F, 15\%, 6) + 800$
$\qquad = 9\,000 \times 0.264\,2 - 400 \times 0.111\,2 + 800 = 3\,133.3(万元)$

因为 $C_A < C_B$

所以 A 设备为优,应选 A 设备。

例 5-4　某项目设备方案数据如下:试用综合效率法优选方案。

表 5-3

计价要素	权重	A 设备		B 设备		C 设备		备注
		评分	权重值	评分	权重值	评分	权重值	
可靠性	0.4	10	4	8	3.2	9	3.6	购置费(万元)
耐用性	0.1	9	0.9	10	1.0	9	0.9	A　10.00
配套性	0.3	8	2.4	10	3.0	9	2.7	B　9.00
环保性	0.2	8	1.6	8	1.6	10	2.0	C　9.58
合　计	1.0		8.9		8.8		9.2	

则各设备效益为

$$N_A = 10 \times 0.4 + 9 \times 0.1 + 8 \times 0.3 + 8 \times 0.2 = 8.9$$

$$N_B = 8 \times 0.4 + 10 \times 0.1 + 10 \times 0.3 + 8 \times 0.2 = 8.8$$

$$N_C = 9 \times 0.4 + 9 \times 0.1 + 9 \times 0.3 + 10 \times 0.2 = 9.2$$

各设备综合效率为

$$E_A = \frac{8.9}{10} = 0.89$$

$$E_B = \frac{8.8}{9} = 0.98$$

$$E_C = \frac{9.2}{9.58} = 0.96$$

计算结果表明 B 设备综合效率最高,综合经济合理性最佳,应选 B 设备。

第四节 软技术评估

在当前经济活动中,软技术交流转让越来越频繁,软技术应如何评价和估计,已成为当前经济活动中的首要问题。

软技术评估主要指工业产权和文化产权的转让、发明创造所有权的转让;还包括技术服务性转让,如工程合同、技术援助等;还有销售方面的软技术转让,如特许经营。对于软技术的评估,应根据软技术转让的不同形式而有所区别。

一、软技术的定义

评价时,首先遇到软技术含义问题。软技术是相对硬件技术而言的。技术是指人类获得生存和发展的手段,泛指人类在科学实验和生产活动过程中认识和改造自然所积累起来的知识、经验和技能的总和。软技术一般多为隐形状态存在,当前主要指发明创造、知识产权、信息技术和计算机软件等;将其运用到生产活动中,就形成了无形资产。

关于无形资产目前尚无统一的定义。不同行业、不同学者从各自的角度出发对无形资产有不同的理解与概括,如美国会计界学者认为:无形资产是非实物的经济资源,其价格是依据被授予的权益和其他将要得到的预期收益来确定的,这既指出了它的本质含义,也规定了它在转让中的评价原则,但没有概括它的属性所涵盖的内容。又如,日本会计界学者认为:无形资产是有形资产的对立,有三种属性:(1)没有实体;(2)有偿取得;(3)有超出同行业收益能力的资产价值。

这里只概括了它的存在形态及其在经济活动中的属性特征。

总之,知识产权是智力创新成果,是无形资产的主体,但不是全体。因为,有的知识产权难以转化为无形资产投放到经济活动之中。如有些艺术作品和科研成果若不能与企业的生产经营活动发生直接作用或及时投放到生产经营活动之中,就不能成为现实的生产力,就不能创造财富价值。所以,就不能称为"无形资产"。

1992年11月国务院颁布的我国第一部《会计准则》中,对无形资产也作了明确的表达:"无形资产是指企业长期使用而没有实物形态的资产,包括专利权,非专利技术、商标权、著作权、土地使用权、商誉等。"比较全面地概括了无形资产的形态属性、本质及其所含内容,不同的是把土地使用权也包含在内(本不应包括)。因为我国宪法规定土地所有权为国有,企业只能取得土地的使用权。应该认识到,随着经济社会不断发展和科技进步,无形资产的内涵也将不断更新。

二、软技术特点

软技术有如下特点。

(一) 无形性

软技术同硬技术相比,是一种看不见、摸不着、隐性存在的资产,形态的无形性是软技术最显著的特点之一。这给评价和估价带来了难度,不像硬技术那样简单易行。软技术交易的双方往往对其估价相差很大,很难统一起来,这也给两方协商谈判增加了难度。当前软技术转让估价方法有三种:

1. 成本法

用软技术所用的开发费来估价,这在会计上是说得通的,但实际却难以成行。因软技术发明者有其垄断性和谋取高利性,不可能将其等价转让。

2. 收益法

根据使用软技术将来所能获得的收益按一定比例提成估价,这符合软技术垄断性和高获利性特点,但未来收益却难以准确计量,且软技术往往尚不成熟,风险较大。

3. 合同法

用双方协商谈判后所签订的合同价来计算。这是当前常用的方法。其计价是否准确合理,则难以确定。这决定双方判断的技巧和软技术的供需程度。

(二) 垄断性

软技术作为一种发明创造的智力成果,其数量是单一的。在市场经济条件下,具有垄断性,现行专利制度更加保护和强化了这种垄断性。技术所有者为了保护软技术的优势,从而具有更大的竞争力,不会轻易转让,只有在能取得高额利润时,才有可能。此外,由于科学技术发展不平衡,发达国家对发展中国家转让过时技术并附加种种限制条件,以保持它们的垄断地位。发达国家之间,为了争夺技术的领先地位,特别是软技术的领先地位,各自也加强了垄断。

(三)高获利性(不等价性)

软技术转让普遍具有不等价交换的特点。计价不取决于它的成本,而是取决于它所能带来的收益,即软技术使用方实施该项技术后所能取得的总利润额。技术的价格实质是使用技术方将取得的利润按其提成率分出一块支付给技术所有方,软技术转让价格是利润分成关系。因此,软技术价格往往要远远高出它的成本,而不像一般商品遵守等价交换原则。因此,软技术的垄断性使其高获利性得以实现并加以保护。

(四)两权分离性

软技术转让往往只是使用权转让,而所有权仍在发明者手中,从而发生了软技术所有权与使用权的"两权"分离。不像一般商品交易那样,商品所有权与使用权都一起从供方转移到需方。在如此特殊情况下发生的软技术所有权转让,条件是苛刻的,代价是昂贵的。由于所有权仍在发明者手中,因此,它可以实施多次转换。不同于一般商品只有一次,而软技术转换具有多次性特点。

(五)不确定性

软技术所能提供的经济效益往往具有很大的不确定性。这主要是因为软技术往往尚不太成熟,其使用效果难以单独计量,它必须和其他资源一起使用,才能发挥作用(如商誉),而且受益期限也难以确定,随着市场竞争的加剧,新技术的发明也有被取代的可能(如专利权),风险较大,其计价难以准确确定。

三、软技术内容与评估

软技术主要有工业产权(industrial property)(如专利权、专有技术、商标、特许经营等)、知识产权(如著作权、版权等)、技术秘诀和服务,我国还有土地使用权。

我国目前使用的工业产权一词译自日文,开始主要指工业,现在涵盖了产业,包括商业、农业和其他产业。所以应该将工业产权改为"产业产权",这也符合英文 industry 一词的另一"产业"含义。

(一)专利权

专利权(patent)是指某项发明创造的专有权,受法律保护不许他人在技术有效期内使用、仿造或出售所发明创造的产品、技术诀窍、工艺和技术等。专利权是取得对发明物拥有的产权,并可使用这种权利,也可以将这种权利转让给他人;专利权均有时间限制,一旦期满,其技术资料则属公众所有。所以,专利权实质是一种受专利权保护的技术垄断权。其特征有:合法性、时效性、独占性、地域性和获利性。专利技术是指取得了专利的某项发明所具有的技术。我国是已经建立了专利制度的国家,国内外发明的专利在我国将受到保护。

专利许可证是专利转让方与接受方签订的一种法律协定,规定双方的权利以及在实施中应受到的限制。所以,我们购买专利许可证,除了要引进专利技术外,也应该坚持某些专利方面的要求,如专利产品进口的权利,对使用方的一些限制性要求等。此外,在评估中对专利的评价要着重注意以下几方面的问题:

(1) 专利许可证协定中的专利是否是已在使用方的市场上公布了的专利;

(2) 使用方是否已谈妥了下达专利制造、使用和销售的权利;

(3) 出口区域是否有类似的专利;是否保障接受方免受第三方对于侵犯专利的索赔;

(4) 专利有效期,在许可证协定失效前后,接受方是否能操作工艺、制造和销售产品;

(5) 专利接受方是否接受以下限制:生产地点、生产规模、产品价格、销售区域、产品质量和必须使用转让方人员等。

只有对这些问题有满意答复后,方能认为这种专利转让是可以接受的。

(二)专有技术

目前,国际上尚没有对专有技术的严谨定义和统一解释,现一般理解为:指从事生产活动所必需的,尚未向社会公开的秘密技术知识、工艺流程、设计方案和实际经验等。此外,国际上也把有助于市场上的产品销售和具有一定商业价值的机密资料及组织手段归入专有技术的范畴。总之,它包含技术秘密和经营秘密。

1. 专有技术与专利的不同

(1) 专有技术是秘密的技术知识或经验,而专利是公开的技术。

(2) 专有技术的垄断权依靠持有人及其引进人的保密,可不受时间、地域的限制长期存在,而专利具有严格的时间性和地域性。

(3) 申请专利的技术在范围上受到法律的限制,而专有技术的范围则十分宽广,几乎不受限制。

(4) 专有技术不受工业产权法保护。专有技术实际上是不能获得专利的技术资料,转让一般涉及其有形图表、配方和诀窍等。这些专有知识综合起来就可以形成某种先进的或专有的生产手段。

2. 专有技术的特点

（1）在应用中，专有技术应具有较强的实用性和经济性，并能满足引进方的技术目标要求，经济效益较好。

（2）有较强的保密性，保密部分应能给予引进方以某种竞争优势，尤其是技术上和市场上的优势。

（3）有较强的获利能力。专有技术引进应用的获利能力一般要高于同行业的正常水平。

3. 转让专有技术标准

（1）应具有实用性，转让的专有技术能在实际生产中应用，并能满足引进方的技术要求目标。

（2）保密部分应能给予引进方以某种竞争优势，尤其是技术上的和市场上的优势。

（3）应是具有产权的技术资料，即应是转让方拥有转让权的专用资料，而不是剽窃的或公共性的资料。

4. 专有技术评估

专有技术评估，应着重如下几个方面：

（1）专有技术中有多少内容是保密的，保密期多长，能否接受。

（2）要详细了解专有技术的性质、应用性和合法性以及除保密资料以外的其他补充资料。

（3）专有技术对本项目的适用性，所需投资、生产费用、产品质量及产品在市场上的竞争力，对原材料的要求等。

（4）专有技术使用期是否合适，限制条件是否合理，如使用范围、销售区域、生产规模及其他限制条件等。

（5）转让方能否对工艺或产品提供保证书，关键设备工艺性能的保证，施工责任分担保证等。

这些保证对于涉及工艺的产品，如化学品、塑料、药品、肥料、冶金产品和集成电路器件等生产来说是很重要的。专有技术转让费通常以引进方的盈利水平来计算确定。

例 5-5　某企业引进一项专利，市场垄断期 3 年，第一年销售价 280 元/台，销售量 4 000 台，第二年分别为 250 元/台，5 000 台，第三年分别为 230 元/台，5 500 台。成本 160 元/台，折现率为 20%，计算引进专利权转让费。

引进专利未来三年的超额利润：

第一年为　　　　　　　　$(280-160)\times 4\,000 = 48$（万元）

第二年为　　　　　　　　$(250-160)\times 5\,000 = 45$（万元）

第三年为　　　　　　　　$(230-160)\times 5\,500 = 38.5$（万元）

$$引进专利现值 = \frac{48}{(1+20\%)^1} + \frac{45}{(1+20\%)^2} + \frac{38.5}{(1+20\%)^3} = 93.53（万元）$$

现值即为专利的现价，引进专利的转让费为 93.53 万元。

我国理论界的三分法，即主要考虑企业经营活动中的三大要素：资金、技术和管理，这三种要素的贡献在不同行业是不一样的，一般三者对利润的贡献率如表 5-4 所示。

表 5-4 %

行业	资金	技术	管理
资金密集型企业	50	30	20
技术密集型企业	40	40	20
一般企业	30	40	30
高科技企业	30	50	20

例 5-6 某企业引进一项专利技术，使用 5 年，分析得知：引进技术使生产线提高了产量，带来各年度追加利润分别为 150 万元、180 万元、210 万元、240 万元和 270 万元，其各占当年利润总额的 10%、15%、20%、25% 和 30%，若折现率为 10%，试评估专利技术的利润分成率。

$$\sum 追加利润现值 = \frac{150}{(1+10\%)^1} + \frac{180}{(1+10\%)^2} + \frac{210}{(1+10\%)^3} + \frac{240}{(1+10\%)^4} + \frac{270}{(1+10\%)^5}$$
$$= 774.45（万元）$$

$$\sum 各年度利润总额现值 = \frac{150 \div 10\%}{(1+10\%)^1} + \frac{180 \div 15\%}{(1+10\%)^2} + \frac{210 \div 20\%}{(1+10\%)^3} +$$
$$\frac{240 \div 25\%}{(1+10\%)^4} + \frac{270 \div 30\%}{(1+10\%)^5}$$
$$= 4\,358.7（万元）$$

$$引进专利技术利润分成率 = \frac{774.45}{4\,358.7} \times 100\% = 18\%$$

（三）技术帮助评估

对于某些项目来讲，引进技术可能既不是专利，也不是专有技术，而是独立于这两者以外的技术帮助。专利是由专利权规定的，受法律保护；专有技术部分是秘密的，不受法律保护；而技术帮助所提供的资料与技能，既无专利权，又不是保密的，只是引进国内尚不掌握的一种技术帮助。其作用在于在提供方的帮助下，使引进方学习和掌握某些公开的技术资料和技能，以便建立起高效的生产方式，并能有效地开辟国内外市场。

技术帮助有短期服务和长期服务之分。短期服务是关于生产设备设计和建造方面的服务,又可分为咨询性服务和工程性服务。咨询性服务有估价市场、确定产品、分析投资、选择厂址、引进技术、设备鉴定等。工程性服务包括选定厂址、施工设备、招聘人才、采购材料和设备、检验设备、建造厂房和安装机器等。

长期服务是工厂建成以后,为了达到经营目标而由提供方经常提供的技术帮助、管理帮助;重点评价技术帮助的有效性和经济性。

(四)商标商誉

商标商誉(trademark and good will)是企业用来标明经营商品的一种专用标识和社会认可的信誉程度,是一种无形的资产;好的商标、高的商誉,凝聚着社会的崇高信誉,能为企业创造丰富的收入。商标商誉转让是一个比较新的概念,而我国在引进技术时也注意了商标商誉的转让。商标经注册登记,其使用权便得到认可,并依法得到保护。商标同专利一样,也具有独占性、获利性、地域性和时间性等特点。但商标的法定限制时间较长,注册一次一般可使用 10~15 年,而且期满后还可再次注册继续使用。在一个国家里,不同厂家生产的同一种商品,只能有一个商标的"注册使用者"。在商标商誉转让中,引进方必须评价商标商誉的吸引力、社会信誉程度和获利能力,并且要求转让方对其评估结果加以保证,保证商标所应有的效力。如果发现商标被人盗用,则应要求转让方承担法定的起诉义务。通常,商标转让方为了保持商标的社会信誉,要求对产品质量有检验权和核准权以及其他约束性的权力。这些都是应该的,但要防止转让方滥用这种权力。商标转让费主要是根据其社会信誉程度,吸引力大小和获利能力高低来估价的。评估时,重点评估其转让费是否合理,商标获利能力是否可靠,并检验双方签署转让合同的合法性。一般用引进商标所获额外收益来评估。

例 5-7 引进商标,年生产 150 万件,每件可获超额利润 0.5 元,使用期 10 年,折现率为 10%,评估引进商标费用商标资产现值表示:

引进商标年超额利润 = 150×0.5 = 75(万元)

$$商标资产现值 = 75[(1+10\%)^{-1} + (1+10\%)^{-2} + (1+10\%)^{-3} + (1+10\%)^{-4} +$$
$$(1+10\%)^{-5} + (1+10\%)^{-6} + (1+10\%)^{-7} + (1+10\%)^{-8} +$$
$$(1+10\%)^{-9} + (1+10\%)^{-10}]$$
$$= 359.616\ 7(万元)$$

商誉是一种特殊资产,凝聚着产品质量优良、价格低、工艺技术先进、厂址地理位置优越、企业历史悠久、产品有较高的社会信任度和较强市场竞争力等特性,它与整个企业存在有关,不能单独存在,也不能单独出售。它的价值不能单独计量,必须在企业兼并转让中确认。

（五）特种经营权

特种经营权(characteristic trade)有两种形式。一种是指由政府授予某企业专营某种行业或某种商品的权利,如煤气和水电等专营权;另一种也称特许经营,是近20年迅速发展起来的一种新型知识产权的转让方式,是指特许人将有权授予他人使用的商标、商号、专利、专有技术、经营模式等通过签订合同,授予被特许人使用。被特许人按照合同规定,在统一经营体系下从事经营活动,并向特许人支付特许经营转让费,如麦当劳、可口可乐、百事可乐、雪碧和肯德基等。

特许经营的特许人与被特许人所经营的行业、生产和出售的产品、提供的服务、商号名称和商标都完全相同,甚至店面装潢、用具、职工工作服、产品制作方法、提供的服务方式也都完全一样。但它们之间各自独立、自负盈亏。特许经营作为一种风靡全球的经营模式和营销手段已从最初的餐饮业和制造业扩展到几乎覆盖一切产业领域。并在西方发达国家取得了巨大的成功。如麦当劳自1955年开办第一家快餐店,1988年发展到1万家,1999年5月举办第2.5万家开业典礼。现在麦当劳分店遍布世界115个国家和地区,其中一半以上的分店开在美国之外。而作为全球最大的连锁炸鸡集团,肯德基万家连锁店分布于80多个国家,平均每天就会有一家肯德基餐厅开业,平均每天光顾肯德基的顾客高达600万人次。

特许经营是一种低成本、高速度、智慧型的扩张方式。它不仅为经营企业带来丰厚的利润和回报,而且在各国经济生活中发挥着日益重要的作用。据统计,美国20世纪90年代特许经营的年销售总额占全国总销售额的38%,而2000年已达到50%;在日本、加拿大及欧洲各国的特许经营年销售额也在国内总销售额中占有相当大的比例。进行特许经营权评价时,以支付的特许经营转让费为准,以适当折现率折算的现值为准。

（六）版权转让评估

版权(copy right)转让是获得某种作品版权或其使用权的一种途径,按合同规定,通过一定的方式,在不同的法人或自然人之间进行版权转让。它包括版权引进和版权输出两个方面。版权包括经济权利和精神权利两部分。

版权转让现多为版权中的经济权利,精神权利目前大多数国家是不允许转让的,因此,我们现讨论的版权转让主要是版权中的经济权利。

版权评估,应该是从获得某种作品的复制权等经济权利开始,直到该作品在新环境中被推广、吸收、创造的经济价值和社会价值,以货币量化计量评估。一般用收益现值来计量版权转让费。

例 5-8 转让著作权,经商定转让后甲方向乙方每年提取利润的8%作为转让费,提成年限为 6 年,经预测,乙方获得该著作权后每年可获利分别为 60 万元、50 万元、45 万元、40 万元、38 万元和 33 万元。若折现率为 10％,该著作权转让费如表 5-5 所示。

表　5-5

年　数	1	2	3	4	5	6
利润/万元	60	50	45	40	38	33
利润分成/万元	4.8	4.0	3.6	3.2	3.04	2.64
折现系数	0.909 1	0.826 4	0.751 3	0.683 0	0.620 9	0.564 5
现值/万元	4.363 7	3.305 6	2.704 7	2.185 6	1.887 5	1.490 3

$$著作权转让费 = 4.363\ 7 + 3.305\ 6 + 2.704\ 7 + 2.185\ 6 + 1.887\ 5 + 1.490\ 3$$
$$= 15.937\ 4(万元)$$

版权转让要注意的问题:

（1）转让方必须有支配该作品版权的资格和能力,即必须是作者、版权所有人或其合法代理人。

（2）转让版权作品应该是受版权法保护的作品。

（3）由于同一作品可以有不同的使用形式,就同一作品可以同时签订不同使用版权协议。因此,在签约时,应该明确是哪种版权使用权。乙方不得超出协议规定的使用范围或使用方式,一般不宜买断版权。例如,仅取得在某地区的发行权,就不得将该作品发行到其他地区,否则即构成违约,需承担违约法律责任。

（七）计算机软件评估

计算机软件是指计算机程序及有关文档,其中,计算机程序包括源程序和目标程序;文档包括管理文档、设计文档及用户文档等。计算机程序是无形的,必须以磁盘、磁带、光盘等为载体体现出来。从应用方面来看,计算机软件可分为系统软件和应用软件。系统软件是指计算机系统必须配置的那部分软件,主要用于计算机的管理、维护、检测、控制和运行等。应用软件则是对某类专门需要而配置的软件,它是软件市场的主体。

计算机软件是人类智力劳动创造的成果,具有开发难度大,复制容易的特点,随着信息产业的飞速发展,在实践中逐步形成了对计算机软件的知识产权给予法律保护的制度。1983 年世界知识产权组织通过了《计算机软件保护条约》,1994 年签署的《与贸易有关的知识产权协议》(Aqreement on Trade-Related Aspects of Intellectual Property Rights,简称 TRIPS)规定:"计算机程序,不论以源码形式或以目标形式表达都应作为《伯尔尼公约》的文学作品给予保护。"1996 年 12 月通过的世界知识产权组织《著作权条约》也规定:

"计算机软件应作为《伯尔尼公约》的文学作品给予保护。"目前世界上对计算机软件的法律保护主要有适用专利法保护和适用版权法保护两种方式。这是因为计算机软件由编码组成的程序和由文字组成的文档都十分接近于文字作品。域名(domain name)是一个企业或机构在互联网上使用的联络地址和称号。它是信息时代网络联系和交流活动的重要手段,大大促进了企业的跨国经营活动,加速了全球经济一体化。因此,每个企业甚至个人都有自己的域名。域名按行业和国家地区分为三大类。

(1) 按行业分,com——表示公司企业;net——表示网络机构;edu——表示学校,教育部门;gov——表示政府机关;mil——表示军事部队;biz——表示商业;store——表示商品销售;art——表示艺术;info——表示信息业等。

(2) 按国家地区分,cn——代表中国;jp——代表日本等。

(3) 两者混合,混合原则——行业先,国家地区后,例如 com. cn——表示中国企业;edu. jp——表示日本学校。

计算机软件评估着重评价其应用所创造的价值。

(八) 集成电路布图设计(拓扑图)评估

集成电路是指半导体集成电路,即以半导体材料为基片,将至少有一个是有源元件的两个以上元件和部分或全部互联线路集成在基片之中或者基片之上,以执行某种电子功能的中间产品或最终产品。集成电路布图设计(拓扑图)是指集成电路中至少有一个是有源元件的两个以上元件和部分或全部互联线路的三维配置,或为制造集成电路而准备的上述三维配置。集成电路作为微电子技术的核心,是目前发展非常迅速的一种新技术,广泛地运用于各个领域,包括从日常生活用品到极其复杂的数字处理设备。其诞生给全球带来了革命性的突破,因而其转让评价在当前全球经济活动中极为重要。

集成电路布图设计是决定集成电路中具有电子功能的每个元件实际位置的一种三维配置,其本身是无形的、抽象的,但当它存在于集成电路上时,表现为一定可见构型,此时集成电路即为布图设计的载体。制作布图设计需要专家长时间的智力劳动,还需要巨大的投资,但复制已有的布图却很容易,时间短、成本低。因此,它成为立法的主要保护对象。主要保护法有 TRIPS 协议和 1989 年通过的《集成电路知识产权条约》。在转让评价时,着重评价集成电路拓扑图的经济性和适用性,以其将来应用所能创造的经济价值来估算。

(九) 土地使用权

我国的土地使用权(concession land)是指国家准许某企业或个人在一定期限内对国有土地享有开发、利用、经营的权利。我国宪法规定,土地属于国家和集体所有,任何社会组织和个人都不能以任何理由侵占、买卖土地,但国有土地和集体土地的使用权可以依法转让。所以,我国企业和个人不可能拥有土地所有权。企业和个人获得土地使用权方式有:

(1) 购买一定期限的土地使用权;

(2) 按期缴纳土地使用费;

(3) 国有土地依法确定给国有企业或集体企业使用。

这里的土地使用权是指第一种使用方式,其计价按所付购买土地使用费计算。

(十) 我国土地使用权问题

我国现行有关法律规定,土地属于国家和集体所有,企业和个人只能取得土地的使用权。所以,我国现行将土地使用权划属为无形资产。我们认为这种划分不适宜,应将其从无形资产中分离出去,分立房地类资产加以核算管理。主要理由有:

1. 土地的本质属性不同

土地是自然资源,是大自然无偿赋予的,原始取得几乎无须成本,农业利用多为付出的体力劳动,而智力资源取得往往需要付出高昂的"学费",是智力创新的成果,需要付出大量的脑力劳动。

2. 存在形态不同

土地使用权对企业和个人来说是无形的,但其存在的形态却是有形的;这一点与知识产权存在形态是无形的是不同的,后者是看不见、摸不着的智力劳动成果。

3. 运营规律不同

土地的所有权为国家集体所有,不能转让或买卖,在其运营中只能转让使用权,而所有权仍为国家集体所有。所以,土地在运营中往往是"两权分离",而且在土地使用权转让中,同时只能转让一次;而无形资产可同时多次转让。因此,在运营过程中,土地使用权增值有限,而无形资产增值可以是无限的。

4. 渗透功能不同

土地资源是固有的,不能搬动、扩散和渗透,其总供应量也是大自然所赋予的,大体上固定不变;土地使用权在房地产市场上交易,往往与其建筑物不可分离,一次有效期30～50年不等,其本身无须维修费和管理费;而无形资产则随经济发展和科技进步而递增,且有较强的扩散和渗透功能。

在判别一项资源是有形还是无形时,应以它的属性特点为准,不能只在一个"权"字上下结论。若单从"使用权"上来判别,那么企业或个人租用的厂房设备也只有使用权,没有所有权。岂能凭此就将其划分为"无形资产"? 所以,我国土地使用权不应划归为"无形资产"。

总之,我国应把土地使用权从无形资产中分离出来,另立房地产类加以评价管理。

四、软技术评价理论及其实例论证

(一)评价理论分析

软技术评价着重评价其引进技术计价的经济合理性和使用有效性。软技术引进一般按其获利能力计价,用利润提成法计算。评价计算是否合理,往往用转让方享受利润的分享率来衡量。国际合理的利润分享率为 $15\%\sim25\%$,其值在此范围内被认为是合理的;否则,超出这个范围,被认为是不合理的。提成计算法是供求两方签订转让合同时,只商定一个提成率 r 和计价基础 S,待技术投入使用并开始获利后,再按规定分期计算使用费。行业不同,其提成率 r 值也不同,一般为 $2\%\sim6\%$。根据国际经验与惯例,我国常见的不同行业提成率如表 5-6 所示。

表 5-6

行 业	提成率 $r/\%$	行 业	提成率 $r/\%$
石油化工	0.5~2.0	日用消费品	1.0~2.5
机械制造	1.5~3.0	制 药	2.5~4.0
电 气	3.0~4.5	精密机械	4.5~5.5
汽 车	4.5~6.0		

计价基础 S 一般为引进技术的产品销售额,技术转让提成费 D 计算式为

$$D = S \cdot r \quad 或 \quad r = D/S$$

若引进技术获利额为 B

则 $$r = D/S = (D/B) \cdot (B/S) = \alpha \cdot \beta$$

式中:$\alpha = D/B$——利润分享率;

$\beta = B/S$——销售利润率。

由上式可见:外商提成率 r 为利润分享率 α 和销售利润率 β 乘积。若提成率 r 不变,则利润分享率 α 和销售利润率 β 成反比变化,即 α 随 β 的增加而减少,或随 β 的减少而增加。不同提成率 $r_1 > r_2 > r_3$,利润分享率 α 和销售利润率 β 的变化曲线如图 5-1 所示。

提成率相同,如 r_1,销售利润率 β_1 小,其利润分享率 α_1 就高;销售利润率 β_3 高

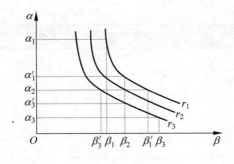

图 5-1

$(\beta_3 > \beta_1)$，则利润分享率 α_3 就小（$\alpha_3 < \alpha_1$）；相同销售利润率 β_2，提成率高，$r_1 > r_2 > r_3$，则其利润分享率也高，$\alpha_1' > \alpha_2 > \alpha_3'$；若利润分享率相同，如 α_2，其提成率高，$r_1 > r_2 > r_3$，则其销售利润也高，$\beta_1' > \beta_2 > \beta_3'$。所以，在技术引进谈判时，任意确定一个提成率是非常危险的。确定提成率必须考虑引进技术的获利能力，利润率低，其提成率就必须要小，否则，外商利润分享率就可能超出合理界限。若引进技术获利能力强，即使提成率高些，其外商利润分享率也不会超出合理界限，引进技术还是可接受的。

（二）实例论证分析

某外商转让一项软技术，期望在 10 年间回收技术使用费 30 万美元，预期该技术投入使用后能获利 150 万美元，产品销售量 10 万，单价 50 美元，请分析该技术引进的经济合理性。

$$提成率 \; r = \frac{D}{S} = \frac{30}{10 \times 50} = 6\%$$

检验此提成率 6% 是否合理：

$$销售利润率 \; \beta = \frac{B}{S} = \frac{150}{10 \times 50} = 30\%$$

$$故外商利润分享率 \; \alpha = \frac{r}{\beta} = \frac{6\%}{30\%} = 20\%$$

检验 α 值在 15%～25% 为合理，因此，6% 的提成率是可以接受的。

提成率 6% 不变，若销售利润减少，由 150 万美元减到 50 万美元，则销售利润率 β 将由 30% 降到 10%，利润分享率 α 将由 20% 提高到 60%，此利润分享率已远远超过了合理的允许范围，引进技术是绝对不能接受的。

不同提成率 r 和销售利润率 β，所得利润分享率 α 如表 5-7 所示。

表 5-7 %

提成率 r	销售利润率 β	利润分享率 α
2	10	20
	20	10
	30	6.6
3	10	30
	20	15
	30	10
4	10	40
	20	20
	30	13.3
5	10	50
	20	25
	30	16.5
6	10	60
	20	30
	30	20

实际对软件技术的转让计价,可按上述理论分析和实例论证加以分析,确定其经济的合理性和转让的可行性。

总之,我国为发展中国家,目前以引进国外先进技术为主,应用提成计价法对引进有利。因为,此法将转让方和引进方两方利益捆在一起,收益共享、风险共担;两方均会共同关心引进技术的生产运营和经营管理;供方提供技术可靠,并会积极参与其生产销售活动,提高利润,增加收入,这样我国相对承担的风险也小。其次,供方提成不仅取决于提成率的大小,也取决于转让技术获利的高低。所以,转让方会不断关心技术,不断进行改进,提高产品数量质量,降低成本,提高利润,从而也增加了自己的收入。

引进技术的合理性不能只看提成率 r 的大小,还要看到利润分享率 α 和销售利润率 β 的高低。因为 $r = \alpha \cdot \beta$,而且 α 与 β 呈反比变化。合理性的判别准则是 α 值不能超过其国际公认标准 15%~25%。若引进技术销售利润率 β 值高,获利能力强,即使提成率 r 高些,其利润分享率 α 也可能不会超过标准值,引进技术是合理的,也是可行的。因此,在技术引进谈判中。随意确定一个提成率是非常危险的,必须考虑引进技术获利能力的高低,综合加以分析比较,方能合理确定其转让价格。

提成法是引进方在引进技术投入运用并取得收益后方付供给方的提成费用,不需要事先贷款垫付一大笔技术转让费,省下贷款利息,相对引进成本低。若转让方违约,不履行合同,或引进技术投入使用后达不到预期的标准要求,引进方还可拒绝付款,减少经济损失,相对引进技术风险小。因此,提成法是发展中国家引进技术最适宜的一种计价方法。

第五节 技术总评估

项目技术总评估是根据技术评估的基本原则、特点,在生产工艺评估和设备评估的基础上,并结合项目性质、技术经济特点,对项目技术的先进性、经济合理性、安全可靠性进行综合分析评价,作出技术评估结论,并针对技术上存在的问题提出建议和措施,为国家有关部门提供科学的决策依据。

一、技术总评估重点

技术总评估重点应是对国家、地区、行业有较大影响的技术问题和项目本身所存在的主要技术问题。

(1) 采用的技术是否符合国家、地区、行业的技术发展政策和规划。

(2) 技术来源的可靠性。评价选用的技术是否是很先进的成熟技术。

(3) 采用的技术能否保证产品质量;资源利用是否充分合理;原材料、能源、配套件等是否适应技术方案要求。

(4) 技术方案是否经济合理。

(5) 技术方案是否影响生态平衡、环保、人身安全和健康。

二、技术总评估应注意的几个方面

(1) 对项目可行性研究报告推荐的技术方案要进行多方案比较优选,选出一个最佳的技术方案加以实施。在方案比较时,必须保证各技术方案在技术目标、实施时间、技术经济指标等方面具有可比性,静态经济分析和动态经济分析相结合,选出一个最经济合理的技术方案。

(2) 根据项目的技术经济特点确定项目的评估重点。例如,化学工业项目,其生产涉及高温、高压、真空等过程,工艺技术的可靠性应是评估的首要问题;化工工业可以对资源进行多种加工,就必须注重综合利用;化工工业能源消耗大,就应重点评估其节能性;化学工业生产产生的有害物质特别多,环境保护、人身安全、劳动条件等就应更加得到重视。

(3) 正确处理技术的先进性、适用性、安全性、经济性之间的关系。技术的适用安全和经济性好是最基本原则,达不到要求的项目技术方案,不应采用。技术先进性和经济性出现矛盾时,应尽量减少技术风险和经济风险,采取措施转化技术先进性和经济性之间的矛盾,选择最适用的技术方案。

（4）对于选定的技术方案中存在的问题,应分清主次,提出相应的改进措施和建议。

复习思考题与习题

一、关键名词

项目技术评估、评估原则、评估程序、工艺评估、设备评估、软技术评估、软技术特点、软技术评估方法、技术总评估。

二、复习思考题

1. 试述项目技术评估原则、程序和主要内容。

2. 技术的概念、类型及其主要特点是什么?

3. 项目技术选择的制约因素有哪些?

4. 试述项目工艺及其方案评估的方法。

5. 设备选择要考虑的主要因素、基本原则及其经济评估方法有哪些?

6. 试述软技术的概念、特点及其评估方法。转让专用技术标准是什么?

7. 试述技术总评估的概念、重点及其应注意的几个方面。

三、习题

1. 名词解释

知识密集型、劳动密集型、先进适用性、工艺经济合理性、两权分离性、专利、专有技术、商标及其转让,提成率 r、利润分享率 α、销售利润率 β。

2. 自行设计软技术引进案例,并进行技术经济分析,判断其引进的经济合理性。

3. 某项目设备选型三方案,各设备使用期费用 A 为 12 万元,B 为 11 万元,C 为 11.5 万元,其要素权重、评分如下,试用综合效率法优选设备。

表 5-8

要　素	权重/%	得分		
		A	B	C
可靠性	35	9	7	8
安全性	15	10	6	7
耐用性	25	6	9	8

续表

要　　素	权重/%	得分		
		A	B	C
环保性	15	9	8	8
机动性	10	10	7	7
合　计	100	44	37	38

4. 某企业拟引进名牌商标，使用 5 年，引进后，年生产量 1 000 万件。预期商品销售单价可高出正常价 5 元，折现率为 10%，请评价商标转让费。

第六章
基础财务数据预测分析

基础财务数据预测是对项目投资额、成本费用、销售收入、税金及附加、利润和项目经济寿命等进行测算和预估。

第一节　基础财务数据预测分析概述

一、基础财务数据预测分析的意义

基础财务数据是评估项目财务效益好坏的基础数据、各项经济评估指标的计算基础，对其要进行认真地审查分析，保证它的准确性、科学性、合理性和可靠性。因此，要求在评估财务基础数据时必须要实事求是、准确无误，严禁人为扩大或缩小，更要严防弄虚作假。

二、基础财务数据预测的内容

基础财务数据预测的主要内容有：

1. 总投资额的预测

项目总投资额应包含固定资产投资、无形资产投资、递延资产投资、建设期利息以及项目建成投产后所垫付的流动资金。总投资额是固定资产折旧、无形及递延资产摊销、贷款还本付息的预测基础，也是编制现金流量表等财务报表的基础。

2. 产品成本费用预测

项目产品成本费用是指项目建成投产后，在寿命期内各年的成本费用，涉及总成本费用的预测、单位成本费用的预测、经营成本的预测等。成本费用是利润预测的基础之一，是项目投资决策的重要基础数据。

3. 销售收入预测

销售收入是指项目建成投产后，在寿命期内各年的销售收入，包括产品销售收入、劳务收入和其他收入，是利润预测的基础，也是投资决策的重要基础数据。

4. 销售税金及附加的预测

销售税金及附加是指销售环节发生的各种税金,有增值税、消费税、营业税、资源税、城乡维护建设税及教育费附加。

5. 利润预测

利润是指项目正常生产年份的年利润和总利润,是项目建成投产后为社会提供剩余产品的货币表现。分析利润的形成与分配,为财务效益评估,特别是为贷款偿还的预算提供依据。

6. 项目寿命期

项目寿命期是指项目的经济寿命期,即项目经济合理经营的年限。它包括项目的建设期和生产期,是项目财务效益的计算期。

三、基础财务数据预测的步骤

为保证数据的准确性,预测一般可按以下步骤进行。

(一) 收集和掌握有关资料

基础财务数据预测时先收集有关资料,主要包括:

1. 投资项目可行性研究报告及相关资料

项目评估是在可行性研究的基础上进行的。在进行基础数据预测时,必须充分利用可行性研究报告中的数据和资料,尤其是报告中的投资估算和资金筹措的资料。

2. 有关的国家政策、法令和规定

基础财务数据预测和估算必须遵守国家现行政策、法令和有关规定。如国家发改委颁布的《建设项目经济评估方法与参数》,财务部制定的财务会计制度、财政税收制度以及主管部门的概算编制方法和定额等均是进行测算各项基础财务数据的依据。

3. 区域经济资料和投资项目同类企业经济资料

区域性经济数据资料具有很强的地方性,要注意收集,如征地费用、供电价格、工资水平、地方施工定额及取费标准等。与同类企业的实际投资、流动资金占用额、生产成本、销售价格、税金、利润等各种财务数据资料对基础财务数据预测均有直接或间接的参考价值。

(二) 鉴别评审数据资料

对可行性研究报告所列各项经济数据和调查收集到的有关数据资料,根据其内在联系,按顺序分别进行鉴别、评审及重新测算,这是基础财务数据预测的关键步骤。

(三) 编制基础财务数据报表

把经济预测后的基础财务数据,根据构成和性质,按评估方法的规定,填制相应的估算表。编制财务数据报表,可将繁杂的数据条理化、清晰化,有助于提高工作效率。基础财务数据报表是基础财务数据评估工作中的主要内容之一。只有统一的、规范的基础财务数据报表,才能便于应用、检查和决策。

在编制基础财务数据报表时,应注意以下几个问题:

(1) 遵守编制程序,保持表与表之间的衔接;

(2) 年与年之间要衔接,不要间断;

(3) 认真遵守现行的财务规章制度;

(4) 反映出各种经济趋势的发展变化,如价格上涨、工资提高等趋势。

四、基础财务数据预测评估的原则

1. 实事求是原则

有的单位为了争上项目,人为地加大或缩小项目的有关数据,压低投资,缩小成本,增大利润,搞不真实数据,影响了经济效益评价的真实性。因此,在基础数据评估时,要实事求是,全面调查,认真审核。

2. 尊重科学原则

在基础数据的收集、加工过程中,必须尊重科学原则,用科学的调查方法、统计方法、预测方法及运用各种数学模型进行分析,严禁主观臆断。这样才能使预测出的基础财务数据正确、可靠、可信和可用。

3. 遵守规章制度

预测各项基础数据时,必须遵守国家有关财经法规和制度,这样才能保证数据的合理性和合法性。如进行投资估算、产品成本估算、销售收入和税金及利润估算时,都必须遵守国家现行的投资管理、财务制度、价格规定和利税办法等有关规定,这样才能使其测算出的财务经济指标具有统一性和可比性。

第二节 总投资测算与资金筹措

一、总投资概念

总投资是指项目从前期准备工作开始到项目全部建成投产为止所发生的全部投资费用,即从项目建议书编制到项目全部竣工,正式投产期间所发生的全部支出。

它包括如下所示的固定资产投资和流动资金：

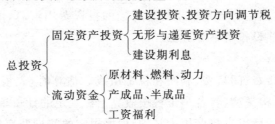

（一）固定资产投资

1．建设投资

建设投资包括建筑工程费、设备购置安装费、其他费用和投资方向调节税。

2．无形资产与递延资产投资

无形资产是项目长期使用而没有实物形态的资产，如专利、专有技术、商标商誉、知识产权和土地使用权等。递延资产是指不能全部计入当年损益，而应该在以后年度内分摊的各项费用，包括开办费、租赁费、修理费以及摊销期在一年以上的其他待摊费用。

3．建设期利息

建设期项目投资中，凡属借款性质的资金均要计算利息，其中包含银行贷款、企业证券等。按新评估方法规定，建设期利息应计入固定资产投资。

（二）流动资金

流动资金是相对于固定资金而言的，它具有与固定资金截然不同的周转方式。流动资金是指项目建成投产后，为生产所垫付的全部周转资金，以货币形式表示用于垫付原材料、燃料、辅助材料、低值高耗品等劳动对象和支付用于职工工资福利、日常办公用品和差旅费等。因此，总资产为：

$$总资产＝固定资产投资＋流动资金$$

二、固定资产投资测算

（一）建设投资估算

建设投资估算方法有：

1．概预算法

概预算法是根据项目的初步设计及有关资料，以单项工程为基础，按编制概预算规则,分别测算投资项目各个单项工程的建筑工程费、安装工程费、设备购置费、工器具购置费以及其他工程费用,然后将各单项工程与设施的投资费用汇总,即为投资总概预算,此法是国内常用的一种建设投资估算方法。

(1) 建筑工程费

建筑工程费由直接费、间接费、利润和税金组成。估算时,先根据规模估算建筑工程量,再根据各种不同结构类型,将各类工程按概算指标规定的计量单位和地区单位估价表估算出工程直接费。然后以直接费用为基础,根据规定的间接费率估算出间接费。最后,计算利润和税金、汇总即为建筑工程费。

(2) 设备购置费

一般是先估算设备的购置费,再以一定费率估算工器具等费用。其估计式为

设备购置费＝设备原价×(1＋设备运杂费率)

工器具费＝设备购置费×费率

(3) 安装工程费

安装工程费可按设备原价的一定比率提取。

(4) 其他费用

其他费用需分别估算。如土地征用费按国家和当地政府有关规定计算;培训费根据培训计划、人数和时间以及培训费定额估算等。

(5) 预备费

预备费可以固定资产投资总额为基数,按规定的费率提取估算;涨价费则根据通货膨胀的可能性估算。

2. 单位生产能力测算法

单位生产能力测算法是按照投资项目的综合生产能力与国内同类企业装置单位生产能力的建设投资进行测算,其计算式为

$$I_2 = I_1 Q_2 \qquad\qquad (6\text{-}1)$$

式中：I_2——拟建设项目总投资;

Q_2——拟建项目设计生产能力(规模);

I_1——同类企业单位生产能力投资。

此法一般适于投资项目和已有项目的生产能力相近,具有类似的生产规模的测算。但要对涨价、建设条件、环境等因素进行考虑,否则误差较大。因此,对建设投资估算的准确度不高,只适用于在项目评估中作粗略的投资分析使用。

3. 装置能力指数法

装置能力指数法又称生产规模指数法或 0.6 指数法。它是根据装置能力与装置投资

之间存在相关关系的原理来进行投资估算的。这种关系是一种指数关系,它适用于工艺线路相似,装置规模不同,而且变化范围不大时进行建设投资估算,是国外常用的一种投资估算方法。其计算式为

$$I_2 = I_1\left(\frac{Q_2}{Q_1}\right)^n \cdot f \tag{6-2}$$

式中: I_2 ——项目建设投资;

I_1 ——已有同类项目的实际投资;

Q_2 ——投资项目的生产规模;

Q_1 ——已有同类项目的生产规模;

f ——价格指数,价格稳定时一般为1;

n ——指数,一般为0.6。

当规模扩大到50倍以下时,指数按以下原则选取:

若用增加设备容量来扩大生产规模时, $n=0.6\sim0.7$;

若用增加设备数量来扩大生产规模时, $n=0.8\sim1.0$ 。

例6-1 某拟建水泥厂设计年生产能力600万吨,当地已有年生产能力400万吨同类厂,其实际投资为60亿元。试用指数法估算新厂投资总额如下:

$$I_2 = I_1\left(\frac{Q_2}{Q_1}\right)^{0.6} = 60\left(\frac{600}{400}\right)^{0.6} = 76.525(亿元)$$

此法由于装置指数难以准确确定,因此,估算的标准性较差。所以,此法只作为辅助估算方法。

(二)建设期利息计算

投资项目的投资来源中,凡属借款性质的,都应按照使用额和使用年限计算建设期利息。

1. 国内银行贷款利息计算

按我国银行现行结算规定,建设期利息一般是按季结算,但贷款合同均为年的名义利率,因此,计算时首先是应将名义利率 i_n 换算为实际利率 i ,然后按实际利率进行计息。实际利率为

$$i = \left(1 + \frac{i_n}{m}\right)^m - 1 \tag{6-3}$$

式中: m ——年计息次数,季计息 $m=4$,半年计息 $m=2$ 。

利息计算式为

$$每年应计利息=(年初借款本息累计＋本年借支额/2)\times i \tag{6-4}$$

例6-2 某项固定资产投资为4 522万元,全部银行贷款 $i_n=8\%$,季计息一次,第一年支用678万元,第二年支用2 487万元,第三年支用1 357万元,求建设期利息。

$$i=\left(1+\frac{i_n}{m}\right)^m-1=\left(1+\frac{8\%}{4}\right)^4-1=8.24\%$$

第一年利息 $=\left(0+\frac{678}{2}\right)\times 8.24\%=27.93(万元);$

第二年利息 $=\left(705.93+\frac{2\ 487}{2}\right)\times 8.24\%=160.63(万元);$

第三年利息 $=\left(3\ 353.56+\frac{1\ 357}{2}\right)\times 8.24\%=332.24(万元)。$

计算结果列入表6-1。

表 6-1 　　　　　　　　　　　　　　　　　　　　　　　　　　　　万元

项　　目	建　设　期			合　计
	1	2	3	
年初借款本息累计		705.93	3 353.56	
本年借支额	678.00	2 487.00	1 357.00	4 522.00
本年利息	27.93	160.63	332.24	520.80
年末借款本息累计	705.93	3 353.56	5 042.80	5 042.80

建设期利息=27.93＋160.63＋332.24=520.80(万元)。

建设期利息列表分析可以自动校核计算结果,即第三年年末(建设期末)借款本息累计应与合计中借款累计和利息累计之和相同。否则,表明计算有误,应重新验算纠正错误。

例6-3 某项目固定资产投资3 000万元,第一年支用800万元,第二年支用1 500万元,第三年支用700万元。全部银行贷款,年利率9.8%,半年计息一次,求建设期利息,并列表加以校核。

$$i=\left(1+\frac{9.8\%}{2}\right)^2-1=10.04\%$$

第一年利息 $\quad\left(0+\frac{800}{2}\right)\times 10.04\%=40.16(万元)$

第二年利息 $\quad\left(840.16+\frac{1\ 500}{2}\right)\times 10.04\%=159.65(万元)$

第三年利息　　　　$\left(2\,499.8+\dfrac{700}{2}\right)\times10.04\%=286.12(万元)$

表 6-2 给出校核结果：

表　6-2　　　　　　　　　　　　　　　　　　　　　　　　　　　　　　　万元

项　目	建　设　期			合　计
	1	2	3	
年初借款本息累计		840.16	2 499.81	
本年借支额	800	1 500	700	3 000
本年利息	40.16	159.65	286.12	485.93
年末借款本息累计	840.16	2 499.81	3 485.93	3 485.93

3 年末借款本息累计 3 485.93 万元与合计中本息 3 485.93 万元相等。说明计算正确。

2. 国外借款建设期利息计算

国外借款利息计算比较复杂，必须按合同规定的借款额和年利率及偿还条件等进行计算。国外借款建设期利息计算的基本公式为

$$应付利息 = \frac{贷款额\times年利率\times实际贷款天数}{360}\qquad(6-5)$$

（三）固定资产投资方向调节税估算

按投资方向调节税暂行条例规定，纳税人用各种资金进行固定资产投资，不论其资金来源渠道如何，都要进行纳税。其计算式为

$$应纳税额=总投资额\times使用税率\qquad(6-6)$$

式中：总投资额＝建筑工程投资额＋设备购置安装投资额

税率根据国家产业政策确定的发展序列和经济规模要求，实行差别税率。征收投资方向调节税是国家利用经济杠杆进行宏观调控，贯彻产业政策，控制投资规模，引导投资方向，实现产业调整的一种必要手段，也是保障国家重点建设的一项重大措施。

（四）无形与递延资产估算

1. 无形资产估算

无形资产是企业长期使用而没有实物形态的资产，其构成如下所示：

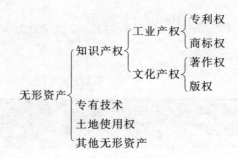

（1）专利权

专利权是工业产权的一种，指项目经有关部门批准，在法律上对某一产品的造型、配方、结构、制造工艺或程序拥有专门垄断权的特殊权利。专利权的成本构成，因取得方式不同而有所不同。自创专利权按开发过程中实际成本计价，购入的专利，其成本是实际支付的价款。

（2）专有技术

专有技术是工业中实用的、先进的、未公开的、不需要申请专利的保密知识或技巧。它主要包括各种设计资料、图表、数据、工艺流程、秘方、材料配方、技术资料等。专有技术价格构成取决于技术为项目提供经济利益能力的大小，应按受方市场、成本、利润和其他收益以及提供技术的内容和合同条件等因素合理确定。

（3）商标权

商标权是指企业拥有的产品特定名称或特定知识。商标由当事人向政府有关部门登记注册后即受国家法律保护。商标权是重要的工业产权之一。商标权分为自创商标权和外购商标权两种。自创商标权的成本包括为创造它而发生的一切费用，包括申请和保护商标的支出费用。外购商标权的成本是按照实际支付的价款来计算的。

（4）其他无形资产

其他无形资产是指除上述主要无形资产以外的无形资产，如著作权、商誉、租赁权、专营权等，可从总体角度测算其价值。

（5）土地使用权

土地使用权在某种意义上来说是一种土地租赁权。其价格的确定主要取决于土地占用面积、使用年限和地段单价。

其计算式为

$$P = A(P/A, i, n) = A\frac{(1+i)^n - 1}{i(1+i)^n}$$

式中：P——土地使用费现值总额；

$\quad\ A$——每年土地使用费；

i——年利率%；

n——土地使用年限。

2. 递延资产估算

递延资产估算是指不能全部计入当年损益,应该在以后年度内分期摊销的各项费用,主要有开办费和摊销期在一年以上的其他费用。

（1）开办费

开办费是指项目在筹建期内所发生的各类支出费用,如筹备人员工资、差旅费、培训费、办公费、广告费、印刷费、注册登记费等支出,为取得各项固定资产、无形资产所发生的支出,筹建期间应计入工程成本的利息支出等。

开办费应从生产开始,按不能短于 5 年的期限分期摊入管理费用,按实际支出计算。

（2）其他递延资产估算

其他递延资产估算主要是指样品机购置费、非常损失等。应在一定时期内按费用项目的受益期限分期均摊。

（五）固定资产投资估算表

固定资产各项费用测算之后,将结果编制成表,其格式如表 6-3 所示。

表　6-3　　　　　　　　　　　　　　　　　　　　　　　　　　　　　　万元

序　号	工程费用名称	估 算 价 值
1	固定资产	
1.1	工程费用	
1.1.1	主要生产项目	
1.1.2	辅助生产项目	
1.1.3	公用工程	
1.2	预备费用	
1.2.1	基本预备费用	
1.2.1.1	价差预备费	
1.2.1.2	工程不可预见费	
1.2.2	涨价预备费	
1.3	建设期利息	
1.3.1	建设期长期借款利息	
1.3.2	建设期短期债券利息	
1.4	投资方向调节税	

序　号	工程费用名称	估 算 价 值
1.5	其他费用	
2	无形资产	
2.1	土地使用费	
2.2	专利权费	
2.3	非专利技术	
2.4	商标费	
2.5	其他无形资产	
3	递延资产	
3.1	开办费	
3.1.1	咨询费	
3.1.2	培训费	
3.1.3	筹建人员工资	
3.1.4	其他费用	
3.2	样品样机购置费	
3.3	开荒费	
3.4	非常损失	
3.5	其他递延资产	
4	固定资产投资(1+2+3)	

三、流动资金估算

流动资金估算一般采用以下两种方法。

(一) 扩大指标法

1. 销售收入资金率法

根据同类企业的销售收入流动资金占有率,即资金率来估算所需流动资金:

$$流动资金 = 年销售收入 \times 销售收入资金率 \qquad (6\text{-}7)$$

2. 总成本费用资金率法

采掘工业项目常用此法,计算式为

$$流动资金 = 年经营成本 \times 经营成本资金率 \qquad (6\text{-}8)$$

3. 产量资金率法

产量资金率法是根据单位产量占用流动资金的比率来估算所需流动资金。其计

算公式为

$$流动资金 = 正常年产量 \times 单位产量资金率 \qquad (6\text{-}9)$$

（二）详细分类估算法

此法分别按存货、原材料、燃料、在产品、产成品、应付账款、货币现金来估算年占用的流动资金。

四、资金筹措与方案分析

项目投资资金筹措主要来源有自有资金和向外借贷。

（一）自有资金

自有资金也称资本金或注册资金，是项目立案成立的前提，也是建设项目进行工程建设和生产运营的物质基础。投资者有了这个物质基础，方能对外举债，承担相应的法律责任，保证债权人及社会公众相关的权益，并获得项目财产的所有权和控制权。

随着我国改革开放不断深入和市场经济体制的完善，建立资本金制度，明确产权关系，是十分必要的。

根据《国务院关于固定资产投资项目试行资本金制度的通知》（以下简称《通知》）精神，我国从 1996 年开始，对各种经营性项目，包括国有单位的基本建设、技术改造、房地产开发和集体投资项目，试行资本金制度，投资项目必须首先落实资本金方能建设。资本金是项目总投资额中的自有资金，是项目的非债务资金。《通知》规定，项目资本金可以用货币出资，也可以用实物、工业产权、非专利技术、土地使用权作价出资。对于后者，必须经过有资格的资产评估机构依照法律、法规评估作价。其出资比例，除国家对采用高新技术成果有特别规定外，其他均不得超出资本金总额的 20%。

投资者以货币形式认缴的资本金，其来源有：

（1）各级政府的预算内资金。

（2）国家批准的各项专项建设资金。

（3）"拨改贷"和经营性基本建设基金回收的本与息。

（4）土地出租收入。

（5）国有企业产权转让收入。

（6）地方政府按国家有关规定收取的各种费用及其他预算外资金。

（7）国家授权的投资机构及企业法人的所有者权益，包括资本金、资本公积金、盈余公积金、未分配利润、股票上市收益等。

（8）企业折旧基金以及投资者按国家规定从资本市场上筹措的资金。

(9) 经批准发行股票或可转换的债券。

(10) 国家规定的其他可用作项目资本金的资金。

资本金占总投资的比率,根据行业的不同和项目经济效益等因素确定,具体的如表 6-4 所示。

表 6-4

序　号	不同行业项目	资本金占总投资比率/%
1	交通运输、煤炭项目	35 以上
2	钢铁、邮电、化肥项目	25 以上
3	电力、机电、建材、化工、石油加工、有色金属、轻工、纺织、商贸及其他项目	20 及以上

经国务院批准,对个别情况特殊的国家重点建设项目,例如钢铁、水泥和电解铝等项目,可以适当降低资本金比率。

外商投资项目,包括外商独资、中外合资、中外合作经营项目,目前暂不执行上述资本金比率规定,而按现行的外商投资企业有关法规执行。

按现行法规、外商投资企业的注册资本,应与生产经营规模和范围相适应,注册资本占投资总额的比率,如表 6-5 所示。

表 6-5

序　号	投资总额/万美元	注册资本金占投资比率/%	附加规定
1	300 以下	70	
2	300～1 000(含 1 000)	50	其中投资总额低于 420 万美元的,注册资本不得低于 210 万美元
3	1 000～3 000(含 3 000)	40	其中投资总额低于 1 250 万美元的,注册资本不得低于 500 万美元
4	3 000 以上	33.33	其中投资总额低于 3 600 万美元的,注册资本不得低于 1 200 万美元

若遇特殊情况,不能执行上述规定的,由对外经济贸易部门会同国家工商行政管理部门批准。

项目投资评价时,其自有资金满足上述国内和外商不同行业的国家标准规定,即自有资金率不能小于或等于上述国家规定的标准值。

（二）向外借贷

项目投资资金向外借贷有国内借贷和国外借贷。

1. 国内借贷

国内借贷主要有国内银行贷款、国家预算拨款和发行债券等。

（1）国内银行贷款

国内银行贷款是指银行采取有偿方式向建设单位提供的资金,银行有政策性银行、商业银行和非银行金融机构。从我国的现实情况来看,银行贷款是项目筹资的主要渠道。

（2）国家预算拨款

国家预算拨款是指由国家预算直接拨付给建设部门、建设单位和更新改造企业无偿使用的建设资金。从级别来看,有中央和地方两级,分别对中央级建设项目和地方级建设项目拨款。目前,国家执行了"拨改贷",一般投资项目很难得到国家预算拨款,即使得到了,也是贷款,只不过利息相对低一些。

（3）发行债券

债券是表明发行者与认购者双方债权债务关系并具有法律效力的契据凭证。目前,发行企业债券已成为我国投资项目筹措资金的一个重要来源。

2. 国外借贷

国外借贷主要有外国政府贷款,外国银行贷款,出口信贷,混合贷款、联合贷款和银团贷款,国际金融机构贷款和融资租赁等。

（1）外国政府贷款

外国政府贷款是指一国政府利用财政资金向另一国政府提供的援助性贷款,是政府间友好经济交往的重要形式,具有优惠性。但也应看到,政府贷款也是其实现对外政治经济目标的重要工具,特别是西方发达国家往往打着对外经济援助的旗号而干涉别国内政。政府贷款除要求贷款以现汇外,有时还要附加一些其他条件。

外国政府贷款的期限一般较长,如日本政府贷款的期限为 15～30 年,其中含宽限期 5～10 年;德国政府贷款期限长达 50 年,其中宽限期为 10 年。此外,还要规定贷款的使用期、偿还期和宽限期。

外国政府贷款具有经济援助性质,贷款利率较低,有时甚至为零。如日本政府贷款的年利率为 1.25%～5.75%,从 1984 年起,增收 0.1% 的手续费。德国对发展中国家所提供的政府贷款的年利率仅为 0.75%。

外国政府贷款一般具有特定的使用范围。如日本政府贷款主要用于能源、交通、邮电、工矿、农业、渔业等方面的建设项目及基础设施建设。德国政府贷款主要用于基础设施、社会设施和工农业等。

尽管政府贷款程序较为繁杂,但利率低,应积极努力争取。

（2）外国银行贷款

外国银行贷款也称商业信贷,是指为项目筹资在国际金融市场上向外国银行筹借的资金。诚然,外国政府贷款和国际金融机构贷款条件优惠,但不易争取,其数量也有限。吸收国外银行贷款已成为各国利用国外间接投资的主要形式。目前,我国接受的国外贷款主要为银行贷款。

利息是贷款银行所获得的主要报酬,利息水平直接决定于利率水平。从理论上来讲,国际间的银行贷款也主要决定于世界经济中的平均利润率和国际金融市场上的信贷供求关系,处于不断变化之中。从实际运行情况来看,国际间的银行贷款利率比政府贷款和国际金融机构贷款利率要高,依据贷款国别,贷款币种或贷款期限不同而又有差异。

对于中长期贷款,一般采取加息的办法,即在伦敦银行同业拆放利率的基础上,加一个附加利率。附加利率一般不固定,视贷款金额、期限、风险、资金供求状况、借款者信誉等,由借贷双方商定。中长期贷款的利息在计息期末,即 3 个月或 6 个月的期末,支付一次。

银行在提供中长期贷款时,除收取利息外,还要收取一些其他费用,主要有:

① 管理费

管理费亦称经理费或手续费,是借款者向贷款银团的牵头银行所支付的费用。管理费取费标准一般为贷款总额的 0.5%～1.0%。

② 代理费

代理费是由借款者给贷款银团的代理行支付的费用。代理费多少视贷款金额、事务的繁简程度,由借款者与贷款代理行双方商定。

③ 承担费

承担费是指借款者因未能按贷款协议商定的时间使用资金而向贷款银行支付的带有赔偿性质的费用。

④ 杂费

杂费是指由借款人支付给贷款银团牵头行的、为与借款人联系贷款业务所发生的费用,如差旅费、律师费和宴请费等。杂费根据双方认可的账单支付。

国际间银行贷款可划为短期贷款、中期贷款和长期贷款,其划分标准为:1 年以内为短期;1～5 年为中期;5 年以上为长期。银行贷款偿还方法主要有到期一次偿还、分次等额偿还、分次等本偿还和提前偿还四种方式。

贷款货币是银行贷款的重要组成部分。在贷款货币选择上,借贷两方难免有分歧。就借款者而言,在其他条件因素不变的前提下,更倾向于使用汇率趋向贬值的货币,以便从该货币未来的贬值中受益,而贷款者则相反。

(3) 出口信贷

出口信贷是一国政府为支持和扩大本国资本货物,特别是大型设备的出口,增强国际竞争力,由本国的出口信贷机构通过直接向本国出口商或国外进口商提供较低利率的贷款,或以担保、保险、利率补贴等间接方式以解决本国出口商资金周转的困难,或满足国外进口商进口本国商品支付贷款需要的一种融资方式,国际上通常称官方支持的出口信贷。

第二次世界大战后,随着大型成套设备进出口的增长,世界出口信贷的规模也得到了极大的发展。目前,各国较为普遍采用的出口信贷主要有卖方信贷、买方信贷和福弗廷三种方式,其中,应用最多的是卖方信贷。

① 卖方信贷

卖方信贷是指在大型设备出口时,为便于出口商以延期付款的方式出口设备,由出口商本国的银行向出口商提供的信贷。其具体的操作程序是:出口商(卖方)与出口方银行签定信贷合同,取得为进口商垫付的资金;进口商在订货时,只支付一定比例的定金,一般为合同货价的 10%~15%,其余贷款在设备全部交付或技产后陆续偿还,同时支付延期付款利息;出口商收到贷款后,再归还出口方银行贷款。

② 买方信贷

买方信贷是由出口方银行直接向进口商或进口方银行所提供的信贷。其具体操作程序是:进口商(买方)与出口商(卖方)签定贸易合同后,进口商先交相当于货价 10%~15%现汇定金;进口商与出口方银行在贸易合同签定后至预付定金前,签定贷款协议;进口商用其所借款项,以现汇付款条件向出口商支付货款;进口商对出口方银行所提供的贷款,按贷款协议规定的条件分期偿付。

③ 福弗廷

福弗廷是指在延期付款的大型设备进出口贸易中,出口商将经进口商承兑的,期限在半年以上到 5~6 年的远期汇票,无追索权地售予出口商所在国的银行或大型金融公司,以便提前取得现款的一种资金融通形式。这里所讲的无追索权是指出口商将远期汇票出售后,该汇票是否遭到拒付,与出口商无关,亦即在出售汇票的同时,将拒付风险也转移给银行。

(4) 混合贷款、联合贷款和银团贷款

① 混合贷款

混合贷款也称政府混合贷款,是指政府贷款、出口信贷和商业银行贷款混合组成的一种优惠贷款形式。

目前各国政府向发展中国家提供的贷款,大都采用这种形式。此种贷款的特点是:政府出资必须占有一定比率,目前一般达 50%;有指定用途,即必须进口提供贷款的国家出口商的产品;利率比较优惠,一般为 1.5%~2.5%,贷款期也比较长,最长可达 30~50年,宽限期可达 10 年,贷款金额可达合同的 100%,比出口信贷优越;贷款手续比较复杂,它对项目的选择、评估、使用都有一套特定的程序和要求,较之出口信贷要复杂得多。

② 联合贷款

联合贷款是指商业银行与世界性、区域性国际金融组织以及各国发展基金、对外援助机构共同联合起来,向某一国家提供资金的一种形式。此种贷款比一般贷款更具有较大的灵活性和优惠性。其特点是:政府与商业金融机械共同经营;援助与融资互相结合,利率比较低,贷款期限比较长;有指定用途。

③ 银团贷款

银团贷款也称辛迪加贷款,是指由一家或几家银行牵头,多家国际商业银行参加,共同向一国政府、企业的某个项目,一般是大型的基础设施项目提供的金额较大,期限较长的一种贷款。此种贷款的特点是:必须有一家牵头银行,该银行与借款人共同协定一切贷款的初步条件和相关文件,然后再由其安排参加银行,协商确定贷款额,达成正式协议后,把下一步工作移交给代理银行,当然牵头银行也可以转化为代理银行;必须有一个代理银行,即代表银团严格按照贷款协议履行其权利和义务,并按各行出资份额比例提款、计息和分配收回的贷款;贷款管理十分严密;贷款利率比较优惠,贷款期限也比较长,并且没有指定用途。

(5) 国际金融机构贷款

国际金融机构主要是指国际货币基金组织(IMF)、世界银行(WB)及所属的国际开发协会(IDA)和国际金融公司(IFC)、联合国国际农业发展基金(IFAD)、亚洲开发银行(ADB)、亚洲基础设施投资银行(AIIB)(简称亚投行 AIB)、金砖国家(BRICS)新开发银行(NDB)(New development Bank for Brail、Russia、India、China、South Africa)。国际金融向我国提供贷款的主要有世界银行和亚洲开发银行等。世界银行是国际复兴开发银行的简称。世界银行贷款也是一种比较优惠的贷款,贷款资金相对比较充足,贷款期限较长,贷款利率一般低于国际金融市场利率。其附属机构——国际开发协会对发展中国家的贷款条件更为优惠,一般是无息的,仅收 0.75% 的手续费和 0.50% 的承诺费,期限可达50 年,宽限期为 10 年,还可用本币归还贷款。亚洲开发银行是亚洲及太平洋地区的一个区域性国际金融组织。其贷款的种类包括:

① 普通贷款

普通贷款即用成员国认缴的资本和在国际金融市场上借款及发行债券筹集的资金向成员国发放的贷款。此种贷款期限比较长,一般为 10~30 年,并有 2~7 年的宽限期。贷款利率按金融市场利率,借方每年还需交 0.75% 的承诺费,在确定贷款期后固定不变。此种贷款主要用于农业、农林业发展、能源、交通运输及教育卫生等基础设施项目。

② 特别基金贷款

特别基金贷款即用成员国的捐款为成员国发放的优惠贷款及技术援助,分为亚洲发展基金和技术援助特别基金,前者为偿还能力较差的低收入成员国提供长期无息贷款,贷款期长达 40 年,宽限期 10 年,不收利息,只收 1% 的手续费。后者资助经济与科技落后的成员国,为项目的筹备和建设提供技术援助和咨询等。除上述种类外,亚洲开发银行还利用其他资金来源,向成员国建设项目提供援助性贷款。

　　(6) 融资租赁

　　融资租赁亦称金融租赁或资本租赁,是指不带维修条件的设备租赁业务。融资租赁与分期付款购入设备相类似,实质上是承租者向设备租赁公司筹措设备投资的一种方式。融资租赁获得的设备的租赁总额构成投资额,但实际付款则是在设备使用时根据租赁合同分期进行的。

　　融资租赁既是一种筹措国内资金的方式,更是一种利用外资的方式。融资租赁,设备是由出租人完全按照承租人的要求选定的,所以出租人对设备的性能、物理性质、老化风险以及维修保养不负任何责任。在大多数的情况下,出租人在租期内分期回收全部成本、利息和利润,租赁期满后,出租人通过收取名义货价形式,将租赁设备所有权转移给承租人。融资租赁的方式主要有三种:

　　① 自营租赁

　　自营租赁亦称直接租赁,是融资租赁的典型形式。其一般程序为:用户根据自己所需设备,先向制造厂家或经销商洽谈供货条件;然后向租赁公司申请租赁预约,经租赁公司审查合格后,双方签订租赁合同,由租赁公司支付全部设备款,并让供货者直接向承租人供货,货物经验收并开始使用后,租赁期即开始,承租人根据合同规定向租赁公司分期交付租金,并负责租赁设备的安装、维修和保养。

　　② 回租租赁

　　回租租赁亦称售出与回租,先是由租赁公司买下企业正在使用的设备,然后再将原设备租赁给该企业使用的租赁方式,其实质是企业通过售出设备获得一笔急用资金,而再租回设备使用不影响企业正常的生产经营活动,但要以这笔急用资金比银行借贷还本付息经济合算为准。

　　③ 转租赁

　　转租赁是指国内租赁公司在国内用户与国外厂商签订设备买卖合同的基础上,选定一家国外租赁公司或厂商,以承租人身份与其签订租赁合同,然后再以出租人身份将该设备转租给国内用户,并收取租金转付给国外租赁公司的一种租赁方式。

　　融资租赁是一种融通资金的全新途径,是一种金融、贸易和工业三者结合,以租赁设备的所有权与使用权相分离为特征的新型信贷方式。就全世界而言,融资租赁已成为仅次于贷款的信贷方式。有关专家预测,在今后 10 年中,世界的租赁业将出现超过贷款筹资的趋势。融资租赁是极有发展前途的朝阳产业。

　　此外,国内外有关机构和个人捐赠也是一种筹资渠道。

（三）项目融资

项目融资(Project Financing)是以项目公司为融资主体,以项目未来收益现金流量为还款基础,由项目参与者各方分担风险,并以项目资产作抵押担保的具有无追索权或有限追索权的一种特定的融资新方式。

无追索权指债权人只能要求以项目本身的资产或盈余还债,而对项目以外的其他资产无追索权。有限追索权是指要求由项目以外的与项目有利害关系的第三者提供担保偿还债务。

项目融资中,用来保证贷款偿还的主要来源被限制在项目本身的经济效益:一是项目未来的可用于偿还贷款的净现金流量;二是项目本身的资产价值。

项目融资始于 20 世纪 30 年代美国油田开发项目,后来逐渐扩大范围,广泛应用于石油、天然气、煤炭、钢铁、有色金属、森林、采矿、发电以及一些大型基础设施项目中,如世界最大的、年产 80 万吨铜的智利埃斯康迪达铜矿。

1. 项目融资主要特点

（1）有限追索

追索是指在借款人未按期偿还债务时,贷款人要求借款人用除抵押资产以外的其他资产偿还债务的权力。

有限追索是指贷款人只能在贷款的某个特定阶段,如项目的建设期和投产期对项目借款人实行追索,或者在一个规定的范围内对项目借款人实行追索,除此之外,无论项目出现任何问题,贷款人均不能追索到借款人项目以外其他任何形式的财产。有限追索也是区分项目融资和传统融资的重要标志。

（2）风险分担

项目融资参与者众多,主要有项目公司、项目投资者、贷款银行、与项目有利害关系的第三者等。

项目融资风险要在项目参与者之间合理分担,要求有一个科学合理的信用保证结构。

（3）公司非负债型融资

公司非负债型融资,也称公司资产负债外的融资,是指项目的债务不表现在公司资产负债表中。这种债务最多以某种说明的形式,反映在公司资产负债表的注释中。

（4）融资成本高

项目融资涉及面广、结构复杂,需要做好大量有关风险分担、税务结构、资产抵押等一系列技术性的工作,耗费的时间也长,所以,融资成本较高。主要表现在筹资前期费用高,利息成本高。

2．项目融资模式

（1）BOT（build-operate-transfer，建造—运营—移交）

该模式由土耳其总理厄扎尔于1984年正式提出，在我国被称为"特许经营方式"。其含义是指国家或地方政府部门通过特许经营协议，授予签约方的外商投资企业，包括中外合资、中外合作、外商独资企业或本国其他的经济实体组成项目公司，由该项目公司承担公共基础设施（基础产业）项目融资、建造、经营和维护；在协议规定的特许期限内，项目公司拥有投资建造设施的经营权或所有权，允许向设施使用者收取费用，以此回收项目投资、经营和维修成本并获得合理的回报；特许期满后，项目公司将设施无偿地移交给签约方的政府部门。

BOT方式使用范围广泛：

一是公共设施项目，如电力、电信、自来水、排污、公共体育设施等。

二是公共工程项目，如大坝、水库、仓库等。

三是交通设施项目，如公路、桥梁、隧道、港口、机场等。

对于筹资者来说，采用BOT方式筹资的主要优点为：可利用外商资金发展国家重点建设项目；提高项目的管理效率，引进国外先进的生产与管理技术。

BOT的转化模式TOT为转让（transfer）—经营（operate）—转让（transfer），是私人资本或资金购买某项资产（一般为公益性资产）的产权和经营权，购买者在一定约定的时期内通过经营收回全部投资和应得的回报，再将产权和经营权无偿移交给原产权的所有人。

BOT还有20多种演化模式，比较常见的有：BOO（建设—经营—拥有）、BT（建设—转让）、BDOT（建设—开发—运营—转让）、BLT（建设—租赁—转让）、BTO（建设—转让—经营）等。

我国第一个BOT项目广西来宾电厂B厂，总投资额为6.16亿美元，已取得了比较好的成绩，成为目前国际上十大热门项目之一。广西来宾电厂A厂项目采用TOT模式也获得了成功。

我国北京体育馆鸟巢总投资35.96亿元，奥运结束后每年的维护成本为5 000万元～7 000万元，如果加上每年的贷款利息8 000万元，鸟巢一年运行成本将超过1.3亿元。

2003年8月，中国中信集团联合体通过捆绑式的BOT模式，取得鸟巢与奥运村30年的特许经营权，30年内自负盈亏，30年后将场馆移交给北京市政府。

通过以上融资方式，奥运场馆融资和赛后运营的部分风险从政府手中转移到了企业，起到了一定的风险分散作用。

（2）PPP（public private partnerships，公私伙伴关系或公私合营、公私合作、政企合营）

该模式于1997年被提出,是从BOT和PFI的模式总结而来,在澳大利亚、加拿大、美国、意大利、德国等发达国家获得非常广泛的应用,欧盟、联合国、经济合作与发展组织及世界银行等国际组织也在全世界大力推广PPP,一些发展中国家或地区也开始从BOT转向使用PPP概念。

在发达国家,PPP的应用范围很广泛,既可用于基础设施项目如水厂、电厂、公路、铁路,也可用于非营利设施,如监狱、学校等。

（3）PFI(private finance initiative,私人主动项目融资)

该模式由英国政府于1992年首先提出,是一种将政府采购公共服务与外包相结合的形式,通过这种形式,私人部门按照公共部门详细规定的内容、设计、建设、融资和运营公共设施项目;公共部门在一定期限内按照协议向私人部门购买公共服务,一旦协议到期,根据预先的约定,私人部门可以拥有该项目资产,或者将项目资产移交给公共部门。

（4）ABS(asset-backed securitization,资产支持证券化)

该模式是指以目标项目所拥有的资产为基础,以该项目资产的未来预期收益为保证,在资本市场上发行高级债券来筹集资金的一种融资方式。

具体运作过程是:①组建一个特别目标公司(special purpose vehicle,SPV)是指有特殊目的的载体,也称为特殊目的公司,其职能是在离岸资产证券化过程中,购买、包装证券化资产和以此为基础发行资产化证券,向国外投资者融资。②目标公司选择能进行资产证券化融资的对象。③以合同、协议等方式将政府项目未来现金收入的权利转让给目标公司。④目标公司直接在资本市场上发行债券募集资金或者由目标公司信用担保,由其他机构组织发行,并将募集到的资金用于建设。⑤目标公司通过项目资产的现金流入清偿债券本息。

（四）筹资方案分析评价

1. 资金成本的概念

资金成本(cost of capital)就是企业取得和使用资金所付出的费用,包括资金占用费和资金筹集费。资金占用费用包括企业股息、借款利息、资金占用税等。资金筹集费用是指资金筹集过程中所发生的费用,包括注册费、代办费、手续费、承诺费等。

在不同条件下筹集资金的数额不相同,为了便于分析比较,资本成本通常以相对数表示,即资金占用费同筹集资金净额的比率 K,称为资金成本率,通称为资金成本。其表达计算式:

$$资金成本率 K = \frac{资金占用费 C}{筹集资金总额 S - 资金筹集费 C_f} \tag{6-10}$$

$$= \frac{S i_c}{S - S i_f} = \frac{i_c}{1 - i_f}$$

式中：$i_c = \dfrac{C}{S}$——资金占用费率，%

借款主要为借款利息率 i；若有，还要加上担保费率 d；我国所得税已列入生产成本应删除所得税率；总之，在实际计算中，有的应加入，有的应删除，没有的不考虑；

$$i_f = \dfrac{C_f}{S}$$——资金筹集费率。

借款利息率 i 以年计息一次的实际利率为准，若以一年计息多次的名义利率 i_n 表示，则应转化为实际利率 $i = \left(1 + \dfrac{i_n}{m}\right)^m - 1$ 计算。

投资项目资金来源往往是多渠道的，因此，分析评价时必须以总的资金成本作为方案的评价标准。为了计算投资项目的总资金成本，就需要分析计算出各种筹资渠道取得资金的资本成本，然后把各种资金成本汇总为项目的总资金成本。

总资金成本是选择资金来源拟定筹资方案的主要依据，也是筹资方案进行分析比较的基础指标。若预测项目投产后的收益率小于资金成本率，那经济项目是绝对不能兴建的。

2. 不同来源的资金成本

不同来源资金主要有借入资金和自有资金。

（1）借入资金成本计算

借入资金又称债务资金，其资金成本主要有银行贷款成本和债券资金成本。

① 银行贷款成本

项目取得银行贷款的资金成本从理论上来说等于贷款利率，但在实际经济活动中，还要考虑企业纳税和担保等因素。国家财政部规定，利息支付不论计入开办费还是财务费用，都允许进入生产成本，抵减所得税。因此，借款资本成本低于贷款利率。其式为：

$$K_b = (1-r)i \tag{6-11}$$

式中：K_b——贷款成本；

　　　r——所得税率；

　　　i——贷款利率。

若项目借款要求有担保时，企业每年必须还要向第三者支付一定比率的担保费。此时，借款成本式（6-11）改为：

$$K_b = (1-r)(i+d) \tag{6-12}$$

式中：$d = \dfrac{S_g}{S_b n} \times 100\%$

S_g——担保费总额；S_b——贷款总额；n——担保年限。

例 6-4　某企业为生产一种高效农药而向银行申请贷款 3 000 万元,年利率为 8%,偿还期为 6 年,其间需要农资公司担保,担保费总额为 180 万元。项目投产后缴纳所得税税率为 15%,计算项目借贷款的资金成本。

先计算担保费率

$$d = \frac{S_g}{S_b \cdot n} \times 100\% = \frac{180}{3\,000 \times 6} \times 100\% = 1.0\%$$

根据(6-12)式计算出借贷资本成本

$$K_b = (1-r)(i+d) = (1-15\%) \times (8\% + 1.0\%) = 7.65\%$$

预测项目投产后的收益率为 28%,则该项目借款经济效益很好。

例 6-5　某项目取得银行贷款 2 500 万元,年利率 8%,贷款期限为 3 年,每年付息一次,到期一次还本,借款手续费率 0.5%,企业所得税税率 33%。求这笔借款资金成本。

相关数值代入(6-10)式算出

$$K_b = \frac{2\,500 \times 8\%(1-33\%)}{2\,500 \times (1-0.5\%)} = 5.38\%$$

或

$$K_b = \frac{8\%(1-33\%)}{(1-0.5\%)} = 5.38\%$$

这里有所得税应删除。

② 债券资金成本

债券通常分为两种:一种为到期一次还本付息;另一种为每年付息,到期还本的债券。影响债券资金成本的因素有债券发行利率、发行费用和所得税率。

• 到期一次还本付息债券的资金成本

这种债券的资金成本主要影响因素为债券利率、承销商的发行手续费、广告费和债券印刷费等。所得税率影响大,发行债券利息和费用可计入成本,这等于减少了所得税纳税额。计算其资金成本式为:

$$K_b = (1-r)\left(i + \frac{C_b}{S_b \cdot n}\right)$$

或

$$K_b = (1-r)\left(i + \frac{i_b}{n}\right) \tag{6-13}$$

式中:C_b——债券发行费;

S_b——债券资金总额;

$i_b = \dfrac{C_b}{S_b}$——债券发行费率;

其他代号含义同前。

- 每年支付利息、到期还本债券的资金成本

这里债券相当于复利终值 F 计算本利和

$$F = P(1+i)^n = P(F/p, i, n)$$

计息期内的平均利率应为

$$i_a = \frac{(1+i)^n - 1}{n}$$

将 i_a 置换式(6-13)中的 i，则得资金成本为

$$K_b = (1-r)\left(i_a + \frac{C_b}{S_b n}\right)$$

或

$$K_b = (1-r)\left(\frac{(1+i)^n - 1}{n} + \frac{i_b}{n}\right) \tag{6-14}$$

例 6-6 某公司发行 3 年期债券 100 万元，支付发行费 0.5 万元，年利率 4%，到期一次还本付息，若发行债券资金当年即投产且盈利，所得税税率为 25%，试计算资金成本。

相关数值代入(6-13)式得：

$$K_b = (1-25\%)\left(4\% + \frac{0.5}{100 \times 3}\right) = 3.128\%$$

或先求 $i_b = \frac{0.5}{100} = 0.5\%$，代入上式得

$$K_b = (1-25\%)\left(4\% + \frac{0.5\%}{3}\right) = 3.128\%$$

若债券改为每年付息到期还本的资金成本为

先求 $\quad i_a = \frac{(1+4\%) - 1}{3} = \frac{1.125 - 1}{3} = \frac{0.125}{3} = 4.17\%$

代入(6-14)式得

$$K_b = (1-25\%)\left(4.17\% + \frac{0.5}{100 \times 3}\right) = 3.255\%$$

或

$$K_b = (1-25\%)\left(\frac{(1+4\%) - 1}{3} + \frac{0.5\%}{3}\right) = 3.255\%$$

可见债券还本付息方式改变，后者比前者资金成本高些，这是由复利计息时间价值引起的，应引起借资者注意。

（2）自有资金成本计算

自有资金代表了企业资产的所有权，因此又称主权资金，主要有优先股、普通股和内

部积累资金。

① 优先股成本

优先股是指公司在收益和剩余资金分配时比普通股具有优先权的股票。2014年我国恢复了在上市的金融股份制公司发行优先股的政策。优先股具有固定的股息率和在规定的时间内获得股息的权利,也不考虑所得税的影响。其资金成本 K_s 为每年股息 G_s 与发行股票净收入 P_s 之比:

$$K_s = \frac{G_s}{P_s} = \frac{G_s}{P - C_f} = \frac{i_s}{1 - i_f} \tag{6-15}$$

式中: P——股票发行价;

C_f——股票发行费,主要有手续费、广告费等;

$i_s = \dfrac{G_s}{P}$——股息率;

$i_f = \dfrac{G_f}{P}$——发行费率。

上式用单股的相关值或筹资总的相关值代入均可,其结果相同。

例 6-7 某企业拟发行优先股票 20 万股,按正常市价每股面额 10 元计价总筹措资 200 万元,筹资率为 3%,股息率 10%,求其资金成本。

相关数值代入(6-15)式求得:

$$K_s = \frac{200 \times 10\%}{200 \times (1 - 3\%)} = \frac{10\%}{1 - 3\%} = 10.3\%$$

或

$$K_s = \frac{10 \times 10\%}{10 \times (1 - 3\%)} = \frac{10\%}{1 - 3\%} = 10.3\%$$

② 普通股成本

普通股成本是股东投资期望获得的最优收益率,其影响因素很多,股利难定,市价也多变,其资金成本难以准确测定。实际可仿照优先股的考虑模式来预测普通股资金成本,若有年增红利率 i_g 可加之。

$$K_s = \frac{G_s}{P_s} + i_g = \frac{G_s}{P - C_f} + i_g = \frac{i_s}{1 - i_f} + i_g \tag{6-16}$$

例 6-8 某机械厂拟发行普通筹资 1 000 万元,筹资费率为 2%,第一年的股息率为 6%,以后每年增长 2.5%,求其资金成本。

相关数值代入(6-16)式得:

$$K_s = \frac{1\,000 \times 6\%}{1\,000 \times (1 - 2\%)} + 2.5\% = \frac{6\%}{1 - 2\%} + 2.5\% = 8.6\%$$

③ 内部积累资金成本

内部积累资金通常有法定盈余公积和未分配利润。法定盈余公积一般按税后利润的10%提取,用于转增资本或再投资,其投资按机会成本考虑决定其资金成本。

$$K_c = \frac{C_o}{S_o} \tag{6-17}$$

式中:K_c——内部积累资本成本;

$\quad\quad C_o$——机会成本,即放弃外部投资的最佳收益;

$\quad\quad S_o$——投资总额。

例 6-9　某公司有内部积累资金 8 000 万元,可用于外部投资机会很多,其中投入微波炉项目预期收益最好,每年可收 1 000 万元(机会成本)。但公司急需资金用于内部技术改造,好项目的机会只好放过。此时企业内部积累资金成本为:

$$K_c = \frac{1\,000}{8\,000} = 12.5\%$$

若自有资金含有捐赠资金,而被视为所有者权益的,则资金成本按投资资金计算;而被视为可减少企业债务的,则按债务资金成本计算。

(3)综合资金成本计算

投资资金往往具有多源资金渠道,每种都有各自的资金成本,计算融资方案总资金成本的方法主要是加权平均成本法——不同资金来源的资金成本加权平均值。其计算式为:

$$K = \sum_{i=1}^{n} K_i W_i \tag{6-18}$$

式中:K_i——为 i 种筹资方式的资金成本;

$\quad\quad n$——筹资方式的种类数 $1,2,\cdots,n$;

$\quad\quad W_i$——权重,i 种资金来源占融资总额的比重。

例 6-10　某电器股份有限公司拟改造电冰箱工艺生产线,需投资 16 000 万元,筹资来源渠道有以下 5 种:

① 发行一次还本付息的 3 年期债券 2 000 万元,发行总费用 24 万元,年利率 6.5%;

② 向银行申请贷款 3 000 万元,年贷款利率 6.0%,担保费总额 120 万元,担保期限 4 年;

③ 发行法人普通股票 2 000 万元,每股发行价 2 元,预计红利 0.16 元,每年增长率为 4%;

④ 公司内部积累资金 5 000 万元,用于发行普通股票;

⑤ 接受赠款 2 000 万元(可相应减少公司向银行借款)。项目投产后所得税税率为

15%。计算项目综合资金成本。

根据项目已知条件,先计算各自来源渠道的资金成本:

① $K_1 = \left(6.5\% + \dfrac{24}{3 \times 2\,000} \times 100\%\right)(1 - 15\%) = 5.87\%$

② $K_2 = \left(6.0\% + \dfrac{120}{4 \times 3\,000} \times 100\%\right)(1 - 15\%) = 5.95\%$

③ $K_3 = \dfrac{0.16}{2.0} \times 100\% + 4\% = 12.00\%$

④ 相应于发行普通股 $K_4 = 12.00\%$

⑤ 相应于向银行借款 $K_5 = 5.95\%$

其次计算各自来源渠道的资金权重:

$W_1 = \dfrac{2\,000}{16\,000} = 12.50\%$

$W_2 = \dfrac{3\,000}{16\,000} = 18.75\%$

$W_3 = \dfrac{2 \times 2\,000}{16\,000} = \dfrac{4\,000}{16\,000} = 25.00\%$

$W_4 = \dfrac{5\,000}{16\,000} = 31.25\%$

$W_5 = \dfrac{2\,000}{16\,000} = 12.50\%$

$\sum W_i = 100\%$

最后,代入(6-18)式,求得项目的加权平均资金成本:

$$K = \sum_1^5 K_i W_i = 5.87\% \times 12.50\% + 5.95\% \times 18.75\% + 12.00\% \times 25.00\%$$

$$+ 12.00\% \times 31.25\% + 5.95\% \times 12.50\%$$

$$= 9.34\%$$

(五) 资金使用结构分析

合理使用资金也关系到资金成本的大小。要编制资金使用计划,与工程进度用款相符合。一般来说,应遵循如下资金使用原则:

(1) 根据工程进度安排投资;

(2) 根据设备购货合同安排用款;

(3) 征地资金早作安排;

（4）固定资产投资使用长期贷款,流动资金使用短期贷款;

（5）资金成本低的先用,高的后用;等等。

（六）投资计划与资金筹措评估表

投资计划与资金筹措评估表编制格式如表 6-6 所示。

表 6-6

序　号	项　　目	年　份																合计/万元
		建　设　期								生　产　期								
		1				2				3				4				
		外币/万美元	折人民币/万元	人民币/万元	小计/万元	外币/万美元	折人民币/万元	人民币/万元	小计/万元	外币/万美元	折人民币/万元	人民币/万元	小计/万元	外币/万美元	折人民币/万元	人民币/万元	小计/万元	
1	总投资																	
1.1	固定资产投资																	
1.2	流动资金																	
2	资金筹措																	
2.1	自有资金																	
2.1.1	发行股票																	
2.1.2	发行债券																	
2.1.3	内部积累																	
2.1.4	接受捐赠																	
2.2	长期负债																	
2.2.1	长期借款																	
2.2.2	长期债券																	
2.2.3	融资租赁																	
2.3	短期负债																	
2.3.1	流动资金借款																	
2.3.2	其他短期借款																	
2.3.3	其他																	

注:如有多种借款方式时,还可分项列出。

第三节　总成本费用测算

企业总成本费用是指项目在一定时期内(一般为1年)所发生的一切费用,是以货币形式表示的活劳动和物化劳动的总和,是形成产品价格的重要组成部分。

一、总成本费用构成

总成本费用由生产成本和期间费用两部分构成。

(一)生产成本

生产成本亦称制造成本,是指企业生产经营过程中实际消耗的材料、能源、工资、其他直接支出和制造费用。

1. 直接材料

直接材料包括企业生产过程中实际消耗的原材料、辅助材料、设备配件、外购半成品、燃料、动力、包装物、低值易耗品以及其他直接材料。

2. 直接工资

直接工资是指企业直接从事产品生产人员的工资、奖金、津贴等。

3. 其他直接支出

其他直接支出是指用于直接从事产品生产人员的福利,包括医药卫生费、困难补助、集体福利设施以及其他福利费。

4. 制造费用

制造费用是指企业各个生产单位(分厂、车间)为组织管理生产所发生的各项费用,包括生产单位管理人员工资、福利、折旧费、维护费、修理费、物料消耗、低值易耗品摊销、劳动保护费、水电费、办公费、差旅费、运输费、保险费、租赁费、设计图纸费、试验检验费、环境保护费以及其他制造费用。

(二)期间费用

期间费用由管理费用、财务费用和销售费用构成。

1. 管理费用

管理费用是指企业行政管理部门为管理和组织经营活动所发生的各项费用,包括公司开支、工会经费、董事会费、咨询费、技术转让费、培训费、无形资产摊销、开办费摊销、研究开发费和其他管理费用。

2. 财务费用

财务费用是指企业为筹资而发生的各项费用,主要有利息、手续费和其他财务费用等。

3. 销售费用

销售费用是指企业为销售产品、半成品和专设销售机构所发生的各项费用,主要有广告费、展销费、销售服务费等。

总成本费用归纳如下:

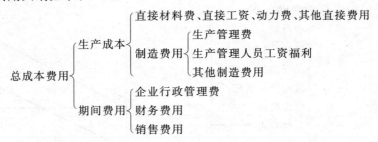

二、总成本费用分类

在项目评估中,总成本费用分类有:

1. 总成本

总成本又称全部成本,是指项目在一定时期内(一般是 1 年)为生产和销售产品所发生的全部成本费用,即各项成本费用总和:

$$总成本 = 材料费 + 动力费 + 工资福利 + 折旧费 +$$
$$维修费 + 管理费 + 其他费用 \tag{6-19}$$

2. 经营成本

经营成本是项目生产经营阶段所发生的成本,反映企业经营业绩,不应包含与经营业绩无关的折旧费、摊销费、负债利息等。因此,

$$经营成本 = 总成本 - 折旧费 - 摊销费 - 负债利息 \tag{6-20}$$

3. 固定成本与可变成本

按费用与生产负荷的关系,总成本可划分为固定成本与可变成本。

(1) 固定成本,指总成本中不随年产量而变化的成本费用,主要有折旧费、摊销费、租赁费、长期负债利息和其他费用。因此,

$$固定成本 F = 折旧费 + 摊销费 + 租赁费 + 长期负债利息 + 其他费用 \tag{6-21}$$

(2) 可变成本,指总成本中随年产量而变化的成本费用,主要有材料费、动力费、工资福利和流动资金借款利息。因此,

$$可变成本 V = 材料费 + 动力费 + 工资福利 + 流动资金利息 \tag{6-22}$$

需要说明的是,固定成本和可变成本的划分不是绝对的,在某种情况下是可变的。如计划经济时代,人员编制、工资福利被列为固定成本;在市场经济时代,人员聘用制,可随产量变化而增减,因此其工资福利应列为可变成本。

(3)两者关系

固定成本 F 不随年产量 Q 的变化而变化,因此,在成本-产量关系坐标系中为一条直线;可变成本 V 随产量 Q 的变化而变化,因此为一条斜线。其关系变化如图 6-1 所示。

总成本费用构成分类归纳如下:

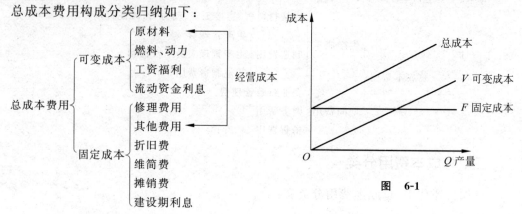

图　6-1

三、总成本费用测算

按现行评估办法规定,总成本费用按成本要素分类法进行测算。

(一)原材料、燃料、动力费

这部分费用是产品成本中的主要组成部分,其测算方法基本相同。其测算式为

$$原材料(燃料、动力)费 = 单位产品耗用量(耗燃料、耗动力) \times$$
$$单价 \times 年产量 \qquad (6-23)$$

公式中,单位产品耗用量可按项目技术评估确定的原材料、燃料、动力消耗定额为依据,也可以可行性研究报告中的相应数据结合同类企业实际消耗定额调整确定。单价应采用生产经营期投入物的市场预测单位价格。

(二)工资

$$工资总额 = 职工总数 \times 年人均工资(含奖金与津贴) \qquad (6-24)$$

职工总数可根据技术评估确定的各工序人员定额和企业管理人员占生产人员的比例来确定。

年人均工资可根据历史经验数据并考虑一定比例的年增长率来确定。

（三）福利费

福利费按工资总额的一定比例提取,主要用于医药费、职工生活困难补贴以及按国家规定的其他职工福利支出,不包含职工福利设施的支出。其计算式为

$$福利费 = 工资总额 \times 规定提取比例 \tag{6-25}$$

（四）固定资产折旧

我国现行固定资产折旧方法一般有:

1. 平均年限法

平均年限法亦称直线法,其计算式为

$$年折旧额 = \frac{固定资产原值 - 预计净残值}{折旧年限(经济寿命期)}$$

$$= 折旧率 \times (固定资产原值 - 预计净残值) \tag{6-26}$$

式中:预计净残值＝固定资产原值×残值率,残值率一般为 3%～5%。

各类固定资产的折旧年限规定如表 6-7 所示。

表　6-7

固定资产分类	折旧年限/年
通用设备	
机械设备	10～14
动力设备	11～18
传导设备	15～28
自动化、半自动化控制设备	8～12
电子计算机	4～10
测试仪器设备	7～12
工业炉窑	7～13
工具及其他生产用具	9～14
非生产用设备工具	18～22
电视机、复印机、文字处理机	5～8
专用设备	
冶金工业专用设备	9～15
电力工业专用设备	—
发电及供热设备	12～20
输电线路	30～35
配电线路	14～16
变电配电设备	18～22

续表

固定资产分类	折旧年限/年
核能发电设备	20~25
机械工业专用设备	8~12
石油工业专用设备	8~14
化工、医药工业专用设备	7~14
电子仪表电信工业专用设备	5~10
建材工业专用设备	6~12
纺织、轻工专用设备	8~14
矿山、煤炭及森工专用设备	7~15
造船工业专用设备	15~22
核工业专用设备	20~25
自来水企业专用设备	15~25
煤气企业专用设备	16~25
房屋	
生产用房	30~40
受腐蚀生产用房	20~25
受强腐蚀生产用房	10~15
非生产用房	35~45
简易房	8~10
建筑物	
水电站大坝	45~55
其他建筑物	15~25

$$折旧率 = \frac{1}{折旧年限}$$

现在一般为 5%~10%,随着科技的不断进步,折旧率有加大的趋向,以适应设备加速更新换代的需要。

2. 工作量法

工作量法是按固定资产使用过程中的累计工作量计算折旧额。

(1) 交通运输汽车,按行驶里程计算折旧费:

$$单位里程折旧额 = \frac{原值 - 残值}{规定的总行驶里程} \tag{6-27}$$

$$年折旧额 = 单位里程折旧额 \times 年行驶里程$$

(2) 大型专用设备,按工作小时计算折旧费:

$$每小时折旧额 = \frac{原价 - 残值}{规定总工作小时数} \tag{6-28}$$

$$年折旧额 = 每小时折旧额 \times 年工作小时数$$

3．加速折旧法

加速折旧法又称递减折旧法，是指在固定资产使用前期提取折旧较多，后期提取较少，以加速折旧补偿，促进技术进步。

（1）双倍余额递减法

"双倍"即按直线法的双倍折旧率提取折旧：

$$年折旧率 = \frac{2}{折旧年限} \times 100\% \tag{6-29}$$

$$年折旧额 = 年末固定资产净值 \times 年折旧率$$

$$年末固定资产净值 = 固定资产原值 - 已提累计折旧额$$

此法最后一年不能折旧完，所以在最后两年要使用直线法均折摊完。

（2）年数总和法

年数总和法也称级数递减法，是根据固定资产原值减去残值后的余额，按各年不同的折旧率计算折旧的方法，其计算式为

$$某年折旧率 = \frac{尚可使用的年数}{年数总和} \times 100\% \tag{6-30}$$

$$某年折旧额 = （固定资产原值 - 残值） \times 折旧率$$

式中：尚可使用的年数 = 折旧年限 - 已使用年数。

$$年数总和 = 折旧年限 \times \frac{折旧年限 + 1}{2} \tag{6-31}$$

例 6-11　某设备购置原值 2.2 万元，经济寿命期 $n = 4$ 年，残余值 0.2 万元，试用不同折旧法计算各年折旧费，并加以分析比较。

$$设备净原值 = 2.2 - 0.2 = 2（万元）$$

1．平均年限（直线）法

$$年折旧率 = \frac{1}{n} = \frac{1}{4} = 0.25;$$

1～4 年折旧费均为：$2 \times 0.25 = 0.5$（万元）

2．双倍余额递减法

$$年折旧率 = \frac{1}{n} = \frac{2}{4} = 0.5;$$

第 1 年折旧费：$2 \times 0.5 = 1$（万元）；年末净残值：$2 - 1 = 1$（万元）

第 2 年折旧费：$(2 - 1) \times 0.5 = 0.5$（万元）；年末净残值：$1 - 0.5 = 0.5$（万元）。

后第 3 年、第 4 年两年折旧费为资产净残值平均分摊，各为 $\frac{0.5}{2} = 0.25$（万元）；否则

就会摊不完,总有剩余值。

3. 年数总和法

$$年数总和 = 4 \times \frac{4+1}{2} = 10 \quad 或 \quad 1+2+3+4 = 10$$

$$第1年折旧费:2 \times \frac{4}{10} = 0.8(万元);年末净残值:2-0.8 = 1.2(万元)$$

$$第2年折旧费:2 \times \frac{3}{10} = 0.6(万元);年末净残值:1.2-0.6 = 0.6(万元)$$

$$第3年折旧费:2 \times \frac{2}{10} = 0.4(万元);年末净残值:0.6-0.4 = 0.2(万元)$$

$$第4年折旧费:2 \times \frac{1}{10} = 0.2(万元);年末净残值:0.2-0.2 = 0(万元)。$$

计算结果汇总如表6-8所示。

表 6-8

折旧方法 年	直线法			双倍余额递减法			年数总和法		
	年折旧率	年折旧费/万元	年末净残值/万元	年折旧率	年折旧费/万元	年末净残值/万元	年折旧率	年折旧费/万元	年末净残值/万元
1	0.25	0.5	1.5	0.50	1.0	1.0	0.4	0.8	1.2
2	0.25	0.5	1.0	0.50	0.5	0.5	0.3	0.6	0.6
3	0.25	0.5	0.5	0.50	0.25	0.25	0.2	0.4	0.2
4	0.25	0.5	0	0.50	0.25	0	0.1	0.2	0
$\sum$	1.00	2.0		1.00	2.0		1.0	2.0	

分析比较可见:直线折旧法的年折旧率和年折旧费各年均相等,各为0.25万元和0.5万元,方法简单常用,但不能反映资产原值高时多提,小时少提的客观规律;双倍余额递减法能反映这一客观规律,其特点是年折旧率相同,均为0.50,为直线法的双倍,但各年折旧费不同,前期大,后期小,呈递减变化。年数总和法各年折旧费计算原值相同,均为资产的净原值2.2-0.2 = 2.0(万元),但计算的各年折旧率不同,分别为0.4、0.3、0.2、0.1。因此,各年的年折旧费不等,也呈递减变化。后两种为加速折旧法,以适应当前技术飞快发展和设备加快更新的形势要求;虽然计算稍为复杂,但也被广泛采用。

(五)修理费

固定资产修理费一般按固定资产原值的一定百分比计提,计算式为

$$修理费 = 固定资产原值 \times 修理费率 \tag{6-32}$$

修理费率可根据经验数据或参考同类企业的实际数额加以确定。

（六）摊销费

（1）无形资产摊销，一般采用直线法均摊，每期摊销额为

$$应摊销数额 = \frac{无形资产价值}{摊销年限} \tag{6-33}$$

式中的无形资产价值，按取得的实际成本计价；摊销年限，如规定了有效使用年限的，应按规定的使用年限摊销，没有规定有效使用年限的，按不少于 10 年的期限分期摊销。

（2）递延资产摊销，评估中的递延资产摊销主要计算开办费的摊销。开办费应从项目生产期开始，按照不能短于 5 年的期限分期摊销。

（七）财务费用

在项目评估时，生产经营期的财务费用计算一般只考虑长期负债利息支出和短期负债利息支出。在未取得可靠计算依据时，可不考虑汇兑损失及相关的金融机构手续费。

生产经营期间的长期负债利息计算式为

$$A = P(A/P, i, n) \tag{6-34}$$

$$年利息 = A - \frac{P}{n}$$

式中：A——年等额还本付息额；

$\quad\quad P$——建设期末借款本利和；

$\quad\quad n$——偿还借款年限；

$\quad\quad i$——借款年利率。

短期负债利息主要是流动资金利息，其计算式为

$$年流动资金利息 = 流动资金借款累计额 \times 借款年利率 \tag{6-35}$$

（八）其他费用

其他费用既广又杂，在评估时，可参照同类企业的经验数据按总成本费用的一定百分比计提。

四、总成本费用估算表的编制

在对总成本费用测算与审查之后，按成本管理条例，需要编制总成本估算表有：

（1）原材料、燃料、动力费估算表；

（2）固定资产折旧费估算表；

（3）无形资产、递延资产摊销费估算表；

（4）单位产品生产成本估算表；

(5) 总成本费用估算表。

各表的格式、内容可参阅附录案例中相关的表格形式。

第四节　销售收入和税金测算

一、销售收入

销售收入是指项目建成投产后在一定时间里(通常一年)销售产品或者提供劳务所取得的收入。测算式：年销售收入＝产品销售单价×产品年销售量。在评估中不考虑库存,产品年销售量等于年产量。如果项目有多种产品,则各产品销售收入之和为项目的年销售总收入;若产品有外销时,应将外汇收入按现时汇率折算为人民币,并计入销售总额。销售单价采用预测价格,并应注意它的合理性。

二、销售税金及附加

销售税金及附加是指项目因销售产品而发生的增值税、消费税、营业税、资源税、城乡维护建设税及教育费附加。

1. 增值税

增值税是以商品生产和流通中各环节的新增价值或商品附加值为征税对象的一种税。增值税的实质是对商品流转额中的增值部分征税,即销售收入或劳务收入额扣除生产资料消耗或经营中的物质消耗后的余额征税。这个余额大体相当于企业活劳动所创造的价值。其计算式为

$$增值税＝\frac{(销售收入－原材料、燃料、动力费)×增值税率}{1＋增值税率} \tag{6-36}$$

增值税率有三档：17％、13％和0(免税),根据不同产品种类按规定选取。

2. 消费税

消费税是以消费品为对象征收的一种税。如对烟酒、化妆品、护肤护发品等进行的征税。测算方法有两种：

(1) 从价定率法

$$消费税额 ＝ 销售额 × 适用税率 \tag{6-37}$$

式中：销售额为产品销售收入。

(2) 从量定额法

$$消费税额 ＝ 销售数量 × 单位税额 \tag{6-38}$$

式中：销售数量为产品产量。

3. 营业税

营业税是对商品或劳务交易时所课征的一种税。计税依据是营业额。

$$营业税额 = 营业额 \times 适用税率 \tag{6-39}$$

适用税率根据不同行业按规定选取，一般在 3%～20% 之间。

不同行业经营税率如表 6-9 所示。

表 6-9 　　　　　　　　　　　　　　　　　　　　　　　　　　　　　　　%

行　业	税　率	行　业	税　率
交通运输	3	娱乐业	5～20
建筑业	3	服务业	5
金融保险业	5	转让无形资产	5
邮电通信业	3	销售不动产	5
文化体育业	3		

免营业税的行业有：托儿所、幼儿园、养老院、残疾人福利机构、婚姻介绍、殡葬服务；医疗服务；教育；农业畜牧防护；纪念馆、博物馆、文化馆、美术馆、展览馆、书画院、图书馆、文物保护单位举办文化活动的门票收入，宗教场所举办的文化、宗教活动门票收入。

4. 资源税

资源税是对自然开发利用征收的一种税。计算式为

$$资源税 = 课税数量 \times 单位税额 \tag{6-40}$$

课税数量是指销售量及自产自用量。不同资源的单位税额如下：

原油　　　　　　　8～30 元/t
天然气　　　　　　2～15 元/1000m³
煤炭　　　　　　　0.3～5 元/t
其他非金属原矿　　0.5～20 元/t 或 m³
黑色金属原矿　　　2～30 元/t
有色金属原矿　　　0.4～30 元/t
原盐、固体盐　　　10～60 元/t
液体盐　　　　　　2～10 元/t

5. 城乡维护建设税和教育附加

城乡维护建设税和教育附加是为了筹集城乡维护建设资金和教育事业资金而设立的税种和附加费用。一般按销售收入、增值税额或营业税额、规定税率和费率计算：

$$城乡维护建设税额 = 销售经营收入 \times 适用税率 \tag{6-41}$$

适用税率在 0.4%～0.6%。

$$教育附加 = 增值税（营业税） \times 教育附加税率 \tag{6-42}$$

目前，教育附加税率为 2%。

在销售收入与税金测算后,应编制《销售收入和销售税金及附加估算表》。

第五节 利润测算

利润是国民经济积累和消费的物质来源,是项目建成后为社会提供剩余产品的货币表现。利润测算是项目正常生产年份的年利润和整个经济活动的总利润,分析利润形成与分配,为财务效益评估、贷款偿还提供依据。

一、利润测算

利润包括销售利润、投资净收益和其他业务利润。

1. 销售利润

销售利润计算式为

$$销售利润 = 产品销售收入 - 销售税金及附加 - 总成本费用 \qquad (6\text{-}43)$$

2. 投资净收益

投资净收益是指项目以各种方式对外进行投资所获得的净收益,包括分得的投资利润、证券投资利息和股红利等。其计算式为

$$投资净收益 = 投资收入 - 投资损失 \qquad (6\text{-}44)$$

3. 其他业务利润

其他业务利润是指除产品销售利润以外的其他业务净收入。主要有技术转让、包装物出租等。其计算式为

$$其他业务利润 = 其他业务收入 - 其他业务支出 \qquad (6\text{-}45)$$

4. 总利润

总利润指各利润之和。

$$总利润 = 销售利润 + 投资净收益 + 其他业务利润 \qquad (6\text{-}46)$$

二、利润分配

(一) 利润分配

企业所获总利润必须按国家有关规定进行分配,首先应向国家缴纳所得税,纳税后的利润应按下列顺序进行分配:

(1) 弥补企业以前年度亏损;

(2) 提取公积金和公益金;

(3) 向投资者分配利润(股红利);

（4）未分配利润（可用于偿还贷款）。

其分配如下：

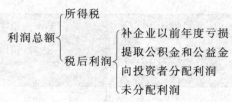

（二）利润分配测算

1. 应缴纳所得税

$$所得税 = 应纳所得税额 \times 适用所得税税率 \quad (6-47)$$

$$应纳所得税额 = 总利润额 - 向金融机构的借款利息 - 职工工资福利 -$$
$$公益救济捐赠 - 养老保险金 - 与经营有关的招待费 \quad (6-48)$$

适用所得税税率，目前，我国为 25%，美国为 34%，英国为 33%，日本为 37.5%，泰国为 35%，印度为 40%～65%。

民族自治地方的企业，符合国家有关规定的企业，可以减税或免税。

2. 公积金和公益金

（1）公积金

公积金是指从税后利润中提取的用于企业发展、弥补亏损或转增资本的一种准备金，有法定公积金和任意公积金两种。法定公积金是国家为了保证企业的发展潜力，以法定形式规定应提的最低额，其计算式为

$$法定公积金 = 税后利润 \times 10\% \quad (6-49)$$

$$税后利润 = 利润总额 - 所得税 \quad (6-50)$$

法定公积金已达到注册资本的 50% 时，不再提取。任意公积金是指企业为了适应经营管理，控制利润分配水平，以及调整各年度利润分配波动等方面的需要，在向投资者分配利润前，按公司章程或董事会决议，从税后利润中按一定比例提取的一种准备金。

$$任意公积金 = （税后利润 - 弥补亏损） \times 任意公积金比率 \quad (6-51)$$

（2）公益金

公益金是指企业用于职工集体福利设施的准备金。

$$公益金 = 税后利润 \times 公益金比率 \quad (6-52)$$

公益金比率为 5%～10% 或董事会决定的提取比率。

三、损益表编制

损益表是反映企业经营效果和利润及其分配情况的报表，为财务效益评估提供可靠

的数据。其格式如表 6-10 所示。

表 6-10   万元

序号	项 目	年 份								合计
		投产期	达到设计能力生产期							
		3	4	5	6	7	8	···	n	
	生产负荷									
1	销售收入									
2	销售税金及附加									
3	总成本费用									
4	其他业务利润									
5	投资收益									
6	利润总额(1－2－3＋4＋5)									
7	弥补以前年度亏损									
8	应纳所得税额(6－7)									
9	所得税									
10	税后利润(6－9)									
11	公积金、公益金									
12	向投资者分配利润									
13	未分配利润(10－11－12)									
14	可用于还款利润									

第六节　项目寿命期测算

项目寿命期是指项目从开始建设到项目经济寿命期终止时所经历的时间。它包括项目建设期和生产期(经济寿命期)两个阶段。

一、项目建设期

（一）项目建设期

项目建设期是指项目从提出建议到建成投产所需要的时间。

投资项目建设期只投入不产出,因而建设期长短将直接影响投资项目的经济效益。建设期短,经济效益高,所以,如有可能,要尽力缩短建设期,可使项目提前投产,提前出产品,满足社会需要,为企业和国家创造更多的物质财富。建设期短,可节省利息,减少投资,降低工程造价。总之,节省时间也就是增加财富。

（二）建设期预测

建设期长短受项目的规模、物质及建设方式等因素制约,一般可按单位工程、单项工程分别确定,然后汇总即为项目建设期;也可按项目直接确定总工期。总工期是指从破土动工到竣工验收交付使用的全部时期,包括土建工期、各专业工期、设备安装工期等。

我国重点项目建设期如表 6-11 所示。

表　6-11

项目种类	规模	建设期/年
煤矿	1 000 万 t/年	15~20
	200 万 t/年	10
油气田	100 万 t/年	3~5
炼油厂	100 万 t/年	3~5
水电	装机 1GW	15
火电	装机 1GW	3~4
核电站	装机 1GW	8~10
地热电站	装机 1GW	5
铁路干线	新建	5~8
	改建	3~5
港口泊位		3~5
钢铁厂	大型	5~10
石油化工厂	大型	10~15
机械制造厂	大型	3~5
化肥厂	大型	5
水泥厂	大型	3~5
纺织厂	大型	2~3

二、经济寿命期

（一）经济寿命期

经济寿命期是指项目建成投产后的生产期限,即从投产开始,直到其主要设备在经济上不宜再继续使用所经历的所有时间。项目投产后,由于产品的试生产,生产能力往往达不到设计能力。此时间称为投产期,产品达到设计产量后的生产期称达产期。因此,经济寿命期由投产期和达产期两个阶段构成。

（二）经济寿命期测算

投资项目的经济寿命期通常根据主要固定资产的使用年限来确定,对于一般工业项目是以其主要设备的经济合理使用期作为项目的经济寿命期。

设备的寿命期从不同角度考察有自然寿命期、技术寿命期和经济寿命期三种。

自然寿命期指设备从全新状态开始使用直到报废止所经历的时间,由有形磨损决定。

技术寿命期指设备开始使用到因技术落后而被淘汰所经历的时间,由无形磨损决定。

经济寿命期指设备最经济的使用期限,由使用成本最低或经济效益最高而决定。其测算方法有:

1. 折旧率法

若设备折旧率充分考虑了设备的有形磨损和无形磨损,其值由政府颁布的有关固定资产折旧条例和规定加以确定,则用折旧率法预测项目经济寿命期是合理的和可行的。其计算式为

$$n = \frac{1}{D} \tag{6-53}$$

式中:n——设备经济寿命期,年;

  D——折旧率。

例 6-12 某项目主要设备折旧率为 10%,则该项目经济寿命期为

$$n = \frac{1}{D} = 1/10\% = 10(年)$$

2. 成本法

成本法是求设备总成本最低的使用年限即为项目经济寿命期。设备总成本 C 为固定成本 F 与可变成本 V 之和

$$C = F + V \tag{6-54}$$

三者与使用年数 N 的变化规律如图 6-2 所示。

其总成本最小值 $C_{\min}$ 可通过对上式一阶导数为零时求得。

此时,有 $-F' = V'$。根据这一特点,我们可在财务账目上多列这两行,当两行绝对值 $|-F'| = |V'|$ 时,其所对应的时间即为项目经济寿命期 n,也可在财务账目上直观地查视出来。

例 6-13 某项主要设备引进 15 000 万美元,预期可使用 7 年,由于使用后的有形磨损效能逐步降低,致使年使用费用以 1 000 万美元递增,求该项目的经济寿命期。

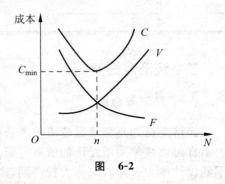

图 6-2

解 列表计算各年的成本,找出总成本最小 $C_{\min}$ 或 $|-F'| = |V'|$ 时的年限,即为该项目的经济寿命期 n。计算结果如表 6-12 所示。

表　6-12 　　　　　　　　　　　　　　　　　　　　万美元

使用年限	固定成本 F	固定成本变化率 $\lvert -F' \rvert$	可变成本 V	可变成本变化率 V'	总成本 C
1	15 000		1 000		16 000
2	7 500	7 500	2 000	1 000	9 500
3	5 000	2 500	3 000	1 000	8 000
4	3 750	1 250	4 000	1 000	7 750
5	3 000	750	5 000	1 000	8 000
6	2 500	500	6 000	1 000	8 500
7	2 143	357	7 000	1 000	9 143

由表可知：总成本最小值 $C_{\min}$ 时间为 4 年，再从 $\lvert -F' \rvert = \lvert V' \rvert$ 可推算两者相等（1 000 万美元）时间为 4～5 年，用插值法求得为 4.5 年。因此，该项目经济寿命期 n 为 4.5 年。

3. 计算法

设备初投资为 P，残余值为 S_V，年可变成本递增系数为 K，则年均总成本：

$$C = \frac{P - S_V}{n} + V_1 + \frac{n}{2}K$$

式中：V_1——第一年可变成本；

n——使用年数。

求 C 最小值，可令 C 一阶导数为零得：

$$-\frac{P - S_V}{n^2} + \frac{1}{2}K = 0$$

所以　　　　　　　　　　　　$n = \sqrt{\dfrac{2(P - S_V)}{K}}$　　　　　　　　　　　　　　(6-55)

上例中，若 $S_V = 5\,000$ 万美元，则项目经济寿命期为

$$n = \sqrt{\frac{2(15\,000 - 5\,000)}{1\,000}} = 4.5（年）。$$

4. 动态分析法

动态分析法是指考虑了资本金时间价值因素的分析方法。

(1) 年值法

年值法的计算式是由年金现值或现值年金计算式导出的，其适用条件为残余值为零，即 $S_V = 0$，已知 P、A、i，求 n。

由 $P = A\dfrac{(1+i)^n-1}{i(1+i)^n}$ 导得 $(1+i)^n = \dfrac{A}{A-Pi}$,

两边各取对数得
$$n = \dfrac{\lg\dfrac{A}{A-Pi}}{\lg(1+i)} \qquad\qquad (6\text{-}56)$$

例 6-14 若已知项目主要设备初投资 $P=1\,200$ 万元,预期年损益 $A=250$ 万元,$S_v=0$,年利率 $i=12\%$,则项目经济寿命期为

$$n = \dfrac{\lg\dfrac{250}{250-1\,200\times12\%}}{\lg(1+12\%)} = 7.7(\text{年})$$

(2)列表计算法

列表求出动态年成本最小所对应的使用年限即为项目经济寿命期 n。其动态年成本 C_A 计算式为

$$C_A = \left[P + \sum_{t=1}^{n}\dfrac{C_t}{(1+i)^t}\right]\left[\dfrac{i(1+i)^t}{(1+i)^t-1}\right] \to \min \qquad\qquad (6\text{-}57)$$

式中:C_t——t 年运营费用。

例 6-5 中,若年利率 $i=10\%$,其项目经济寿命期列表计算结果如表 6-13 所示。

表 6-13

使用年限 t ①	初投资/万美元 ②	年运营费/万美元 ③	现值系数 $(1+i)^{-t}$ ④	年运营费现值/万美元 ⑤＝③×④	总成本现值/万美元 ⑥	现值年金系数⑦	年均值/万美元 ⑧＝⑥×⑦
1	15 000	1 000	0.909	909	15 909	1.100	17 500
2		2 000	0.826	1 652	17 561	0.576	10 115
3		3 000	0.751	2 253	19 814	0.402	7 965
4		4 000	0.683	2 732	22 546	0.315	7 102
5		5 000	0.621	3 105	25 651	0.264	6 746
6		6 000	0.564	3 384	29 035	0.230	6 678
7		7 000	0.513	3 591	32 626	0.205	6 688

上表结果表明:第 6 年的年均成本值 6 678 万美元为最小,即项目经济寿命期为 6 年。比较可知,动态分析法比静态分析法约长 1.5 年。这是由于考虑了资本金时间因素的影响,折现损值所致。时间越长,利率越高,其影响也越大,折现损值也越多,静动态差值也越大。

复习思考题与习题

一、关键名词

财务基础数据、基础数据估算、固定成本、可变成本、经营成本、税金及附加、净利润、总投资、固定资产投资、流动资金、建设期利息、销售收入、总成本、期间费用、有形磨损、无形磨损、投产期、达产期、经济寿命期。

二、思考题

1. 财务基础数据有哪些？其预测分析的意义是什么？

2. 财务基础数据预测的主要内容、程序和原则？

3. 总投资构成及其测算方法？

4. 建设期利息及其计算？

5. 什么是固定资产投资方向调节税、无形与递延资产、土地使用费及其估算？

6. 什么是流动资金及其估算？它与固定资产投资的区别？

7. 资金来源及筹资方案分析评估。

8. 总成本费用构成、分类及其测算？

9. 折旧费计算方法及各方法分析比较。

10. 销售收入、税金及附加的评估？

11. 利润测算与利润分配？

12. 项目寿命期、建设期和经济寿命期的测算方法，静态法和动态法分析比较。

三、习题

1. 某项目第一年投资 100 万元，第二年 300 万元，第三年投入流动资金 250 万元，全部银行贷款，年利率 9%，半年计息一次，固定资产投资方向调节税税率 10%，求项目总投资。

2. 某项目固定资产投资估算为 4 522 万元，全部由银行贷款 $I_n = 8\%$，半年计息一次，第一年支付 678 万元，第二年 2 487 万元，第三年 1 357 万元，求建设期利息，并列表自行核算。

3. 某项目主要设备初投资 $P = 8\,000$ 万元，残值 $S_v = 800$ 万元，年可变成本递增系数 $K = 300$ 万元/年，求设备经济寿命期 n。

4. 某项目设备初投资 10 000 万元，预期可使用 10 年，年运行成本各为 700 万元、800

万元、850万元、950万元、1 100万元、1 300万元、1 550万元、1 850万元、2 200万元和2 900万元,若基准折现率$i_c=10\%$,用列表计算法和成本法分别计算动态与静态经济寿命期,并加以分析比较。

5. 某项目初投资$P=1 000$万元,年收益$A=150$万元,不考虑残值$S_V=0$,$i=10\%$,求经济寿命期n。

6. 某项目固定资产原值600 000万元,预期使用年限8年,残值率10%,按平均年限法、双倍余额法与年数总和法分别计算每年的折旧费,并加以分析比较。

7. 某项目计算期15年,建设期3年,第4年投产,第5年达产,其他有关资料如下:

a. 固定资产投资4 000万元,第1年投资1 000万元,第2年投资1 600万元,第3年投资1 400万元,全部银行贷款,年利率10%,建设期只计息不还本,第4年开始还本付息,本金分10年等额偿还;

b. 流动资金1 800万元,全部贷款,年利率为8%;

c. 第四年销售收入8 000万元,销售税金500万元,经营成本5 000万元,第五年起每年销售收入10 000万元,销售税金及附加550万元,经营成本6 000万元;

d. 固定资产残值率10%,所得税税率为33%。

要求:编制投资现金流量表。

8. 某公司筹措资金来源结构及其所占比例,计算出税后资金成本、加权成本及其综合资本成本结构如下表所示(若行业规定的综合资本成本为12.0%)。

建设项目综合资金成本率计算表

序号	资金来源(1)	数量(2)万元	比例(%)(3)	税后资金成本(4)(%)	加权成本(%)(5)=(3)×(4)
1	短期借款	50	5	6.08	0.304
2	债券	100	10	5.56	0.556
3	优先股票	150	15	10.00	1.500
4	普通股票	600	60	11.56	6.936
5	保留盈余	100	10	11.56	1.156
	∑	1000		加权平均资金成本	10.452

试算出各计算值,并评价筹措资金方案的可行性。

第一节　财务效益评估概述

财务效益评估是指在财务基础数据测算的基础上,按国家现行财税制度、现行价格和有关法规规定,分析评价项目的费用和效益,从而考察项目的获利能力、清偿能力和外汇效果,以判断项目财务的可行性。

一、财务效益评估的意义

财务效益评估对项目投资决策、银行提供贷款和有关部门审批具有十分重要的意义。

(一)财务效益评估是项目投资决策的重要依据

通过财务效益评估,就能科学地分析拟建项目的盈利能力、偿还能力,进而为投资决策提供了科学的依据,也为项目实施后加强经营管理,提高经济效益打下了良好的基础。

(二)财务效益评估是银行提供贷款决策的重要依据

通过财务效益评估,银行可以科学地分析项目的偿还能力,从而正确作出贷款决策,以保证银行资金的安全性、流动性和增值性。同时,也可促使银行不断积累贷款经验,提高贷款决策科学化、规范化水平,提高贷款的使用效益,以实现资本金的最大增值。

(三)财务效益评估是有关部门审批项目的重要依据

在市场经济竞争中,企业的生存和发展主要取决于自身的财务效益好坏。因此,有关部门在审批拟建项目时,往往以其财务效益作为重要依据。同时,财务效益评估也是国民经济效益的基础。

二、财务效益评估的基本目标

财务效益评估的基本目标是项目的盈利能力、清偿能力和外汇效果。

(一) 盈利能力

盈利能力是反映项目财务效益的主要标志。项目盈利主要是指项目建成投产后的利润和税金等。盈利水平是评估项目财务效益好坏的根本标志。因此,考察项目获利能力,主要是为了弄清项目本身有无自我生存和自我发展的能力。其指标有绝对指标、相对指标、静态指标和动态指标。因此,评估项目获利能力的过程实质就是指标的计算和分析过程。

(二) 清偿能力

建设项目建成投产后,需要多少时间才能回收全部投资和清偿银行贷款,这是投资者和银行放款者最为关心的问题之一,也是财务效益好坏的重要标志。只有按期回收全部投资和清偿贷款本息,其回收期和偿还期不超过有关规定,项目清偿能力方能满足要求。

(三) 外汇效果

有产品出口创汇等涉及外汇收支的项目,还要计算项目的外汇效果,计算外汇收入、换汇成本和节汇成本等指标,用以衡量项目外汇效益的好坏,是涉及项目财务效益可行性评估的重要指标之一。

三、财务效益评估的原则和方法

财务效益评估需要遵循一定的原则,采用科学的方法。

(一) 财务效益评估的原则

1. 效益与费用计算价值尺度一致的原则

财务效益评估只计算项目本身的内部直接效益和直接费用,不考虑外部的间接效益和间接费用。为此,在财务效益评估中计算费用和效益时,应注意计算价值尺度的一致性,避免人为扩大费用和效益的计算范围,使费用与效益缺乏可比性,造成财务效益评估失真。

2. 静态分析和动态分析相结合,以动态分析为主的原则

静态分析是一种不考虑资本金时间价值,只根据项目某一年或某几年的盈利状况进

行盈利能力和偿还能力分析的方法。它具有计算简便、指标直观、容易理解掌握等特点，但也存在计算结果不够客观实际、不能正确反映资本金的时间价值因素，从而不能真正评估项目财务真实效益等缺点。而动态分析正好弥补了静态分析的缺点，它是一种充分考虑了资本金时间价值因素，根据项目整个经济寿命期各年的现金流入量和流出量进行效益分析的方法，尽管动态分析的计算过程复杂，但计算出的指标能够较为准确地反映拟建项目的财务效益。因此，在财务效益评估中应坚持以动态分析为主，静动相结合的分析原则。

3. 以预测价格为原则

由于项目计算期一般较长，受市场供求关系变化等因素的影响，投入物和产出物的价格在计算期内肯定会发生变化，若以现行价格作为价值衡量尺度，显然是不科学的。这是由于物价总水平上涨乃是客观趋势，不考虑市场供求关系变化，不考虑物价上涨因素，则计算出的费用和效益难免失真。为此，在财务效益评估中应采用以现行价格体系为基础的预测价格，从而正确计算项目的费用和效益，对拟建项目的财务效益作出客观评价。

（二）财务效益评估方法

根据项目评估的特点和实际需要，对拟建项目进行财务效益评估时，可采用动态法，也可采用静态法。在实际工作中，通常是将这两种方法综合运用，以期全面准确地考察拟建项目的财务可行性。

1. 静态法

静态法是一种简便易行的分析评价方法。它没有考虑项目整个经济寿命期内各年的获利能力，也没有考虑资本金的时间价值因素对其盈利能力和偿还能力的影响，因而具有计算简便，但不够准确等特点。在财务效益评估中，运用静态法计算的主要指标有投资利润率、投资利税率、资金利润率、投资回收期、贷款偿还期、资产负债率、流动比率、速动比率等。

2. 动态法

动态法是一种较之静态法更为复杂、比较准确的经济评估方法。其主要特点是考虑了项目整个经济寿命期内现金流量的变化情况及其经济效益，考虑了资本金的时间价值，因而可以避免静态法的缺点，评估效果比较客观实际、精确可靠。在财务效益评估中，运用动态法计算的主要经济评估指标有净现值、净现值率、动态投资回收期、内部收益率等。

四、财务效益评估的指标体系

按国家财政部 1995 年公布的项目财务效益评估指标体系和财务基本报表如表 7-1 所示。

表 7-1

评估内容	财务基本报表	财务评估指标	
		静态指标	动态指标
盈利能力	全部投资现金流量表	全部投资回收期	净现值 净现值率 内部收益率
	自有资金现金流量表		
	损益表	投资利润率 投资利税率 资本金利润率	
清偿能力	资金来源与运用表	借款偿还期	
	资产负债表	资产负债表 流动比率 速动比率	
外汇效果	外汇平衡表		换(节)汇成本

第二节 财务盈利能力评估

反映项目盈利能力的指标有静态和动态两大类。

一、静态指标

(一)投资利润率

投资利润率是指项目正常生产期年利润总额与总投资之比：

$$投资利润率 = \frac{年利润总额}{总投资} \times 100\% \qquad (7\text{-}1)$$

若年利润总额波动较大,可取其生产期中的平均值;否则,取其正常生产年份的年利润即可。

总投资为建设投资、建设期利息和流动资金之和。计算出的投资利润率要与行业的标准投资利润率或行业平均投资利润率进行比较,若大于或等于标准投资利润率或行业平均投资利润率,则认为项目是可行的;否则是不可行的。

(二)投资利税率

投资利税率是指项目正常生产期年利税之和与总投资之比：

$$投资利税率 = \frac{年利税之和}{总投资} \times 100\% \qquad (7\text{-}2)$$

式中：年利税之和＝年利润总额＋年销售税金及附加。

若年利税之和波动较大,可取其生产年份的平均值,否则,取其正常生产年份的年利税之和即可。

投资利税率是衡量项目为社会所提供的剩余产品的多少,对国家财政贡献大小的静态指标。

计算出的投资利税率若大于或等于行业平均投资利税率,则认为项目是可行的,反之,则认为项目是不可行的。

我国部分行业现行财务基准收益率 i_c 如表 7-2 所示。

表 7-2

序号	行业名称	税前 i_c,%	税后 i_c,%
01	农业		
011	种植业	6	6
012	畜牧业	7	9
013	渔业	7	8
014	农副食品加工	8	8
02	林业		
021	林产加工业	11	11
022	森林工业	12	13
023	林纸林仪	12	12
024	营造林	8	9
03	建材		
031	水泥制造业	11	12
032	玻璃制造业	13	14
04	石油		
041	陆上油田开采	13	15
042	陆上气田开采	12	15
043	原油存储设施	8	8
044	长距离输油管道	12	13
045	长距离输气管道	12	13
05	石化		
051	原油加工	12	13
052	塑料合成树脂制造	13	15
053	合成纤维单体制造	14	16

续表

序号	行业名称	税前 i_c ,%	税后 i_c ,%
054	乙烯联合装置	12	15
055	纤维素原料及纤维制造	14	16
06	化工		
061	氯碱及氯化物	11	13
062	无机化学原料	10	11
063	有机化学原料	11	12
064	化肥	9	9
065	农药	12	14
066	橡胶品	12	12
067	化工新型材料	12	13
068	专用化学品制造	13	15
07	信息业		
071	固定通信	5	5
072	移动通信	10	12
073	邮政通信	3	3
08	电力		
081	电源工程		
0811	火力发电	8	10
0812	天然气发电	9	12
0813	核能发电	7	9
0814	风力发电	5	8
0815	垃圾发电	5	8
0816	其他能源发电(潮汐等)	5	8
0817	热电站	8	10
0818	抽水蓄能电站	8	10
082	电网工程		
0821	送电工程	7	9
0822	联网工程	7	10
0823	城网工程	7	10
0824	农网工程	6	9
0825	区内或省内电网工程	7	9
09	水利		
091	水库发电	7	10
092	调水、供水工程	4	6
10	铁路		

续表

序号	行业名称	税前 i_c,%	税后 i_c,%
101	铁路网改造	6	6
102	铁路网新建	3	3
11	民航		
111	大中型机场建设(干线)	5	4
112	小型机场建设(支线)	1	—

（三）资本金利润率

资本金利润率是项目正常生产期税后年利润额与项目资本金之比：

$$资本金利润率 = \frac{税后年利润额}{资本金} \times 100\% \tag{7-3}$$

税后年利润额＝年利润总额－年所得税；资本金是指项目的全部注册资金。

资本金利润率越高，表明项目资本金盈利能力越强，投资效益越好。

计算出来的资本金利润率大于行业平均资本金利润率，则项目可取，否则，项目不可取。

例 7-1　某项目总投资为 116 673 万元，第二年达产每年利润为 20 262 万元，销售税金 7 572 万元，年所得税税率为 33%，资本金为 31 500 万元，求静态"三率"指标。

$$投资利润率 = \frac{20\ 262}{116\ 673} \times 100\% = 17.37\%$$

$$投资利税率 = \frac{20\ 262 + 7\ 572}{116\ 673} \times 100\% = 23.86\%$$

$$资本金利润率 = \frac{20\ 262 \times (1 - 33\%)}{31\ 500} \times 100\% = 43.1\%$$

（四）静态投资回收期

静态投资回收期 P_t 是指未考虑资本金时间价值的投资回收所需要的时间。其表达式如下：

$$\sum_{t=1}^{P_t} (CI - CO)_t = 0 \tag{7-4}$$

式中：$(CI-CO)_t$——项目第 t 年的净现金流量 NPV(net present value)。

静态投资回收期可根据财务现金流量表(全部投资)中累计净现金流量计算求得，其计算式为：

$$P_t = 累计净现金流量开始出现正值的年份数 - 1 + \frac{上年累计净现金流量的绝对值}{当年净现金流量}$$

在财务效益评估中,求出的投资回收期 P_t 若小于或等于行业标准投资回收期 P_n,即 $P_t \leqslant P_n$,表明项目投资能在规定的时间内收回,项目是可行的;否则,项目是不可行的。

静态投资回收期主要优点是计算简便,且对于风险分析有特别重要的意义,但其缺点是没有考虑投资收回后的财务效益情况,忽视了长期投资的特点,也没有考虑资本金的时间价值因素,具有和其他静态指标相同的缺点和局限性。

二、动态指标

(一) 动态投资回收期

动态投资回收期 P'_t 是考虑了资本金时间价值收回投资所需要的时间(年)。其表达式如下:

$$\sum_{t=1}^{P'_t} (CI - CO)_t (1 + i_c)^{-t} = 0 \tag{7-5}$$

式中: i_c——行业基准收益率。

动态投资回收期可从财务净现值流量表中求得,其计算式如下:

$$P'_t = m - 1 + \frac{\left| \sum_{1}^{m-1} NPV_t \right|}{NPV_m} \tag{7-6}$$

式中: m—— 累计净现值开始出现正值的年份;

$\left| \sum_{1}^{m-1} NPV_t \right|$—— 从第 1 年至 $m-1$ 年的累计净现值的绝对值;

NPV_m—— m 年的净现值。

动态投资回收期的优点是考虑了资本金的时间因素,能正确反映投资的回收时间;缺点是计算比较复杂和麻烦。在财务效益评估中,求出的动态投资回收期 P'_t 若小于或等于行业基准回收期 P'_n,即 $P'_t \leqslant P'_n$,项目被认为是可行的;反之,则认为项目是不可行的。

例 7-2 某项目各年净现金流量(万元)如下表所示,年利率 $i = 10\%$,经济寿命期 $n = 12$ 年,求静、动态投资回收期,并绘制累计现金流量和累计净现值流量图。

(1) 静态投资回收期

$$P_t = 累计净现金流量开始出现正值的年份数 - 1 + \frac{上年累计净现金流量的绝对值}{当年净现金流量}$$

$$= 7 - 1 + \frac{|-210|}{250} = 6.84(年)$$

表　7-3

年　份	1	2	3	4	5	6	7	8	9	10	11	12
净现金流量	−910	−100	50	250	250	250	250	250	250	250	250	350
累计净现金流量	−910	−1 010	−960	−710	−460	−210	40	290	540	790	1 040	1 390
现值系数 $[P/F,i,n]$	0.909	0.826	0.751	0.683	0.621	0.564	0.513	0.467	0.424	0.386	0.350	0.319
净现值 NPV_t	−827	−83	38	171	155	141	128	117	106	96	88	111
累计净现值 $\sum_1^n NPV_t$	−827	−910	−872	−701	−546	−405	−277	−160	−54	42	130	241

（2）动态投资回收期 $P'_t = m-1 + \dfrac{\sum\limits_1^{m-1} NPV_t}{NPV_m} = 10 - 1 + \dfrac{|-54|}{96} = 9.56$（年）

由于考虑了资本金时间价值因素，动态投资回收期 P'_t 比静态投资回收期 P_t 要长。绘制累计净现金流量和累计净现值变化曲线如图 7-1 所示。

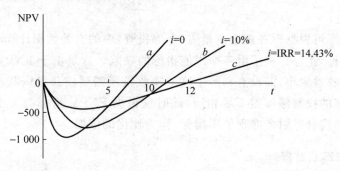

图　7-1

曲线 $a(i=0)$ 为静态投资回收期 $P_t = 6.84$ 年；曲线 $b(i=10\%)$ 为动态投资回收期 $P'_t = 9.56$ 年；曲线 c 为折现率 $i=IRR$ 的变化曲线，曲线与横坐标交点为项目经济寿命期 $n=12$ 年。

（二）财务净现值

财务净现值 FNPV（financial net present value）是指按行业基准收益率 i_c 将项目经济寿命期 n 年内各年净现金流量折现到建设初期的现值之和，其表达式如下：

$$FNPV = \sum_1^n (CI - CO)_t \, (1 + i_c)^{-t} \tag{7-7}$$

式中：$(1 + i_c)^{-t}$——第 t 年的折现系数。

计算出的净现值有 3 种可能：FNPV>0，或 FNPV<0，或 FNPV=0。

(1) 当 FNPV>0，表明项目的获利能力高于基准收益率，付息后尚有盈余，项目是可行的。

(2) 当 FNPV=0，表明项目的获利能力刚好满足行业基准收益率要求，项目也是可行的。

(3) 当 FNPV<0，表明项目的获利能力低于行业基准收益率要求，付息不足，项目是不可行的。

财务净现值指标计算简便，容易理解和掌握，但没有反映投资额，不能用于项目的优选上，为此，需借助于财务净现值率指标来进行项目优选。

(三) 财务净现值率

财务净现值率 FNPVR(financial net present value rate)是项目净现值与全部投资现值 I_p 之比，它反映单位投资现值所能创造出的财务收益净现值。其计算式如下：

$$FNPVR = \frac{FNPV}{I_p} \tag{7-8}$$

财务净现值率可根据财务现金流量表(全部投资)中的有关数据计算求得。作为财务净现值的补充指标，正好弥补了财务净现值指标的缺陷。这是由于 FNPV 指标只能衡量投资项目未来净收益大小，而没有和产生这些净收益所需要的总投资联系起来。而多方案比优时，各方案的投资额可能不尽相同，此时仅根据 FNPV 指标的大小可能作出错误的选择。因此，还需计算财务净现值率指标，作为比优的依据。

(四) 财务内部收益率

1. 财务内部收益率的含义

财务内部收益率 FIRR(financial internal rate of return)是指项目在整个经济寿命期内各年净现值累计为零时的折现率，其表达式如下：

$$\sum_1^n (CI - CO)_t \, (1 + FIRR)^{-t} = 0 \tag{7-9}$$

上式表明：使用财务内部收益率作为折现率，所计算出的项目逐年现金流入量的现值总额等于现金流出量的现值总额，即财务内部收益率就是使项目财务净现值等于零时的折现率。FIRR 之所以被称为内部收益率，完全是根据项目本身自己所反映出来的获利能力。其经济实质乃是被占用的,尚未回收投资的收益率,不能理解为初投资的收益率。

2. FIRR 的几何含义

FNPV(i)变化曲线是随 i 的增加而递减的,FIRR 的几何含义为 FNPV(i)变化曲线与横坐标 i 的交点,如图 7-2 所示。

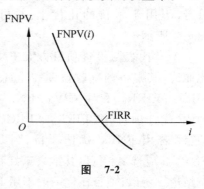

图　7-2

3. FIRR 的计算方法

由于 FIRR 计算式为高次方程式,求解困难,一般用试算法和图解法求解。图解法根据 FIRR 值的几何含义,绘制出 FNPV(i)的变化曲线,找出曲线与 i 坐标的交点即为 FIRR 值。试算法先按实际贷款利率或基准收益率 i_1 折现。求得项目 FNPV$_1$,如为正值,则采用更高折现率 i_2,使计算得到的净现值接近于零的负值 FNPV$_2$,然后用插入公式求得:

$$\text{FIRR} = i_1 + \frac{\text{FNPV}_1}{\text{FNPV}_1 + |\,\text{FNPV}_2\,|}(i_2 - i_1) \tag{7-10}$$

上式是图 7-3 将 FNPV(i)变化曲线近似看成直线 AB,根据相似三角形 ABC 等比原理得到:

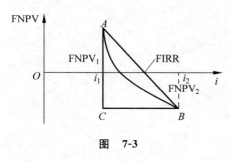

图　7-3

因为　$\dfrac{\text{FIRR} - i_1}{i_2 - i_1} = \dfrac{\text{FNPV}_1}{\text{FNPV}_1 + |\text{FNPV}_2|}$

所以　$\text{FIRR} = i_1 + \dfrac{\text{FNPV}_1}{\text{FNPV}_1 + |\text{FNPV}_2|}(i_2 - i_1)$

由于把曲线近似看成直线,不产生过大的误差,实际要求 $i_2 - i_1$ 相差不得超过 5%,一般在 1%~2% 最为理想。根据这种求解原理,现可用计算机编程求解。

4. 判别准则

在财务效益评估中,求得的财务内部收益率,若 $\text{FIRR} \geqslant i_c$,则项目被认为是可行的;否则,若 $\text{FIRR} \leqslant i_c$ 则项目是不可行的。

财务内部收益率的经济意义在于能够把项目的收益与投资总额联系起来,据以判别项目财务盈利能力的大小,其主要优点在于它揭示了投资项目所具有的最大获利能力,从而使之成为衡量投资项目收益高低的非常有用的财务效益评估指标。但财务内部收益率过高或过低时,往往缺乏实际意义。

一般来说,一个项目的财务内部收益率与财务净现值具有等价性,即用 FIRR 和 FNPV 指标评估财务盈利能力通常会得到相同的结果。但在项目优选时,会出现相反的结果,因此,FIRR 指标只用于判别项目是否可行,不用于项目的比优上。原因分析如图 7-4 所示。

A、B 代表两投资项目方案 FNPV(i)变化曲线,其财务内部收益率和净现值分别为 $FIRR_A$、$FIRR_B$ 和 $FNPV_A$、$FNPV_B$。若用 FIRR 优选项目,则 $FIRR_B > FIRR_A$,应选 B 项目;若用 FNPV 优选项目,则 $FNPV_A > FNPV_B$,应选 A 项目,其结果正好相反,难以下结论。所以,项目比优一般不用 FIRR 而用另外一个指标——差额内部收益率。

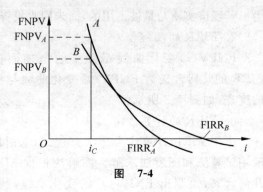

图 7-4

5. 多解无解问题分析

在项目经济寿命期内,若 FNPV(i)曲线出现正负符号交替变化或不与横坐标相交,根据 FIRR 的几何含义,就会出现多个交点或没有交点,就会产生 FIRR 多解或无解问题,如图 7-5 所示。

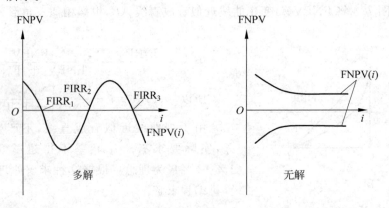

图 7-5

多解或无解项目称非常规项目,单一解项目称常规项目,实际碰到的多为常规项目。非常规项目的多解,往往在技术改造和扩建再追加投资时容易出现。这时,需对 FIRR 进行真值检验。否则,将改用其他指标,如用 FNPV 来评估项目的经济效益和判别其可行性。

FIRR 真假检验实例:已知某技术改造项目各年净现金流量如表 7-4 所示。

表 7-4

年份	0	1	2	3
净现金流量/万元	−100	420	−585	270

求得 FIRR 值有 20％、50％、70％；其中 FNPV(i) 变化曲线如图 7-6 所示。

遇到这种情况，首先删掉 FIRR 负值、过高值，50％、70％，然后取其合理范围值内 20％进行真值检验。标准用 FIRR 值真实含义：尚未收回投资的收益率，已收回的不能放置，必须按 FIRR 再投入。按此标准的检验结果如图 7-7 所示。

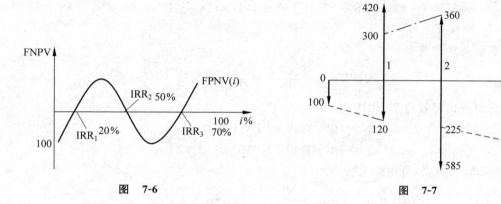

图　7-6

图　7-7

按此标准 0 年投入 100 万元按 20％折算到第 1 年为 120 万元，此年收入 420 万元，扣去 120 万元尚余 300 万元，必须再按 20％投入到第 2 年为 360 万元，抵补此年投入 585 万元，尚有 225 万元未收回投资，按 20％折算到第 3 年为 270 万元，此年收入 270 万元，恰好相抵为零。因此，20％为 FIRR 真值。若按初投资 100 万元换算，每年均增 20 万元，其终点不为零。其过程如图 7-8 所示。

因此，FIRR 值不能理解为初投资收益率，而应理解为尚未收回投资的收益率，多收回的不能放置，必须再按此收益率投入。可见，FIRR 的实用条件是很苛刻的，实用中目前往往被忽略了。再如某项目各年净现金流量分别为 −100、320、−240。显然，这是一个亏损项目。因为其累计净现金流量为 −20，即该项目在规定寿命期 3 年内无法收回全部投资，更谈不上有什么盈利。然而，分析结果表明，该项目有两个财务内部收益率为 20％和 100％，对于任何大于 20％而小于 100％的折现率，其财务净现值为正值。当折现率为 60％时，净现值达到极大值。这显然是不真实的，其值无实际意义。因此，在使用内部收益率时，需持特别慎重的态度。

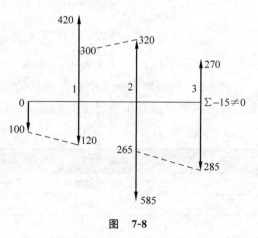

图　7-8

(五) 实例分析

例 7-3 以例 7-2 为例：计算财务净现值。

$$FNPV = \sum (CI - CO)_t (1+i)^{-t}$$

$$= -827 + (-83) + 38 + 171 + 155 + 141 + 128 + 117 + 106 + 96 + 88 + 111$$

$$= 241(万元) > 0$$

计算财务净现值率

$$FNPVR = \frac{FNPV}{I_p} = \frac{241}{910} = 0.26$$

计算财务内部收益率 FIRR

$$i_1 = 10\% \text{ 算得 } FNPV_1 = 241$$

$$i_2 = 15\% \text{ 算得 } FNPV_2 = -31.3$$

因 $i_2 - i_1 \leqslant 5\%$，所以，可用插入法

$$FIRR = i_1 + \frac{FNPV_1}{FNPV_1 + |FNPV_2|}(i_2 - i_1)$$

$$= 10\% + \frac{241}{241 + |-31.3|} \times (15\% - 10\%)$$

$$= 14.43\%$$

因为　$FIRR = 14.43\% > 10\%$，　所以　项目是可行的。

例 7-4 某项目初投资为 15 万元，经济寿命期为 8 年，各年收益为 5 万元，无残值，求 FIRR。

解

$$因为 \quad FNPV = -15 + 5(P/A, i, 8) = 0$$

$$所以 \quad (P/A, i, 8) = \frac{15}{5} = 3$$

$$反查表得：FIRR = i = 29\%$$

例 7-5 试判别下列 4 个投资项目的 FIRR 个数，并计算分析 D 项目的内部收益率。表 7-5 为 4 个项目各年净现金流量表。

表 7-5

年　份	A 项目	B 项目	C 项目	D 项目
0	$-1\,000$	$-1\,000$	0	$-1\,000$
1	500	-500	$-3\,000$	$4\,700$

续表

年　份	A 项目	B 项目	C 项目	D 项目
2	400	−500	1 000	−7 200
3	300	−500	1 900	3 600
4	200	−500	−800	0
5	100	3 500	2 720	0

解　根据符号变化规则,A、B 项目只有 1 个内部收益率,C 项目最多有 3 个,D 项目最多也有 3 个。

求 D 项目内部收益率,列方程式为:

$$FNPV(i) = -1\,000 + 4\,700(1 + FIRR)^{-1} - 7\,200(1 + FIRR)^{-2} +$$
$$3\,600(1 + FIRR)^{-3}$$
$$= 0$$

解得 3 个 FIRR 值分别为 20%、50%、100%。根据上式,可绘出 FNPV(i)变化曲线,如图 7-9 所示。

从曲线上可见:该项目确实有 3 个 FIRR。其真值检验为 20%,如图 7-10 所示。

当折现率 $i < 20$%时,净现值为正,项目财务效益评估为可行。

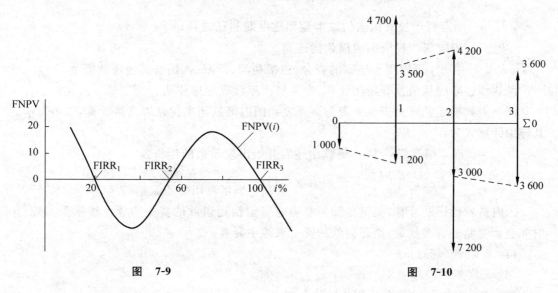

图　7-9　　　　　　　　　　　　图　7-10

第三节 财务清偿能力评估

财务清偿能力评估主要是考察分析项目的财务情况及偿债能力,对企业和银行均具有十分重要的意义。对企业来说,通过项目清偿能力分析,可以对项目未来的财务状况做到心中有数;对于银行来说,项目清偿能力的强弱是贷款决策的主要依据。项目清偿能力指标主要有借款偿还期、资产负债率、流动比率和速动比率。

一、借款偿还期

如果项目涉及国外借款,则借款偿还期有国内借款偿还期和国外借款偿还期。否则,只计算国内借款偿还期。

(一)国内借款偿还期

国内借款偿还期是指在国家财政规定的具体财务条件下,以项目投产后可用于还款的资金偿还固定资产投资国内借款本金及建设期利息(不含用自有资金支付的建设期利息)所需要的时间。其表达式为:

$$I_d = \sum_{t=1}^{P_d} R_t \tag{7-11}$$

式中:I_d——固定资产投资国内借款本金和建设期利息之和;

P_d——固定资产投资国内借款偿还期;

R_t——第 t 年可以用于还款的资金,包括利润、折旧、摊销及其他还款资金。

借款偿还期应从借款开始年计算,当从投产年计算起应注明。

国内借款偿还期可由资金来源与运算表和国内借款还本付息表直接推算,以年表示。其详细计算式为:

$$借款偿还期 = 借款偿还后开始出现盈余的年份数 -$$
$$开始借款年份 + \frac{当年应还借款额}{当年可用的还款额} \tag{7-12}$$

国内借款偿还期计算,关键是如何准确地确定偿还借款的资金来源。根据我国现行财务会计制度的有关规定,偿还借款的资金来源主要有:

(1)固定资产折旧;

(2)无形资产及递延资产摊销;

(3)税后利润扣除盈余公积金后的余额。

此外,按有关规定,某些在还款期享受免税待遇的项目,免交的销售税金也可作为还

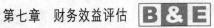

款的资金来源。表7-6为资金来源与运算表,表7-7为借款还本付息表。

表 7-6

序号	项 目	年 份							合计
		建设期		投产期		达产期			
		1	2	3	4	5	…	n	
	生产负荷/%								
1	资金来源/万元								
1.1	利润总额/万元								
1.2	折旧费/万元								
1.3	摊销费/万元								
1.4	长期借款/万元								
1.5	流动资金借款/万元								
1.6	其他短期借款/万元								
1.7	自有资金/万元								
1.8	其他/万元								
1.9	回收固定资产残余值/万元								
1.10	回收流动资金/万元								
2	资金运用/万元								
2.1	固定资产投资(含投资方向调节税)/万元								
2.2	建设期利息/万元								
2.3	流动资金/万元								
2.4	所得税/万元								
2.5	应付利润/万元								
2.6	长期借款本金偿还/万元								
2.7	流动资金借款本金偿还/万元								
2.8	其他短期借款本金偿还/万元								
3	盈余资金/万元								
4	累计盈余资金/万元								

表 7-7

序号	项 目	年 份							合计
		建设期		投产期		达产期			
		1	2	3	4	5	…	n	
1	借款及还本付息/万元								
1.1	年初借款本息累计/万元								
1.1.1	本金/万元								
1.1.2	建设期利息/万元								
1.2	本年借款/万元								
1.3	本年应计利息/万元								
1.4	本年还本/万元								
1.5	本年付息/万元								
2	偿还借款本金的资金来源/万元								
2.1	利润/万元								
2.2	折旧/万元								
2.3	摊销/万元								
2.4	其他资金/万元								
合计	(2.1+2.2+2.3+2.4)/万元								

(二) 国外借款偿还期

对于涉及外资的项目,还要计算国外借款偿还期。国外借款往往采取等额偿还的方式,偿还期是约定的,按借款偿还条件规定执行。其计算有两种方式:

1. 等额还本付息

$$A = P(A/P,i,n) = P \times \frac{i(1+i)^n}{(1+i)^n - 1} \qquad (7-13)$$

式中:A——每年等额还本付息额;

P——建设期末(或宽限期终了)国外借款本息和。

$$每年支付利息 = 年初借款本金累计 \times 年利率 \qquad (7-14)$$

$$每年偿还本金 = A - 当年应计利息 \qquad (7-15)$$

在等额还本付息中,每年偿还本息总额相等,但偿还的本金与利息各年不等,利息随本金逐年偿还而减少,因此,本金将逐年增加。利息的减少额与本金的增加额应相等,从而使每年偿还本息额相等。

2. 等额还本,利息照付

等额还本,利息照付,各年度之间偿还的本金及利息之和是不等的,偿还期内每年偿

还的本金是相等的,利息将随本金逐年偿还而减少。其计算式为:

$$每年应支付利息 = 年初借款本金累计 \times 年利率 \qquad (7\text{-}16)$$

$$每年偿还本金 = \frac{P}{偿还期} \qquad (7\text{-}17)$$

国外借款除支付利息外,还要另计管理费和承诺费等财务费用。为简化计算,可采用适当提高利率的方法进行处理。

二、"三率"计算

资产负债率、流动比率和速动比率简称为"三率",全部依据"资产负债表"中的数据来计算,"资产负债表"综合反映项目经济寿命期内各年年末资产、负债和所有者权益的增减变化及对应关系,以考察项目资产、负债、所有者权益的结构是否合理,用于计算"三率"指标。

1. 资产负债率

资产负债率是反映项目各年所面临的财务风险程度及偿还能力的指标,是企业负债总额与资产总额的比值:

$$资产负债率 = \frac{负债总额}{资产总额} \times 100\% \qquad (7\text{-}18)$$

此项指标不仅在筹资时具有重要作用,也是衡量投资风险的尺度。该比率越小,则说明回收贷款的保障性越大,风险程度越低;反之,则投资风险就越高。一般警戒线为1,大于1,说明企业已资不抵债,风险大,难以取得银行贷款;小于1,表明企业资大于债,偿还能力强,投资风险小,容易取得银行贷款。

2. 流动比率

流动比率是反映项目各年偿付流动负债能力的指标,是企业流动资产与流动负债的比率。其计算式为:

$$流动比率 = \frac{流动资产总额}{流动负债总额} \times 100\% \qquad (7\text{-}19)$$

流动资产包括:现金、应收账款、存货等。

流动负债包括:短期借款、应付款、预收款等。

流动比率是衡量企业短期偿债能力的一个财务指标,这个比率越高,说明企业偿还流动负债能力越强。其值一般在1.2~2.0为合适。

3. 速动比率

速动比率是反映项目快速偿付流动负债能力的指标。

$$速度比率 = \frac{速动资产}{流动负债} = \frac{流动资产 - 存货}{流动负债} \times 100\% \qquad (7\text{-}20)$$

流动比率在评估企业短期偿债能力时,存在着一定的局限性,因为存货需经过销售方能转变为现金。如果存货滞销,则其变现就成问题,偿债也难兑现。速动比率恰巧弥补了流动比率这一缺陷,在流动资产中扣除了存货,真实地反映了企业快速偿付流动负债的能力。其值一般在 1.0~1.2 为合适。

案例分析计算:

例 7-6 某项目总资产为 50 000 万元,短期借款为 2 500 万元,长期借款为 32 000 万元,应收账款为 1 200 万元,存货为 5 200 万元,现金为 1 000 万元,累计盈余资金为 500 万元,应付账款为 1 500 万元,求"三率"。

1. 资产负债率 $= \dfrac{负债总额}{资产总额} \times 100\%$

$$= \frac{32\,000 + 2\,500 + 1\,500}{50\,000} \times 100\% = 72\%$$

2. 流动比率 $= \dfrac{流动资产总额}{流动负债总额} \times 100\%$

$$= \frac{1\,200 + 5\,200 + 1\,000 + 500}{2\,500 + 1\,500} \times 100\% = \frac{7\,900}{4\,000} \times 100\% = 197.5\%$$

因为 197.5% 在 120%~200% 之间,所以流动性指标情况尚佳。

3. 速度比率 $= \dfrac{速动资产}{流动负债} \times 100\%$

$$= \frac{流动资产 - 存货}{流动负债} \times 100\%$$

$$= \frac{7\,900 - 5\,200}{4\,000} \times 100\% = 67.5\%$$

因为 67.5% 不在 100%~120% 之间,所以此指标情况欠佳。

表 7-8 为资产负债表。

表　7-8　　　　　　　　　　　　　　　　　　　　　　　　　　　　　　　　　　　　　万元

序号	项　　目	年　　份							合计
		建设期		投产期		达产期			
		1	2	3	4	5	…	n	
1	资产								
1.1	流动资产总额								
1.1.1	应收账款								
1.1.2	存货								
1.1.3	现金								

续表

序号	项　目	年　份							合计
		建设期		投产期		达产期			
		1	2	3	4	5	…	n	
1.1.4	累计盈余资金								
1.2	在建工程								
1.3	固定资产净值								
1.4	无形及递延资产净值								
2	负债及所有者权益								
2.1	流动负债总额								
2.1.1	应付账款								
2.1.2	流动资金借款								
2.1.3	其他短期借款								
2.2	长期借款								
	负债小计								
2.3	所有者权益								
2.3.1	资本金								
2.3.2	资本公积金								
2.3.3	累计盈余公积金								
2.3.4	累计未分配利润								

计算指标：1. 资产负债率/%

2. 流动比率/%

3. 速动比率/%

第四节　财务外汇效果分析

对于涉及产品出口创汇及替代进口节汇的项目，还应进行财务外汇效果分析，主要分析外汇平衡和创汇或节汇能力。

一、外汇平衡分析

外汇平衡分析主要是考察评估项目建成投产后的外汇收支平衡能力可能给国家外汇状况带来的影响，应在编制财务外汇平衡表的基础上进行分析，计算各年外汇余缺程度。

编制财务外汇平衡表（如表 7-9 所示），关键是正确计算项目经济寿命期内各年的外汇来源和外汇支用，在此基础上分析项目各年的外汇盈余或短缺情况。对外汇不平衡的项目，应提出具体的解决办法。

表 7-9

序号	项 目	年 份							合计
		建设期		投产期		达产期			
		1	2	3	4	5	…	n	
	生产负荷/%								
1	外汇来源/万美元								
1.1	产品出口销售外汇收入/万美元								
1.2	外汇借款/万美元								
1.3	其他外汇收入/万美元								
2	外汇支用/万美元								
2.1	固定资产投资中外汇支出/万美元								
2.2	进口原材料/万美元								
2.3	进口零部件/万美元								
2.4	技术引进/万美元								
2.5	偿付外汇借款本息/万美元								
2.6	其他外汇支出/万美元								
3	外汇余缺/万美元								

注：其他外汇收入包括自筹外汇等。

二、外汇效益分析

外汇效益分析是分析和评估涉外项目建成投产后可能给国家外汇平衡情况带来的影响。其主要指标有外汇净现值、换汇成本或节汇成本，用以衡量项目对国家外汇的净贡献或净消耗、外汇效益和效果的好坏。

（一）外汇流量分析

外汇流量分析是指外汇流入或流出实际发生的外币数量。

1. 外汇流入量

外汇流入量 FI(foreign income)主要包括产品外销收入和其他收入。

2. 外汇流出量

外汇流出量 FO(foreign out)主要是进口原材料、零部件、技术引进、偿付外汇借款本息以及其他外汇支出。

3. 外汇净流量

外汇净流量是指各年外汇流入量(FI)与外汇流出量(FO)之差。

4. 替代进口收入

替代进口收入是指项目经确认可替代进口产品而为国家节省的外汇额。

5. 财务外汇流量表

涉外项目,生产替代进口产品项目,评估时一般要编制财务外汇流量表,用以分析计算各年的净外汇流量、财务外汇净现值、换汇成本及节汇成本等指标,如表 7-10 所示。

表 7-10

序号	项 目	年 份							合计
		建设期		投产期		达产期			
		1	2	3	4	5	...	n	
	生产负荷/%								
1	外汇流入/万美元								
	1.1 产品外销收入/万美元								
	1.2 其他外汇收入/万美元								
	流入小计/万美元								
2	外汇流出/万美元								
	2.1 进口原材料/万美元								
	2.2 进口零部件/万美元								
	2.3 技术引进/万美元								
	2.4 外汇借款本息/万美元								
	2.5 其他外汇支出/万美元								
	流出小计/万美元								
3	外汇净流量=1−2								
4	产品替代进口收入								
5	净外汇效果=3+4								
	计算指标:财务外汇净现值、财务换汇成本或财务节汇成本								

(二)指标计算

1. 财务外汇净现值

财务外汇净现值是指根据指定的折现率将各年财务外汇净现金流量折算为现值之和,是分析和评估项目外汇效益的重要指标,用以衡量项目对国家外汇的净贡献或净消耗。其表达式为:

$$\text{FNPV}_f = \sum_{t=1}^{n}(\text{FI}-\text{FO})_t\,(1+i)^{-t} \tag{7-21}$$

式中:FNPV_f——财务外汇净现值;

$(\text{FI}-\text{FO})_t$——第 t 年财务外汇净现金流量;

i——折现率,一般可取外汇贷款利率。

指标直观、明确地反映项目对国家外汇的影响状况。指标数值为正,说明项目对国家外汇有净贡献,从外汇平衡角度来看项目是可取的;指标数值为负,说明项目对国家外汇有净消耗,从外汇平衡角度来看项目是不可取的。

对于替代进口的项目,可由净外汇效益替代项目净外汇现金流量来计算财务外汇净现值。财务外汇效益为净外汇现金流量与产品替代进口收入之和。

2. 财务换汇成本

财务换汇成本是分析评估项目产品在国际上的竞争能力,进而判断其产品是否出口的一个指标,适用于面向产品出口的项目。其计算式为:

$$\text{财务换汇成本} = \frac{\sum_{1}^{n}\text{DR}_t(1+i)^{-t}}{\sum_{1}^{n}(\text{FI}-\text{FO})_t(1+i)^{-t}}\left(\frac{人民币}{美元}\right) \leqslant 当时汇率 \tag{7-22}$$

式中:DR_t——项目第 t 年生产出口产品所需投入的国内资源,包括投资、原材料、工资福利及其他投入。

换汇成本经济含义为换取 1 美元所需要投入的人民币数额。其值低于或等于当时汇率,认为项目出口可行,项目是可取的;否则,如果高于当时汇率,则应放弃该项目。

3. 财务节汇成本

财务节汇成本是指生产替代进口产品每节省 1 美元外汇需要投入的人民币数额。其计算式为:

$$\text{财务节汇成本} = \frac{\sum_{1}^{n}\text{DR}_t(1+i)^{-t}}{\sum_{1}^{n}(\text{FI}-\text{FO})_t(1+i)^{-t}}\left(\frac{人民币}{美元}\right) \leqslant 当时汇率 \tag{7-23}$$

式中：DR_t——项目第 t 年为生产替代进口产品所投入的国内资源。

计算出的节汇成本与当时汇率相比，如低于当时汇率，则项目是可行的；否则，高于当时汇率，则项目是不可行的。

第五节 财务效益评估

案例分析

某啤酒集团年产 20 万千升项目财务效益评估

随着我国的经济不断发展，人民的生活水平不断提高，啤酒的消费需求也越来越大。自从 2002 年中国啤酒的产销量超过美国，我国一直是世界第一啤酒生产大国，产销量保持每年大幅增长的态势。

随着某集团啤酒生产规模的发展，该公司计划投资一个新项目，建设年产 20 万千升的灌装生产基地；产品主要销售目标是珠三角市场，并辐射邻近省市地区。

该项目主要包括三个生产车间：滤酒、清酒间，包装间，成品酒库。四个公用工程：气体站、冷冻站、锅炉房、变电站。

1. 项目投资总估算

该项目投资包括建设投资（生产设备投资、厂房、办公楼、土地使用权、开办费用投资等）、流动资金投资。项目总投资为 17 768.25 万元，其中建设投资为 16 578.57 万元，流动资金为 1 189.68 万元。

2. 投资来源

建设投资和流动资金全部由某啤酒集团公司自筹。建设投资为 16 578.57 万元，将分 9 个月投入。

3. 项目营运财务数据估算

该项目为年产 20 万千升啤酒灌装生产工程项目，其中瓶装啤酒（综合—纸箱）：5 万 KL/年；瓶装啤酒（综合—塑箱）：15 万 KL/年。该项目建成投产后，第一年按达到生产能力的 85％计算，第二年开始按达到生产能力的 100％计算；计划建设期为 9 个月；采用人民币作为记财货币；运行经营期以 15 年进行估算。

（1）产品成本费用估算基础

① 该项目成本中各物料消耗定额是参照集团公司本部工艺物料消耗定额。

② 各项物料价格考虑到物料来源而定的到厂不含税价。

③ 员工平均工资按目前该投资地区平均工资 2 300 元/月·人计算。

④ 固定资产折旧按平均年限法计算折旧，综合平均折旧年限为 15 年（设备 12 年、电

子设备 5 年、房屋 25 年),预计残值率 5％,无形资产与递延资产按 10 年摊销。

⑤ 总成本费用由生产成本、管理费用和销售费用组成。总成本其他费用项中已包括部分制造费用、管理费用和销售费用,达产年的管理费用和销售费用分别按销售收入的 6％和 8％计算。按以上成本费用估算基础估算出总成本费用第 1~10 年每年为 49 951.13 万元,第 11~15 年每年为 49 619.48 万元。

(2) 产品销售收入和税金估算

① 销售价格:瓶装啤酒(纸箱)平均不含税价为 2 820.51 元/KL;瓶装啤酒(塑箱)平均不含税价为 2 570.51 元/KL。

② 年销售收入(达产年)为 52 660.26 万元。

③ 税率:除消费税已由集团本部征收不用交之外,其余按国家规定征收。

④ 税金:年税金总额为 2 249.44 万元(不含所得税)。其中年均销售税金 204.49 万元,年均增值税 2 044.95 万元。

(3) 利润估算

根据以上销售收入和销售税金和总成本费用估算可估算出该项目利润(所得税税率 25％,企业在税后利润中提取 10％的盈余公积金和 10％的公益金)。该项目利润总额 1~10 年每年为 2 50257 万元,11~15 年每年为 2 834.22 万元。因此,可计算出年均利税总额为 4 785.70 万元;其中,年均利润总额为 2 536.25 万元。年税金总额为 2 249.44 万元(不含所得税)。年均所得税为 634.06 万元。年均税后利润为 1 902.19 万元。

(4) 现金流量估算

根据收入、成本费用数据,可计算出该项目现金流入与流出的经济活动情况。

(5) 资产负债表估算

根据利润、现金流量,可估算出该项目资产负债情况。

4. 财务指标计算及评价

(1) 静态盈利能力指标分析及评价

① 投资利润率表示全部投资所获得利润的能力。根据项目平均年利润总额和总投资估算该项目投资利润率为 14.27％。

② 投资利税率表示全部投资所获得利税的能力。根据项目平均年利税总额和总投资估算投资利税率为 26.93％。

③ 资本收益率表示自有资金(资本金)所获得利润的能力。根据项目平均税后利润和资本金估算资本收益率为 10.70％。

以上指标均反映出项目所获利能力和资本增值幅度的百分比。静态财务效益指标在项目评估中的作用为:这些效益指标一般要高于或等于同行业的平均效益指标,从而有利于作出选择这一项目的决策。啤酒项目同行业的基准投资利润率为 10％,基准投资利税率为 20.92%(资料来源：中国酿酒工业协会,《中国啤酒工业发展研究报告》,2008),而该项目投资利润率为 14.27%,投资利税率为 26.93%,因此从啤酒项目投资静态盈利能力指标来看,该项目高于同行业的平均效益指标。

(2) 动态盈利能力指标分析及评价

现金流量估算计算出以下财务指标：

财务内部收益率(%)：18.59(税前),14.87(税后);财务净现值(i_c＝10%)(万元)：10 165.06(税前),5 549.44(税后);投资回收期(包括建设期)(年)：5.9(税前),6.86(税后)。

项目整个计算期为 15 年,在此期间,企业的财务内部收益率所得税后为 14.87%,财务净现值所得税后为 5 549.44 万元,投资回收期所得税后为(含建设期)6.86 年,不含建设期为 6.11 年。从结果看,该项目财务内部收益率大于啤酒项目同行业的基准收益率 10%。盈利能力较强,财务净现值所得税后为正值,表明项目在财务上是可以接受的。

(3) 偿付能力分析

① 资产负债率主要是衡量该项目负债水平的高低,从资产负债表中计算出项目第 1~15 年资产负债率为 33%~40%,从结果中看出,资产负债率先增后减,表明项目的净资产可抵补负债,对债权人权益的保障程度高、风险少。

② 流动比率是衡量该项目某一时点偿付将到期债务的能力,从资产负债表中计算出项目第 1~15 年流动比率为 114%~291%。

③ 速动比率是速动资产与流动负债的比率,从资产负债表中计算出项目第 1~15 年速动比率为 61%~238%。

从结果可以看出,流动比率和速动比率两项比率逐年增加,说明企业拥有的营运资金多,可以变现的资产数额大、短期偿债能力强,债权人权益的保障程度高。

通过以上分析可以看出,计算期内各年能收支平衡,企业的风险逐年减少,偿债能力增强,资产负债率先增后减,而流动比率、速度比率逐年增加,表明该项目的净资产能够抵补负债,偿债能力强。

复习思考题与习题

一、关键名词

财务效益评估的意义、目标、原则、方法,静态指标,动态指标,投资回收期,净现值,净现值率,内部收益率,换(节)汇成本,基准收益率,判别准则,借款偿还期,资产负债率,流动比率,速动比率。

二、复习思考题

1. 财务效益评估、意义、主要目标和基本报表?

2. 财务盈利能力指标? 静态与动态有何区别?

3. 内部收益率、几何含义、计算方法、判别准则,使用中存在的问题,应如何处理?

4. 什么是投资回收期、静态与动态? 两者有何区别? 为何动态投资回收期要大于静态投资回收期?

5. 反映项目清偿能力的指标有哪些?

三、习题

1. 某项目建设期 2 年,第一年投资 100 万元,第二年投资 150 万元,第三年投产并达设计产量,每年销售收入 200 万元,销售税税率 10%,经营成本 120 万元,经济寿命期 15 年,基准折现率为 12%,求静态、动态回收期、净现值和内部收益率,并判别其可行性。绘制累计净现金流量与净现值变化曲线,标出 P_t 和 P_t' 点。绘制按 FIRR 值折现的累计净现值变化曲线,并加以分析比较。

2. 某项目净现金流量如下表: 求 FIRR?

年　份	0	1	2	3	4	5
净现金流量/万元	−1 000	−800	500	800	1 000	1 200

3. 某项目初投资 870 万元,第二年达产,每年净收入 300 万元,$i_c=20\%$,$n=10$ 年,试进行财务评估。

4. 已知资产负债表上的流动资产为 120 万元,其中存货 40 万元,如果流动比率为 2.4,则速动比率为( )。

　　A. 2　　　　　　B. 0.8　　　　　　C. 1.2　　　　　　D. 1.6

5. 某项目投产后年营业收入 500 万元,年营业成本 380 万元,其中折旧 150 万元,所得税税率为 33%,则项目投产后年净现金流量为( )万元。

　　A. 80.4　　　　　B. 230.4　　　　　C. 120　　　　　D. 234.5

6. 某项目现金流量如下：

年　　份	0	1	2	3	4
净现金流量/万元	−100	50	36	23	11

这是一个常规项目,求其唯一一个内部收益率,并用尚未收回投资收益率(真实含义)和初投资收益率(错误含义)分别进行真值检验。

第八章

国民经济效益评估

第一节　国民经济效益评估概述

一、国民经济效益评估的含义

国民经济效益评估是按照资源合理配置的原则,从国家整体角度考察项目的效益和费用,用货物影子价格、影子工资、影子汇率和社会折现率等国家经济参数分析、计算项目对国民经济的净贡献,评估项目的经济合理性。

在我国现阶段,国民经济效益评估应根据社会发展的长远规划和战略目标、地区规划、部门及行业的要求,结合产品需求预测、工程技术研究及投资项目的具体情况,计算项目投入、产出的费用和效益,在多方案比较论证的情况下,对拟建的投资项目在经济上的合理性及可行性进行计算、分析、论证,作出全面的经济评估。

国民经济效益评估是项目经济评估的关键,是经济评估的主要组成部分,也是项目投资决策的重要依据。因此,在进行项目的经济评估时,必须十分注重国民经济效益评估。

国民经济效益评估具有以下特点:

(1) 它是从国家角度考察项目,即把国家经济作为一个大系统,把项目作为有机组成部分,考察项目的单个效益,对整体系统的贡献,考察项目在系统中的最优组合。因此,它具有整体性和系统性特点。

(2) 它是用影子价格的概念,利用最优化的方法来分析计算的。通过对项目的分析评估,实现资源最优分配,达到投资结构的优化。

(3) 它最终考察的是项目对国民经济的净效益(净贡献),确定项目对国民经济的真实贡献能力。

二、国民经济效益评估的目的

国民经济效益评估的目的主要有:

1. 合理配置有限资源

国家在一定时期内追求一定的宏观目标,如经济发展、社会进步、人民生活水平提高等,这些目标是通过一系列经济活动来实现的。投资项目的建设和生产是基本的经济活动之一。投资项目消耗社会资源,生产出社会所需要的产品或为社会提供服务,从而对实现国家宏观目标作出贡献。资源是有限的,必须在资源的各种相互竞争的用途中进行合理选择,以便最佳地分配和有效地利用有限的资源,从而取得最大的经济效益和社会效益。国民经济效益评估正是为了评估项目使用资源的经济合理性。因此,要使有限的资源实现最优分配及利用,取得最大的经济效果,就必须对投资项目进行国民经济效益评估。

2. 真实反映项目对国民经济的净贡献

要做好项目国民经济效益评估,使其真正成为项目投资决策的科学依据,不仅需要采用科学的经济评估理论和方法,而且需要采用正确的基础价格数据。价格是国民经济效益评估中效益与费用的计算基础,国民经济效益评估的结论是否正确在很大程度上取决于采用的价格。由于种种原因,我国现行价格体系中存在许多不合理问题。尽管经过多年价格的改革努力,价格体系得以初步理顺,但仍有相当一部分商品的价格既不反映其价值,也不反映市场供求关系,商品的比价和价格水平不合理。在投入物、产出物价格严重失真的情况下计算其价值,不能准确反映项目占用国家资源后,对国民济所带来的收益。采用能反映资源价值的影子价格,据以计算项目的费用和效益,就能真实地反映项目对国民经济的净贡献。

3. 提高产品在国际市场上的竞争能力

当代国际竞争是现代经济的一大特征。一个国家要想在世界经济竞争中处于有利地位,除采用先进科学技术外,还需合理充分利用社会有限资源,包括资金、土地、劳动力和自然资源等,提高资源的使用效果。只有这样,才能提高产品在国际市场上的竞争能力,使项目实现理想的国民经济效益。

三、国民经济效益评估的对象

国民经济效益评估是一项较复杂的分析评价工作,在我国尚处于初期和探索阶段。根据我国目前情况,只是对某些在国民经济建设中有重大作用和影响的大型项目开展国民经济效益评估。对中小型项目进行财务效益评估,不进行国民经济效益评估。国家现规定需要进行国民经济评估的项目有:

(1) 涉及国民经济若干部门的重大工业项目和重大技术改造项目;

(2) 严重影响国计民生的重大项目;

(3) 有关稀缺资源开发和利用的项目;

(4) 涉及产品或原材料进出口或替代出口的项目,以及产品和原料价格明显失真的项目;

(5) 技术引进,中外合资经营项目。

以上这些项目的投资决策主要取决于国民经济效益评估。工业项目一般在财务评估的基础上进行国民经济效益评估。有些项目,如交通项目,也可先作国民经济效益评估。此外,在大中型项目建议书阶段及重大方案比选中,都需要作国民经济效益评估,并以国民经济效益评估结论作为投资项目或方案取舍的主要依据。

四、国民经济效益评估与财务评估的异同点分析

(一) 国民经济效益评估与财务评估的相同点

(1) 评估的目的相同,两者都寻求从最小的投入获得最大的产出。

(2) 评估基础相同,两者都是在完成产品需求预测、工程技术方案、资金筹措、厂址选定等可行性研究的基础上进行评优的。

(3) 经济寿命期相同,两者都要计算包括建设期、生产期到项目终止的全过程的费用和效益。

(4) 评估基本方法和指标相同,两者都采用现金流量分析方法,通过基本报表的编制,计算项目的净现值和内部收益率等指标。

(二) 国民经济效益评估与财务评估的不同点

1. 经济目标不同

财务评估是站在企业角度上,只考虑企业的微观利益,所追求的经济目标是企业的盈利。而国民经济效益评估不同,它是从国家的角度考虑宏观的效益,不仅关心企业盈利,而且也要关心项目对整个国民经济的贡献。

2. 价值尺度不同

财务评估的计算和分析采用现行价格,而国民经济效益评估采用影子价格。它考虑了资源的稀缺性和利用的有效性。国内外市场供求关系和市场价格变化也是国民经济效益评估所必须考察的因素。作为价值尺度的价格,应反映资源的稀缺性和利用的有效性,追求国民经济结构的合理化,纳入国内国际市场价格体系,反映市场供求关系的价格。

3. 折现率不同

财务评估采用部门、行业的基准收益率,或者是综合平均利率加风险系数,不同项目有不同的折现率,而国民经济效益评估采用的是全国统一的社会折现率。

4. 汇率不同

财务评估使用官方汇率,而国民经济效益评估使用的是影子汇率。汇率实质是一种外汇价格,官方汇率体现了现行的外汇价格,所以在财务评估中,用官方汇率换算、度量费

用效益。

国民经济效益评估要求使用一种反映资源稀缺性和市场供求关系的外汇价格所以要对现行汇率进行调整,用比较合理的影子汇率进行换算和度量。两者主要区别如表 8-1 所示。

表　8-1

项　　目	财 务 评 估	国民经济效益评估
目标	企业盈利最大化	国民经济效益最大化
出发角度	经营项目企业	全社会国民经济
价格	现行财务价格	影子价格
折现率	行业基准收益率	社会折现率
外部费用和外部效益	不计入	计入
汇率	官方汇率	影子汇率
计算指标	财务内部收益率、净现值、净现值率	国民经济内部收益率、净现值、净现值率

五、国民经济效益评估的步骤

在财务评估的基础上进行国民经济效益评估,其步骤如下:

1. 收集和整理有关数据资料

包括国家有关部门新颁发的关于项目经济评估的方法、参数及有关规定,有关投入物、产出物的现行市场价格及其国际市场价格,价格调整资料以及国民经济发展、外贸管理体制等方面的最新动态。

2. 费用与效益的识别

由于财务效益评估和国民经济效益评估对费用和效益的含义及划分范围不同,这在国民经济效益评估中就应对费用和效益进行识别和划分。剔除国民经济内部的转移性支付,如税金、补贴、国内借债利息等,对间接费用、间接效益进行识别,确定费用和效益的计算范围。

3. 价格调整

根据收集来的数据资料,结合费用和效益的计算范围,将各项投入物和产出物的现行财务价格调整为影子价格。以便对国民经济效益评估中的费用和效益进行计算,从而得出合理的经济评估指标。

4. 计算费用和效益

在价格调整合理的基础上进行各项费用和效益计算,不仅包括直接费用和效益,也包括间接费用和效益。费用和效益计算是否全面、正确,将直接关系到经济评估指标是否能反映国民经济效益大小,并进而决定国民经济效益评估是否真实客观。

5. 编制有关表格,计算并分析评估有关的评估指标

根据项目经济寿命期各年的费用和效益,编制国民经济费用效益流量表,据以计算经济外汇净现值、换汇成本或节汇成本等外汇效果指标,根据指标计算结果予以分析评估,得出国民经济效益评估结论。

第二节　费用与效益的识别

一、费用与效益

(一) 费用

在国民经济效益评估中,费用是指因项目的存在而使国民经济所付出的代价,即国家为项目建设和生产所付出的全部经济代价,有直接费用和间接费用。对项目投入物来说,费用是一个机会成本的概念。投入物作为一种稀缺的资源,它有多种用途,投入到项目中去,就失去了用于别处去的获利机会,这就是机会成本,即国民经济效益评估中的费用。

但要注意到,投入物作为其他用途的机会一定是切实可行的,不但要在技术上可行,而且要在经济和政治等方面也可行。

(二) 效益

效益是指项目对国民经济所作出的贡献,包括直接效益和间接效益。

二、费用的识别与度量

(一) 直接费用的识别与度量

直接费用是指项目直接使用投入物所产生并在项目范围内计算的经济费用,亦称内部费用。根据投入物的具体情况,直接费用的度量方法有:

(1) 因项目的存在而增加项目所需投入物的社会供应量,此时项目直接费用就是增大所耗用的资源费用。

(2) 因项目的存在而减少其他相同或相似企业的供应,即项目的投入物是由减少对其他企业的供应而转移过来的,此时项目直接费用表现为对其他企业投入物减少而放弃的效益,用机会成本来计量。

(3) 因项目的存在使国家增加进口,以满足其对投入物的需要。此时,直接费用为国

家为增加进口而多支付的外汇。减少出口系指因项目使用了国家用来出口的商品作为投入物从而减少了国家的出口量,其直接费用是国家因减少出口而损失的外汇收入。

(二)间接费用的识别与度量

间接费用是指由项目引起在项目直接费用中未得到反映的那部分费用,亦称外部费用。在项目国民经济效益评估中,考虑的外部费用目前主要是项目所造成的环境污染。如为治理工业项目产生的废水、废气和废渣引起的环境污染和对生态平衡的破坏而发生的费用。这部分费用能计量的应予以计量,不能计量的要进行定性分析。

三、效益的识别与度量

项目效益主要是项目产出对国民经济所作出的贡献,它对国民经济的影响不同,认识与度量方法也所有不同。

(一)直接效益的识别与度量

直接效益是由项目产出物产生并在项目范围内计算的经济效益,亦称内部效益,是项目产生的主要经济效益。根据产出物的具体情况,直接效益的度量方法也不同。

(1)项目投产后增加总的供给量,即增加了国内的最终消费品或中间产品。此时,项目直接效益为增加产出物数量满足国内需求的效益。

(2)项目投产后减少了其他相同或类似的产量,即从整个社会来看,没有增加产品数量。这时,项目的直接效益是被替代企业因减产而节省的资源价值。

(3)增加出口或减少进口的产出物,其效益可看作增加出口的外汇收入或减少进口的节省外汇支出。

(二)间接效益的识别与度量

间接效益是指由项目引起的而在直接效益中未得到反映的那部分效益,亦称外部效益。它又分为可计量和不可计量两部分,可计量效益主要是对“上下游”企业所产生的效益,即由于项目投产后使原有的“上下游”企业多余的生产能力得以发挥或达到经济规模所产生的额外效益。“上游”企业是指为项目提供原料或半成品的企业,“下游”企业是指项目为其提供原料或半成品的企业。在计算时,应注意以下几个问题:

(1)随着时间的推移,如果没有该拟建项目,“上下游”企业的生产能力利用率也可能发生变化,应考虑项目生产对这种变化的影响,按照有无对比法计算实际的外部效益。

(2)考虑到其他拟建项目也可能有类似的效果,不能把全部间接效益都归属于所评估的项目,否则会引起重复计算。

(3) 在对一个项目的多个方案进行比较时,有关方案通常都有类似的效果。因此,除不同生产规模的方案比较外,其他方案比较时可不考虑对"上下游"企业所产生的效益。

不可计量的间接效益是指因项目存在而产生的人们不易把握的、比较抽象的、直接效益反映不出来的国民经济效益。例如,由于项目的存在而美化了周围的自然环境、净化空气、技术培训和技术推广所产生的技术扩散效果。这些效益都是很抽象的,人们不易把握,所以难以计量。但若不予考虑,可能会人为地缩小项目的收益。所以,在国民经济效益评估中应给予定性分析。

需要说明的是,项目范围内主要为本项目服务的商业、教育、文化、住宅等生活福利设施的投资应计为项目的费用。这些生活福利设施所产生的效益,可视为已体现在项目的产生效益中,一般不必单独计算。

项目的间接费用和间接效益统称为外部效果,为了减少外部效果计量上的困难,一般将直接相关的项目合在一起作为联合体进行评估。同时,采用影子价格来计算费用和效益,在很大程度上将使项目外部效果在项目内部得到体现。因此,通过扩大计算范围和调整价格两步工作,实际上已使大部分外部效果内部化,从而达到优化外部效果的计算问题。

四、转移支付

转移支付是指财务效益评估中的某些费用、效益以货币形态在项目与社会经济实体之间相互转移,而不同时发生资源相应变动的经济现象。在国民经济效益评估中,既不是效益也不是费用。项目与其他社会实体之间这种并不伴随有资源变动的纯粹货币性的转移,即为转移支付。它包括税金、补贴、国内借款利息及土地使用费等。在国民经济效益评估中,对这些转移支付应予以剔除。

1. 税金

从企业角度来看,税金是企业实际支出的金额,应计入成本。但实质上税收是调节分配的一种手段。从国民经济角度来看,税收实际上并未花费国家的任何资源,它只是企业和税务部门之间的一种资金转移。所以,在国民经济效益评估中,应予以剔除。

2. 补贴

补贴可看作一种与税金相反的转移支付,是国家为了鼓励生产和使用某些材料或产品,采取优惠政策给生产者或使用者以价格上的补贴。从获得者角度来看,补贴是一种净收益;从社会资源来看补贴不引起社会资源的增减,只是货币在政府和项目之间的一种转移。所以,在国民经济效益评估中,补贴既不是费用,也不是效益,应予以剔除。

3. 利息

借款利息分为国内借款利息和国外借款利息。项目支付的国内借款利息,是企业与银行之间的资金转移,并不涉及社会资源的增减变化。所以,在项目国民经济效益评估中,国内借款利息既不是费用,也不是效益,是一种转移支付,应予以剔除。但国外借款利息支付,会造成国家外汇减少,是国民经济的一种损失,应列为项目的费用。因此在国民经济效益评估中,绝不能予以剔除。

4. 土地使用费

为项目建设征用土地的实际支付,是项目转移给地方、农村集体的,故在国民经济效益评估中,不列入费用。应列为费用的是被占用土地的机会成本,即该土地不能再用于其他用途时所放弃的净收益。如果使用未被开垦的荒地或人工造地,则除了考虑其他机会成本外,还应加上实际的开发费用。

第三节　国家参数和影子价格

一、国家参数

国家参数是指在国民经济效益评估中,为分析计算项目的费用和效益及评估项目的经济合理性,而由国家测定颁布的一些基础数据和判别标准。

国家参数在全国各行业通用,作为计算项目费用与效益和决定项目取舍的依据。

国家参数有社会折现率、影子汇率、影子工资、外贸货物和非外贸货物的影子价格等。这些参数应体现国民经济总体发展目标和宏观规划。按其作用可分为两类:

1. 判断参数

判断参数是项目判断的标准和取舍依据。它反映国家对投资的宏观控制和对资本金时间价值的判别标准,如社会折现率,它是判断项目经济内部收益率指标的标准。在评价中,若经济内部收益率大于或等于社会折现率,则项目在经济上是可行的;否则,在经济上是不可行的。

2. 计算参数

计算参数是项目经济评估中费用和效益的计算基础,如影子价格、影子工资和转换系数等。作为计算的基础与手段,对不同时间的资金价值、不同种类的货币进行换算,把不同投入物和产出物的价格调整为可比价格,以便定量计算分析。

二、影子价格

影子价格(shadow price)是线性规划的对偶解,其经济含义为经济资源得到最充分利用时最合理的价格。这里最合理的含义是从价格原则来看,应该能较好地反映产品的真实价值、市场供需关系、资源的稀缺程度;从价格产出的效果来看,应该能使资源配置向最优化方向发展。影子价格实际上等于完全竞争下的市场价格,影子价格是人们对所用资源的一种评价,资源无限,其价为零;资源稀少,其价就高,它可用边际成本或效率系数来表示,不直接表现为商品交换价格。它不用于商品交换,而用于预测、计划和项目评估等工作中,以衡量其社会价值。

(一)影子价格的确定原则

影子价格的确定原则是机会成本和消费者的支付意愿。

1. 机会成本

机会成本是指用于项目的某种资源用于其他替代机会所能获得的最大效益,即由于拟建项目占用了某种资源被迫使其他项目不能使用该资源而失去了所能产生的效益,被迫放弃的这些项目中获得最好的项目效益就是拟建项目使用这种资源的机会成本。

资金的机会成本是由于拟建项目占用了这笔资金而不得不放弃的其他获利机会所能取得的最大效益。

劳动力机会成本是项目占用了劳动而放弃其他的获利机会所能获得的最大收益,若劳动力来自失业者,则其机会成本为零。

土地的机会成本是土地替代用途所能获得的最大效益,如果原来是耕地,那么项目占用土地的机会成本就是被迫放弃了种植农作物的那部分净效益。

2. 消费者的支付意愿

产品价格取决于消费者愿意为商品与服务所付出的代价。在市场机制健全、完善的发达国家中,消费者的支付意愿可以用市场价格来衡量;否则,需通过市场需求曲线来分析确定。

总之,在完全竞争的市场经济条件下,货物的影子价格即为市场价格;在市场机制不完善的条件下,影子价格根据机会成本和消费者的支付意愿来确定。

(二)影子价格的理论分析

1. 线性规划对偶解

从数学角度来看,影子价格即为线性对偶规划的最优解,是目标函数极值对约束条件 s.t 常数项的一阶偏导数 $\frac{\partial z}{\partial b}$,也称资源的边际价值。

对一个线性规划问题

$$\max Z = C \cdot X \quad \text{s.t} \begin{cases} A \cdot X \leqslant b \\ X \geqslant 0 \end{cases} \tag{8-1}$$

其对偶规划为:

$$\min W = Y \cdot b \quad \text{s.t} \begin{cases} Y \cdot A^T > C^T \\ Y \geqslant 0 \end{cases} \tag{8-2}$$

对偶规划的最优解 $Y^* = C_B \boldsymbol{B}^{-1}$ 即为影子价格。在最优生产谋划下,如何对有限资源取得最大效益,即在成本最低的目标函数条件下,使单位资源的边际贡献最大。影子价格是指在最优规划条件下,资源对目标函数的边际贡献,亦称为资源的边际产出或机会成本;影子价格表示各种资源在最优产出水平时所有的社会价值。

例 8-1 某公司生产两种产品,各获利 $X_1 = 20$ 万元,$X_2 = 30$ 万元,耗费三种资源 A、B、C,其耗量系数与供给限量如下:

表 8-2 线性系数矩阵

资　源	产　品		资源供给限量
	X_1	X_2	
A	1	0	7
B	0	1	5
C	1	2	12
利润(收益)/万元	20	30	

线性规划目标函数,利润最大:

$$\max Z = 20X_1 + 30X_2$$

$$\text{约束条件:} \begin{cases} X_1 \leqslant 7 \\ X_2 \leqslant 5 \\ X_1 + 2X_2 \leqslant 12 \\ X_i \geqslant 0 (i = 1, 2, \cdots) \end{cases}$$

用单纯型法解得 $X_1 = 7$, $X_2 = 2.5$;最大利润为:$Z = 20 \times 7 + 30 \times 2.5 = 215$(万元)。对偶规划的系数矩阵,即上列线性规划矩阵行列互换,或其约束条件中各变量系数矩阵转置。

表 8-3 对偶系数矩阵

资　源	产　品			利润(收益)/万元
	A	B	C	
X_1	1	0	1	20
X_2	0	1	2	30
资源供给限量	7	5	12·	

对偶规划目标函数,成本最小:

$$\min W = 7A + 5B + 12C$$

$$约束条件: \begin{cases} 1A + 0B + 1C \geqslant 20 \\ 0A + 1B + 2C \geqslant 30 \end{cases}$$

解得 $A=5$,$B=0$,$C=15$,即资源影子价。最小成本 $W = 7 \times 5 + 5 \times 0 + 12 \times 15 = 215$(万元)。

2. 市场均衡价格

线性规划对偶求解,在实际应用时十分困难,为此,运用拉格朗日乘子法。

经过适当调整,在国民经济评估中,用市场均衡价格来代替影子价格:

$$P = \frac{\mathrm{d}R}{\mathrm{d}Q} = \frac{\mathrm{d}C}{\mathrm{d}Q}$$

上式边际收益 $\frac{\mathrm{d}R}{\mathrm{d}Q}$ 等于边际成本 $\frac{\mathrm{d}C}{\mathrm{d}Q}$ 时,市场价格即为影子价格,其理论基础是由资源边际效用价值论推导出来的。

3. 国际市场价格

采用以国际市场价格即口岸价为基础,对贸易货物价格进行调整,作为项目国民经济评估的影子价格。

由于完全竞争的市场条件实际上是不存在的,国内市场价格并不是只受供求关系的调节,其他因素仍然会使其偏离社会价值。

当然在市场经济发达的国家,其市场价格可近似地看作均衡价格;但在市场经济不够发达的国家,对外贸货物的价格采用以国际市场价格即口岸价为基础进行调整的方法。因为,在一般情况下,只要排除少数国家的垄断、控制和保护政策的限制,国际市场价格可以认为在一定程度上能反映货物的社会价值。

三、社会折现率

社会折现率(social rate of discounting)是资金的影子价格,也是资金的机会成本,反映国家对资金时间价值的估量和资金稀缺程度,是社会对项目占用资金所要求达到的最低获利标准。它是项目国民经济效益评估的重要通用参数,作为计算经济净现值的折现率,并作为衡量经济内部收益率的基准值,是项目经济可行性和方案比优的主要判据。在宏观上,社会折现率是国家调节控制投资活动的主要手段之一,它可以起到控制投资规模、调节投资方向、优化投资结构和提高投资效益等作用。社会折现率低,满足经济要求的项目多,投资规模就会大;社会折现率高,满足经济要求的项目少,投资规模就会小。由于社会折现率的高低会影响整个国家的投资规模,从而影响整个国家的积累与消费比例,影响整个国家的总投资效果。因此,适当的社会折现率有利于正确引导投资,改变整个国家的资源配置情况,达到社会资源的最佳配置,调节资金的供求平衡。

在微观上,社会折现率作为项目费用和效益换算为现值的折现率,将直接影响项目的绝对效益和相对效益,是决定评估项目优劣的重要指标。一般来说,社会折现率高,对寿命期短的项目有利;社会折现率低,对寿命期长的项目有利。因此,适当的社会折现率有利于合理利用建设资金,促进资金在短期和长期项目之间的合理分配,调整产业结构。社会折现率应根据我国在一定时期内的收益水平、资金机会成本、资金供求情况、合理的投资规模和资源量的多少来确定并定期修正。社会折现率的确定应体现国家的经济发展目标和宏观调控政策。它应根据国家一定时期内所能投入的建设资金总额来确定。如图 8-1 所示。

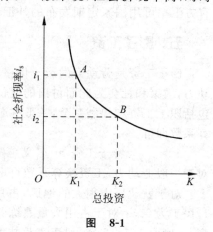

图　8-1

投资总额小 $K_1 < K_2$,社会折现率高于 $i_1 > i_2$;反之,投资总额大 $K_2 > K_1$,社会折现率就低于 $i_2 < i_1$。

根据我国目前的投资收益水平、资金的机会成本、资金的供需情况以及社会折现率对长期和短期项目的影响等因素,社会折现率暂定为 $6\% \sim 8\%$(一般为 8%,长期效益好,风险小的项目可适当降低,但不能低于 6%)。2006 年国家发展与改革委员会、建设部发布的《建设项目经济评价方法与参数》(第三版)中将我国目前社会折现率规定为 8%。美国为 $2\% \sim 3\%$,英国为 3.5%,德国为 3%,比利时为 4%,法国为 8%,瑞典为 4%,新西兰为 10%,日本为 4%,欧盟为 5%,西班牙为 $4\% \sim 6\%$,意大利为 5%。

四、影子汇率

影子汇率是外汇的影子价格,是把单位外币换成人民币的真实价值。一般发展中国家都存在着外汇短缺,政府不同程度地对外汇实施管制,低估外汇价值,外汇市场汇率往往不能反映外汇的真实价值。因此,在进行项目的国民经济效益评估时,需要采用影子汇率。外汇是一种稀缺资源,应该用机会成本来测算其实际价值,影子汇率实际上等于外汇可自由兑换时的市场汇率。它是国民经济效益评估中的重要通用参数,由国家统一测定并定期修正。它体现从国家角度对外汇价值的估量,在国民经济评估中用于外汇与人民币之间的换算。同时,它又是经济换汇成本或经济节汇成本的判据。影子汇率的高低,直接影响项目比选中的进出口决策,影响对产品进口替代型项目和产品出口型项目的决策。当项目需要国外进口投入物时,影子汇率影响进口物成本,从而影响项目的费用。当项目产出物出口时,影子汇率影响项目效益的计算,从而影响项目决策。因此,影子汇率的高低往往对项目的国民经济评估具有决定性的作用。

我国现时影子汇率换算式为:

$$影子汇率 = 影子汇率换算系数 \times 官方汇率 \qquad (8-3)$$

式中:影子汇率换算系数是一个重要的通用参数,由国家统一测定发布,目前定为1.08;官方汇率可用国家定期发布的外汇牌价。

五、影子工资

影子工资是劳动力的影子价格,应以劳动力的机会成本来计量,是指拟建项目使用劳动力,国家和社会为此而付出的代价。影子工资与财务评估中的工资概念不同,财务工资包括职工工资和福利基金,一般称名义工资,影子工资的计算可将名义工资乘以适当的换算系数即可:

$$影子工资 = 名义工资(财务工资和福利费) \times 工资换算系数 \qquad (8-4)$$

对于一般劳动力,工资换算系数可取1。

对于就业压力很大的地区,占用大量非熟练劳动力的项目,工资换算系数一般小于1,民工为0.5;对于占用大量熟练劳动力的项目和中外合资项目,工资换算系数应适当提高,一般取1.5~2.0;对于工程技术人员和专业管理人员,其工资换算系数一般取4。

六、贸易费用率

国民经济评估中的贸易费用是指物质系统对贸易公司和各级商业批发站等部门花费在货物流通过程中,以影子价格计算的费用(长途运输费除外)。贸易费用率是用以计算贸易费用的一个综合比率系数,其大小取决于物质流通效率、生产资料价格总水平、汇率等因素,贸易费用率取值一般为6%。贸易费用的计算式为:

(1) 进口货物的贸易费用=到岸价(CIF)×影子汇率×贸易费用率;

(2) 出口货物的贸易费用=离岸价(FOB)×影子汇率×贸易费用率;

(3) 非外贸货物的贸易费用=出厂影子价格×贸易费用率。

不经商贸部门流转而由生产厂家直供的货物,不计贸易费用。

第四节 国民经济评估中的价格调整

一、调整范围和货物的划分

(一)调整范围

由于我国现行价格不甚合理,需要在国民经济评估时对投入物和产出物进行价格调整。调整范围如下:

（1）价格严重不合理，价差大的投入物和产出物；

（2）投入量和产出量大的，在费用和效益计算中比重大、影响大的投入物和产出物。对于量小、价差小的投入物和产出物一般不进行价格调整。

（二）货物划分

价格调整就是将现行不合理的价格调整为合理的影子价格。在调整时，我们把投入物和产出物划分为外贸货物、非外贸货物和特殊投入物三大类型。

（1）外贸货物是指生产、使用直接或间接影响国家进出口水平的货物，产出物包括直接出口、间接出口（内销产品，替代其他货物而使其他货物增加出口）或替代进口；投入物包括直接进口、间接进口（占用其他企业投入物，使其增加进口）或占用原可用于出口的国内产品（减少出口）。

（2）非外贸货物是指生产或使用不影响国家进出口水平的货物。除基础设施和服务外，还包括受运输、贸易政策等条件限制不能进行贸易的货物。

（3）特殊投入物是指劳动力和土地。

二、价格调整方法

（一）外贸货物

外贸货物的影子价格以口岸价为基础，通过加减国内长途运输费用和贸易费用来测算。

1．产出物

（1）直接出口的产出物

$$影子价格 ＝ 离岸价（FOB）\times 影子汇率－国内运费－贸易费用 \qquad (8\text{-}5)$$

（2）间接出口的产出物

影子价格＝离岸价（FOB）×影子汇率－原供应厂到口岸的运费和贸易费＋原供应厂到用户的运费和贸易费用－项目到用户的运费和贸易费用　　　　　　　　　　(8-6)

（3）替代进口的产出物

影子价格＝到岸价（CIF）×影子汇率＋口岸到用户的运费和贸易费用－用户到项目的运费和贸易费用　　　　　　　　　　　　　　　　　　　　　　　　　(8-7)

计算后两项时，如缺少供应厂和用户资料，均可按直接出口产出物方法计算。

三种产出物影子价格的计算示意图如图 8-2 所示。

2．投入物

（1）直接进口的投入物

$$影子价格 ＝ 到岸价（CIF）\times 影子汇率＋口岸到项目的运费和贸易费用 \qquad (8\text{-}8)$$

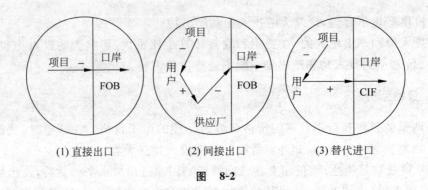

(1) 直接出口　　　　　(2) 间接出口　　　　　(3) 替代进口

图　8-2

(2) 间接进口的投入物

影子价格＝到岸价(CIF)×影子汇率＋口岸到原用户的运费和贸易费用－供应厂到原用户的运费和贸易费用＋供应厂到项目的运费和贸易费用　　　　　　(8-9)

例 8-2　　杭州木器厂所用木材原由江西林场供应,由于南昌新建一本地木器厂并由江西林场供应木材后,杭州木器所用木材改由上海进口供应。木材进口价为 1 800 元/m³,上海距杭州木器厂 200km,江西林场距该厂 800km,江西林场距南昌木器厂 300km。木材铁路运输运费为 0.15 元/m³·km,贸易费用为货价的 6%。试求南昌木器厂耗用木材的影子价格。

木材属于间接进口的投入物,所以,南昌木器厂耗用木材影子价格应为:

$$耗用木材影子价 = 1\,800 + (200 \times 0.15 + 1\,800 \times 6\%) - (800 \times 0.15 + 1\,800 \times 6\%) +$$
$$(300 \times 0.15 + 1\,800 \times 6\%)$$
$$= 1\,863(元/m³)$$

(3) 减少出口的投入物

影子价格＝离岸价(FOB)×影子汇率－供应厂到口岸的运费和贸易费用＋供应厂到项目的运费和贸易费用　　　　　　(8-10)

计算后两项时,如缺少供应厂和用户资料,均可按直接进口投入物方法计算。

三种投入物影子价格的计算示意图如图 8-3 所示。

3. 实例分析计算

(1) 某项目产品直接出口,其离岸价 FOB 为 20 美元/单位,项目产品离口岸 200km,影子运费为 0.2 美元/(单位·km),贸易费用率为 6%,外汇官方汇率为 8.27,则该产品的影子价格为:

$$20 \times 8.27 \times 1.08 - 200 \times 0.20 - 20 \times 8.27 \times 1.08 \times 6\% = 127.91(美元/单位)$$

(2) 某项目产品使用进口原料,其到岸价 CIF 为 100 美元/单位,项目产品离口岸 500km,影子运费为 0.2 美元/(单位·km),贸易费用率为 6%,外汇官方汇率为 8.27,则

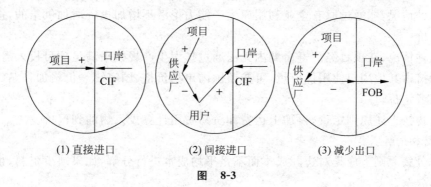

(1) 直接进口　　(2) 间接进口　　(3) 减少出口

图　8-3

该产品的影子价格为：

$100 \times 8.27 \times 1.08 + 500 \times 0.20 + 100 \times 8.27 \times 1.08 \times 6\% = 1\ 046.75$（美元／单位）。

（二）非外贸货物

1. 产出物

项目产品为非外贸货物，则应按国内市场上这种产品的供需关系决定其影子价格，可分为两种情况：

第一种情况是项目产品能增加国内供应量和总消费。当市场供需平衡时，可按财务价格定价，价格不合理的按国内类似企业产品的平均成本分解定价；若市场供不应求，可参照国内市场价格，并考虑市场价格变化趋势定价，但不应高于相同质量产品的进口价格；无法判断市场供求情况时，取上述价格中的较低者。

第二种情况是项目产品市场已经供大于求，它的产品不能增加国内供应量和总消费量，只是替代其他相同或类似企业的产出物，致使被替代企业停产或减产。如果质量与被替代产品相同，应按企业相应被替代产品的可变成本加提高产品质量而带来的国民经济效益定价，其中提高产品质量带来的效益，可近似地按国际市场价格与被替代产品的国内市场价格之差计算。

非外贸货物产出物按上述原则定出市场价格后，再减去产品出厂后的运费和贸易费用计算产出物的出厂价。

2. 投入物

项目投入物是非贸易货物，应按这种投入物的供给方式决定其影子价格。可分为三种情况：

第一种情况，在项目经济寿命期需通过增加投资扩大生产规模来满足项目投入需要时，则按投入物全部成本分解定价；当难以获得成本分解所需要的资料时，可参照国内市场价格定价。

第二种情况,能通过原有企业利用原生产能力挖潜不增加投资增加供给的,按可变成本分解定价。

第三种情况,在项目经济寿命期内无法通过扩大生产规模来满足项目投入需要时,项目投入物挤占其他用户使用供应量,可参照国内市场价格、国家统一价格加补贴(如果有)中的较高者定价。

投入物按上述原则定价,再加上运费和贸易费用计算投入物的到厂价。

3. 成本分解

成本分解原则上应是对边际成本而不是平均成本进行分解,如果缺少资料,也可以用平均成本分解。

用成本分解法对货物进行分解,得到该货物的分解成本。这是确定非贸易货物按其边际生产成本的构成要素,分解为贸易货物、非贸易货物、土地、劳动力和资金,对要素中的贸易货物按国际市场价格计算,非贸易货物按影子价格定价。如果它的价值很大,为了更准确地测算,则需要继续第二次、第三次分解。这样,顺着生产的连锁循环向前推移,进行一级一级地分解,最后可以分解成贸易货物和劳动消耗两个组成部分,这样非外贸货物就可以边境口岸价格作为统一尺度来衡量。在进行成本分解时,除原生产费用要素中的流动资金利息和固定资产折旧外,均要用流动资金回收费用和固定资产回收费用替代,在计算回收费用时应以社会折现率 i_s 折现。成本分解的步骤为:

(1) 按成本要素列出某种非贸易货物的财务成本、单位货物固定资产投资与流动资金,并列出该货物生产厂家的建设期限、建设期各年的投资比例。

(2) 剔除上述各数据中包含的税金。

(3) 对原材料、燃料动力等投入物进行费用调整,其中有些可直接使用给定的影子价格或换算系数,而对重要的非贸易货物可留待第二轮分解。

(4) 对折旧和流动资金利息进行调整,计算单位货物总投资(含固定资产和流动资金)的回收费用 M:

$$M = (I - S_v - W)[A/P, i_s, n_2] + (W + S_v)i_s$$

因 $I = I_f + W$,故

$$M = (I_f - S_v)[A/P, i_s, n_2] + (W + S_v)i_s \qquad (8\text{-}11)$$

当 $S_v = 0$ 时,$M = I_f[A/P, i_s, n_2] + Wi_s$

式中:I —— 换算生产期初的总投资;

I_f —— 换算生产初期的固定资产投资,按可变成本分解时,$I_f = 0$;

W —— 流动资金额;

S_v —— 固定资产残余值;

n_2 —— 生产期。

其中：$I_f = \sum\limits_{t=1}^{n_1} I_t (1 + i_s)^{n_1 - t}$;

式中：I_t —— 建设期第 t 年调整后的固定资产投资；

      n_1 —— 建设期。

（5）必要时对上述分解成本中涉及的非外贸货物再进行综合加总，便可得到该货物的分解成本。

例 8-3 某项目产品原材料为非贸易货物，在进行国民经济评估时，需作高产品主要投入物和该货物的财务成本核算（如表 8-4 所示）。现对其进行分解并求其影子价格，由于缺少边际成本资料，故采用平均成本进行分解。

查得当年全国平均生产每吨该种货物固定资产原值为 1 164 元，占用流动资金为 180 元。

表 8-4

项　　目	耗用量	耗用金额/元
一、外购原材料、燃料和动力		704.53
原料 A/m³	4.42	412.37
原料 B/t	0.25	21.64
燃料 C/t	1.40	65.82
燃料 D/t	0.07	13.04
电力/kW	0.33	28.74
其他		94.31
铁路货运		59.24
汽车货运		9.37
二、工资		39.62
三、提取职工福利基金		4.19
四、折旧费		58.20
五、修理费		23.24
六、利息支出		7.24
七、其他支出		26.48
单位成本		863.50

（1）投资调整和资金回收费用计算

固定资产形成率为 95%，则每吨该种货物固定资产投资为 1 164÷95%=1 225（元）。其中建筑费占 20%，将建筑费用按钢材、木材、水泥的影子价格分别调整后，固定资产投资调整为 1 225×（0.8+0.2×1.1）=1 250（元）。建设期 2 年，各年投资比为 1∶1，社会折现率为 12%。换算为生产初期的固定资产投资为

$$I_f = \frac{1\,250}{2}(1+0.12) + \frac{1\,250}{2} = 1\,325(元)$$

项目生产期为20年,不考虑残余值,则年资金回收费用为

$$M = 1\,325(A/P, 12\%, 20) + 180 \times 12\% = 1\,325 \times 0.133\,88 + 180 \times 0.12$$
$$= 198.99(元/t)$$

扣除原财务成本中的折旧和流动资金利息,成本调整额为

$$198.99 - 58.20 - 7.24 = 133.55(元)$$

(2) 外购原料 A 为外贸货物,直接进口,到岸价为50美元/m³,影子汇率为8.3元/美元,项目在港口附近。贸易费率为6%,成本调整额为

$$50 \times 8.3 \times 4.42 \times 1.06 - 412.37 = 1\,532(元)$$

外贸燃料 D 为外贸货物,可以出口,出口离岸价扣除运费和贸易费为120美元/t,成本调整额为 $120 \times 8.3 \times 0.07 - 13.04 = 56.68(元)$。

外购燃料 C 为非外贸货物,影子价格为74元/吨,贸易费率为6%,成本调整额为 $74 \times (1 + 6\%) \times 1.4 - 65.82 = 44(元)$。

已知电力的分解成本为0.20元/kW·h,作为影子价格,成本调整额为 $0.20 \times 0.33 \times 1\,000 - 28.74 = 37.26(元)$。

(3) 铁路货运价格换算系数为1.84,成本调整额为 $59.24 \times 1.84 - 59.24 = 49.76(元)$。

汽车货运价格换算系数为1.26,成本调整额为 $9.37 \times 1.26 - 9.37 = 2.44(元)$。

(4) 原料 B 为非外贸货物,可通过老企业挖潜增加供应,按可变成本(如表8-5所示)进行第二轮分解。

表 8-5

项　　目	耗　用　量	耗用金额/元
a/m³	0.01	0.62
b/t	0.002	1.59
c/t	0.01	0.44
d/t	0.12	0.78
电力/kW·h	$0.06 \times 1\,000$	3.79
铁路货运		0.16
汽车货运		0.08
其他		8.57
可变成本合计		16.03

a 为外贸货物,到岸价为50美元/m³,贸易费率为6%,成本调整额为 $50 \times 8.3 \times (1 + 6\%) \times 0.01 - 0.62 = 3.78(元)$。

b 为外贸货物,已知价格换算系数为1.65,贸易费率为6%,成本调整额为 $1.59 \times$

$1.65 \times (1 + 6\%) - 1.59 = 1.19$(元)。

c 为非外贸货物，影子价格为 74 元/t，贸易费率为 6%，成本调整额为 $74 \times (1 + 6\%) \times 0.01 - 0.44 = 0.34$(元)。

d 为非外贸货物，价格换算系数为 1.61，贸易费率为 6%，成本调整额为 $0.78 \times 1.61 \times (1 + 6\%) - 0.78 = 0.55$(元)。

电力为非外贸货物，影子价格取其分解成本 0.20 元/度，成本调整额为 $0.20 \times 0.06 \times 1\ 000 - 3.79 = 8.21$(元)。

铁路货运按价格换算系数 1.84 调整，成本调整额为 $0.16 \times 1.84 - 0.16 = 0.13$(元)。

其他均不予调整，综合以上成本调整额为 14.2 元，原料的分解可变成本为 $14.2 + 16.03 = 30.23$(元)，将其作为影子价格，考虑 6% 的贸易费用后为 32 元，该项成本调低额为 $21.64 - 32 \times 0.25 = 13.64$(元)。

(5) 综合以上，该种货物成本总计调整 1 842 元，其分解成本为 $863.50 + 1\ 842 = 2\ 705.5$(元)。

这个货物的分解成本可作为出厂价，加上到厂的进费和贸易费，成为货物到厂价，方可作为国民经济评估时投入物的影子价格。

4. 换算系数法

上述成本分解法既费时又很烦琐，只适于对主要非外贸货物使用，而对于比较次要的非外贸货物可用换算系数将其财务价格换算为影子价格。

$$\text{换算系数} = \frac{\text{影子价格}}{\text{财务价格}} \tag{8-12}$$

$$\text{影子价格} = \text{财务价格} \times \text{换算系数}$$

国家计划综合部门对一些重要的生产要素，依据一定时期内国内市场供需情况和变动趋势，并参考国际市场价格，运用成本分解法，求其影子价格和换算系数，以便供项目投资者和评估者选用。

国家目前统一测定和发布的非外贸货物的转换系数如表 8-6 所示。

表　8-6

项　　目	转 换 系 数	项　　目	转 换 系 数
房屋建筑工程	1.10	大量使用民工工资	0.50
矿井工程	1.20	大量使用科技人员工资	4.00
铁路货运	1.84	大量使用熟练技工工资	1.50
公路货运	1.26	中外合资项目	2.00
内河货运	2.00	影子汇率	1.08
一般项目影子工资	1.00	国产机电设备	1.00

(三)特殊投入物

1. 影子工资

在国民经济评估中,劳动力作为一种特殊投入物,其工资用影子价格计算:

$$影子工资 = 财务工资 \times 工资换算系数 \qquad (8-13)$$

影子工资主要包括劳动力的机会成本。劳动力的机会成本与其技术熟练程度和这类劳动力的过剩或稀缺程度有关,技术熟练程度要求高且又是稀缺的劳动力,其机会成本就高;反之则低。

2. 土地费用

土地是一种特殊投入物,在我国是一种稀缺资源,项目占用了土地,对国家产生社会费用。国民经济评估中的土地费用,应能反映土地的机会成本,即项目不占用该土地时所能创造的净效益和社会为此所付出的代价(如居民搬迁费等)。若项目占用的是荒山野岭,其机会成本可视为零;若项目占用农业土地,其机会成本为原来农业净收益。

土地的地理位置,其机会成本相差很大。应根据土地的具体情况,计算其影子价格。一般是计算占用土地在整个经济寿命期内逐年净效益现值之和,作为土地费用计入项目总投资中。

例 8-4 某项目建设期 3 年,生产期 17 年,占用水稻田 2 000 亩,占用前 3 年该土地每亩平均年产量为 0.5t,每吨收购价 1 200 元,出口口岸价每吨 180 美元,估计该水稻年产量以 4% 递增,水稻生产成本调价后按收购价的 40% 计算,当时汇率为 8.6,影子汇率换算系数为 1.08。土地机会成本计算如下:

(1) 每吨稻谷按口岸价计算的产地影子价格:

$$180 \times 8.6 \times 1.08 = 1\,671.84(元/t)$$

贸易费用:

$$1\,671.84 \div (1 + 6\%) \times 6\% = 94.63(元/t)$$

运输费用:

$$18.8 \times 1.84 = 34.59(元/t)$$

(运距 500 公里,铁路运价 18.8 元/t,换算系数 1.84)

$$土地影子价格 = 1\,671.84 - 94.63 - 34.59 = 1\,542.62(元/t)$$

(2) 每吨稻谷的生产成本:

按收购价 40% 计算为 $1200 \times 40\% = 480(元/t)$

(3) 每吨稻谷的净收益为 $1\,542.62 - 480 = 1\,062.62(元/t)$

(4) 20 年每亩土地净效益现值:

$$\sum_{t=1}^{20} 1\,062.62 \times 0.5 \times \left(\frac{1+4\%}{1+12\%} \right)^{20} = 5\,352.22(元)$$

（5）占用 2 000 亩土地净效益现值：

$$5\,352.22 \times 2\,000 = 1\,070.444(万元)$$

这就是项目占用土地的机会成本，因为农田不发生搬迁费，故以上计算的土地机会成本是项目评估中的土地影子费用，应计入总投资之中。

第五节　国民经济效益评估报表和指标

一、国民经济效益评估报表

（一）国民经济效益费用流量表（全部投资）

国民经济效益费用流量表（如表 8-7 所示）以全部投资为计算基础，计算经济净现值、净现值率、经济内部收益等主要评估指标进行静态和动态分析。

表　8-7

序　号	项　　目	建设期		投产期		达产期					合计
		1	2	3	4	5	6	7	…	n	
	生产负荷/%										
1	效益流量/万元										
1.1	产品销售收入/万元										
1.2	回收固定资产残余值/万元										
1.3	回收流动资金/万元										
1.4	项目间接效益/万元										
2	费用流量/万元										
2.1	固定资产投资/万元										
2.2	流动资金/万元										
2.3	经营费用/万元										
2.4	项目间接费用/万元										
3	净效益流量/万元										

计算指标：经济净现值（社会折现率 i_s），经济内部收益率（%）。

(二)国民经济效益费用流量表(国内投资)

对于利用外资的项目,除了需要编制全部投资经济效益费用流量表外,还需编制国内投资经济效益费用流量表,表的格式与上表相似,以国内投资为计算基础,反映了国外贷款本利偿还、外资支付等财务条件,用以计算国内投资各项国民经济评估指标,作为利用外资项目经济评估和方案比较取舍的依据。

(三)经济外汇流量表

对于涉及产品出口创汇或替代进口节汇的项目,还需编制经济外汇流量表,其表格式如下:

表 8-8

项　　目	年　份							合计
	建设期		投产期		达产期			
	1	2	3	4	5	…	n	
生产负荷/%								
1. 外汇流入/元								
产品销售外汇收入/元								
外汇借款/元								
其他外汇收入/元								
2. 外汇流出/元								
固定资产投资中外汇支出/元								
进口原材料/元								
进口零部件/元								
技术引进费/元								
偿付外汇借款本息/元								
其他外汇支出/元								
3. 外汇净流量(1-2)/元								
4. 产品替代进口收入/元								

计算指标:经济净现值(社会折现率 i_s),经济内部收益率(%)。

以此表计算外汇净现值、换汇成本或节汇成本、经济内部收益率等经济评估指标,以便进行外汇效果分析。

二、国民经济效益评估指标

（一）经济净现值

经济净现值 ENPV(economic net present value)是指按照社会折现率，将项目经济寿命期各年的净流量折算到项目期初现值之和。其表达式为

$$\text{ENPV} = \sum_{t=1}^{n} (\text{CI} - \text{CO})_t (1+i_s)^{-t} \tag{8-14}$$

其可行性判别准则为 ENPV ≥ 0，此时表明项目收益率达到或超过了社会折现率水平。因此，项目是可行的。

（二）经济净现值率

经济净现值率 ENPVR(economic net present value)是经济净现值与总投资现值 I_p 之比。其表达式为

$$\text{ENPVR} = \frac{\text{ENPV}}{I_p} \tag{8-15}$$

式中：I_p——调整后的总投资（包括固定资产和流动资金投资的现值）。

经济净现值率作为经济净现值的补充指标，其可行性判别准则为 $\dfrac{\text{ENPV}}{I_p} \geq 0$，项目方可接受，净现值率最大化有利于实现有限资金的最优利用。

（三）经济内部收益率

经济内部收益率 EIRR(economic internal rate of return)是指在项目经济寿命期内各年净流量现值累计为零时的折现率。其表达式为

$$\sum_{t=1}^{n} (\text{CI} - \text{CO})_t (1+\text{EIRR})^{-t} = 0 \tag{8-16}$$

其值可根据国民经济效益费用流量表用试算法求解，应注意的事项和使用中所遇到问题的处理同财务内部收益率一样。

经济内部收益率可行性判别准则为 EIRR $\geq i_s$，此时说明项目投资已达到或超过了国家基准要求的社会折现率水平。因此，项目是可行的。

（四）经济外汇效果分析

涉及产品出口创汇和替代进口节汇的项目，应进行外汇效果分析，计算外汇净现值、换汇成本和节汇成本。

1. 经济外汇净现值

经济外汇净现值 ENPV_f 是指出口净外汇流量,按社会折现率 i_s (或国外贷款平均利率)折算为现值之和,用以衡量项目对国家外汇的净贡献和项目取舍判别的标准。其表达式为

$$\text{ENPV}_f = \sum_{t=1}^{n} (\text{FI} - \text{FO})_t (1 + i_s)^{-t} \tag{8-17}$$

式中:FI——外汇流入量;

  FO——外汇流出量;

  $(\text{FI} - \text{FO})_t$——第 t 年的外汇净流量。

可行性的判别标准: $\text{ENPV}_f \geqslant 0$。

2. 经济换汇成本

当产品直接出口时,应计算经济换汇成本。它是用货物影子价格、影子工资和社会折现率计算为生产出口产品而投入的国内资源现值(以人民币表示)与生产出口产品所创外汇净现值(以美元表示)之比,即换取 1 美元外汇所需投入的人民币金额,也称换汇率。它是分析项目产品在国际上的竞争能力和判断产品能否出口的一项重要指标。其表达式为

$$\text{经济换汇成本} = \frac{\sum_{t=1}^{n} \text{DR}_t (1 + i_s)^{-t}}{\sum_{t=1}^{n} (\text{FI} - \text{FO})_t (1 + i_s)^{-t}} \left(\frac{\text{人民币}}{\text{美元}}\right) \leqslant \text{当时汇率} \tag{8-18}$$

式中:DR_t——项目第 t 年生产出口产品所投入的国内资源,包括投资折旧、原材料、工资福利。

  其可行性判别准则为:它应小于或等于当时的汇率;否则,项目是不可取的。

3. 经济节汇成本

当项目产品替代进口时,应计算经济节汇成本,它等于项目经济寿命期内生产替代进口产品所投入的国内资源现值与生产替代进口产品节省外汇净现值之比,即节约 1 美元外汇所需人民币金额。其表达式为

$$\text{经济节汇成本} = \frac{\sum_{t=1}^{n} \text{DR}_t (1 + i_s)^{-t}}{\sum_{t=1}^{n} (\text{FI}' - \text{FO}')_t (1 + i_s)^{-t}} \left(\frac{\text{人民币}}{\text{美元}}\right) \leqslant \text{当时汇率} \tag{8-19}$$

式中:$(\text{FI}' - \text{FO}')_t$——项目第 t 年生产替代产品所节省的外汇净流量,单位为美元。

  其可行性判别准则为:它应小于或等于当时的汇率;否则,项目是不可取的。

第六节 社会效果评估

投资项目不仅要进行财务效益评估、国民经济效益评估,还要进行社会效果分析与评估。社会效果评估主要分析评估项目为实现社会发展目标所作出的贡献和影响程度。其指标有定量效果和定性效果两大类:定量效果指标是用定量的价值表示社会经济效果指标,主要有收入分配效果、劳动就业效果、综合能耗、环境保护和相关投资效果等指标;定性效果指标,包括先进技术引进、社会基础设施、生态平衡、地区开发与经济发展、科技文化水平、政治影响等指标。

一、收入分配效果

收入分配效果主要是分析项目所产生的国民收入净增值在各利益主体之间的分配情况,并评估是否公平合理。

(一)社会机构分配指标

该类指标表示项目国民净增值在社会各阶层的分配情况。

1. 职工分配指数

职工分配指数是指项目在正常生产年份,职工工资福利在项目年国民收入净增值中所占的比率。其计算式如下:

$$职工分配指数 = \frac{正常生产年份职工工资福利}{年国民收入净增值} \times 100\% \qquad (8-20)$$

2. 企业分配指数

企业分配指数是指项目在正常生产年份,企业留存利润、折旧及其他收益总额占项目年国民收入净增值的比率。其计算式如下:

$$企业分配指数 = \frac{年净利润 + 折旧 + 其他收益}{年国民收入净增值} \times 100\% \qquad (8-21)$$

3. 国家分配指数

国家分配指数是指项目在正常生产年份,项目向国家缴纳的税金、折旧、利息、保险费等国家收益在项目年国民收入净增值中所占的比率。其计算式如下:

$$国家分配指数 = \frac{年税金 + 年折旧 + 保险费 + 年利润 + 股息}{年国民收入净增值} \times 100\% \qquad (8-22)$$

4. 未分配增值指数

未分配增值指数指项目在正常生产年份,由国家掌管的扩建基金、后备基金、社会公共福利基金的总额在项目年国民收入净增值中所占的比率。其计算式如下:

$$未分配增值指数 = \frac{年扩建基金 + 年后备基金 + 社会公共福利基金}{年国民收入净增值} \times 100\% \qquad (8\text{-}23)$$

以上四项分配指数之和应等于1。

(二)地区分配指数

地区分配指数是指项目国民净增值在各个地区之间的分配情况,表示项目在正常生产年份支付给当地工人工资、当地企业利润、当地政府税收和地区福利收入等增值与项目年国民收入净增值之比率。计算式如下:

$$地区分配指数 = \frac{年工资 + 年利润 + 年税金 + 年福利收入}{年国民收入净增值} \times 100\% \qquad (8\text{-}24)$$

(三)国内外分配指数

国内外分配指数是指项目净增值在国内外分配的比率,用于评估引进技术和中外合资等涉外投资项目。

1. 国内分配指数

国内分配指数是指项目国民收入净增值留存在国内的比率。其计算式如下:

$$国内分配指数 = \frac{留存国内净增值}{项目总净增值} \times 100\% \qquad (8\text{-}25)$$

2. 国外分配指数

国外分配指数是指项目国民收入净增值汇出国外的比率。其计算式如下:

$$国外分配指数 = \frac{汇出国外的净增值}{项目总净增值} \times 100\% \qquad (8\text{-}26)$$

$$汇出国外的净增值 = 国外贷款本息 + 国外投资 \qquad (8\text{-}27)$$

以上国内和国外分配指数之和应等于1,同时,要求国内分配指数要大于国外分配指数。

(四)实例分析计算

例 8-5 某项目达到正常生产年份的全部净增值分配如表8-9所示。试分析评估其分配效益。

表 8-9 　　　　　　　　　　　　　　　　　　　　　　　　　　　　万元

序　号	项　　目	年分配额
1	项目国内净增值	40 000
2	支付国外费用(含外籍人员工资、原料、设备、利息)	15 000
3	国民净增值(含折旧)	25 000

序 号	项 目	年 分 配 额
4	职工工资福利	3 000
5	企业收益(含利润和折旧)	8 000
6	国家收益(含所得税、利润、保险费利息)	12 000
7	未分配收益(积累部分＝扩建＋后备＋社会福利)	2 000
8	地区总收益(工人工资福利＋企业利润＋利息＋税金)	10 000

注：地区总收益是分配给建设地区的净收益。

收益分配效果指标如下：

(1) 职工分配指数 $= \dfrac{3\,000}{25\,000} \times 100\% = 12\%$

(2) 企业分配指数 $= \dfrac{8\,000}{25\,000} \times 100\% = 32\%$

(3) 国家分配指数 $= \dfrac{12\,000}{25\,000} \times 100\% = 48\%$

(4) 未分配增值指数 $= \dfrac{2\,000}{25\,000} \times 100\% = 8\%$

分析上述分配效益，符合我国分配原则：国家得大头($48\% + 8\% = 56\%$)；企业得中头(32%)；个人得小头(12%)。且 4 项分配指数之和为 1。

(5) 地区分配指数 $= \dfrac{10\,000}{25\,000} \times 100\% = 40\%$

这说明地区分配占项目国民净增值的 40%，项目对当地的经济发展促进较大，具有较强的吸引力。

(6) 国内分配指数 $= \dfrac{25\,000}{40\,000} \times 100\% = 62.5\%$

(7) 国外分配指数 $= \dfrac{15\,000}{40\,000} \times 100\% = 37.5\%$

计算结果表明，国内分配效益较好，国民净增值(含折旧)收益占项目整个国内净增值的 62.5%，国外占 37.5%，说明国内收益大于国外投资者收益，是合理而适合的，项目是可接受的。

二、劳动就业效果

劳动就业效果是指项目建成投产后给社会创造的新就业机会，一般用每单位投资所能提供的就业人数多少来计算，或者用提供每个就业机会所需投资的多少来衡量。

按项目投资结构和劳动力结构，劳动就业效果指标主要有：

1. **总就业效果**

总就业效果是指项目建设投产后给社会创造的直接就业和间接就业总效果与项目总投资之比：

$$总就业效果 = \frac{新增总就业人数}{项目总投资额}\left(\frac{人}{万元}\right) \geqslant 定额指标 \tag{8-28}$$

或

$$总就业效果 = \frac{项目总投资额}{新增总就业人数}\left(\frac{万元}{人}\right) \leqslant 定额指标$$

从上述总就业效果指标中还可派生出直接和间接就业效果指标。

2. **直接就业效果**

直接就业效果为项目本身直接投资所提供的直接就业机会。直接就业人数一般指项目投产后正常生产年份新增的固定就业人数。

$$直接就业效果 = \frac{新增直接就业人数}{项目直接投资额}\left(\frac{人}{万元}\right) \tag{8-29}$$

或

$$直接就业效果 = \frac{项目直接投资额}{新增直接就业人数}\left(\frac{万元}{人}\right)$$

3. **间接就业效果**

间接就业效果是指与项目有关联的配套或相关项目，以及项目所在地区和部门所增加的附加投资（即间接投资）而创造的间接就业人数。如为旅游宾馆服务的交通运输、商业、房地产、工艺美术服务和当地的生活福利、市政设施等部门所需的附加投资与新增就业人数之比。间接就业效果取决于相关部门的劳动力利用率。计算时应注意新增就业人数与投资的计算，口径要一致。其计算式如下：

$$间接就业效果 = \frac{新增间接就业人数}{项目间接投资额}\left(\frac{人}{万元}\right) \tag{8-30}$$

或

$$间接就业效果 = \frac{项目间接投资额}{新增间接就业人数}\left(\frac{万元}{人}\right)$$

就业效果指标，从国家层次分析，一般是项目单位投资所提供的就业机会越多，社会效益越大。但项目创造的就业机会通常与项目采用的技术和经济效益紧密相关。如劳动密集型企业创造的就业机会多，而资金、技术密集型企业创造的就业机会就少，但其技术经济效益高。因此，行业不同，产品不同，就业效果指标定额也就不同。从地区层次分析，各地劳动就业情况不同，有的地区劳动力富余，要求多增加就业机会；有的地区劳动力紧张，希望建设资金、技术密集型企业。因此，不同地区、不同情况，其就业效果定额指标也应有所不同,国家应分别制定出最低就业效果标准定额,并应恰当地处理好提高劳动生产率和提高就业效果指标之间的关系。

4. 综合实例分析计算

例 8-6　某项目总投资 270 万元,其中直接投资 200 万元,间接投资 70 万元,项目创造就业机会为 300 人,其中直接就业 200 人,间接就业 100 人,其他资料如表 8-10 所示。试分析计算项目的就业效果。

表　8-10

投资类别	新就业机会/人			投资/万元
	非熟练工人	熟练工人	合计	
项目本身	50	150	200	200
供给投入项目	20	30	50	30
使用产出项目	10	40	50	40
总　计	80	220	300	270

(1) 总就业效果 $=\dfrac{300}{270}=1.1\left(\dfrac{人}{万元}\right)$

或

$$总就业效果 = \frac{270}{300}=0.9\left(\frac{万元}{人}\right)$$

按熟练与非熟练工人计算:

$$熟练工人就业效果 = \frac{220}{270}=0.8\left(\frac{人}{万元}\right)$$

$$非熟练工人就业效果 = \frac{80}{270}=0.3\left(\frac{人}{万元}\right)$$

(2) 直接就业效果 $=\dfrac{200}{200}=1.0\left(\dfrac{人}{万元}\right)$

或

$$直接就业效果 = \frac{200}{200}=1.0\left(\frac{万元}{人}\right)$$

(3) 间接就业效果 $=\dfrac{100}{70}=1.4\left(\dfrac{人}{万元}\right)$

或

$$间接就业效果 = \frac{70}{100}=0.7\left(\frac{万元}{人}\right)$$

总地来看,该项目属于技术密集型产业,单位投资所需普通劳动力少,科技人员多,每提供一个就业机会所需投资额也较高。如能与已知同类企业相比,就可评估该项目的就业效果水平,从而决定其取舍。

三、自然资源耗损效果

自然资源一般指土地、水源、矿产资源,生物资源和能源资源,其评估主要指项目耗损效果,以利于节约资源,提高利用效率的综合社会目标。

1. 综合能耗指标

综合能耗指标是指项目在正常生产年份为获得单位国民净增值所需消耗的能源。它反映项目的能源利用情况。其计算式如下:

$$综合能耗指标 = \frac{年综合能源消耗量}{项目年国民净增量}\left(\frac{吨标准煤}{万元}\right) \leqslant 行业规定定额 \qquad (8\text{-}31)$$

若与国际比较,能耗应折合为"吨标准煤/万美元";行业定额应由各主管部门根据国家节能要求制定。

2. 综合水耗指标

综合水耗指标是指项目在正常生产年份为获得单位国民净增值所需消耗的水源。其计算式如下:

$$综合水耗指标 = \frac{年水资源消耗量}{项目年国民净增量}\left(\frac{t}{万元}\right) \leqslant 行业规定定额 \qquad (8\text{-}32)$$

若与国际比较,水耗指标应换算为"吨/万美元";单位国民净增值水耗指标定额由行业主管部门根据国家节水要求制定。

3. 占用耕地指标

$$单位投资占用耕地 = \frac{项目占用耕地面积}{项目总投资}\left(\frac{m^2}{万元}\right) \leqslant 行业规定定额 \qquad (8\text{-}33)$$

规定定额由国家主管部门根据同类项目考核经验和当地耕地具体情况而定。

四、相关投资分析指标

(1) 计算有关原材料、燃料、动力、水源、运输等协作配套项目的投资效果。
(2) 计算项目投产后的流动资金占用量。

五、环境保护效果指标

(一)环保效果

环境保护效果评估在项目社会评估中具有重要意义,是实施可持续发展战略的重要内容,一般可采用以较少的环境措施费用达到符合国家标准的环境保护目标,选择费用最低的方案,其评估指标可采用项目环保措施费用进行衡量。其表达式如下:

$$P = K_0 + \sum_{t=1}^{n} K_t (1+i)^{-t} + C_t \frac{(1+i)^t - 1}{i(1+i)^t}$$

$$= K_0 + \sum_{t=1}^{n} K_t (P/F, i, t) + C_t (P/A, i, t) \to \min \qquad (8\text{-}34)$$

式中:P——项目环保措施费用现值;

$\quad K_0$——项目环保措施初始投资;

$\quad K_t$——项目第 t 年追加的环保投资;

$\quad C_t$——项目第 t 年环保措施的年费用;

$\quad n$——项目环保措施服务年限。

环保效果指标应追求 P 值的最小化。

(二)环境质量

环境质量指标是考核项目对环境治理的效益与影响,分析评估由于项目实施对环境影响的后果及由此引发的社会问题。

1. 平均法

平均法采用对各项环境污染治理的指数平均值。环境质量指数为

$$R_i = \frac{\sum\limits_{i=1}^{n} \dfrac{Q_i}{Q_{ie}}}{n} \qquad (8\text{-}35)$$

式中:n——项目排放的污染物种类,如废气、废水、废渣、噪声、放射物等;

$\quad Q_i$——第 i 种污染物的排放量;

$\quad Q_{ie}$——国家规定的第 i 种污染物的最大排放量。

2. 加权平均法

如果项目对环境影响很大,也比较复杂,则对各污染物的聚集对环境的影响程度给予不同的权重,而后再求平均值。环境质量指数为

$$R_i = \frac{\sum\limits_{i=1}^{n} \dfrac{Q_i}{Q_{ie}} W_i}{\sum\limits_{i=1}^{n} W_i} \qquad (8\text{-}36)$$

式中:W_i 为第 i 种污染物对环境影响的权重。

第七节　环境量化分析

环境量化分析方法目前可分为如下三大类。

一、第一大类环境量化分析

基于调研模拟，充分考虑了消费者意愿，理论完善，结果准确，是目前广泛应用的一类环境量化分析方法。属于这类分析方法的主要有：

1. 调查评价法

调查评价法(contingent valuation method)是常用的环境影响评价方法。通过构建模拟市场来揭示人们对环境某种物品支付意愿来估价环境影响价值。调查评价法应用的关键在于严格检验的实施步骤。从市场设计、问题提出、市场调查、抽样直到结果分析，每一步都需要精心设计。成功的设计依靠实验经济学、认知心理学、行为科学及调查研究技术的指导。调查评价法可用于评价几乎所有的环境对象，如大气污染的环境损害、户外景观的游憩价值、环境污染的健康损害、人的生命价值、特有环境的非使用价值。其中环境非使用价值，只能使用调查评价法来评估。

2. 成果参照法

成果参照法(benefit transfer)是用其他评价方法的结果作为参照对象，来估价适于要求的环境物品，相当于类比分析法。

例如，根据 Constanza 等的研究结果，湿地为野生动物提供生态环境、维护生物多样性的价值为 3 633.60 元/hm²，某项目已使湿地旱化，面积达 460hm²，用成果参照法，计算其环境价值损失为：

$$3\,633.60 \times 460 = 167.15(万元)$$

3. 旅行费用法

旅行费用法一般用于户外游憩地的环境评价。

$$旅游价值 = 旅游费 + 旅行时间价值 + 其他费用$$

例如，某项目破坏了旅游名胜区，其损失为旅游价值。调查统计旅游费包括人均交通费 30 元、餐饮费 50 元、门票 25 元、游船费 35 元、住宿费 100 元，旅行时间一般为 2 天，游客人均收入 80 元/天，人均购纪念品 50 元/人，年接待游客 120 万，项目寿命期 10 年，其环境价值损失：

$$人均旅游费 = 30 + 50 + 25 + 35 + 100 = 240(元／人)$$

$$人均时间价值 = 80 \times 2 = 160(元／人)$$

$$人均其他花费 = 50 元／人$$

$$人均旅游总价值 = 240 + 160 + 50 = 450(元／人)$$
$$环境损失总价值 = 450 \times 120 \times 10 = 54(亿元)$$

二、第二大类环境量化分析

基于费用和价格,忽略了消费者剩余,属于这类分析方法的主要有:

1. 人力资本法

人力资本法(human capital approach)主要用于评估环境污染对人们健康的影响,计算收入损失,医疗费用增加以及死亡损失。它是把人作为生产财富的资本,用一个人生产财富的多少来度量这个人的价值。由于劳动力的边际产量等于工资,所以用工资表示一个人的边际价值,用一个人工资总现值表示这个人的总价值。

例如,某化工厂排放 SO_2 污染空气,导致 150 人发哮喘病,发病持续 7 天,日工资为 50 元,平均人日治疗费 70 元,则污染环境损失值:

$$日损失 = (50 + 70) \times 7 = 840(元)$$
$$总损失 = 840 \times 150 = 12.6(万元)$$

2. 医疗费用法

医疗费用法(cost of illness approach)评价环境污染引起的健康下降、疾病增加的经济损失。用治疗该疾病的费用作为人们为避免该环境的影响所具有的支付意愿的底线值。但忽视了疾病给人们带来的痛苦和误工的损失。

3. 生产力损失法

生产力损失法(loss in productivity approach)是指由于环境的影响而造成生产力的降低,以市场价计算的经济价值损失。

例如,经调查由于森林乱砍滥伐导致某地区水土流失而使小麦每公顷(ha)减产 180kg,影响面积高达 70ha,当时小麦市场价格为 2 元/kg,则环境恶化造成的总价值损失为:

$$180 \times 2 \times 70 = 2.52(万元)$$

4. 重置费用法

重置费用法(replacement cost approach)是用恢复被破坏了的环境或重置相似的环境所花费的费用来表示该环境的影响价值。其中影子工程法为其特例。影子工程法是用复制具有相似环境功能的工程费用来表示该环境的影响价值。

如果这种恢复或重置行为确会发生,则该法计算的费用一定小于该环境影响的价值,该费用只能作为环境影响的最低估计值。如果这种恢复或重置行为可能不会发生,则该费用可能大于或小于环境影响价值。对于水土流失、重金属污染,土地退化等环境破坏造成的损失,应采用此法评价。如果这种行为确会发生,则该费用一定小于该环境的影响作用,只能作为环境影响的最低估计值。

例如,某区森林遭破坏而导致土壤中养分流失达 972.69kg/ha,流失面积达 18 507.5ha,人们以实施化肥来弥补,当时化肥市场价为 2 549(元/kg),则流失值为:

$$18\,507.5 \times 972.69 \times 2\,549 = 3\,919.29(万元)$$

5. 防护费用法

防护费用法(defensive expenditure approach)用于评估噪声、危险品和其他污染造成的损失,用避免这种污染发生而投入的防护费用来表示。若这种防护行为确会发生,则该费用一定小于该损失的价值,只能作为该损失的最低估计值。若这种行为可能不会发生,则该费用可能大于或小于损失价值。此法忽略了人们的消费者剩余,结果往往偏低。

三、第三大类环境量化分析

基于反推,并非以消费者支付意愿来评价环境影响。属于这类分析方法常用的有:

1. 反向评估法

反向评估法不是直接评估环境影响的价值,而是根据项目的 IRR 或 NPV 来反推,求出项目的环境成本不超过多少时,该项目才是可行的。当数据严重不足时,可考虑使用此法。

2. 机会成本法

机会成本法(opportunity cost)也是一种反向评估法,对项目只进行财务分析,先不考虑外部环境影响,计算出该项目的净收益 B,用该项目占用的环境资源价值 C 来比较,若 $B/C>1$,则该项目可行;否则,$B/C<1$,项目不可行。

机会成本是在资源稀缺的情况下,一项目占用而其他项目无法占用而失去的价值。计算公式如下:

$$C_i = P_i \cdot Q_i$$

式中:P_i——资源单位现价;

Q_i——资源占用量。

例如,某项目占用一块土地,面积 70ha 期限 30 年,原地一半种玉米,每公顷年产 7 500kg,市价 1.0 元/kg;一半种树木,可永续作业,年产木材 9 600m³,市价 26.5 元/m³,生产成本 4.20 元/m³。

则年玉米机会成本=7 500kg/ha×35ha×1.0 元/kg=262 500(元)=26.25(万元)

年木材机会成本=(26.5−4.20)元/m³×9 600m³=21.408(万元)

社会折现率 5%,则 30 年机会成本的现值为:

$$C = (26.25 + 21.408)(1 + 5\%)^{30} = 206.98(万元)$$

四、三大类量化方法应用综合分析

第一大类方法有完善的理论基础,充分考虑了消费者支付意愿,度量准确,可用于所有的环境影响价值评估中,特别广泛应用于非市场物品的价值的评价。

第二大类方法基于费用或价格,所依据的费用或价格数据容易获得,数据变异性小,易被管理者和决策者把握,但此类方法没有考虑消费者意愿,据此所得出的结果往往偏低,有时具有不确定性,只能作为环境影响损失的低限值。

第三大类方法是一种反推、反向的评估方法,没有考虑消费者的支付意愿,只供项目决策者参考。因此,在实际工作中应首选第一大类方法,次选第二大类方法,最后,选第三大类方法来评估环境影响的价值,并加以参照对比,有助于项目的科学决策。

五、广东海湾红松林开发利用损益分析

(一)国民经济案例分析

1. 概况

广东海湾有 30 万公顷红松林,孕育着利润丰厚的商业捕虾业,沿海地区 3 000 户家庭生活在依靠农林业、渔业和红松林利用所构成的混合经济中,后来又发展起了商业性的西谷米(Sago)生产业。有史以来,许多其他来自红松林的产品和服务,尽管没有专门的交易市场,但也给当地居民带来了丰厚的收益。最近一项投资引进了商业性红松林木材生产。渔业生产和其他受益于红松林开发利用活动的地区,可能受到红松林木材出口的快速增长的影响,因为不断增长的木材需求将导致红松林大面积采伐,而红松林大面积非自然性减少;生态环境变化,必然会影响其他产业。为此,有人建议建立海湾自然保护区,包括 26.7 万公顷的当地生态系统,其中包括海湾本身 6 万公顷的地域。本案例对海湾大约30 万公顷的红松林 6 种不同采伐方式对其他产业的影响进行了量化损益分析。

由于当地居民所获得的产品和服务中有许多是非市场交易的,仅仅依靠可观察到的市场交易活动,无法进行充分的环境影响货币量化分析。因此,本例评价是借助对 101 个家庭进行了一项家庭生产总构成的调查,特别是关于红松林的非市场交易产品与服务的比例的调查来进行的。

生物多样性是指维持其生物多样性而获得的潜在收益,结合评价发达国家向发展中国家提供转移支付的研究成果,对没有受过人类干扰的、邻近红松林区域的可获得的生物多样性给出了 1 500 元/m² 的估价。红松林的损失与渔业生产能力下降或水土流失造成的农林产品减产之间的关系并不十分明确:带有很大的推测性,特别是在影响的数量和时间上。因此,本案例研究测算了红松林损失同该地区其他经济活动之间各种可能的联系的重要性。用影响强度参数 α 和延迟参数 T 来表示。它们与初始收获年之间的关系为:

$$(P/P_0) = (M_t - T/M_0)^\alpha$$

式中：P——相关资源的生产能力；

　　　M——红松林面积。

影响强度参数 $\alpha=1$ 时,对渔业生产而言,指红松林面积减少与渔业产量下降之间呈线性关系 1:1；同样,$\alpha<1$ 表示产量变化幅度小于红松林面积减少的比例；而 $\alpha=0$,表示红松林减少同渔业产量降低之间没有关系。延迟参数 T 的使用,是由于意识到这些影响可能并不是立即出现,而且,影响时间的不同,将会对各种方式的费用和效益流量产生影响,并因而影响其净现值 NPV。T 以年度衡量,如用 0 年、5 年、10 年来代表延迟的影响。红松林面积减少与影响不同产业联系程度调查估算如表 8-11 所示。

表　8-11

用　途	当地使用或消费		商业性西谷米		可获得的生物多样性	
联系程度	α	T	α	T	α	T
无	0.0		0.0		0.0	
弱	0.5	10	0.0		1.0	0
中	0.5	5	0.5	10	1.0	0
强	1.0	5	1.0	10	1.0	-100*
很强	1.0	0	1.0	5	1.0	-100*

注：* 负值表示任何年份可以得到的收益都是基于对未来没有受到干扰的红松林面积的预期。

调查测算,对于当地传统的自给自足经济活动,例如,对传统渔业、牧业、采集和生产活动分三步进行评价。首先,从家庭调查中估计所有来自市场交易产品的总收入,估算结果大约每年每家总收入为 700 元。其次,将这项估计上调,以便反映在家庭经济中同样发挥作用的非市场交易性产品和服务的份额,上调后的结果为每年每家总收入 2 550 元。最后,对当地扭曲价格进行调整,以便反映真实的市场价格。价格的调整是通过距离最近的大市场中的价格减去运输成本得来的。这样,引进影子价格,当地每年每户收入为 4 500 元。

结果,与市场交易相关的部分在其中所占比例很小,只有 15%,调查还发现传统的红松林加工利用活动对低收入家庭的贡献占有很高的比例。

控制水土流失的效益是根据当地所产农产品的价值推算得出的,约为每户每年 800 元。

对于商业性渔业捕捞活动,调查捕虾业的可持续产量为每年 5 500t,以均价 6.25 元/kg计之,那么,每年收入 3 500 万元。还有另一项潜在重要的与捕虾相关收益——捕捞副产品——鱼,按重量计算,它占拖网捕捞量 90%,这些鱼或者被扔回海湾,或者少数被船员吃掉或卖给社区,真正出售的很少。

从 2000 年起,海湾内 15 000 公顷总面积作为商业性西谷米生产。若其价格不变,到2011 年时,其生产量已达每年 225 000t。粗西谷米可以加工成淀粉,按寿命期 90 年,价格

0.15 元/kg 计之,年收入 3 375 万元。

若红松林加工成木材出口价为 40 元/m³,成本以运营为准,不计特许权、税收、补贴来分析其损益。

2. 定量计算

研究分析了 6 种不同采伐方式,以 2010 年为基准年进行了费用—效益分析,计算期为 90 年,且每一种方式有不同的联系程度。因此,这些分析中既包括木材生产的费用与效益,也包括依赖于红松林的其他产品和服务。

表 8-12　不同红松林采伐方式

序号	方　案	具 体 描 述
1	禁伐	304 000 公顷全部红松林面积,保持原始状态
2	20 年皆伐	240 000 公顷全部红松林可收获面积,只砍伐一次
3	30 年皆伐	240 000 公顷全部红松林可收获面积,只砍伐一次
4	以 30 年为周期 80%择伐	全部可收获面积 80%(192 000 公顷),以 30 年为周期进行持续采伐
5	以 30 年为周期 40%择伐	全部可收获面积 40%(96 000 公顷),以 30 年为周期进行持续采伐,这相当于拟建的自然保护区之外的可收获总面积
6	以 30 年为周期 25%择伐	全部可收获面积的 25%(60 000 公顷),以 30 年为周期进行持续采伐,这相当于拟建自然保护区面积的 62%;也相当于以其容量的 80%使目前的木材厂运行 20 年

表 8-13　红松林面积

涉 及 对 象	面积/公顷	涉 及 对 象	面积或体积
总面积	3 040 000	木材厂要求红松林蓄积量	80m³/公顷
红松林面积	3 040 000	目前要求特许伐期限	20 年
全部可收获面积	240 000	木材厂年需要量	300 000m³/年
在拟建自然保护区之内面积	143 000	以 100%容量采伐 20 年所要求的蓄积量	6 000 000m³
在拟建自然保护区之外面积	97 000		
不可收获总面积	64 000	以 80%容量采伐 20 年所要求的蓄积量	4 800 000m³
深度达 10m 的湾内总面积	60 000		
拟建自然保护区面积	267 000	以 100%容量伐 20 年所需面积	75 000 公顷
		以 80%容量伐 20 年所需面积	60 000 公顷

没有联系,是指在当地区域内各种生产活动的产品产量之间没有联系,这是当资源分开管理并且没有考虑各部门间生产的内在联系的假设。在这种情况下,皆伐方式为优。

但若假设不正确,那么,红松林全部皆伐掉就会导致海湾其他产业完全破产,承担重大的经济成本。

表 8-14 中按不变价计算,取折现率为 7.5%;每种方案的总计 NPV 都是由 6 种不同的收入来源构成的,其中自产自用、水土流失控制和生物多样性三项在项目分析中通常被忽略。

表 8-14 不同采伐方式的损益   亿元

方　案	相关程度	自产自用 NPV	水土流失控制 NPV	伐木 NPV	渔产品 NPV	西谷米 NPV	生物多样性 NPV	总计 NPV
禁伐		3 990	1 450	0	10 160	5 460	1 310	22 370
20 年皆伐	无	3 990	1 450	7 560	10 160	5 460	1 310	29 940
20 年皆伐	中	2 950	1 020	7 560	8 240	4 400	740	24 910
20 年皆伐	强	2 370	790	7 560	7 100	3 780	270	21 890
80% 择伐	中	3 390	1 190	5 320	9 080	4 870	950	24 810
25% 择伐	中	3 830	1 380	1 660	9 860	5 300	1 200	23 210

不同采伐方式各产业与禁伐基本方式对比的增量变化分析如表 8-15 所示。

表 8-15 禁伐基本方式发生增量变化   亿元

方　案	相关程度	当地使用 NPV	水土流失控制 NPV	伐木 NPV	渔产品 NPV	西谷米 NPV	生物多样性 NPV	总计 NPV
禁伐		3 990	1 450	0	10 160	5 460	1 310	22 370
20 年皆伐	无	0	0	7 560	0	0	0	7 560
20 年皆伐	中	−1 040	−430	7 560	−1 920	−1 060	−540	2 540
20 年皆伐	强	−1 620	−660	7 560	−3 020	−1 680	1 040	−480
80% 择伐	中	0	−260	5 320	−1 080	−590	−360	2 440
25% 择伐	中	−160	−70	1 660	−300	−160	−110	840

计算结果表明,红松林采伐同非木材收益之间相关联越强,允许一定程度的采伐方式就越具有吸引力。因此,当考虑不同相关联程度影响时,最优采伐方式就会改变。在强相关联的情况下,皆伐是最坏的选择,这与没有相关联情况下评价结果正好相反。如果在弱相关联情况下,选择采伐方式为最佳,而这种选择在中相关联情况也比较好。例如,在具有线性相关联但延迟 5 年的情况下,25% 的红松林的择伐比 30 年全部皆伐的方式多0.35亿元,而比禁伐只多了 0.015 亿元。

在案例中,还采用 5% 和 10% 的折现率进行了敏感性分析,其结果如表 8-16 所示。

表 8-16　不同折现率 i 对不同采伐方式的净现值 NPV 影响　　　　亿元

方　案	相关联程度	$i=7.5\%$	$i=5\%$	$i=10\%$
禁伐		22 370	34 980	16 250
20 年皆伐	中	24 910	33 640	19 880
80%择伐	中	24 810	36 400	18 770
25%择伐	中	23 210	35 630	17 070

结果表明,禁伐比皆伐或中度相关联程度的择伐更有吸引力。然而,在较高的折现率下,其他采伐方式都比禁伐有吸引力。

通过上述分析,决策者可以选择一种经营管理红松林的最佳方案,既保护了红松林的持续生长,又提供了多种经济产品和服务的最大效益。

(二) 吉林大丰满水电站国民经济效益分析

1. 大丰满水电站概况

吉林大丰满电站于新中国成立前建于吉林省吉林市境内的第二松花江上,是我国最早建成的大型水电站之一。近百年来,大丰满水电站为我国东北地区提供了大量电量,并且在下游地区防洪调峰,满足工农业和居民用水等方面发挥了重要作用,取得了较大的经济效益和社会效益,为整个东北地区的经济建设和社会发展作出了重要贡献。

大丰满大坝作为目前我国运行时间最长的大型混凝土重力坝,因受历史条件限制,大坝施工质量较差,存在大坝整体性差,坝体渗漏溶蚀,混凝土老化等方面的问题。针对大丰满大坝的实际问题和现状,国家电监会已于 2007 年正式下发文件,将大丰满水电站大坝安全等级评定为病坝,注册等级降为丙级,对大坝进行全面治理已刻不容缓。

由于大坝重建项目具有投资额大、工期长、工程技术复杂以及受自然因素与人为因素影响大等特点,因此,大坝重建项目的投资风险大,项目决策难度高,采用经济评价可以从多方案比较和风险分析中考察项目的经济可行性,进而最大可能地提高项目决策的正确性和可靠性。

2. 项目国民经济效益评价

(1) 工程费用

① 工程投资

静态投资为 464 452 万元,价差预备费为 22 352 万元。扣除投资估算中属于国民经济内部转移支付部分,调整后投资额为 461 159 万元。考虑前期工程已投入的 10 818 万元。加入国民经济评价的总投资额为 471 977 万元。

② 工程年运行费

工程年运行费即枢纽的年运行费，包装工资及福利费、燃料动力费，工程维修费、材料费、库区维护费，管理费和其他费用等。工程年运行费率取 1.5%，流动资金取年运行费的 20%。

（2）工程效益

工程效益用机会成本来衡量，根据当地可替代火电站每 kW 投资为 462 000 万元，建设期为 4 年，逐年投资比例各为 10%、30%、40%、20%；火电机组耗煤按 320g/kW·h 计，煤价按 600 元/t 计；火电站经济寿命期为 25 年，到期后按原值进行设备更新，更新设备投资为火电站总投资的 75%；替代换算系数：火电容量为 1.1，电容量为 1.05。

根据以上条件替代电站的投资、燃料费和运行费，作为大丰满大坝全面治理工程的发电效益。

（3）国民经济效益评价结果

国民经济效益评价期为 56 年，其中建设期为 6 年，运行期为 50 年。社会折现率为 8%，价格水平年为 2008 年的物价水平。计算出经济内部收益率为 26.2%，经济净现值为 45.8 亿元；效益现值为 60.92 亿元，费用现值为 40.60 亿元；动态投资回收期为 5.93 年。

经济敏感性分析表明，投资增加 10% 或 20% 后，项目经济内部收益率分别为 22.03% 和 18.11%；各敏感性分析方案的经济内部收益率均远大于国家规定的社会折现率 8%，说明该项目具有一定的抗风险能力。

计算项目经济净现值的期望值为 461 428 万元，经济内部收益率的期望值为 27.88%，与确定性评价指标的相应数值相差无几，由此看来大丰满大坝重建项目经济风险不大。经济净现值大于或等于 0 的概率为 100%，说明该项目具有较强的抗风险能力。

分析项目的不确定性因素有投资和效益。本次考虑投资和效益发生变化幅度均有 ±20%、±10% 和 0 共 5 种情况，投资的变化幅度从大到小的概率分别取 0.15、0.25、0.30、0.20、0.10；效益概率分别取 0.15、0.20、0.30、0.20、0.15；同时假定投资和效益两个风险变化因素分别独立发生。

总之，从各项经济指标分析评价结果来看，大丰满大坝项目经济效益较好，抗风险能力较强，应开工实施兴建。

复习思考题与习题

一、关键名词

内部费用、外部费用、内部效益、外部效益、国家参数、影子价格、影子工资、影子汇率、社会折现率、转移支付、外贸货物、非外贸货物、特殊投入物、经济内部收益率、经济净现值、经济（节）换汇成本。

二、复习思考题

1. 国民经济效益评估含义、特点、目的和对象。
2. 国民经济效益评估与财务效益评估异同点。
3. 国民经济效益评估步骤、费用与效益的识别和度量。
4. 国家参数有哪些？为什么要用机会成本和影子价格来计量费用与效益？
5. 在国民经济评估中，如何进行产出物和投入物的价格调整？
6. 国民经济评估指标有哪些？其可行性判别准则如何？
7. 社会效果评估有哪些？如何评估环境保护效果？

三、习题

1. 影子汇率可以认为是（　　）。
   A. 官方汇率　　　　　　B. 套算汇率　　　　　　C. 即期汇率
   D. 远期汇率　　　　　　E. 外汇的机会成本
2. 确定外贸货物影子价格的基础是（　　）。
   A. 到岸价（CIF）　　　　B. 离岸价（FOB）
   C. 口岸价　　　　　　　D. 国内市场价
3. 请自行设计实例数据，计算占用农田的土地费用。
4. 请自行设计实例数据，计算分析、评估社会效果。
5. 山东省某地区去年普降酸雨，致使该地区小麦减产 15%，该地区每年小麦平均产量为 80 万 t，市场单价为 1 700 元/t，用生产力损失法评估酸雨破坏环境的损失价值为（　　）万元。
   A. 136 000　　　　　B. 115 600　　　　　C. 20 400　　　　　D. 20 000
6. 某地区受到重金属污染，只有采用先进技术手段方能得以恢复，需要的费用为 100 万元，则该环境影响的价值（　　）。
   A. 100 万元　　　　B. 小于 100 万元　　　C. 大于 100 万元　　D. 不高于 100 万元
7. 机会成本法对项目只进行财务分析，先不考虑外部环境影响，计算出该项目的（　　）。
   A. 机会成本　　　B. 净收益　　　C. 净现值　　　　D. 内部收益率
8. 环境量化分析法分哪几大类，几大类方法分别有哪些具体的评价方法？

第九章
不确定性分析

项目经济评估所采用的各种参数,大都来自预测和估算,具有一定程度的不确定性。为了分析不确定性因素对经济评估指标的影响,必须在财务评估和国民经济评估的基础上,进行不确定性分析,以估计项目可能承担的风险,确定项目在经济上的可行性。

第一节　不确定性分析概述

一、不确定性分析的含义

项目不确定性分析是以计算和分析项目各种不确定因素变化对其经济评估指标影响程度的一种分析方法。

在项目实施过程中,诸如价格、投资、成本和寿命期等某些因素的变化,会给所评估的项目带来风险,影响项目评估的结论。为此,要进行项目不确定性分析,以确定项目抵抗风险的能力。只有在分析了各种易发生的不确定性因素变化的不利影响后,有关主要技术经济指标均不低于基准值时,项目在经济上方是可行的。

二、不确定性因素

1. 销售收入

销售收入是属项目收入性的。影响项目销售收入的因素很多,主要有产品市场价格、产品质量、生产期限等。在市场经济条件下,由于价值规律的作用,市场价格和需求量总在不断变化;社会发展和科技进步也会促进产品的不断更新换代,从而影响原计划的项目生产规模和生产期限。而且,原材料、能源供应得不到满足、交通运输不配套、技术操作不熟练、管理水平不高等均会造成生产能力达不到原设计水平。但最重要的一条是市场情况变化,产品销售不畅,被迫减少产量,使销售收入下降,从而影响项目的经济效益和评估指标。因此,销售收入是项目风险分析时的一个主要不确定性因素。

2. 生产成本

生产成本是属项目支出性的。影响生产成本的主要因素有原材料、能源价格及其耗用量、投资、生产规模、技术创新、工资福利、经济寿命期、管理水平等。生产成本的变化，必然影响项目的经济效益和经济评估指标。

3. 投资

如果在进行项目评估时，对投资估计不足，偏低或偏高，以及项目建设期和投产期缩短或延长，均会引起项目总投资发生变化，导致项目投资规模扩大或缩小，从而影响项目的经济效益。

4. 经济寿命期

项目评估中的很多经济指标均以项目经济寿命期为计算基础，如净现值、内部收益率等。随着科学技术的进步，项目采用的一些技术、设备、工艺等很可能提前老化，从而使其寿命期提前结束。另外，随着经济的发展和市场需求的变化，有可能使项目产品的生命周期提前到来，从而也会使项目寿命期缩短。这在科学技术大发展的今天，是一个不容忽略的大问题。项目寿命期的变化无疑会极大地影响项目的效益。

三、产生不确定性的因素分析

产生不确定性的因素很多，但分析主要有：

（1）投资项目是一个将来的经济活动，未来总是不能确定的。市场情况、社会发展、技术进步、资源开发、社会经济环境，总是会给予项目经营活动各种多变的影响。这些未来变化的情况几乎无法准确地加以预测，尤其是将来市场价格的变化。因此，项目将来存在不确定性是必然的，不可避免的。

（2）项目经济评估中，很多无形资产的费用与效益以及将来价格的估算，均靠分析者个人的价值观来判断。主观判断往往总是不能与未来的客观相符，而且因人而异，必然会带有一定的不确定性。尤其对于无法量化的外部效果的定性估价，更是纯主观的。

（3）分析者掌握信息的有限性，必然影响其推断、预测并得出结论的准确性。而且，资料缺乏，统计资料又不精确。这些都会使项目评估存在不确定性。

总之，不确定性难以避免地存在于项目的构成及对它的评估之中，评估时，我们必须加以重视。

四、不确定性分析方法

在项目评估中，常用的不确定性分析方法有盈亏平衡分析、敏感性分析、概率分析和风险分析等。随着计算机的广泛使用及其软件的不断开发，又发展了决策树分析、蒙特-卡罗分析等一系列的不确定性分析方法。盈亏平衡分析只限于财务评估，敏感性分析和概率分析可用于财务评估和国民经济评估。

第二节　盈亏平衡分析

盈亏平衡分析又称收支平衡分析,是通过盈亏平衡点,就项目对市场需求变化的适应能力进行分析的一种方法。

一、盈亏平衡分析的含义及分类

1. 盈亏平衡分析的含义

盈亏平衡分析是根据项目正常生产年份的产量、成本、售价和税金等数据,计算分析产量、成本和盈利三者之间的平衡关系,确定销售收入等于生产总成本时的盈亏平衡点的一种方法。在盈亏平衡点上,项目既不盈利,也不亏损。在不确定性分析中,根据平衡点处于何种水平来判断项目风险的大小。盈亏平衡分析既可用实物产量、单位产品售价、销售收入等绝对量来表示,也可用生产能力利用率等相对指标来衡量。其分析的前提是将成本分为固定成本和可变成本,产品品种单一,并假定产量与销售量相等。由于它根据现行的财税制度和价格进行分析计算,故一般只在财务可行性评估中使用。

2. 盈亏平衡分析的分类

盈亏平衡分析按分析方法可分为图解法和代数法;按分析要素之间的函数关系可分为线性盈亏平衡分析和非线性盈亏平衡分析;按是否考虑资本金时间价值,可分为静态盈亏平衡分析和动态盈亏平衡分析。

二、线性盈亏平衡分析

线性盈亏平衡分析是成本、收益和产量呈线性变化的一种分析方法。并需满足以下假设:

(1)可变成本与产量呈正比例变化,而固定成本保持不变。

(2)项目只生产单一产品。若项目生产多种产品,应折算为一种产品,或选择主要产品进行分析。

(3)产品的销售价格在不同的销售水平下保持不变,其产量等于销售量,并用正常生产年份的数据进行分析。

线性盈亏平衡分析通常采用图解法和代数法。

(一)图解法

图解法是用图表的形式来确定盈亏平衡点的方法。这种图表称为盈亏平衡图。用图表的方式表明产量 Q、成本 C 和利润的关系,并确定盈亏平衡点 BEP(break-even point),是一种最简单直观的方法。

盈亏平衡点可以根据以下两等式作图：

$$S = (P - T)Q \qquad (9\text{-}1)$$
$$C = F + VQ \qquad (9\text{-}2)$$

式中：S——正常生产年销售收入；

C——年生产成本；

Q——年产量；

P——单位产品销售价格；

T——单位产品销售税金；

F——年固定成本；

V——单位产品可变成本。

图 9-1 为盈亏平衡图。

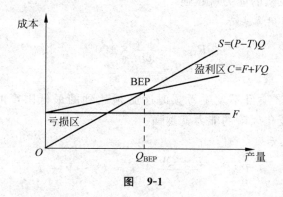

图 9-1

利用图上所示的产品销售收入、产品总成本与产量的相互关系，分别绘出两条直线，其交叉点即为盈亏平衡点 BEP，其所对应的产量 Q_{BEP} 为盈亏平衡点产量。

可见，盈亏平衡点的高低取决于产品固定成本与可变成本，销售单价与销售税金之间的差额关系，即取决于 S 和 C 的变化趋势。在其他条件不变的情况下，固定成本越大，盈亏平衡点的位置就越高，抗风险能力也就越弱。因此，要采取措施尽量降低项目的固定成本，促使盈亏平衡点下降，增强抗风险能力。同时可见，在其他条件不变的情况下，产品单位可变成本越低，其盈亏平衡点位置也越低。因此，应尽力降低产品的单位可变成本，或相应地提高销售单价，均可促使盈亏平衡点位置降低，以增强项目的抗风险能力。

（二）代数法

代数法是用数学方程式来表达产品销售收入总成本和利润之间的关系，并据以确定盈亏平衡点的一种方法。

据假设条件可知:

$$S = (P - T)Q$$
$$C = F + VQ$$

根据收支平衡定义,$S = C$ 或 $(P - T)Q = F + VQ$ 得:

$$Q = \frac{F}{P - V - T}$$

用不同参数表示各自的盈亏平衡点:

1. 以产量表示

$$Q_{BEP} = \frac{F}{P - V - T} \tag{9-3}$$

此式经济意义是:项目不发生亏损时所必须达到的最低限度的产品产量。此产量越小,项目抗产量变化风险的能力就越强。

2. 以生产能力利用率表示

$$R_{BEP} = \frac{Q_{BEP}}{Q} \times 100\%$$

式中:Q——设计年产量。

此式经济意义是:项目不发生亏损时所必须达到的最低限度的生产能力。此值越低,项目抗生产能力变化风险的能力就越强。

3. 以销售价格表示

$$P_{BEP} = \frac{F + QV}{Q} + T = C_F + V + T$$

式中:$C_F = \dfrac{F}{Q}$——单位产品固定成本。

此式表明项目不发生亏损时产品所必须达到的最低限度的销售价格。此值越低,项目抗销售价格变动风险的能力就越强;反之,就越弱。

4. 以销售收入表示

$$S_{BEP} = \frac{F}{(P - V - T)} \cdot P = (C_F + V + T)Q$$

此式表明项目不发生亏损时产品所必须达到的最低限度的销售收入。此值越低,项目抗销售收入变动风险的能力就越强;反之,就越弱。

以上各计算式若不考虑税金,将税金 T 剔除即可。

(三)实例应用分析

例 9-1 某洗衣机项目年设计产量为 5 万台,每台售价 1 500 元,单位税金 270 元,项目投产后年固定成本为 1 001 万元,单位产品可变成本为 530 元,试对该项目进行盈亏平衡分析。

(1) $Q_{BEP} = \dfrac{F}{P-V-T} = \dfrac{10\ 010\ 000}{1\ 500-530-270} = 14\ 300$（台）

(2) $R_{BEP} = \dfrac{Q_{BEP}}{Q} \times 100\% = \dfrac{14\ 300}{50\ 000} \times 100\% = 28.6\%$

(3) $P_{BEP} = C_F + V + T = \dfrac{10\ 010\ 000}{50\ 000} + 530 + 270 = 1\ 000.2$（元）

(4) $S_{BEP} = (C_F + V + T) \cdot Q = 1\ 000.2 \times 5 = 5\ 001$（万元）

计算表明：产销量只要达到 14 300 台，生产能力利用率达到 28.6%，产品售价达 1 000.2 元，销售收入达 5 001 万元，项目就不会发生亏损。

分析可见：该项目抗风险能力还是比较强的。其盈亏平衡图如图 9-2 所示。

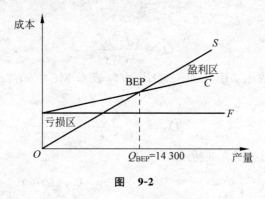

图　9-2

三、非线性盈亏平衡分析

在现实生产和经营活动中，生产成本往往与产量不呈线性关系，销售收入和销售价格也会随市场情况而变，与产量不可能一直保持线性函数关系。这就要进行非线性盈亏平衡分析。

（一）理论分析计算

项目投产后的产量、收入和成本呈非线性关系，一般可用二次曲线表示：

$$\text{成本}\quad C = a + bQ + cQ^2$$
$$\text{收入}\quad S = dQ + eQ^2$$

式中：a, b, c, d, e——常数；

Q——产量。

盈亏平衡点利润 $R = S - C = 0$

$$a + bQ + cQ^2 = dQ + eQ^2$$

$$(c-e)Q^2 + (b-d)Q + a = 0$$

解得：
$$Q_{\min} = \frac{-(b-d) - \sqrt{(b-d)^2 - 4(c-e)a}}{2(c-e)} \qquad (9\text{-}4)$$

$$Q_{\max} = \frac{-(b-d) + \sqrt{(b-d)^2 - 4(c-e)a}}{2(c-e)} \qquad (9\text{-}5)$$

非线性有两个平衡交点产量：最小产量 $Q_{\min}$ 和最大产量 $Q_{\max}$，项目产量只有保持在最小和最大之间时方能盈利，达不到最小或超过最大均会产生亏损。因此，此两点也称盈亏平衡的临界点。在两个平衡点之间，存在最大利润点，求其产量 Q_O：

$$\frac{\mathrm{d}R}{\mathrm{d}Q} = \frac{\mathrm{d}(R-C)}{\mathrm{d}Q} = \frac{\mathrm{d}(c-e)Q^2 + (b-d)Q + a}{\mathrm{d}Q} = 0$$

$$2(c-e)Q_O + (b-d) = 0$$

所以
$$Q_O = \frac{(d-b)}{2(c-e)} \qquad (9\text{-}6)$$

此式也可用边际收入 $\mathrm{MR} = d + 2eQ$ 与边际成本 $\mathrm{MC} = b + 2cQ$ 相等，即 $\mathrm{MR} = \mathrm{MC}$ 求得：

$$Q_O = \frac{(d-b)}{2(c-e)}$$

非线性盈亏平衡分析图如图 9-3 所示。

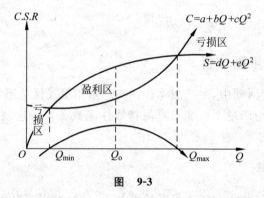

图　9-3

（二）实例应用分析

例 9-2　某项目单位产品销售价格 $P = (100 - 0.001 \times Q)$ 元/件，年固定成本 20 万元，单位产品可变成本 $V = (0.005Q + 4)$ 元/件，试对该项目进行盈亏平衡分析：

（1）总成本　$C = 200\,000 + (0.005 \times Q + 4) \times Q$

$$= 0.005Q^2 + 4Q + 200\,000$$

（2）销售收入 $S = PQ = (100 - 0.001Q)Q = -0.001Q^2 + 100Q$

（3）盈亏平衡点 $R = S - C = -0.001Q^2 + 100Q - 0.005Q^2 - 4Q - 200\,000$

$$= -0.006Q^2 + 96Q - 200\,000 = 0$$

最小产量：$Q_{min} = \dfrac{96 - \sqrt{96^2 - 4 \times 0.006 \times 200\,000}}{2 \times 0.006} = \dfrac{96 - 66.4}{0.012} = 2\,467 \text{(件)}$

最大产量：$Q_{max} = \dfrac{96 + \sqrt{96^2 - 4 \times 0.006 \times 200\,000}}{2 \times 0.006} = \dfrac{96 + 66.4}{0.012} = 13\,533 \text{(件)}$

（4）最大利润产量

$$\frac{dR}{dQ} = \frac{d(S - C)}{dQ} = \frac{d(-0.006Q^2 + 96Q - 200\,000)}{dQ} = 0$$

即 $-0.012Q_o + 96 = 0$，所以，$Q_o = \dfrac{96}{0.012} = 8\,000 \text{(件)}$。

代入利润式 $R = S - C$，求得最大利润：

$$R_{max} = -0.006 \times 8\,000^2 + 96 \times 8\,000 - 200\,000 = 18.4 \text{(万元)}$$

非线性盈亏平衡分析图如图 9-4 所示。

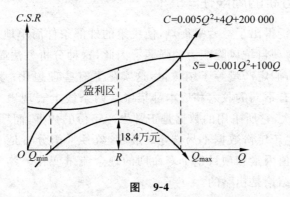

图 9-4

例 9-3 某项目产品单价 $P = 21\,000Q^{-\frac{1}{2}}$，单位产品可变成本 $V = 1\,000$ 万元，固定成本 $F = 100\,000$ 万元，试进行盈亏平衡分析，Q 为产量，单位为万台。

解： 销售收入 $S = 21\,000Q^{-\frac{1}{2}} \times Q = 21\,000Q^{\frac{1}{2}}$

总成本 $C = F + V \cdot Q = 100\,000 + 1\,000Q$

总利润 $R = S - C = 21\,000Q^{\frac{1}{2}} - 1\,000Q - 100\,000 = 21Q^{\frac{1}{2}} - Q - 100$

列收入与成本均衡式，求得平衡点

$$21Q^{\frac{1}{2}} - Q - 100 = 0$$

解得 $Q_{max} = 188$ 万台 $Q_{min} = 53$ 万台，最大利润产量 Q_o

$$\frac{\mathrm{d}}{\mathrm{d}Q}(21Q^{\frac{1}{2}}-Q-100)=0 \quad \frac{21}{2}Q_0^{-\frac{1}{2}}-1=0 \quad \frac{10.5}{Q_0^{\frac{1}{2}}}=1 \quad Q_0=110\,万台$$

最大利润 $R_{max}=21(110)^{\frac{1}{2}}-110-100=10.5$(万元)

盈亏平衡分析如图 9-5 所示。

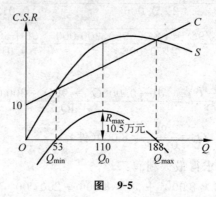

图 9-5

四、盈亏平衡分析的局限性

通过盈亏平衡分析得出了盈亏平衡点,使决策的外部条件简单地表现出来,根据盈亏平衡点的高低,可了解项目抗风险能力的强弱。因此,这种分析方法简便实用。但它存在一定的局限性。首先,假定产量等于销售量,这实际上有些理想化;其次,这种分析方法要求产品单一并将所有不同的收入和成本都集中在两条线上表现出来,难以精确地描述出各种具体情况;再次,它所采用的数据是正常生产年份的数据,而项目投产后各年情况往往不尽相同,正常生产年份数据不易选定;最后,盈亏平衡分析是一种静态分析,没有考虑资本金的时间价值因素和项目整个寿命期的现金流量变化。鉴于上述原因,盈亏平衡分析的计算结果和结论是粗略的。

第三节　敏感性分析

一、敏感性分析的概念

敏感性分析是通过测试、计算各种不确定性因素的变化对项目经济评估指标的影响,从中找出最敏感性因素并确定其敏感程度的一种分析方法。

在项目评估中,由于不确定性因素的存在,会直接影响到项目经济评估指标的可靠性和准确性。但不同的因素对项目经济评估指标的影响是不一样的,通常把那些对项目经济评估影响较大的因素称为敏感性因素,把一些对项目经济评估指标影响小的因素称为不敏感性因素。通常的项目敏感性因素有收入性的,包括产品产量、价格、生产期限等;支出性的,包括投资、生产成本等。

在分析中通常假定其他因素不变,而人为地把某一因素向不利方向变动,分析研究影响项目经济评估指标的程度,从中找出最敏感因素,采取相应的措施,确保投资决策的准确性。

通过这种分析,将各种不确定性因素按其对项目经济评估指标影响的敏感程度进行排列,使决策和经营人员能抓住重点,对最敏感因素充分注意,并采取相应措施,使其不利影响降到最小,确保项目的可行性。

二、敏感性分析的步骤

敏感性分析可按以下步骤进行:

1. 确定敏感性分析指标

在进行敏感性分析时,首先要确定最能反映项目经济效益的分析指标,具有不同特点的项目,反映经济效益的指标也大不相同,一般为净现值 NPV 和内部收益率 IRR。

2. 确定分析的不确定因素

影响项目经济评估的不确定因素很多,通常有产品销量、产量、价格、经营成本、项目建设期和生产期等。

在实际的敏感性分析中,没有必要也不可能对全部的不确定因素均进行分析,一般只选对那些在费用效益构成中所占比重比较大,对项目经济指标影响较大的最敏感的几个因素进行分析。通常将销售收入、产品售价、产品产量、经营成本、计算期限和投资等因素作为敏感性因素进行敏感性分析。

3. 确定不确定性因素的变化范围

不确定因素的变化,一般均有一定范围。如销售收入,将来会受市场影响,项目产量和售价,将在一定预测范围内变化,这个范围可通过市场调查或初步估计获得。我们假设其变化幅度和范围就应限制在这个范围之中。假设某产品价格近几年变化在−10%∼+10%的范围内,这就可将价格变化范围定为−15%∼+15%来进行敏感性分析。

4. 计算评估指标,绘制敏感性分析图并进行分析

计算各种不确定性因素在可能变动幅度和范围内导致项目经济评估指标的变化结果,并以一一对应的数量关系,绘制出敏感性分析图。

在进行这种分析计算过程中,先假设一个变量发生变化,其他因素变量不变,计算其不同变动幅度,如−5%∼+5%,−10%∼+10%等所对应的经济评估指标值,这样一个一个地计算下去,直到把所有敏感性因素计算完为止。然后,利用计算出来的一一对应关系,在敏感性分析图上绘出相应因素的敏感性变化曲线。纵坐标表示敏感性分析指标,横坐标表示各敏感性因素变化,零点为原来没变的情况;分析曲线的变化趋势,确定线性,

最大地允许变化幅度和最敏感因素。

敏感性分析作为一种风险分析,主要是为了表明项目承担风险的能力,如某个不确定性因素变化引起项目经济评估指标的变化不大,则认为项目经济生命力强,承担风险能力大。显然,项目经济评估指标对不确定性因素的敏感度越低越好。所以,敏感性分析,主要是寻找引起项目经济评估指标下降的最敏感性因素并对其进行综合评价,提出把风险降低到最低限度的对策,为投资决策提供参考。

三、单因素敏感性分析的实例应用

(一)以 NPV 作为经济评估指标

例 9-4 某项目现金流量如下,预计投资额、产品价格和可变成本变动幅度分别为 $\pm 5\%$、$\pm 10\%$、$\pm 15\%$、$\pm 20\%$,基准折现率 $i_c = 10\%$,试对上述不确定因素作敏感性分析。

表 9-1　　　　　　　　　　　　　　　　　　　　　　　　　　　　　　　万元

年 份	0	1	2～10	11
投资额	15 000			
销售收入			22 000	22 000
固定成本			3 200	3 200
可变成本			12 000	12 000
销售税金			2 200	2 200
残值				2 000

解 (1)用 NPV 作为经济评估指标:

$\text{NPV}_0 = -15\,000 + (22\,000 - 3\,200 - 12\,000 - 2\,200)[P/A, 10\%, 10][P/F, 10\%, 1] + 2\,000[P/F, 10\%, 11] = 11\,397$(万元)

(2)分别计算三个因素的不同变化幅度 $\pm 5\%$、$\pm 10\%$、$\pm 15\%$、$\pm 20\%$ 各自对应的 NPV 值。

表 9-2　　　　　　　　　　　　　　　　　　　　　　　　　　　　　　　万元

因 素	变 化 幅 度								
	−20%	−15%	−10%	−5%	0	+5%	+10%	+15%	+20%
投资	14 397	13 647	12 897	12 147	11 397	10 647	9 897	9 147	8 397
产品价格		−5 194	336	5 867	11 397	16 927	22 457	27 987	
可变成本		21 452	18 100	14 748	11 397	8 045	4 693	1 342	

（3）按一一对应的结果,绘制敏感性分析图,如图 9-6 所示。

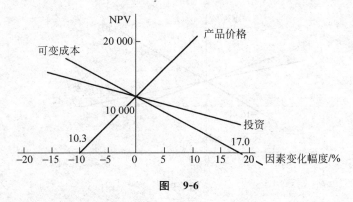

图　9-6

（4）结果分析,在相同变动率下,对 NPV 指标影响最大的因素首先为产品价格,其线形最陡,允许变动的幅度最小,其线形走向随变动增加而上升,指向右上方;其次为可变成本,其线形走向随变动增加而下降,指向左上方。所以,根据线形走向可判别线性,凡收入性的均指向右上方;支出性的均指向左上方。影响最小的为投资。各因素最大允许变动幅度为其与横坐标交点所对应的变动值,±表示变动方向。如产品价格的最大允许变动幅度为减少−10.3%,可变成本为增加+17%。因为如果因素变动超过了最大允许值,其 NPV<0,项目不可行。

（二）以 IRR 作为经济评估指标

用 IRR 作指标,计算步骤和方法同用 NPV 时一样。不同的指标是 IRR 值,而不是 NPV 值。因此,其纵坐标为 IRR,横坐标仍为各因素的变化率。但判别可行性标准为基准收益率。因此,应在纵坐标上标出一条基准收益率 i_c 的横线。各因素与此横线相交点所对应的横向变化率为其最大的允许变化幅度,超过此幅度,将因 IRR<i_c 而使项目不可行。此值最小,即线形最陡的为最敏感因素。

例 9-5　某项目以 IRR 为指标,基准收益率 i_c=12%,计算投资、经营成本和销售收入不同变化的 IRR 值如表 9-3 所示。

表　9-3　　　　　　　　　　　　　　　　　　　　　　　　　　　　　　　　　　　%

因　　素	变 化 幅 度			变化率	最大、最小变化幅度
	−10	0	+10		
投资	18.05	16.60	15.08	0.152	30.3
经营成本	17.24	16.60	15.60	0.10	46.0
销售收入	13.82	16.60	18.52	0.28	−16.4

其敏感性分析图如图 9-7 所示。

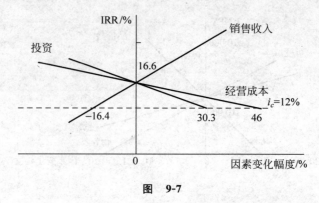

图 9-7

分析结果可见：分析三因素中对 IRR 指标影响最敏感的因素首先为销售收入，最大允许不能减少 16.4%；其次为投资不能增加 30.3%；最后为经营成本不能增加 46%。

四、双因素敏感性分析

上述单因素敏感性分析适用于分析最单一的敏感因素，因为它忽略了各因素之间的相互作用，而一般情况下多因素变动造成的风险要比单因素大，所以除了进行单因素敏感性分析外，有时还必须进行多因素的敏感性分析。

假设其他因素不变，只考虑两个因素同时变化对经济评估指标的影响称为双因素敏感性分析。它是在单因素敏感性分析的基础上先确定两个主要变动因素，然后作出双因素敏感性分析，以反映两个主要变动因素同时变化时对项目经济指标的影响。

绘制双因素敏感性分析图的步骤如下：

(1) 作直角坐标图，分别以 x 轴、y 轴各代表一个因素的变化幅度。

(2) 令 NPV=0 时，得到一个直线方程，此线称为临界线，一侧的任何一点的 NPV>0，为可行区；另一侧的任何一点的 NPV<0，为非可行区。

(3) 结果判断：若两因素同时变化的交点落在可行区内，则认为项目可行；否则，两因素同时变化的交点落在非可行区内，则认为项目不可行。

例 9-6 某项投资 32.8 万元。经济寿命期 15 年，不考虑残值，年收入 27 万元，年经营成本 21 万元。基准收益率 $i_c=10\%$，用 NPV 指标对收入、支出进行双因素敏感性分析。

设 y 为收入的变化幅度，x 为支出的变化幅度。列 NPV 计算式，并令其为 0：

$$NPV = -32.8 + [27(1+y) - 21(1+x)](P/A, 10\%, 15) = 0$$
$$-32.8 \times (27 + 27y - 21 - 21x) \times 7.606 = 0$$
$$205.4y = 159.73x - 12.84$$

$$y = 0.776x - 0.062$$

绘制双因素敏感性分析图：

  绘 NPV＝0 的临界线

$y=0, x=0.080$

$x=0, y=-0.062$

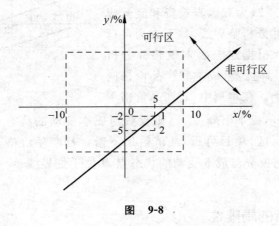

图 9-8

结果判断：

(1) 若 $x=5\%, y=-2\%$，则交点 1 落在可行区内，因 NPV＞0，项目可行；

(2) 若 $x=5\%, y=-5\%$，则交点 2 落在不可行区内，因 NPV＜0，项目不可行。

五、多因素敏感性分析

考察多个因素同时变化对经济评估指标的影响称为多因素敏感性分析。与单因素、双因素敏感性分析相比，多因素敏感性分析更接近于客观实际，但计算比较复杂。一般三因素分析就可以了，三因素可用解析法与作图法相结合的方法进行分析。

以例 9-4 的数据为例，进行投资 x，经营成本 y 和产品价格 z 三个因素同时变化的敏感性分析：

$$\text{NPV}=-15\,000(1+x)+\big[(22\,000-2\,200)(1+z)-(3\,200+12\,000)(1+y)\big]$$
$$(P/A,10\%,10)(P/F,10\%,1)+2\,000(P/A,10\%,11)$$
$$=11\,397-15\,000x-84\,900y+110\,593z$$

取不同 z 值代入上式，并令 NPV＝0：

  当 $z=20\%$ 时，$y=-0.176\,7x+0.394\,7$；

  当 $z=10\%$ 时，$y=-0.176\,7x+0.264\,5$；

  当 $z=-10\%$ 时，$y=-0.176\,7x+0.003\,9$；

当 $z=-20\%$ 时，$y=-0.176\,7x-0.126\,3$；

当 $z=0$ 时，$y=-0.176\,7x+0.134\,2$。

在坐标图上，这是一组平行线。

可见：产品价格上升，临界线往右上方移动；产品价格下降，临界线往左下方移动。当 $z=0$ 时，$y=-0.176\,7x+0.134\,2$，为双因素投资和经营成本同时变动时的敏感性分析临界线，其下方为可行区，上方为非可行区。根据这三因素敏感性分析图，我们可以直观地了解投资、成本和产品价格同时变动时对决策的影响。在本例中，若产品价格下

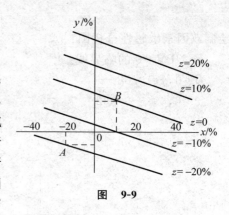

图 9-9

降 20%，投资下降 20%，成本下降 10%，则投资与成本变动的状态 A 点位于临界线 $z=-20\%$ 的左下方的可行区，项目可行，经济效果不错。若产品价格下降 10%，投资上升 5%，成本上升 10%，则投资与成本变动的状态点 B 位于临界线 $z=-10\%$ 的右上方的非可行区，项目不可行。

六、敏感性分析的局限性

敏感性分析在一定程度上就各种不确定因素的变动对项目经济指标的影响作了定量描述，这有助于决策者了解项目的风险情况，有助于确定在决策过程中及项目实施中需要重点研究与控制的因素。但是，敏感性分析没考虑各种不确定因素在未来发生一定幅度变动的概率。这可能会影响分析结论的实用性与准确性。在实际中，各种不确定性因素在未来发生变动的概率往往有所差别。常常会出现这样的情况，通过敏感性分析找出的某个敏感性因素未来发生不利变动的概率很小，实际引起的风险并不大；若另一个不太敏感的因素未来发生不利变动的概率却很大，实际上所引起的风险反而比那个敏感性因素更大。这类问题是敏感性分析所无法解决的，为弥补这一不足，可借助于概率分析。

第四节　概率分析

一、概率分析的概念

概率分析是使用概率研究预测各种不确定性因素和风险因素发生变化时对项目评估指标影响的一种定量分析方法。概率分析的基本原理是假定各个因素是服从某种分布的相互独立的随机变量，因而作为变动因素函数的投资项目经济评估指标也是一个随机变量，在进行概率分析时，先对参数值作出概率估计，并以此为基础计算项目的经济效益，然后通过经

济效益的期望值、累计概率、标准差及离散系数等来反映项目的风险与不确定程度。

（一）随机现象

在投资过程中,某参数的变化是不确定的,什么时间变化,变化到什么程度,事先无法把握,如同一枚硬币落地,可能是正面,也可能是反面,全然没有什么规律性,这种无法事先把握的偶然现象称为随机现象。如项目生产中的原材料价格、能源价格等在项目经济寿命期内的变动及其变动幅度是无法事先预测和把握的。因此,它们的变动就是一种随意和偶然的现象。

（二）随机事件

每一种随机现象连同其结果就是一次随机事件。如原材料价格在某一时期内的多次变动及其结果是可以描述并把握的,这里的每一种几乎可以确定的变动结果就是一种随机事件。

（三）随机变量

表示随机事件结果或程度的变量称为随机变量,如原材料价格就是一个随机变量。但是,由于原材料价格的变动幅度不定,随着偶然因素的变动而变动,故原材料价格的变动结果可以用随机数值来表示。

（四）概率

随机事件的出现总有各种可能性,这种可能性可以用概率来表示。通常把出现某种随机事件的次数与各种可能出现随机事件的总和之比称为随机事件的概率。一般用 $P(X)$ 符号来表示,其基本性质有:

(1) 概率是正值,即 $P(X)>0$;

(2) 任何随机事件的概率都在 0 与 1 之间,即 $0<P(X)<1$;

(3) 必然事件记为 U,不可能事件记为 μ。概率为 1 的事件称为必然事件,概率为 0 的事件称为不可能事件,即 $P(U)=1,P(\mu)=0$;

(4) 所有的随机概率事件的概率总和等于 1,即 $\sum P(X_i)=1$,式中 i 为随机事件发生的次序数。

（五）概率分布

所有的随机变量可能出现的概率取值的分布情况,称为概率分布。概率分析就是要分析研究随机变量的概率分布情况,并据以测得期望值和标准差。在项目评估中进行概率分析时,一般只分析研究离散的随机变量的概率分布情况。

离散型的随机变量概率分析,是根据分析人员的主观判断,取有限个随机变量,并能以各种确定的概率值表示概率分布情况。例如,原材料价格在项目经济寿命期内可能下降5%、10%、15%、20%,这些下降比例是有限和可数的,故称为离散型随机变量。如果根据经验数据和判断技巧,确认上述随机变量有相应确定的概率值,其概率分布为0.2、0.3、0.3、0.2,那么就可以利用表格形式来表示或描述离散型随机变量的概率分布情况(见表9-4)。

表 9-4

原材料价格下降(X_i)/%	5	10	15	20
概率 $P(X_i)$	0.2	0.3	0.3	0.2

(六)期望值

对于离散型的随机变量(或称不连续随机变量)X,其期望值定义为:

$$E(X) = X_1 P_1 + X_2 P_2 + \cdots + X_n P_n = \sum X_i P_i \tag{9-7}$$

式中:$E(X)$——随机变量 X 的期望值;

X_i——随机变量 X 的各种取值;

P_i——对应于 X_i 的概率值。

从随机变量期望值的定义可见,它实际是一个加权平均值。随机变量 X 取值越多,相应的概率分布值 $P(X)$ 也就越多,其加权平均值越接近于实际可能的数值。因此,它仅仅是一个期望得到的一个数值,而不是一个真实的准确数值。

根据上述定义和计算公式,可计算上表列出的原材料价格下降的期望值为:

$$E(X) = 5\% \times 0.2 + 10\% \times 0.3 + 15\% \times 0.3 + 20\% \times 0.2 = 12.5\%$$

这个12.5%的下降率是原材料将来变动幅度最有可能发生的值。

(七)标准差

标准差也称均方差,是指期望值与实际值的偏差程度,其定义为:

$$\sigma = \pm \sqrt{\sum_{i=1}^{n} (\overline{X} - X_i)^2 P(X_i)} \tag{9-8}$$

式中:$\overline{X}$——随机变量 X 的平均值,可用 $E(X)$ 代替;

X_i——随机变量 X 的各种取值;

$P(X_i)$——随机变量 X 的概率值。

当取 $\pm\sigma$ 时,其值可靠度为68.3%;

当取 $\pm 2\sigma$ 时,其值可靠度为95.4%;

当取 $\pm 3\sigma$ 时,其值可靠度为 99.7%。一般项目取 $\pm\sigma$ 均方差即可。

上例中计算原材料价格下降率的标准差为:

$$\sigma=\pm\sqrt{(12.5\%-5\%)^2\times 0.2+(12.5\%-10\%)^2\times 0.3+(12.5\%-15\%)^2\times 0.3+(12.5\%-20\%)^2\times 0.2}$$
$$=\pm 5.12\%$$

计算结果表明,原材料价格下降幅度最大可能为 12.5%,上下有 5.12% 的偏差;上限 $12.5\%-5.12\%=7.38\%$,下限为 $12.5\%+5.12\%=17.62\%$;其实际值落在该区的可靠性达 68.3%,即尚有 31.7% 的风险性。

二、概率分析的步骤

一般概率分析的步骤为:

(1) 列出各种要考虑的不确定性因素;

(2) 设想各不确定性因素可能发生的变化情况;

(3) 分别确定每种情况出现的可能性即概率,其概率之和必须等于1;

(4) 分别求出各可能发生事件的净现值、加权净现值,然后求出净现值的期望值;

(5) 求出净现值大于或等于零时的累计概率,并加以分析。

三、概率实例应用分析

例 9-7 某项目经济寿命期为 10 年,残值不考虑,基准收益率 $i_c=10\%$,其投资、年收入、年成本及其概率如下图所示。

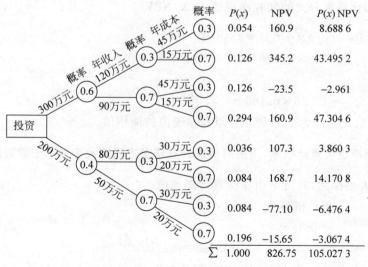

图 **9-10**

上图为此项目概率分析风险决策图,○表示结点,圈内数字表示概率值;每一个分支表示在不确定条件下可能发生的事件,共有 8 个分支。投资有 300 万元、概率 0.6 和 200 万元、概率 0.4 两种可能,概率之和为 1.0,下面又各有两个分支,分别对应的年收入为 120 万元与 90 万元和 80 万元与 50 万元,其概率分别为 0.3 和 0.7,概率之和为 1.0,下面又各有两个分支,分别对应的年成本为 45 万元与 15 万元和 30 万元与 20 万元,其概率分别为 0.3 和 0.7,概率之和为 1.0。

(一)分别计算各分支的概率值 $P(X)$

第一分支为 $0.6 \times 0.3 \times 0.3 = 0.054$,

第二分支为 $0.6 \times 0.3 \times 0.7 = 0.126$,

……

第八分支为 $0.4 \times 0.7 \times 0.7 = 0.196$,

各分支的概率之和总等于 1.000。

(二)分别计算各分支的净现值 NPV

第一分支为:$-300 + (120 - 45)(P/A, 10\%, 10) = -300 + (120 - 45) \times 6.144 = 160.8$,

第二分支为:$-300 + (120 - 15)(P/A, 10\%, 10) = -300 + (120 - 15) \times 6.144 = 345.1$,

……

第八分支为:$-200 + (50 - 20)(P/A, 10\%, 10) = -200 + (50 - 20) \times 6.144 = -15.68$。

(三)分别计算各分支的加权净现值 $P(X)$NPV

第一分支为:$160.9 \times 0.054 = 8.6886$,

第二分支为:$345.2 \times 0.126 = 43.4952$,

……

第八分支为:$-15.65 \times 0.196 = -3.0674$,

加权净现值之总和为 105.0273,即为净现值的期望值。

(四)列出净现值累计概率,用图解法或计算法求净现值大于或等于零时的累计概率值

按 NPV 大小排列,其概率相加得累计概率值。

NPV	累计概率值
345.2	0.126
168.7	0.210(0.126 + 0.084 = 0.210)
160.9	0.264(0.210 + 0.054 = 0.264)

160.9	0.558(0.264+0.294=0.558)
107.3	0.594(0.558+0.036=0.594)
−15.65	0.790(0.594+0.196=0.790)
−23.5	0.916(0.790+0.126=0.916)

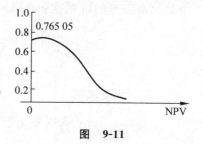

图　9-11

以累计概率值为纵坐标，NPV 为横坐标，其 NPV＝0 时所对应的纵坐标，即为 NPV＞0 时的累计概率值，如图 9-11 所示。

同样用插值法计算可得：

$$P(\mathrm{NPV} \geqslant 0) = 0.594 + (0.790 - 0.594) \times \frac{107.3}{107.3 + |-15.65|}$$
$$= 0.765\,05 = 76.505\%$$

净现值 NPV≥0 的累计概率为 76.505％。而且，净现值的期望值 105.027 3 万元为正值，说明该项目风险不大。

净现值的期望值和净现值 NPV≥0 的累计概率越大，项目所承担的风险就越小。

四、概率分析的优点

概率分析与不确定性分析相比，有许多显著的优点：

1. 使投资项目的不确定性明晰化

概率分析可以使与项目有关的因素的不确定性突出地表现出来，并在项目经济效益分析中加以系统的分析。

2. 是一种更全面的分析

概率分析技术能够确定与项目有关的各种不确定性因素同时发生变化时对项目经济评估指标所产生的影响，通过随机现金流量模拟可以获得项目经济效益的各种可能的取值以及把握项目风险的总体趋势。

3. 可以估算出经济效益变化的范围及风险的大小

概率分析技术能够测量项目经济效益指标对以预期现金流量为基础所得出的经济效益指标的项目取舍或方案比优时应考虑的重要因素，在其他条件相同时，对于具有同样净效益的项目或方案，其变动性越小越好。此外，通过风险分析所得的项目经济效益指标的概率也有助于对项目风险作出决策，判断其风险的可靠程度。NPV 大于或等于零的累计概率值越大越好，表明项目的风险小，可靠程度高。

概率分析作为一种能改善风险条件下的投资决策过程并有助于获得最佳投资决策的技术，已经获得广泛的应用。

只要使用得当，概率分析能使投资决策者更好地了解和把握项目的风险程度，从而大大地提高决策的可靠性和有效性。

复习思考题与习题

一、关键名词

不确定性分析、盈亏平衡分析、敏感性分析、敏感性因素、概率分析、期望值、标准差、累计概率。

二、思考题

1. 不确定性分析方法有哪些,其特点如何?

2. 有哪些不确定性因素,怎样进行不确定性分析?

3. 什么是盈亏平衡分析图解法? 它有什么特点?

4. 怎样进行敏感性分析,如何确定最敏感性因素及其最大的允许变化幅度?

5. 怎样进行概率分析? 概率分析优点如何?

三、习题

1. 某项目年设计生产某产品3万件,单位产品售价3 000元,总成本费用为7 800万元,其中固定成本3 000万元,可变成本与产品产量成正比关系,求分别以实际产量、销售收入、生产能力利用率和销售单价表示盈亏平衡点,并加以风险分析比较。

2. 某项目生产某种设备,年销售收入 $S=300Q-0.03Q^2$,总成本 $C=180\ 000+100Q-0.01Q^2$,试进行盈亏平衡分析并绘图说明。

3. 某项目现金流量如下表所示,分析预测投资、经营成本和产品价格均有可能在 $\pm20\%$ 的范围内变动,基准收益率 $i_c=10\%$,试以 NPV 和 IRR 为指标对上述三个不确定性因素进行敏感性分析,并加以分析比较。

表 9-5　　　　　　　　　　　　　　　　　　　　　　　　　　　　万元

年　份	0	1	2~10	11
投资	15 000			
销售收入			19 800	19 800
经营成本			15 200	15 200
期末残值				2 000
净现金流量	−15 000	0	4 600	4 600+2 000

4. 某投资为 1 亿元,固定资产残值为 2 000 万元,年销售收入为 5 000 万元,年经营成本为 2 000 万元,项目经济寿命期为 5 年,基准收益率 $i_c = 8\%$。试进行投资和年收入两因素的敏感性分析。

5. 对第 4 题再增加一项年经营成本三因素的敏感性分析。

6. 某项目初期投资 20 万元,建设期为 1 年。预测投产后年收入有 3 种可能:5 万元、10 万元和 12.5 万元,其概率分别为 0.3、0.5 和 0.2。基准收益率为 $i_c = 10\%$。生产期有 4 种可能:2 年、3 年、4 年、5 年,其概率分别为 0.2、0.2、0.5、0.1。试进行概率分析,并加以风险评价。

第十章

项目总评估和后评估

第一节　项目总评估

项目总评估是指对投资项目各个分项的评估结果加以汇总,对拟建项目的可行性和预期效益进行全面综合分析,从而得出客观、科学、公正的结论,并对有关问题提出相应的建议。

一、项目总评估的内容

(一)项目建设的必要性论证

项目建设的必要性要从以下几个方面进行分析论证:

1. 项目是否符合国民经济发展长远规划要求

从国民经济和社会发展长远规划要求来看,衡量项目建设是否符合国家产业政策、国民经济长远发展规划、行业规划和地区规划的要求。

2. 项目是否符合国内外市场要求

从市场要求角度衡量项目的产品是否短缺,是否为升级换代产品,品种、性能、质量、规模是否符合国内外市场需求,有无竞争优势。

3. 项目是否符合平衡发展要求

从国家安全、社会稳定及宏观经济角度衡量项目是否有利于生产力的合理布局,是否有利于提高综合国力,是否有利于偏远地区的发展,是否有利于巩固国防安全。

(二)项目规模是否经济合理

项目建设规模是项目取得经济效益的保证。要从以下几个方面确定项目规模是否经济合理:

(1)产品需求规模

产品需求规模是买方市场规模,只有一定的市场规模,才能有项目的经济效益。

（2）生产建设条件

技术、工艺和原材料等生产建设条件影响经济规模的大小，所以，项目经济规模的确定必须予以考虑。

（3）产品性质

（4）经济规律决定不同产品有不同的规模经济大小，要根据产品来确定经济规模

（三）项目建设与生产条件是否具备

项目建设与生产条件是项目顺利建成并正常投产的基本保证。评估项目的建设与生产条件一般分析以下几个方面：

（1）厂址是否符合布局客观规律；

（2）工程地质、水文地质条件是否满足生产建设要求；

（3）项目所需的原材料等投入物来源的可靠性。分析、评估项目所需投入物的产地、运输、价格、质量等方面的因素，以保证项目投产后所需投入物能够得到满足；

（4）是否有环保部门批准的环境保护方案；

（5）其他生产建设条件的满足情况。

（四）项目是否具有先进、适用、安全、经济的工艺、技术和设备

项目工艺技术和设备是项目能否取得有效预期的关键。总评估应着重分析投资项目所采用的工艺技术设备是否符合国家的产业政策要求，是否有利于资源的综合利用，是否有利于提高劳动生产率，是否有利于降低能耗、物耗，是否有利于改进产品的质量，引进技术是否必要和适用，等等。

（五）项目是否有较高的财务效益和国民经济效益

正确估算总投资，不能重复计算或留有缺口，筹资方案要合理，资金来源要落实，主要评估经济指标都要达到规定的标准。以投资回收期、财务净现值、财务内部收益率、贷款偿还期等指标分析项目的盈利能力，并通过经济净现值、经济内部收益率、投资净效益率等指标分析有限资源是否得到了合理的配置和充分有效的利用。当财务评估与国民经济评估结论不一致时，要以国民经济评估为准。

（六）项目抗风险能力的大小

风险是项目投资决策的重要影响因素。由于项目在未来实施，其不确定性因素很多，难以作出绝对准确的预测，因此，项目往往会面临很大的风险。所以，对项目评估作不确定性分析是必不可少的，项目风险分析是项目总评估的重要组成部分。

（七）优选最佳方案

总评估要在认真、细致、切实地比较不同方案的基础上,分析、判断、确定所选方案是否可行或相对最优,从中选择最优方案加以实施。

（八）提出总结论与建议

提出总结论与建议是项目总评估最为重要的环节。评估人员根据各分项目评估的结论,得出项目总结论。当各分项目评估的结论相一致时,则各分项评估的结论即为总评估的结论;当各分项评估结论不一致时,则应进行综合分析,抓住主要方面,提出结论性意见。如有些项目从国民经济角度来看是必要的,市场前景也比较乐观,但原材料和能源供应有困难,或项目所采用的技术比较落后,在未找出解决问题的办法之前,该项目应予以否定。项目可行,评估人员还应根据项目存在的问题,提出相应的建设性意见,供投资决策和有关部门参考。

（九）编写评估报告

根据各分项评估成果、结论性意见,按评估报告要求编写项目评估总报告。总报告应系统反映各分项评估结论,提出综合评估结论,写出决策意见和建议。

二、项目评估报告的撰写要求和格式

（一）编写评估报告要求

1. 结论要科学可靠

真实性是项目评估的精髓,项目评估是一项十分严肃的工作,小则关系到投资者的切身利益,大则关系到地区和全国的经济发展。评估应坚持科学、公正、实事求是的原则,在此基础上进行总评估,提出科学的结论。

2. 建议要切实可行

在总评估中,项目评估人员还应根据项目的具体情况,提出切实可行的建议,以确保项目的顺利实施和按期投入运行。

3. 对关键内容要作重点分析

通过总评估可以发现,某些关键性内容对于项目的正常实施与投产运营具有十分关键的作用。对于这类内容,项目评估人员要予以特别的注意,在总评估中要对此作重点分析,并分析其变化对项目的影响程度,以便引起投资者与有关部门的重视。

4. 语言要简明精练

总评估具有总结的性质,没有必要面面俱到,而应当简明扼要,语言要精练,避免使用烦琐的语句和高度专业化的术语来表述,以利于决策人员准确理解。从总体来讲,项目评估是一种定量分析方法,需要收集和测算大量的数据,并计算有关技术经济指标。为了表述准确科学,应尽量用数据和指标说明问题。对于难以量化的内容,要作定性分析,用文字加以说明。

总之,报告应简明、清晰、逻辑性强,结论鲜明,态度明朗,不能模棱两可、含混不清。

(二) 报告格式

评估报告格式视项目类型、规模和复杂程度等有所不同。对于大型复杂的项目,报告要详细;对于小型项目,报告可简单。一般报告格式有以下几个部分:

1. 项目概况

主要论述项目的基本情况。可用一个综合的表格列出项目的基本技术和技术经济指标。

2. 项目建设必要性分析

根据市场需求,分析项目是否有实施的必要性;市场需求量往往决定项目的生产规模。

3. 条件分析

条件包括建设条件和生产条件,两条件具备方能实施项目。建设条件主要包括考察项目选址,工程地质、水文地质、交通运输条件和水、电、气等配套条件。生产建设条件主要包括考察投入物的来源、运输条件、价格等方面的因素,包括项目所需的矿产资源、主要原材料、辅助原材料、半成品、零配件、燃料和动力等的产地、用量、供应厂家、运输方式、质量和供应的保证程度以及价格合理性等。

4. 生产技术、工艺设备分析

包括项目所用技术的总体水平、技术先进性和适用性、生产工艺流程和设备选型分析、拟定生产规模和产品质量等。另外,还要考察环保技术设备、质量是否达到要求。

5. 财务效益分析

在审查财务基础数据的基础上计算一系列财务评估经济指标,以此指标分析判断财务效益的可行性和财务效益大小。还要反映项目的获利能力和清偿能力。

6. 国民经济效益分析

国民经济效益分析要鉴别和度量项目的效益和费用,调整价格,确定各项投入物和产出物的影子价格,计算国民经济评估指标,并以这些指标分析、评估项目国民经济的可行性。

7. 不确定性分析

不确定性分析要审查盈亏平衡分析、敏感性分析和概率分析,分析项目的风险程度,提出降低风险的措施。

8. 总评估

提出项目可行性结论性判断意见,并就影响项目关键性的问题提出切实可行的建议。

9. 项目评估报告的主要附表

项目评估报告的主要附表包括投资估算、资金筹措、财务基础数据、财务效益和国民经济效益等表格。

10. 项目评估报告附件

(1)各种批复文件;

(2)有关项目资源、市场、工程技术等方面的因素、协议和合同等。

最后,报告要由有关领导、专家和评估组人员签名盖章后报有关决策部门审批。

第二节　项目后评估

一、项目后评估的概念

项目后评估是指对已全部建成投产的项目,在一定时期内,对项目评审检查、项目建设实施和生产经营状况进行总结评估。所以,项目后评估也称总结评估,是相对项目建设前期的评估而言的。通过对项目评审检查、建设实施和生产经营过程的实际效果与项目前评估时的预测数据比较,找出产生差异的原因,总结经验教训。根据存在的问题,提出改进措施和建议。根据对未来所处的外部环境和内部条件的分析,提出相应对策,使企业生产经营活动朝着预期目标运行。检验项目前评估所用的理论方法和评估参数的合理性和科学性,为改进项目评估工作积累经验。

二、项目后评估的特点

(一)后评估的目标特点

项目前评估是在项目实施前进行,着重投资机会的选择,目标是保证项目决策的科学性、民主性和实用性;而后评估的时间,一般在项目竣工投产后 $1\sim2$ 年或更长一些时间进行,目标是审查验正前评估的正确性,积累经验,提高项目决策、建设实施和生产经营的管理水平。

(二)后评估的内容特点

项目前评估的重点内容是对项目可行性研究报告进行审查,分析其完整性和可靠性,保证目标的实施;而后评估不仅要对项目决策、建设实施和生产经营的效果进行评估,还要对后评估时点后的项目前景进行预测。

（三）后评估的方法特点

后评估评价方法除了定性和定量相结合、静态分析和动态分析相结合的方法外，最主要的特点是采用以下的方法：

1. 评审决策效果与建设实施效果相结合

生产经营的效果不仅与评审决策的正确性有关，而且和建设实施的效果有关。评审决策错误，建设实施效果再好，项目的生产经营也不可能达到预期效益；评审决策正确，但项目建设实施不能保质、保量、按期完成，那么，也难以保证项目建成后正常发挥效益。因此，必须既评估决策效果，又评估建设实施效果，从而分清各阶段的经验和教训。

2. 后评估时点与前后实际生产经营效果及预测的生产经营效果相结合

生产经营效果除了和后评估时点前的实际效果有关外，而且还和后评估时点以后的生产经营效果有关。因此，后评估时还必须根据市场环境的变化和企业内部条件，预测后评估时点后的经营效果，才能全面评估项目的效果。

3. 评审决策结果与建设实施效果相对比

通过设置与项目建设实施工作特点相适应的评估指标，如固定资产总投资额、投资资金来源、固定资产形成率、单位生产能力投资额、建设工期、工程质量等。对比这些指标的项目前评估预测值和实施实际值，既进行评审决策效果评估，又进行建设实施效果评估。

4. 评审决策结果与建设实施效果相对比

设置与项目建设实施工作特点相适应的评估指标，如生产能力利用率、产品合格率、投资利润率、投资回收期、内部收益率、净现值、贷款偿还期等。对比这些指标的项目建设前评估预测值与生产经营期实际值，既进行评审决策效果评估，又进行生产经营效果评估。

三、开展项目后评估的必要性

开展项目后评估对项目决策科学化、管理现代化及对提高项目投资效益有着重要作用。其必要性有：

1. 建立和完善项目评估体系

目前，我国投资项目的评估工作，主要侧重于项目前评估，这对保证项目决策的正确性及搞好建设项目前期工作，都起到了非常重要的作用。但只凭前评估，还远远不能把项目搞好。从项目建设实施和投产后所发生的问题，足以说明仅有前评估还是不够的，还必须有后评估，以建立和完善项目评估体系。即项目评估体系应有前、中、后三个评估，才能对项目实行全过程的控制，保证项目达到预期的效果。

2. 建立和完善项目工作责任制度

项目投资效益的好坏是项目管理各阶段、各环节、各相关单位和部门综合作用的结果。其中任何一个环节失误都会给整体带来损失。通过后评估、整体控制和审评,加强各环节的工作联系,有利于建立和完善项目工作责任制。

3. 实现项目运行过程最优控制

项目后评估,从理论角度来看,是经济控制论在项目管理上的具体应用,即对项目运行全过程及其实施结果进行跟踪、反馈、监测、评估和调控,使项目的运行过程处于优化状态。任何一个项目在决策、实施建设和生产经营过程中,必然受到内外环境和各种因素的制约,则各种因素的不确定性,将影响预测数据和实施结果。例如,投入物或产出物价格变化、贷款利率变动,技术进步以及市场需求的变化等必然会使项目运行偏离预定目标。通过后评估进行不断地、及时地信息反馈和调控,就会使项目按预定目标运行,从而实现最优化控制。

4. 适应市场经济发展需要

我国市场经济体制的建立,投资体制和金融体制的深化改革,使银行贷款管理工作由过去侧重于前评估,向生产领域延伸,加强后评估,重视企业的偿还能力,从而保证银行贷款及时偿还,同时也提高了银行资金的效益性、安全性和流动性。市场经济,变化因素多而繁,从而影响项目预测数据和实施结果。如价格变化、利率浮动、技术进步和市场供需关系的变化等必然会造成项目预测和实际效果之间的较大偏差。因此,只有进行后评估,根据市场的变化和偏离预测目标的程度,才能调整企业生产经营和提高企业的整体管理水平。

四、项目后评估的程序

(一)确定后评估项目

进行后评估的项目,一般有:
(1)投资额大、影响广的重点项目;
(2)经济效益和社会效益均好的项目;
(3)经济效益和社会效益均差的项目;
(4)其他能提供典型经验和教训的项目。

(二)组织后评估机构

组织专门机构负责后评估工作,也可由原来的项目前评估组负责后评估工作。世界银行由评估局负责项目后评估工作,值得借鉴。这样做,有利于后评估的公正性、真实性和客观性。

（三）拟订后评估计划

后评估计划应包括的内容如下：

(1) 后评估目的：明确后评估要解决的问题和达到的目的。

(2) 后评估内容：根据后评估目的要求，确定后评估主要内容、重点和方法。

(3) 后评估工作进度：按后评估要求内容，安排各步骤的时间进度。

(4) 人员分工：落实任务，各负其责。

（四）收集有关资料

收集后评估所需资料，加工整理，使之具有系统性和完整性。

（五）编写后评估报告

后评估报告是在综合分析的基础上编写的。根据后评估内容，分别说明项目评估报告中的预测数据和结论与实际值的差异及形成差异的主要原因，项目全过程的经验和教训，存在的主要问题及其对策和建议等。

五、项目后评估的内容

按目前情况，项目后评估的内容，一般应有：

（一）概况

简评企业历史、概况、企业经营管理和企业资信等。

（二）项目建设实施情况

主要评估固定资产投资、投资来源及其使用，项目建设工期、工程质量等。

（三）生产经营情况

主要评估生产条件、生产能力、产品销售市场、设备工艺、技术水平等。

（四）项目财务效益

主要评估成本、利润、财务盈利能力和财务清偿能力等。

（五）国民经济效益

主要评估国民经济效益和费用，计算国民经济后评估指标等。

（六）风险分析评估

分析比较项目实际风险与前评估风险、差异及其对策。

（七）社会效益

主要评估项目对生产力布局、本地区经济发展、环境保护和生态平衡、交通设施和城市建设的影响以及项目对行业技术进步和资源能耗的影响等。

（八）总结与总评

主要总结投资与贷款决策、建设实施过程、贷款管理和评估中的主要经验教训，提出提高项目经济效益、加速贷款偿还的措施和建议。

复习思考题与习题

一、关键名词

总评估、后评估。

二、复习思考题

1. 总评估的内容及报告撰写要求。
2. 后评估的内容、特点及其必要性。

三、判断题

1. 提出结论与建议是项目总评估最为重要的环节。（　　）
2. 一个完整的项目评估报告，通常包括报告的正文、主要附表和报告附件三大组成部分。（　　）
3. 后评估目标是审查验证前评估的正确性。（　　）

第十一章

投资方案优选

一个项目的投资决策一般经历如下过程：确定投资目标；根据目标，提出多个投资方案；通过方案比较，选出最佳方案；最后对最佳投资方案进行评估。在实际投资决策过程中，方案优选在先，项目评估在后。

第一节　投资方案优选概述

一、投资方案优选意义

我国是一个短缺型经济国家，短缺型经济的一个主要特征是供给方面的经常性不足，尤其是资金、资源短缺，希望能用有限的资源获得尽可能多的收益，这就需要对不同方案进行分析比较，从中选出最佳方案并加以实施。投资方案优选的主要意义在于：

1. 投资方案优选是实现资源优化配置的有效途径

我国资源短缺，人均拥有量大大低于世界平均水平。这就需要运用定量分析方法对拟建项目诸方案进行筛选，选出一个最佳方案加以实施，以实现有限资源的最优配置，取得最佳的经济效益。

2. 投资方案优选是实现投资决策科学化、民主化的重要手段

经济运行有其特有的客观规律。长期以来，由于受计划经济和认识水平的限制，我们片面强调发挥人的主观能动性，以主观愿望代替客观规律，造成重大的投资决策失误和社会财富的浪费。投资决策缺乏科学方法和民主程序，给国民经济带来了极大的损失。投资方案优选是一种科学的定量分析方法，通过对拟建项目诸方案的分析，选出最优方案，实现投资决策科学化和民主化。

3. 投资方案优选是寻求合理的经济和技术决策的必然选择

在投资过程中，影响投资决策的因素很多，必须经过多个方案的比较，才能得出正确的结论。就某一项而言，不同的投资方案采用的技术经济措施不同，其成本和效益会有较大的差异。因此，通过诸方案的比较筛选，就可以选出一个经济合理、技术先进和效益好

的最佳方案。

二、投资方案可比性原则

在投资方案优选、评估和决策中必须考虑方案的可比性及其评估条件。方案可比性要考虑以下几个方面：

(一) 时间上可比

时间上可比包含三层含义：

(1) 投资方案计算的一切效益和费用都必须在同一个时点上,即习惯上均换算为 0 点上的现值方能进行比优,否则不具备时间上的可比性。因为不同时点上的效益和费用考虑时间价值因素,其值是不同的,不能进行相比,也不能进行相加或相减运算。

(2) 不同计算期的效益和费用不能相比,为此,通常换算为年值相比,这就消除了不同计算期这个不可比的因素,创造了单位时间相同的可比性。

(3) 要在同一时间段内考察各方案的经济效益。

例如,评估一个企业技术改造方案的经济效果时,可以把不进行技术改造作为一个方案(通常称零方案),与改造方案进行比较。一个容易出现的错误是,直接将技术改造后的状态与技术改造前的状态加以比较。事实上,技术改造后的状态与技术改造前的状态并不存在于同一时间段内,因而是不可比的。正确的做法是将预测零方案未来的状态与技术改造方案未来的状态加以比较,形成时间上的可比性。

(二) 价格上可比

相比方案,其费用或效益计算必须用统一的价格,方能构成价格上的可比性。我国目前尚存在两种价格体制,即计划价和市场价,而且两者相差很大。两种价格体制混合换算出来的效益和费用是不能相比的,相比是没有任何经济意义的。通常是首先把项目中的计划价换算成市场价,然后分别计算各自方案的效益、费用和评估指标,最后方能进行方案的比较和优选,确定最佳方案进行投资。

(三) 方法上可比

方法上可比主要指各评估指标和判别标准的计算方法和口径必须一致,考虑了通货膨胀的名义指标只能同名义标准相比,没有考虑通货膨胀的实际指标也只能同实际标准相比。否则,就将导出错误的结论。

通货膨胀,尤其是两位数的高通货膨胀,如何处理方案的评估问题,一直是一个难题,难点在于通货膨胀率难以预测和评估指标计算难以处理。

目前有两种处理方法：

1. 不变价法

用不变价法计算各方案的效益、费用和评估指标，用实际值来判别其可行性和比较优选方案。不变价法简单易行，具有较强的可比性，是世界低中型通货膨胀的国家常用的方法，此方法主要问题是没有考虑通货膨胀的影响。由于通货膨胀，货币贬值，往往会出现投资空缺，为此，在建设期预算中往往增加一笔涨价预备金，以备弥补投资出现的短缺。

2. 可变价法

用可变价法计算各方案的效益、费用和评估指标，用名义值来判别其可行性和比较优选方案。可变价反映客观实际，但计算复杂，很多影响因素难以预测把握。因此，其结果也不够准确。为计算简便，使用此法时，往往假设方案的投入物和产出物均按统一的通货膨胀率涨价。同时，在计算期内，假设通货膨胀率为一个不变的常数。

（四）计算范围可比

在项目方案优选时，其收益与费用的计算范围必须可比。有些方案的实施可以带来多项收益。例如，建设一项水利工程，既能发电，又可防洪、灌溉、通航等。如果拿这个方案与一个火电厂项目方案比较，就必须注意在效益与费用计算范围上可比。对这个问题，如果各种收益都可以用货币单位计量，就可以直接将两种方案加以比较。如果有的收益无法用货币单位计量，通常有两种处理方法：一种是将具有多项收益的方案与由多个具有单位收益等方案组成组合方案进行比较；另一种是将具有多项收益的方案的费用按照收益的种类进行分解，然后再分别与具有单项收益的方案比较。

有些方案不仅具有直接收益与费用，还有间接收益与费用，根据与该方案的相关程度，间接收益与费用可以划分为一次间接收益与费用、二次间接收益与费用等。在进行方案比优时，如果考虑间接收益与费用，在间接收益与费用的计算范围内，所有参加比选的方案必须一致。

三、投资方案类型

投资方案类型大致可分为四种：

（一）独立方案

独立方案是指一组相互独立、互不排斥的投资方案。在独立方案中，选择一个并不排斥另一个，它们之间互不干涉，相互间独立地存在，可自由组合。独立方案存在的条件为：

（1）投资金额不受限制；

（2）各投资方案所需人力、物力均能得到满足；

（3）不考虑地区、行业间的相互关系及其影响；

（4）每一投资方案是否可行只取决于本方案的经济效益。

符合上述条件的方案，即为独立方案。例如，某企业拟建办公楼等。

这类项目投资之间没有什么联系，互相独立，若符合上述条件，并不存在相互比优问题。独立方案的效益之间具有加和性，企业可以全部不接受，也可全部接受或部分接受。从上述条件来看，在实际中难以满足，因此独立方案在投资项目中比较少见。

（二）互斥方案

互斥方案是指互相关联、互相排斥的方案。在一组互斥方案中，只能选择其中的一个方案。例如，某企业拟投资增建一条生产线，有国内订购和国外订购两种方案，从中只能选择一种较优方案。互斥方案的效益之间不具有加和性，决策有较强的优选性，从多个方案中优选一个最佳的方案实施。

（三）混合方案

混合方案是独立方案和互斥方案两者的混合。如某企业改进工艺方案 A_1、A_2 为互斥方案，改造搬运设备 B_1、B_2 为互斥方案，但改进工艺和搬运设备效果可视为互不相干，相互独立。这时，该企业面临从混合方案中优选的问题。

（四）相关方案

相关方案也称配套方案。一个方案是否接受，依赖于一个或多个方案的同时接受，这种方案为相关方案。如兴建一个工厂的同时，必须修建一条公路，此时，该公路的投资方案与工厂投资方案相关或配套。

不同类型的投资方案比较优选的目的只有一个：最有效的利用有限资金，以取得最佳的经济效益。重要的是根据不同方案类型，正确选择和使用评估方法。独立方案的比优一般通过财务评估和国民经济评估进行。互斥方案比优有静态法和动态法。这里主要论述互斥方案的比优理论方法。

第二节　投资项目静态优选法

静态法是指投资方案比优时，从静止状态出发，不考虑时间价值因素的一种优选分析方法。

一、差额投资回收期法

差额投资回收期法是通过计算两个方案的差额投资回收期而进行方案比优的一种方

法。差额投资回收期 P_t，是两个方案投资差额 $I_2 - I_1$（$I_2 > I_1$）与年经营成本差额 $C_1 - C_2$（$C_1 > C_2$）的比值：

$$P_t = \frac{I_2 - I_1}{C_1 - C_2} \tag{11-1}$$

两个方案比优时，若 P_t 小于标准投资回收期 t_0，则投资额大的方案为优；否则，投资额小的方案为优。

例 11-1 A 方案投资额为 120 万元，B 方案为 200 万元。A 年经营成本为 100 万元，B 年经营成本为 80 万元，若标准投资回收期为 5 年，试对方案进行优选。

$$P_t = \frac{I_2 - I_1}{C_1 - C_2} = \frac{200 - 120}{100 - 80} = 4（年）< 5（年）$$

因此，投资额大的 B 方案为优。

以上优选两个方案的生产规模必须相同，方具备可比性。若两个方案生产规模不相同，为使两者具备可比性，可用每一方案的单位产量投资与单位产量年经营成本进行计算比较，此时，计算式为：

$$P_t = \frac{\dfrac{I_2}{Q_2} - \dfrac{I_1}{Q_1}}{\dfrac{C_1}{Q_1} - \dfrac{C_2}{Q_2}} \tag{11-2}$$

式中：Q_1、Q_2 分别为两方案的年产量。

若以上案例年产量分别为 19 万件和 20 万件，则差额投资回收期为：

$$P_t = \frac{\dfrac{200}{20} - \dfrac{120}{19}}{\dfrac{100}{19} - \dfrac{80}{20}} = \frac{10 - 6.3}{5.3 - 4} = 2.85（年）< 5（年）$$

结果仍是投资额大的 B 方案为优。

二、差额收益率法

差额收益率法是指通过计算两个方案的差额投资收益率来进行方案比优的一种方法。差额收益率为差额投资回收期的倒数，其实质为单位投资成本的节省率，计算式为：

两方案产量相同时：
$$R_d = \frac{C_1 - C_2}{I_2 - I_1} \times 100\% \tag{11-3}$$

两方案产量不相同时：
$$R_d = \frac{\dfrac{C_1}{Q_1} - \dfrac{C_2}{Q_2}}{\dfrac{I_2}{Q_2} - \dfrac{I_1}{Q_1}} \times 100\% \tag{11-4}$$

两个投资方案比优时，若 R_d 大于基准收益率，则投资额大的方案为优；否则，投资额小的方案为优。

差额投资回收期和差额投资率法的优点是简单易懂,能反映追加投资的回收期和收益率。但仍有如下缺点:

(1) 没有考虑资本金的时间价值因素,从而夸大了投资方案的投资回收速度;

(2) 没有考虑方案的寿命期,对不同寿命期的方案难以比优;

(3) 没有考虑差额投资回收期之后的收支情况。因此,这两种方案比优方法的应用有很大的局限性。

三、折算费用法

差额投资回收期法和差额收益率法只能用于两个方案比优上,当进行多方案优选时,就会出现困难。这时,可用折算费用法。折算费用法是通过一定的换算方法,将全部投资与年经营成本换算成可比费用而进行方案比优的一种方法。方案比优时,费用最小的方案为最优。

投资方案有两种费用,一种是投资;另一种是年经营成本,两者不能简单相加,因其经济内容不同,不具备可比性。投资是一次性投入,长期占用,而年经营成本则是经常性投入,每年均有支出。因此,必须将投资额和年经营成本换算成可比费用,才能进行比优选择。折算费用法分为年折算费用法和总折算费用法。

(一) 年折算费用法

年折算费用法是通过计算各方案的年折算费用来进行方案优选的一种方法。

据差额投资回收期法优选方案原则:

当 $\dfrac{I_2-I_1}{C_1-C_2}<t_0$ 时,投资额大的方案为优。可将上式变换为:

$$\frac{I_2-I_1}{t_0}<C_1-C_2$$

设 $i_0=\dfrac{1}{t_0}$(标准收益率),则 $I_2i_0-I_1i_0<C_1-C_2,C_1+I_1i_0>C_2+I_2i_0$。

此为 2 方案优于 1 方案的条件。推而广之,多方案比优,最小 $C+Ii_0$ 为最优方案。

年折算费用为 $$M=C+Ii_0 \tag{11-5}$$

设两个投资方案 $I_1<I_2,C_1>C_2$,则这两个方案年折算费用分别为 $M_1=C_1+I_1i_0$,$M_2=C_2+I_2i_0$,作图如图 11-1:

由图可见:当 $i_0<i_c$ 时,$M_1>M_2$ 投资额大(I_2)的方案为优;当 $i_0>i_c$ 时,$M_1<M_2$,投资额小(I_1)的方案为优。

由此可以得出下列结论:

（1）当 i_0 取值较大时，Ii_0 对年折算费用的影响增加，投资大的方案可能就不如投资小的方案好，而投资大的方案往往是采用较为先进技术的方案。所以，i_0 过大会影响先进技术的采用，不利于技术改造和更新。

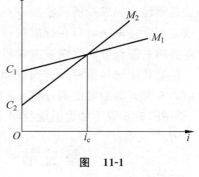

图 11-1

（2）当 i_0 取值较小时，Ii_0 对年折算费用的影响不如年经营成本敏感，这样，投资大的方案易选上。但由于 i_0 较低，资本金回收慢，风险增加，经济效益差。

（3）取一个适当的 i_0 值相当关键，既要考虑新技术采用，又要考虑经济效益的提高，所以选择一个适当的 i_0 值具有重要意义。

例 11-2 某拟建项目有 5 个投资方案，其投资额和年经营成本如表 11-1 所示，设基准收益率为 0.2，且各方案生产规模相同，试用年折算费用法优选方案。

表 11-1 万元

投资方案	A	B	C	D	E
投资额 I	500	400	300	200	100
年经营成本 C	100	150	200	250	300

将有关数据代入年折算费用计算式得：

$$M_A = 100 + 500 \times 0.2 = 200（万元）$$
$$M_B = 150 + 400 \times 0.2 = 230（万元）$$
$$M_C = 200 + 300 \times 0.2 = 260（万元）$$
$$M_D = 250 + 200 \times 0.2 = 290（万元）$$
$$M_E = 300 + 100 \times 0.2 = 320（万元）$$

因此，A 方案年折算费用最小，所以 A 方案为最优。

（二）总折算费用法

总折算费用法是通过计算各方案的折算费用来进行方案比优的一种方法。类似于年折算费用：

由 $\dfrac{I_2 - I_1}{C_1 - C_2} < t_0$，可得 $I_1 + C_1 t_0 > I_2 + C_2 t_0$，此式为 2 方案优于 1 方案的条件。多方案选优时，取其最小值 $C + It_0$ 方案为最优方案。总折算费用为：

$$N = I + Ct_0 \tag{11-6}$$

折算费用法在多方案比优时,比差额投资回收期法和差额收益率法简单。但折算费用法必须已知标准投资回收期或基准收益率,方能进行计算和比较。而差额投资回收期法或差额收益率法可以在标准投资回收期或基准收益率未知的情况下,利用计算对比方案本身的差额投资回收期或差额投资收益率评估方案的优劣。

折算费用法与差额投资回收期法和差额投资收益率法一样,均没有考虑资本金时间价值因素和方案的寿命期,所以误差是难免的。

另外,折算费用法也不能反映方案总的盈利情况和投资回收速度。

第三节　投资项目动态优选法

投资项目动态优选法是考虑资本金时间价值因素的一种优选方法。

一、净现值法

净现值法首先应判别项目是否可行。判别标准为 NPV ≥ 0,将不可行方案舍掉。在进行方案比优时,从可行方案相比,取 NPV 大者为优,但各相比方案的寿命期和基准折现率必须相同;否则,不具备可比性。此法在实际中很少使用,因其可比性往往难以满足,有时还要与净现值率 NPVR 配合使用。

例 11-3 有 4 个投资方案,初投资各为 533 万元、960 万元、1 524 万元和 1 727 万元,年收益各为 100 万元、200 万元、300 万元和 400 万元,寿命期 $n = 8$ 年,基准折现率 $i_c = 12\%$,试用 NPV 优选方案。

4 个方案满足可比条件,方可用 NPV 比优。首先,要判别其可比性

$\text{NPV}_1 = -533 + 100(P/A, 12\%, 8) = -533 + 100 \times 4.968 = -36.2(万元)$

$\text{NPV}_2 = -960 + 200(P/A, 12\%, 8) = -960 + 200 \times 4.968 = 33.4(万元)$

$\text{NPV}_3 = -1 524 + 300(P/A, 12\%, 8) = -1 524 + 300 \times 4.968 = -33.9(万元)$

$\text{NPV}_4 = -1 727 + 400(P/A, 12\%, 8) = -1 727 + 400 \times 4.968 = 260.2(万元)$

因方案 1 和方案 3 的 NPV < 0 不可行,应舍掉;方案 2 和方案 4 相比,$\text{NPV}_4 = 260.2$ 万元 > $\text{NPV}_2 = 33.4$ 万元,所以方案 4 为最优。

二、净现值率法

净现值率法是通过比较不同方案的净现值率 NPVR 来进行比优的一种方法。实质是求单位投资额的净现值,消除投资额不相等这个不可比因素。因此,此法适于投资额相同的方案比优,也适于投资额不同的方案比优。其原则是:NPVR ≥ 0 方案可行,可行的多方案相比,NPVR 大者为优。

上例中：

$$NPVR_1 = \frac{-36.2}{533} = -0.07$$

$$NPVR_2 = \frac{33.4}{960} = 0.03$$

$$NPVR_3 = \frac{-33.9}{1\,524} = -0.02$$

$$NPVR_4 = \frac{260.2}{1\,727} = 0.15$$

舍掉方案 1 和方案 3，将方案 2 和方案 4 相比，方案 4NPVR＝0.15＞方案 2NPVR＝0.03。所以，方案 4 为最优。

可见，上两法比优结果一致。

三、净年值法

净年值法是将各方案 NPV 均分到寿命期内各年的年等值 AE，其表达计算式为：

$$AE = NPV(A/P, i, n) = \left[\sum_{t=1}^{n} (CI - CO)_t (1 + i_c)^{-t} \right] (A/P, i, n) \tag{11-7}$$

进行单一方案评估时，若 AE≥0，则方案在经济上可行；否则，不可行，应舍掉。进行多方案比优，以 AE 大者为先。

此法消除了寿命期不相等这个不可比因素，因此，既可用于寿命期相同，也可用于寿命期不相同的方案比优。

例 11-4　某项目 4 个投资方案，投资额和年收益各为 17.0 万元和 4.4 万元、26.0 万元和 4.9 万元、30.0 万元和 6.6 万元、33.0 万元和 6.8 万元，寿命期均为 10 年，$i_c = 10\%$，试进行方案比优。

1. 因寿命期 n 和基准收益率相同，故可用 NPV 法

$NPV_1 = -17.0 + 4.4\,(P/A, 10\%, 10) = -17 + 4.4 \times 6.144 = 10.04$（万元）

$NPV_2 = -26.0 + 4.9(P/A, 10\%, 10) = -26.0 + 4.9 \times 6.144 = 4.10$（万元）

$NPV_3 = -30.0 + 6.6(P/A, 10\%, 10) = -30.0 + 6.6 \times 6.144 = 10.55$（万元）

$NPV_4 = -33.0 + 6.8(P/A, 10\%, 10) = -33.0 + 6.8 \times 6.144 = 8.78$（万元）

可见，4 个方案的 NPV≥0 均可行，比优 NPV_3 最大，因此，方案 3 最优。

2. 用 AE 法

$AE_1 = -17.0(A/P, 10\%, 10) + 4.4 = -17.0 \times 0.163 + 4.4 = 1.63$（万元）

$AE_2 = -26.0(A/P, 10\%, 10) + 4.9 = -26.0 \times 0.163 + 4.9 = 0.67$（万元）

$AE_3 = -30.0(A/P, 10\%, 10) + 6.6 = -30.0 \times 0.163 + 6.6 = 1.71$（万元）

$$AE_4 = -33.0(A/P, 10\%, 10) + 6.8 = -33.0 \times 0.163 + 6.8 = 1.42(万元)$$

可见,AE_3 最高,所以,方案 3 为最优方案。条件相同,两方法的比较结果一致。若寿命期不同,则必须用 AE 比优,以消除寿命期不同这个不可比因素。

四、差额内部收益率法

差额内部收益率法是指通过计算两个投资方案的差额投资内部收益率来进行方案比优的一种方法。差额内部收益率是指两个投资方案各年差额净现金流量的现值之和为零时的折现率。

其表达式为:

$$\sum_{t=1}^{n} \left[(CI-CO)_2 - (CI-CO)_1\right]_t (1+\Delta IRR)^{-t} = 0 \qquad (11-8)$$

式中:$(CI-CO)_2$——投资额大的方案的净现金流量;

$(CI-CO)_1$——投资额小的方案的净现金流量;

ΔIRR——差额内部收益率。

应用差额内部收益率优选方案的准则是:当 $\Delta IRR \geqslant i_c$ 时,表明多投资能取得满意的经济效益,投资额大的方案为优;否则,$\Delta IRR \leqslant i_c$,则投资额小的方案为优。即多投资的差额效益达不到标准要求。

表达式移项得: $\sum (CI-CO)_{2t}(1+\Delta IRR)^{-t} = \sum (CI-CO)_{1t}(1+\Delta IRR)^{-t}$

故差额内部收益率还可定义为:两投资方案净现值相等时的折现率。其几何意义可从 NPV 函数曲线看出,两方案 A 与 B(投资额 B > A)NPV 函数曲线交点为 ΔIRR,所以,差额收益率也称交叉收益率。

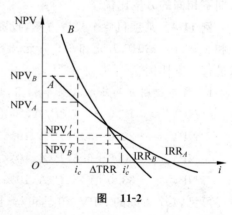

图 11-2

由图 11-2 可见,若基准收益率为 i_c,因 $\Delta IRR > i_c$,所以投资额大的 B 方案为优,此时,$NPV_B > NPV_A$,也是 B 方案为优,两指标优选结果一样。若用 IRR 比优,因 $IRR_A > IRR_B$,所以,A 优,结果相反。为此,IRR 指标一般不能用于方案优选上,只能用于方案可行性的判断上。

若基准收益率为 i_c',因 $\Delta IRR < i_c'$,则投资额小的方案 A 为优,此时,$NPV_A' > NPV_B'$,无论哪种情况,用 ΔIRR 和 NPV 两指标优选方案结果一致,不会出现用 IRR 指标与 NPV 指标优选方案结果不一致的现象。所以,一般优选方案多用差额内部收益率法。其求值同 IRR 一样,用试算法求得。

差额内部收益率反映的是差额投资的经济效益,只能用于两方案的比优上,不能用于判别方案是否可行。判别方案是否可行,仍需用 NPV$\geqslant$0 或 IRR$\geqslant i_c$ 判别标准。

用 ΔIRR 进行方案比优的步骤如下:

(1)把比优方案按其投资额由小到大加以排列,如 $A_1,A_2,A_3,\cdots,A_n$。A_1 为投资额最小方案,A_n 为投资额最大方案。

(2)用 NPV$\geqslant$0 或 IRR$\geqslant i_c$ 对 A_1 方案进行可行性检验。若 A_1 通过检验,可进行下一步;否则,淘汰 A_1,对 A_2 进行可行性检验,依次类推,直至通过可行性检验为止。

(3)A_1 通过可行性检验,表明 A_1 方案可行,则可计算 A_1 与 A_2 的差额内部收益率。若小于基准收益率,说明 A_1 优于 A_2,淘汰 A_2,以 A_3 代 A_2 继续进行计算;若大于基准收益率,说明 A_3 优于 A_1,淘汰 A_1,计算 A_3 与 A_4 的差额内部收益率,舍次取优。依次类推,直至选出最优方案为止。

例 11-5 有 4 个投资方案,初投资和年收益分别为 400 万元和 85 万元、200 万元和 50 万元、300 万元和 65 万元、100 万元和 30 万元,计算寿命期 $n=10$ 年,$i_c=10\%$,$S_V=0$(如表 11-2 所示),试用 ΔIRR 优选方案。

(1)按投资额从小到大加以排列:

表 11-2　　　　　　　　　　　　　　　　　　　　　　　　　　　　　　　　　　万元

方案	A_1	A_2	A_3	A_4
初投资	100	200	300	400
年收益	30	50	65	85

检验 A_1 的可行性:NPV$=-100+30(P/A,10\%,10)=-100+30\times6.144=84.3$ 万元>0,方案 A_1 可行。

(2)计算 A_1 与 A_2 方案差额内部收益率 ΔIRR$_{1-2}$

$$-(200-100)+(50-30)(P/A,\Delta\text{IRR}_{1-2},10)=0$$

反查表得:ΔIRR$_{1-2}=15.1\%>10\%$,舍 1 取 2。

(3)计算 A_2 与 A_3 方案差额内部收益率 ΔIRR$_{2-3}$

$$-(300-200)+(65-50)(P/A,\Delta\text{IRR}_{2-3},10)=0$$

反查表得:ΔIRR$_{2-3}=8.3\%<10\%$,舍 3 取 2。

(4)计算 A_2 与 A_4 方案差额内部收益率 ΔIRR$_{2-4}$

$$-(400-200)+(85-50)(P/A,\Delta\text{IRR}_{2-4},10)=0$$

反查表得:ΔIRR$_{2-4}=11.7\%>10\%$,舍 2 取 4。

最后筛选 A_4 为最优投资方案。

例 11-6 有 5 个方案, $n=15$ 年, $i_c=15\%$,按从小到大排列(如表 11-3 所示)。

表 11-3

项 目	方 案				
	A	B	C	D	E
初投资/万元	335 000	500 000	725 000	885 000	940 000
年收入/万元	51 958	116 042	157 584	169 301	183 292
残值/万元	100 000	100 000	100 000	100 000	100 000
内部收益率/%	14.0	22.5	20.7	17.9	18.3
增量投资/万元		165 000	225 000	160 000	55 000
增量收入/万元		64 084	41 542	11 717	13 991
差额内部收益率/%		38.8	16.6	1.22	24.5

ΔIRR_{B-A}: 38.8%>15% ,B 优于 A,取 B;

ΔIRR_{C-B}: 16.6%>15% ,C 优于 B,取 C;

ΔIRR_{D-C}: 1.22%<15% ,C 优于 D,取 C;

ΔIRR_{E-C}: 8.4%<15% ,C 优于 E,取 C。

可见,C 为最优方案,但内部收益率 IRR,C 并不是最高的。

五、总费用现值法

总费用现值法是指通过计算各方案中全部费用的现值 PC 而进行方案比优的一种方法,它是一种特定情况下的净现值法,适用于各方案效益相同或基本相同,且计算寿命期相同、收益难以计量的项目,如公共设施、环境保护、防护工程等。

应用此法的判别原则是:总费用现值最小的方案为优。

总费用现值的计算式为:

$$PC = \sum_{t=1}^{n} (I + C - S_v - W)_t (P/F, i, t) \qquad (11-9)$$

式中:I——各年投资额,包括建设投资和流动资金投资;

C——各年经营成本;

S_v——期末回收固定资产余值;

W——期末回收流动资金;

n——计算寿命期。

例 11-7　有 2 个投资方案 A 与 B, $i_c = 10\%$, 有关数据如表 11-4 所示。试用总费用现值法优选方案。

表　11-4　　　　　　　　　　　　　　　　　　　　　　　　　　　　　　万元

项　　目	方　案							
	A				B			
	年　份							
	1	2	3—10	11	1	2	3—10	11
I	200	400			300	400		
C			200	200			180	180
S_v				−30				−35
W				−200				−250
合计	200	400	200	−30	300	400	180	−105

$$PC_A = 200(P/F,10\%,1) + 400(P/F,10\%,2) + 200\{(P/A,10\%,10) -$$
$$(P/A,10\%,2)\} - 30(P/F,10\%,11)$$
$$= 1\,383.5(万元)$$
$$PC_B = 300(P/F,10\%,1) + 400(P/F,10\%,2) + 180\{(P/A,10\%,10) -$$
$$(P/A,10\%,2)\} - 105(P/F,10\%,11)$$
$$= 1\,359.9(万元)$$

因为 $PC_A > PC_B$, 所以 B 方案为优。

六、年费用法

年费用法是指通过计算各个方案年等值费用来进行比优的一种方法。

等额年费用 AC 的计算式为:

$$AC = \left\{ \sum_{t=1}^{n} (I + C - S_v - W)_t (P/F,i,t) \right\} (A/P,i,n) \qquad (11\text{-}10)$$

此法适用于各方案效益相同或基本相同,计算寿命期相同或不相同的项目。优选原则: 等额年费用最小的方案为优。

仍以总费用现值法实例为例,用年费用法比优:

$$AC_A = 1\,383.5(A/P),10\%,11) = 213.4(万元)$$
$$AC_B = 1\,359.9(A/P),10\%,11) = 209.4(万元)$$

因为 $AC_A > AC_B$, 所以,仍以 B 方案为优。

七、方案比优特殊处理法

(一)寿命期不同的处理

1. 取方案最小寿命期为计算分析期

两方案寿命期分别为 n_1 和 $n_2(n_2 > n_1)$,为使方案在时间上具有可比性,先将寿命期 n_2 换算为年值,再将年值按较小寿命 n_1 换算为现值即可进行比优。其换算式如下:

$$PC_1 = \sum_{t=1}^{n_1}(I_1 + C_1 - S_{V_1} - W_1)(P/F, i, t)$$

$$PC_2 = \left[\sum_{t=1}^{n_2}(I_2 + C_2 - S_{V_2} - W_2)(P/F, i, t)\right](A/P, i, n_2)(P/A, i, n_1)$$

仍用以上的实例。假定 B 方案寿命期为 12 年,则 $n_1 = 11$ 年,$n_2 = 12$ 年。A 方案总费用仍为:$PC_A = 1\,383.5$ 万元。

$$\begin{aligned}
PC_B &= 300(P/F, 10\%, 1) + 400(P/F, 10\%, 2) + 180\{(P/A, 10\%, 11) - \\
&\quad (P/A, 10\%, 2)\} - 105(P/F, 10\%, 12) \\
&= 1\,426.57(万元)
\end{aligned}$$

将 PC_B 换算为期限为 12 年的等年值:$A_B = 1\,426.57(A/P, 10\%, 12) = 209.42$(万元);

再将 A_B 换算为期限为 11 年的总费用现值:$PC'_B = 209.42(P/A, 10\%, 11) = 1\,360.21$(万元)。

两方案均为 11 年,在时间上具有可比性,因 $PC_A > PC'_B$,所以,仍是 B 方案为优。

2. 取两方案寿命期的最小公倍数作为共同计算分析期

例 11-8 有 A、B 两个投资方案,A 初期投资 1\,000 万元,年经营成本为 850 万元,寿命期为 5 年;B 初期投资 1\,500 万元,年经营成本为 800 万元,寿命期为 8 年。基准收益率 $i_c = 12\%$,为简便起见,忽略各方案的残值和回收的流动资金,试优选方案。

解 (1)取最小寿命期 $n_1 = 5$ 年

$PC_A = 1\,000 + 850(P/A, 12\%, 5) = 4\,064$(万元)

$PC'_B = \{1\,500 + 800(P/A, 12\%, 8)\}(A/P, 12\%, 8)(P/A, 12\%, 5) = 3\,966$(万元)

因为 $PC_A > PC'_B$,所以 B 方案为优。

(2)取最小公倍数 $5 \times 8 = 40$ 年

$$PC_A = [1\,000(A/P, 12\%, 5) + 850](P/A, 12\%, 40) = 9\,294(万元)$$

$$PC_B = [1\,500(A/P, 12\%, 8) + 800](P/A, 12\%, 40) = 9\,084(万元)$$

结果相比 $PC_A > PC_B$,因此,B 方案仍为优。

3. 年值法

对于不同寿命期的方案用年值法比优最为简便,因它清除了时间不同的不可比性。

仍用以上实例：

$$AE_A = 1\,000(A/P, 12\%, 5) + 850 = 1\,127.4(万元)$$

$$AE_B = 1\,500(A/P, 12\%, 8) + 800 = 1\,101.5(万元)$$

结果相比，$AE_A > AE_B$，因此，B 方案仍为优。

（二）寿命期无限长的处理

如果方案的使用寿命很长，或者在不断维护下可无限使用下去，这时方案寿命期可视为无限长。寿命期无限长的方案现值比较在西方国家被称为资本化值比较，西方国家早期的线路建设及其延伸工程曾用资本化值比较进行分析评估。某些工程如水坝灌溉、运河及高速公路等也可用资本化比较进行分析评估。对于寿命期无限长的方案，实施中现金流量往往为等额系列，则可求系统的现值：

$$PC = I + C\lim_{n\to\infty}(P/A, i, n) = I + C\lim_{n\to\infty}\frac{(1+i)^n - 1}{i(1+i)^n}$$

$$= I + C\lim_{n\to\infty}\frac{1 - \dfrac{1}{(1+i)^n}}{i} = I + \frac{C}{i} \tag{11-11}$$

式中：I——初投资（或初收益）；

C——年维修费（或等额收益）。

比优原则：若计算资本化值为费用，则以 PC 最小为优；若计算资本化值为收益，则以大者为优。

例 11-9 拟建水坝有两个方案，A 初期投资建筑造价为 10 万元，年维修费为 1.5 万元；B 初期投资建筑造价为 15 万元，年维修费为 1.0 万元。此坝可长期使用，基准收益率为 5%，试优选方案。

解 $PC_A = 10 + \dfrac{1.5}{5\%} = 40(万元)$

$PC_B = 15 + \dfrac{1.0}{5\%} = 35(万元)$

总费用比较结果，$PC_A > PC_B$，因此应选 B 方案。

例 11-10 现拟建立一项奖学基金，银行存款年利率为 6%，开始 5 年每年支付 3 000 万元，以后每年支付 4 200 万元，长期支付下去，问现应向银行存款多少？

解 （1）计算前 5 年支付的现值：$P_1 = 3\,000(P/A, 6\%, 5) = 12\,637(万元)$

（2）计算以后从 6 年开始永久支付下去的资本化现值：$P_2 = \dfrac{4\,200(P/F, 6\%, 5)}{0.06} = 52\,311(万元)$

因此，现应向银行存款：$P = P_1 + P_2 = 12\,637 + 52\,311 = 64\,948(万元)$。

（三）收益率不同的特殊处理

对于要求不同收益率的方案,不能用净现值而要用净现值率比优。

因收益率对净现值有较大影响,从而使其不具备可比性。

例 11-11 有两个方案,A 初期投资为 30 000 万元,1~4 年的年收入分别为 8 000 万元、10 000 万元、15 000 万元和 14 500 万元,要求收益率为 12%;B 初期投资为 40 000 万元,1~4 年的年收入分别为 15 000 万元、15 000 万元、12 000 万元和 24 000 万元,要求收益率为 15%,试方案比优。

求净现值:

$$NPV_A = -30\ 000 + 8\ 000(P/F, 12\%, 1) + 10\ 000(P/F, 12\%, 2) +$$
$$15\ 000(P/F, 12\%, 3) + 14\ 500(P/F, 12\%, 4)$$
$$= 5\ 007(万元)$$

$$NPV_B = -40\ 000 + 15\ 000(P/F, 15\%, 1) + 15\ 000(P/F, 15\%, 2) +$$
$$12\ 000(P/F, 15\%, 3) + 24\ 000(P/F, 15\%, 4)$$
$$= 5\ 999(万元)$$

从净现值来看,似乎 B 优于 A。然而由于要求的收益率不同,使其不具备可比性,用来比优是不对的,正确的是应用其净现值率来比优。

$$NPVR_A = \frac{5\ 007}{30\ 000} = 16.7\%$$

$$NPVR_B = \frac{5\ 999}{40\ 000} = 15\%$$

可见,投资方案 A 优于方案 B。

（四）不同资金结构的方案比优

不同资金结构方案是指项目投资资金来源不同或各种来源资金所占比例不同,评价人员需要从综合资本成本率中选出资金成本率最小的为最佳筹措资金方案。

例 11-12 假设某项目筹措资金来源于银行贷款、发行债券和发行股票;两方案 A、B 筹资资金成本率已算出,均为贷款为 6%,债券为 8%,股票为 9%;资金结构所占比例不同:A 方案各为 0.2、0.4 和 0.4,B 方案各为 0.3、0.4 和 0.3。试优选方案。

求出:

A 方案综合资金成本率 $K_a = \sum_1^3 K_i W_i = 6\% \times 0.2 + 8\% \times 0.4 + 9\% \times 0.4 = 8\%$

B 方案综合资金成本率 $K_b = \sum_1^3 K_i W_i = 6\% \times 0.3 + 8\% \times 0.4 + 9\% \times 0.3 = 7.7\%$

两方案相比：$K_a = 8\% > K_b = 7.7\%$，所以，B 为选优筹措资金结构方案。

例 11-13　某公司拟筹措资金兴建项目，筹资结构：长期债券 600 万元，年利率 9％；优先股 200 万元，年股息率 7％；普通股 800 万元，现每股面值 200 元，期望股息 20 元，预计以后每年增加 5％；项目投产后所得税税率为 33％；筹资费用率均为 2％。公司根据需要拟再增资 400 万元，其措资总额将达 2 000 万元。再增资有两个备选方案：

方案 A：发行长期债券 400 万元，年利率 10％；同时将原普通股股息增至 25 元，年增长率为 6％。

方案 B：发行长期债券 200 万元，年利率 10％；另增发普通股股票 200 万元，其年股息为 25 元，以后每年增加 5％。

试用两方案综合资金成本优选方案。

1. 计算 A 方案资金成本

长期债券 $K_{A_1} = \dfrac{9\% \times (1-33\%)}{1-2\%} = 6.2\%$，所占比例 $W_{A_1} = \dfrac{600}{2\,000} = 30\%$；

新增长期债券 $K_{A_2} = \dfrac{10\% \times (1-33\%)}{1-2\%} = 6.8\%$，所占比例 $W_{A_2} = \dfrac{400}{2\,000} = 20\%$；

优先股 $K_{A_3} = \dfrac{7\%}{1-2\%} = 7.1\%$，所占比例 $W_{A_3} = \dfrac{200}{2\,000} = 10\%$；

普通股 $K_{A_4} = \dfrac{25}{200 \times (1-2\%)} + 6\% = 18.8\%$，所占比例 $W_{A_4} = \dfrac{800}{2\,000} = 40\%$；

方案 A 综合资金成本

$$K_A = \sum_1^4 K_i W_i = 6.2\% \times 30\% + 6.8\% \times 20\% + 7.1\% \times 10\% + 18.8\% \times 40\%$$
$$= 11.5\%$$

2. 计算 B 方案资本成本

长期债券 $K_{B_1} = 6.2\%$，所占比例 $W_{B_1} = 30\%$；

新增长期债券 $K_{B_2} = \dfrac{10\% \times (1-33\%)}{1-2\%} = 6.8\%$，所占比例 $W_{B_2} = \dfrac{200}{2\,000} = 10\%$；

优先股 $K_{B_3} = 7.1\%$，所占比例 $W_{B_3} = \dfrac{200}{2\,000} = 10\%$；

原普通股 $K_{B_4} = \dfrac{20}{200 \times (1-2\%)} + 5\% = 15.2\%$，所占比例 $W_{B_4} = \dfrac{800}{2\,000} = 40\%$；

新增普通股 $K_{B_5} = \dfrac{25}{200 \times (1-2\%)} + 5\% = 17.8\%$，所占比例 $W_{B_5} = \dfrac{200}{2\,000} = 10\%$；

方案 B 综合资金成本

$$K_B = \sum_1^5 K_i W_i = 6.2\% \times 30\% + 6.8\% \times 10\% + 7.1\% \times 10\% +$$

$$15.2\% \times 40\% + 17.8\% \times 10\%$$

$$= 11.1\%$$

A、B 两方案相比:因为 $K_A = 11.5\% > K_B = 11.1\%$,所以,B 为选优筹措资金结构方案。

(五)公益性项目方案优选

公益性项目不以商业利润为追求目标,而是以社会公共福利为主要目标。因此,这类项目成本(费用)和效果(效益)的识别和计量难度较大,一般用总收益 B 与总费用 C 相比 (B/C) 或其年值 A_B 与 $A_C (A_B/A_C)$ 相比指标,和其差额指标 $\dfrac{\Delta B}{\Delta C}$ 相比来优选项目方案。

1. 总收益费用优选法

$$\text{总收益费用指标计算式} \frac{B}{C} = \frac{\sum\limits_0^n B_t (P/F, i_c, t)}{\sum\limits_0^n C_t (P/F, i_c, t)} \tag{11-12}$$

式中:B/C——为项目方案收益费用比;

B_t——为方案七年的收益;

C_t——为方案七年的费用;

i_c——为基准折现率;

n——为方案寿命期或计算期。

评价准则是 $B/C \geqslant 1$,方案可行;$B/C < 1$ 方案应予以否定;

多方案比较时,应以高者为优,但要以差额指标加以验证。年值收益费用指标计算式

$$\frac{A_B}{A_C} = \frac{\sum\limits_0^n B_t (P/F, i_c, t)(A/P, i_c, n)}{\sum\limits_0^n C_t (P/F, i_c, t)(A/P, i_c, n)} \tag{11-13}$$

评价准则同上。

例 11-14 某公益性项目现金流量如图 11-3 所示。

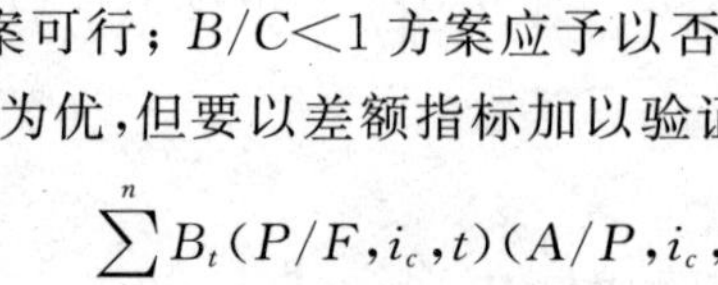

图 11-3

$$\left(\frac{B}{C}\right)_A = \frac{\sum\limits_{0}^{3} B_t(P/F,i,t)}{\sum\limits_{0}^{3} C_t(P/F,i,t)}$$

$$= \frac{7(P/F,10\%,1)+5(P/F,10\%,2)+24(P/F,10\%,3)}{2(P/F,10\%,1)+8(P/F,10\%,2)+3(P/F,10\%,3)} = 1.379$$

净现金流量如下图 11-4 所示。

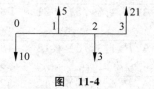

图　**11-4**

同一时点上净流量可加减运算。

$$\left(\frac{B}{C}\right)_B = \frac{5(P/F,10\%,1)+21(P/F,10\%,3)}{10+3(P/F,10\%,2)} = 1.629$$

尽管两种计算结果不影响 $B/C \geq 1$ 评价结论,但它们的数据是有差异的。应当说,按净现金流量计算出的指标更标准。多方案比优时用 $\Delta B/\Delta C$ 来比更好。

2. **差额收益费用优选法**

差额收益费用指标计算式

$$\frac{\Delta B}{\Delta C} = \frac{两方案收益增量(差额)现值}{两方案费用增量(差额)现值} \tag{11-14}$$

评价准则:$\dfrac{\Delta B}{\Delta C} > 1$,则收益现值大的方案为优;$\dfrac{\Delta B}{\Delta C} < 1$,则收益现值小的方案为优。

例 11-15　某地区为减少洪水灾害,共设计了 4 个相互独立的修建水坝方案,各方案的费用列于表 11-5 中,预计坝的寿命期均为 75 年。若该项目融资的资金成本为 4%,请用收益费用法优选方案,并用 $\dfrac{\Delta B}{\Delta C}$ 指标验证之。

表　**11-5**　　　　　　　　　　　　　　　　　　　　　　　　　　　　　　　万元

方案	初投资	年维护费	水灾损失
0(不建)	0	0	240
A	1 120	28	150
B	880	21	170
C	720	18	200
D	480	12	215

我们看见表中的初投资和年维护费已经是净现金流量,将每个方案所能减少水灾的损失视为方案的效益。分别计算出各方案的收益费用比或者视为与不建方案0的差额指标$\frac{\Delta B}{\Delta C}$值相比,先判断各方案的可行性。

$$(B/C)_A = \frac{240-150}{1\,120(A/P,4\%,75)+28} = \frac{90}{75.3} = 1.195 > 1$$

$$(B/C)_B = \frac{240-170}{880(A/P,4\%,75)+21} = \frac{70}{58.1} = 1.205 > 1$$

$$(B/C)_C = \frac{240-200}{720(A/P,4\%,75)+18} = \frac{40}{48.4} = 0.826 < 1$$

$$(B/C)_D = \frac{240-215}{480(A/P,4\%,75)+12} = \frac{25}{32.3} = 0.774 < 1$$

可见:方案C和D收益费用指标均小于1,即不比方案0(不建方案)优,故予以淘汰。但不能认为B方案的收益费用指标比A大,就确定B方案为优,我们还必须使用差额指标来验证优选。

$$(\Delta B/\Delta C)_{A-B} = \frac{90-70}{75.3-58.1} = \frac{20}{17.2} = 1.163 > 1$$

因此,结论是投资额大的A方案比B方案优,最后决策A为最优方案。

(六)设备更新方案优选

1.设备更新经济比较优选

设备更新最根本的原因是继续使用经济性不好,年度费用很高。因此,设备更新的特点为:一是只比较新、旧设备的费用;二是采用年费用比较,因为新、旧设备的寿命期不同,特别要注意时间上两者的可比性。

设备更新原则:

(1)不考虑沉没成本。沉没成本是指过去已发生的,而现在或将来对方案的优选均不起作用的成本费用,如过去为此花掉的时间、精力和金钱等;

(2)采用逐年比较,以解决设备何时更新为最佳的问题;

(3)以客观立场进行新、旧设备方案分析比较,不能以旧设备所有者的身份来评选新、旧设备。下面以实例来分析论证,并指出错误之所在。

例11-16 某机械设备公司4年前投资2 200万元购进一套设备A。预计还可以使用6年,年使用费为700万元,6年末残值200万元。现市场上有相同性能新设备B,投资费用要2 400万元,预期可使用10年,年使用费为400万元,期末残值300万元。行业基准收益率为15%,现该公司面临着两个方案的决策:

方案甲：继续使用设备 A；

方案乙：把设备 A 以 600 万元出售，然后买设备 B。

如按甲、乙两个方案的直接现金流量图(图 11-5 与图 11-6)，计算结果如下：

$$AC_甲 = 700 - 200(A/F,15\%,6) = 667(万元)$$

$$AC_乙 = (2\,400 - 600)(A/P,15\%,10) + 400 - 300(A/F,15\%,10) = 744(万元)$$

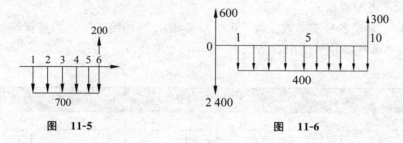

图 11-5   图 11-6

计算结果，甲方案比乙方案在 6 年内每年可节省 744 - 667 = 77 万元，应该继续使用 A。实际上，上面的分析思路是错误的，因为决策者不自觉地以旧设备所有者的身份比较新、旧设备，没有站在一个客观的立场上。客观的立场应是：决策者应站在第三方的立场上，要么支付 600 万元购买设备 A，要么支付 2 400 万元购买设备 B。因此两方案比较，其现金流量图应如图 11-7 与图 11-8 所示。

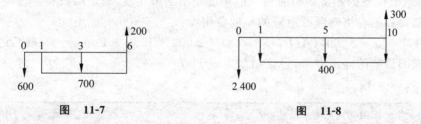

图 11-7   图 11-8

计算结果为：

$$AC_甲 = 700 + (600 - 200)(A/P,15\%,6) + 200 \times 15\% = 836(万元)$$

$$AC_乙 = (2\,400 - 300)(A/P,15\%,10) + 300 \times 15\% + 400 = 864(万元)$$

由此可见，甲方案比乙方案在 6 年内每年可节省 864 - 836 = 28 万元；而不是上述计算的 77 万元。究其原因，在于前后两次比较时对旧设备重置价值 600 万元处理不当。上面的计算隐含了一个事实，即新旧设备都能满足生产需要。基于此事实，可作这样一个假设：新、旧设备的年度费用相同，这样可以推导理论上旧设备的价值，将其与目前售价相比较，做出是否更新的决策。

计算过程为：设 X 表示设备 A 的当前价值，令其年度费用与设备 B 的年度费用相等，则：

$$(X - 200)(A/P, 15\%, 6) + 200 \times 15\% + 700 = 864(万元)$$

解上式，得

$$X = 707(万元)$$

也就是说，同设备 B 比较，设备 A 应值 707 万元。但是其售价只是 600 万元。因此，它应该保留，不需要更新。

例 11-17　某设备目前的残值为 7 000 万元，估计还能用 3 年。如果保留使用该设备 1、2、3 年，其年末残值和年使用费见表 11-6。

表　11-6　　　　　　　　　　　　　　　　　　　　　　　　　　　　　　　　　　万元

保留使用年数	年末残值	年使用费
1	5 000	3 000
2	3 000	4 000
3	2 000	6 000

现有一种新设备，市场购价为 30 000 万元，经济寿命为 12 年，12 年末的残值为 2 000 万元，年度使用费固定为 1 000 万元。基准收益率 15%。

问：是否要用新设备更换旧设备？如果更换，何时最好？

根据新、旧设备的经济寿命所对应的年度费用结果比较，确定旧设备是否应该更换。

（1）新设备的经济寿命所对应的年度费用为：

$$AC_{新} = (30\,000 - 2\,000)(A/P, 15\%, 12) + 2\,000 \times 15\% + 1\,000 = 6\,466(万元/年)$$

（2）求旧设备的经济寿命，计算结果见表 11-7。

表　11-7

保留使用年数	年度费用（万元/年）
1	6 050
2	6 383
3	6 686

（3）何时更换最好？

通过计算，可知旧设备的经济寿命为 1 年，此时年度费用 $AC_{旧} = 6\,050$ 万元/年，小于新设备经济寿命对应的年度费用 $AC_{新} = 6\,466$ 万元/年，可见旧设备不需要立即更换。

旧设备保留使用 1 年，由于 $AC_{旧} = 6\,050$ 万元/年 $< AC_{新} = 6\,466$ 万元/年。此时，不应更换；

旧设备保留使用 2 年，由于 $AC_{旧} = 6\,383$ 万元/年 $< AC_{新} = 6\,466$ 万元/年。此时，不

应更换；

旧设备保留使用 3 年,由于 $AC_旧 = 6\,686$ 万元/年 $> AC_新 = 6\,466$ 万元/年。此时,应该更换。

实际上,以上的更新决策思路有可能犯错误。因为这个结果只能说明,使用旧设备 2 年比立即更新来得经济,因为使用旧设备 2 年的"平均费用"比新设备的年度费用 6 466 万元/年低。但要考虑一种情况:旧设备第 1 年使用费用低,第 2 年使用费高,两年的"平均费用"低于新设备的年费用,但第 2 年的使用费已经高出 6 466 万元/年。因此,应该在第 2 年初更换新设备。

正确的做法是逐年比较,即将旧设备各年年费与新设备的年费用进行比较。

第 1 年内使用旧设备的年费用为 $AC_{旧(第一年)} = 6\,050$ 万元/年,此时不应更换;

第 2 年内使用旧设备的年费用为 $AC_{旧(第二年)} = 6\,750$ 万元/年,计算过程为:

$$AC_{旧(第二年)} = (5\,000 - 3\,000)(A/P, 15\%, 1) + 3\,000 \times 15\% + 4\,000 = 6\,750(万元/年)$$

$AC_{旧(第二年)} = 6\,750(元/年) > AC_新 = 6\,466$ 元/年,说明旧设备第 2 年年费用超出新设备的年度费用。因此,旧设备使用 1 年后就应该更换。

2. 设备更新比较优选实例

(1) 由于能力不适应而引起的更新

例 11-18　某公司在三年前花 23 000 万元购置了一套皮带传送设备,估计寿命期为 18 年,年度使用固定费为 1 250 万元/年,由于要传送的产品数量增加一倍,原皮带传送设备的能力不能满足生产需要,为此,现提出 A、B 两种方案来解决。

A 方案:除原有皮带传送设备外,再花 17 000 万元购置一套和原皮带传送设备完全相同的设备;

B 方案:将原皮带传送设备以 6 100 万元出售,再花 27 000 万元购置一套能力大一倍的设备,估计寿命期为 15 年,年使用费用为 2 400 万元/年。

三套设备的残值率均为购置成本的 15%,$i_c = 10\%$,$n = 15$ 年,比较 A、B 两方案。

① 方案 A 年度总费用

使用原皮带传送设备的年度费用为:

$$AC_{A原} = (6\,100 - 23\,000 \times 15\%)(A/P, 10\%, 15) + 23\,000 \times 15\% \times 10\% + 1\,250$$
$$= 1\,943(万元/年)$$

使用新皮带传送设备(忽略未使用价值)的年费用为:

$$AC_{A新} = (17\,000 - 17\,000 \times 15\%)(A/P, 10\%, 15) + 17\,000 \times 15\% \times 10\% + 1\,250$$
$$= 3\,405(万元/年)$$

方案 A 的年总费用 $= 1\,943 + 3\,405 = 5\,348$(万元/年)

② 方案 B 年费用

$$AC_B = (27\,000 - 27\,000 \times 15\%)(A/P, 10\%, 15) + 27\,000 \times 15\% \times 10\% + 2\,400$$
$$= 5\,823(万元 / 年)$$

通过计算,显然应采用 A 方案;因为方案 B 年费用 5 823 万元/年>方案 A 年费用 5 348 万元/年。

(2) 由于效率降低而引起的设备更新

例 11-19 塔带机由于提斗逐渐磨损而使其效率降低。如表 11-8 中的第(2)列所示。由于提斗的容量变小,必须延长塔带机的运行时间,这样就增加了运行费。当提斗处于崭新状态时,为了完成输送材料的任务,塔带机每年运行 1 200h;当效率降低时,每年运行时数就得增加。每小时运行费为 6.40 万元,提斗更新费用为 960 万元,平均年度使用费用如表 11-8 中的第(7)列所示。$i_c = 7\%$,年度使用费见表 11-8 中的第(8)列。

表　11-8　　　　　　　　　　　　　　　　　　　　　　　　　　　　　　　　　　万元

年末 (1)	年初效率 (2)	平均效率 (3)	一年运转时数 =1 200÷(3) (4)	年运行费 =(4)×6.40 (5)	年运行费总和 ∑(5) (6)	平均年度使用费 [960+(6)]÷(1) (7)	年度使用费 (8)
1	1.00	0.97	1 237	7 917	7 917	8 877	8 944
2	0.94	0.91	1 319	8 442	16 359	8 659	8 702
3	0.88	0.86	1 395	8 928	25 287	8 749	8 773[①]
4	0.84	0.82	1 463	9 363	34 650	8 903	8 904
5	0.80						

注: ① $960(A/P, 0.07, 3) + [7\,917(P/F, 0.07, 1) + 8\,442(P/F, 0.07, 2) + 8\,928(P/F, 0.07, 3)] < (A/P, 0.07, 3) = 8\,773$。

解:

从表 11-8 中看出,在第 2 年年度使用费最小,但这并不意味着提斗到第 2 年年末一定要更换,因为是否更换还涉及新提斗的具体情况。

假定考虑用新的机器来更换原有的塔带机。假如原有塔带机的残值为零,其下一年的使用费为 8 900 万元,以后逐年增加 100 万元。原有塔带机的经济寿命由于残值为零,年度使用费逐年增加,其经济寿命 1 年。新机器的经济寿命由上表可知为 2 年,在这种情况下,应该更新原塔带机,因为更新后每年至少可以节省 8 900 − 8 702 = 198 万元。即使新机器不是使用 2 年,而是 4 年,更新还是有利的,因为:

$$AC_{新} = 8\,904(万元 / 年)$$
$$AC_{旧} = 8\,904 + 100(A/G, 7\%, 4) = 9\,042(万元 / 年)$$

(七)设备租赁经济分析

1. 设备租赁的优缺点

设备租赁可以让承租人在使用设备时并不需要有相当于设备价值的一笔资金,而只需要逐期支付租金就可以了,因此对于中小型企业特别适合。当今,市场竞争激烈,产品更新换代速度加快,设备的技术寿命大大缩短,设备极易因技术落后而被淘汰。因此,使用者采取租赁的方式,可以避免这种风险。购置设备往往需要长期保持一定的维修力量,在企业维修任务少的情况下,效率就降低了。而采用由出租人负责维修的租赁方式,可以降低维修费用的负担。通过借款或发行债券等方式筹集资金购置设备,会增加企业的负债、减少运营资本、降低流动比率、降低权益比率,这样会影响到企业的社会形象,而采用租赁的方式可以一定程度地避免这种情况的出现。

租赁设备也有不足之处。如设备在租赁期间,承租人只有设备的使用权而没有所有权,承租人一般无权随意对设备进行技术改造。还有,一般情况下,承租人租赁设备所付的租金要比直接购置设备的费用要高,因为租金中包含着出租人的管理费和边际利润。不管企业的现金流量和经营状况好坏,都要按照合同按时支付租金。

2. 租赁决策分析

租赁决策,主要是将租赁成本与购买成本进行比较。比较时,要考虑资金时间价值,有些情况要考虑对税收的影响。

(1)不考虑税收影响情况下的比较

例 11-20 某航空公司由于业务扩张,需要引进一架飞机增加运力。如果直接购买,某型飞机的价格是 4 亿元,使用寿命 20 年,预计该飞机的净残值为 1 200 万元;如果通过租赁的模式获得飞机的使用权,则每年需要支付租金 3 600 万元。该飞机每年的运营费用为 4 000 万元,各种可能的维修费用平均每年大约 2 000 万元。基准收益率 $i_c = 10\%$,请问租赁和购置哪种方式对航空公司有利?

选择购买,其费用年值为

$$AC_{购买} = 40\,000(A/P,10\%,20) + 4\,000 + 2\,000 - 1\,200(A/F,10\%,20)$$
$$= 10\,677.45(万元)$$

选择租赁,其费用年值为

$$AC_{租赁} = 3\,600 + 4\,000 + 2\,000 = 9\,600(万元/年)$$

由于 $AC_{购买} > AC_{租赁}$,应该租赁。

(2)考虑税收影响情况下的比较

设备租赁应考虑对税收的影响。因为按财务制度规定,租金允许计入成本,购买设备每年计提的折旧费也允许计入成本，借款支付的利息也可以计入成本。

例 11-21 某公司需要一台电瓶车。某型号电瓶车价值 10 000 元，使用寿命 4 年，残值为 1 000 元。该型号电瓶车每年扣除燃料、维修费和保险费后可获得营运收入 10 000 元，公司要按 33% 税率交所得税。

假设公司可以一次性付款购买设备；也可以租赁，每月需要支付租金 3 000 元；还可以先一次性支付 40%，然后在第 2、第 3 年年初支付 3 800 元。若基准收益率 $i_c = 15\%$，试决策。

① 一次性付款购买设备的现金流量见表 11-9。

表 11-9 元

项目 \ 年份	0	1	2	3	4
营运收入（扣运营费后）①		10 000	10 000	10 000	10 000
购置费②	10 000				
折旧费③		2 250	2 250	2 250	2 250
所得税④=（①－③）×33%		2 558	2 558	2 558	2 558
净现金流量⑤=①－②－④	−10 000	7 442	7 442	7 442	7 442

净现值为

$$NPV_1 = -10\,000 + 7\,442(P/A, 15\%, 4) = 11\,245.9(元)$$

② 租赁的情况，见表 11-10。

表 11-10 元

项目 \ 年份	0	1	2	3	4
营运收入（扣运营费后）①		10 000	10 000	10 000	10 000
租赁费②	3 000	3 000	3 000	3 000	
所得税③=（①－②）×33%		2 310	2 310	2 310	2 310
净现金流量④=①－②－③	−3 000	4 690	4 690	4 690	7 690

净现值为

$$NPV_2 = -3\,000 + 4\,690(P/A, 15\%, 3) + 4\,690(P/F, 15\%, 4) = 12\,104.4(元)$$

③ 分期付款的情况,见表11-11。

表 11-11 元

项目 \ 年份	0	1	2	3	4
营运收入(扣运营费后)①		10 000	10 000	10 000	10 000
分期付款②	4 000	3 800	3 800		
折旧费③		2 250	2 250	2 250	2 250
所得税④=(①-③)×33%		2 558	2 558	2 558	2 558
净现金流量⑤=①-②-④	-4 000	3 642	3 642	7 442	7 442

净现值为

$$NPV_3 = -4\,000 + 3\,642 \times (P/A,15\%,2) + 7\,442 \times (P/A,15\%,2)(P/F,15\%,2)$$
$$= 11\,071.2(元)$$

通过上面的计算,可以看出采用租赁的方式获得设备的净现值最大,为租赁的最优方案。

(八)通货膨胀分析

在经济动荡期间,市场上由于货币流通量的增加或商品供给量的不足而引起物价暴涨或暴跌的现象称为通货膨胀。一般表现为暴涨而使单位货币的购买力下降,从而影响投资项目的经济评价指标和投资方案的决策分析。通货膨胀一般用消费物价指数 CPI(consumer price index)来表示;如果通货膨胀率在 2%~4% 时,在经济评价中一般不予考虑。然而当通货膨胀率达到两位数时,必须加以考虑。由于货币贬值,各项经济评价指标和投资项目决策优选必将受到严重的影响。

1. 对利率的影响

考虑了通货膨胀率 f,利率有名义利率 i_n(nominal interest rate)和实际利率 i(real interest rate)之分;前者考虑了通货膨胀的利率,而后者没有考虑通货膨胀的利率。两者的关系为:

$$i_n = (1+i)(1+f) - 1 \approx i + f$$

或

$$i = \frac{(1+i_n)}{(1+f)} - 1 = \frac{i_n - f}{1+f} \approx i_n - f$$

例如,购买某公司债券名义年利率为 $i_n = 14\%$,若当年的通货膨胀率 $f = 8\%$,则该公司债券的实际年利率为:

$$i = \frac{1+i_n}{1+f} - 1 = \frac{1+14\%}{1+8\%} - 1 = \frac{14\% - 8\%}{1+8\%} = 5.56\%$$

$$\approx i_n - f = 14\% - 8\% = 6.00\%$$

可见：受通货膨胀影响，实际利率 i 比名义利率 i_n 要低；通货膨胀率越高，其两者的差值也越大，其近似值差异也越大。从而，对项目的收益、费用、静动态经济评价指标的影响也越大。因此，我们在分析决策投资方案时必须严加重视通货膨胀的影响。

2. 对汇率的影响

汇率是外国货币(美元)与本国货币(人民币)的兑换比率 E，由于通货膨胀，本国货币将贬值，外国货币将升值(假设外国货币相对稳定)，从而影响项目外汇效益、费用的计算及其经济评价指标。两者关系为：

$$E = E_0 \prod_{i=1}^{n} (1+f_i)$$

式中：E——基年汇率；

　　　f_i——计算期 i 年通货膨胀率。

例如，2016 年美元与人民币的兑换率为 $E_0 = 6.900$ 元/美元，预计 2017 年通货膨胀率为 1%，2018 年为 2%，则预计 2019 年的汇率应为：

$$E = E_0 \prod_{i=1}^{2} = 6.9(1+0.01)(1+0.02) = 7.108(元 / 美元)$$

3. 对建设期投资的影响

考虑了通货膨胀货币贬值，建设期 m 的投资将增加，其总现值 P_n 为：

$$P_n = \sum_{1}^{m} P_t (1+f)^t (1+i)^{-t}$$

式中：P_t——建设期 t 年的实际投资额；

　　　f——建设期 m 年均通货膨胀率；

　　　i——折现率。

例如，某项目建设期 3 年，年均通货膨胀率 $f = 6\%$，折现率 $i = 10\%$，3 年中各原投资额为 25 万元，则考虑了通货膨胀其总投资现值 P_n 为：

$$P_n = \sum_{1}^{3} P_t (1+f)^t (1+i)^{-t} = 25(1+6\%)^1 (1+10\%)^{-1} +$$

$$25(1+6\%)^2 (1+10\%)^{-2} + 25(1+6\%)^3 (1+10\%)^{-3}$$

$$= 69.5(万元)$$

不考虑通货膨胀总投资现值为：

$$P = 25(P/A, 10\%, 3) = 25 \times 2.4868 = 62.2(万元)$$

两者之差：

$$\Delta P = P_n - P = 69.5 - 62.2 = 7.3(万元)$$

这 7.3 万元的差额为通货膨胀而引起的投资现值的增加量(投资短空额)。

4. 对净现值 NPV 的影响

考虑了通货膨胀,各年的净现金流量均需先乘一个膨胀指数 $(1+f)$,然后再按名义利率折算为现值,累加起来即为 NPV_f：

$$\mathrm{NPV}_f = \sum_{t=1}^{n} (\mathrm{CI} - \mathrm{CO})_t (1+f)^t \frac{1}{(1+i)^t \cdot (1+f)^t}$$

$$= \sum_{t=1}^{n} (\mathrm{CI} - \mathrm{CO})_t \frac{1}{(1+i)^t} = \mathrm{NPV}$$

可见：考虑通货膨胀的净现值 NPV_f 与未考虑通货膨胀的净现值 NPV 相等 $\mathrm{NPV}_f = \mathrm{NPV}$。因此,通货膨胀对净现值 NPV 是没有影响的。

例证：某投资项目各年净现金流量如表 11-12 所示,计算期为 3 年,通货膨胀率 $f = 10\%$, $i = 4.5\%$。

表 11-12 　　　　　　　　　　　　　　　　　　　　　　　　　　　　　　　　万元

年	0	1	2	3
净现金流量	-100	40	50	30

未考虑通货膨胀时的净现值：

$$\mathrm{NPV} = \sum_{t=0}^{3} (\mathrm{CI} - \mathrm{CO})_t (1+i)^{-t}$$

$$= -100 + 40(1+4.5\%)^{-1} + 50(1+4.5\%)^{-2} + 30(1+4.5\%)^{-3}$$

$$= 10.30(万元) > 0$$

所以项目可行。

考虑通货膨胀时的净现值：

$$名义利率 \ i_n = (1+i)(1+f) - 1 = (1+4.5\%)(1+10\%) - 1 = 15\%$$

$$\mathrm{NPV}_f = \sum_{t=0}^{3} (\mathrm{CI} - \mathrm{CO})_t (1+f)^t (1+i_n)^{-t}$$

$$= -100 + 40(1+10\%)^1 (1+15\%)^{-1} + 50(1+10\%)^2 (1+15\%)^{-2} +$$
$$\quad 30(1+10\%)^3 (1+15\%)^{-3}$$

$$= 10.30(万元) > 0$$

所以项目可行。

可见:两者净现值计算结果相等。因此,通货膨胀对净现值 NPV 没有影响。所以,在通货膨胀时期,我们应尽量采用净现值 NPV 的评价指标,以消除通货膨胀对投资决策的不利影响。但在项目优选时,还要加用净现值率 NPVR 来判别,以消除 NPV 值没有反映总投资额的差异,尤其在比较效益指标大小时,有时会出现相反的结论。

5. 对内部收益率 IRR 的影响

内部收益率是当净现值等于零时的年利率。按此计算原则,分别计算出有无通货膨胀时的内部收益率,然后加以比较,就可看出两者的变化关系。

例如,某投资项目计算期为 4 年,初投资为 2 000 万元,投产后 1~4 年年净收入均为 800 万元,若通货膨胀率 $f=5\%$。请分别计算有无通货膨胀时的内部收益率并加以分析比较。

(1) 不考虑通货膨胀时的内部收益率 IRR 值为:

$$\text{NPV}(i) = 0 \quad -2\,000 + 800(P/A, i\%, 4) = 0$$

$$(P/A, i\%, 4) = \frac{2\,000}{800} = 2.500$$

仅查表得 IRR$=22\%$。

(2) 考虑通货膨胀时的内部收益率 IRR 值为:

$$\text{NPV}_f = 0 \quad \sum_{t=1}^{4}(\text{CI} - \text{CO})_t(1+f)^t(1+i)^{-t} = 0$$

$f=5\%$,解得各年通货膨胀后的现金流量如表 11-13 所示。

表 11-13 万元

年	0	1	2	3	4
净现金流量	−2 000	840	882	926	972

代入计算式

$$-2\,000 + 840(1+i)^{-1} + 882(1+i)^{-2} + 926(1+i)^{-3} + 972(1+i)^{-4} = 0$$

解得 IRR$=28.1\%$。

可见:通货膨胀使内部收益率 IRR 值有所增加,从 IRR$=22\%$ 增加到 IRR$=28.1\%$;通货膨胀率越高,内部收益率 IRR 的增加值也就越大。研究结果表明,两者的变化关系为:

$$\text{IRR}_f = (1 + \text{IRR})(1 + f) - 1$$

或

$$\text{IRR} = \frac{(1 + \text{IRR}_f)}{(1 + f)} - 1$$

显而易见：受通货膨胀的影响，内部收益率的变化同利率的变化关系相同。虽然通货膨胀会使 IRR 值有所增加，但判别项目可行性的标准也相应增加，因此，通货膨胀对 IRR 的判别结果不会受到影响，即考虑通货膨胀和未考虑通货膨胀的判别结论一致。

6．对偿还能力的影响

分析结果表明：考虑通货膨胀时，规定企业采用固定贷款利率还本付息，按不变价计算，通货膨胀率越高，其还本付息额也就越小，而项目剩余资金就越多，企业会出现偿还能力增强的假现象。

我国从 1993 年 7 月 1 日开始，实施新的财务制度，推行统一税制，并规定税后还贷，如果采用固定利率计算，则通货膨胀同样会降低实际利率，从而增加项目的偿还能力，对企业借款者会产生有利的影响。

八、方案比优指标的适用范围

净现值法、净现值率法、净年值法、差额内部收益率法、总费用现值法和年费用法是投资方案比优时常用的方法指标。净年值法和年费用法在使用时往往没有限制条件，只是取值标准相反，净年值法取大者为优，年费用法取小者为优。差额内部收益率法也常用，而且比优结果与净现值法一致。

净现值和内部收益率在使用时都有一定的局限性。净现值没有反映投资额，只是一个满足收益率要求的超越量。一般投资额大，其超越量也高，但投资效果不一定好。所以，在比优时，往往再以净现值率加以补充。净现值率是净现值的一个补充指标，反映净现值与投资现值比例的关系。净现值率最大化有利于有限投资效益的最佳化。内部收益率比较直观，能直接反映投资的盈利能力，但比优时会发生与净现值相反的结果，所以一般不用，只用于判断项目的可行性上。而且当项目生产过程有大量追加投资时，往往会出现多个内部收益率，从而使其失去实际意义。

各指标的适用范围归纳如表 11-14 所示。

表 11-14

用 途	净现值 NPV	内部收益率 IRR	净现值率 NPVR
项目可行性判断	$NPV \geqslant 0$	$IRR \geqslant i_c$	$NPVR \geqslant 0$
方案比优	无资本金限制，可取 NPV 大者	不用，一般用 ΔIRR。当 $\Delta IRR > i_c$，投资额大的为优；否则，$\Delta IRR < i_c$，投资额小的为优	有资本金限制时，取 NPVR 大者
项目排队（项目最优组合）	不单独使用	一般不用	按 NPVR 大小排列，选满足资本金约束条件的方案组合

九、综合实例分析

（一）丁氏建筑公司

丁氏建筑公司是香港一家建筑承包商，公司承建工程已趋饱和，市场经理预计一年内市场需求会上升15％。董事会考虑了三种策略方案：

（1）购买新设备，以扩大生产能力，满足市场增长的需要；

（2）加班工作，以扩大承包能力，满足市场增长的需要；

（3）继续满负荷运动，不再承包新工程，将市场增加的需求让给竞争对手或新的公司。

经调查研究，三种方案在不同市场情况下的净收益及其概率如表11-15所示。

表 11-15 　　　　　　　　　　　　　　　　　　　　　　　　　　百万元

方案	市场上升 15%（概率 0.6）	市场稳定（概率 0.3）	市场下降（概率 0.1）
1	2.00(0.6)	0.40(0.3)	0.0(0.1)
2	1.2(0.6)	0.6(0.3)	0.20(0.1)
3	0.80(0.6)	0.6(0.3)	0.20(0.1)

1. 收益分析

计算三种方案的期望值 E_p：

$$E_{p_1} = 2.00 \times 0.6 + 0.40 \times 0.3 + 0 \times 0.1 = 1.32 （百万元）$$

$$E_{p_2} = 1.20 \times 0.6 + 0.60 \times 0.3 + 0.20 \times 0.1 = 0.92 （百万元）$$

$$E_{p_3} = 0.80 \times 0.6 + 0.60 \times 0.3 + 0.20 \times 0.1 = 0.68 （百万元）$$

董事会应采取什么策略方案呢？就其收益的期望值来看应该采取购置新设备的第一方案。因为，此方案收益期望值最高（132万元）。

2. 分析风险，求方案均方差和风险变异系数

$$\sigma_1 = \pm \sqrt{(2.00 - 1.32)^2 \times 0.6 + (0.40 - 1.32)^2 \times 0.3 + (0 - 1.32)^2 \times 0.1} = \pm 0.84$$

风险变异系数：$r_1 = \sigma / E_{p_1} = 0.84/1.32 = 0.64$

同样，可求得：$\sigma_2 = 0.36, r_2 = 0.39$；$\sigma_3 = 0.20, r_3 = 0.29$

三种方案收益与风险分析计算结果整理如表11-16所示。

表 11-16

方案	收益期望值,E_p,百万元	均方差	变异系数
1	1.32	0.84	0.64
2	0.92	0.36	0.39
3	0.68	0.20	0.29

从风险角度来看,方案 3 的风险最小,其变异系数 $r_3 = 0.29$,但收益也最低,为 68 万元;方案 1 虽然收益最大,但其风险也最高。这时候董事会应如何决策,主要决定于决策者的风险偏好。风险厌恶者将取方案 3;进取者,即风险偏好者将取方案 1。

(二)深圳填海造地工程

深圳由于经济高速增长,土地越来越紧张,从而提出一个填海造地的计划,建造一个集装箱码头及附属设施。

项目规模:造地 250 公顷,建造防波堤,延长原先的下水道系统,重新安置现有的轮渡码头。

最低的投标报价如表 11-17 所示。

表 11-17   百万元

项 目	报价
1.准备工作	56.00
2.现场清理	0.30
3.公路工程	22.00
4.土地填造和防波堤	343.00
5.建造码头	152.00
6.抽水系统	64.00
7.排水涵洞	37.00
8.取土区	52.00
9.非计划工程补偿费	30.00
小计	756.00
价格上涨准备金	50.00
不可预测费用	73.00
总计	879.30

筹备委员会和投标者开了一次会议,协定项目 4、项目 5 和不可预测费用分别如表 11-18～表 11-20 所示。

表 11-18　项目 4：土地填造和防波堤　　　　　　百万元

可能变化量	造价小计	项目总计
＋50％	514.50	1 050.80
＋40％	480.20	1 016.50
＋30％	445.90	982.20
＋20％	411.60	947.90
＋10％	377.30	913.60
0	343.00	879.30
−10％	308.70	845.00
−20％	274.40	810.70
−30％	240.10	776.40
−40％	205.80	742.10
−50％	171.50	707.80

表 11-19　项目 5：建造码头　　　　　　百万元

可能变化量	造价小计	项目总计
＋50％	228.00	955.30
＋40％	212.80	940.10
＋30％	197.60	924.90
＋20％	182.40	909.70
＋10％	167.20	894.50
0	152.00	879.30
−10％	136.80	864.10
−20％	121.60	848.90
−30％	106.40	833.70
−40％	91.20	818.50
−50％	76.00	803.30

表 11-20　不可预测费用　　　　　　百万元

可能变化量	造价小计	项目总计
＋50％	109.50	915.80
＋40％	102.20	908.50
＋30％	94.90	901.20
＋20％	87.60	893.90
＋10％	80.30	886.60
0	73.00	879.30
−10％	65.70	872.20
−20％	58.40	864.70
−30％	51.10	857.40
−40％	43.80	850.10
−50％	36.50	842.80

筹备委员会和投标者一致认为这三项风险性最高,需要经常监控。为此,我们对此三项进行了敏感性分析,以期把握最敏感性因素并加以严格监控,使项目承担的风险最小。

其分析结果如图 11-9 所示。

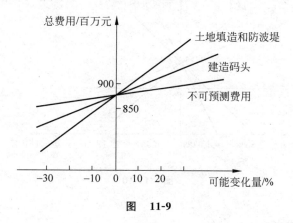

图 11-9

由图可见,三项中,第四项土地填造和防波堤最为敏感,其线形变化较陡,影响最大;其次为第五项建造码头;最后为不可预测费用,其线形变化较缓,影响最小。因此风险实际监控重点次序为土地填造和防波堤、建造码头和不可预测费用。

（三）动态敏感性分析

用动态方法分析敏感性因素,通常为销售收入、成本、投资和项目寿命期发生变化对其经济评价指标的影响程度,其经济指标一般为内部收益率 IRR。现以某煤矿技术改造工程为实例进行分析。

计算得 IRR＝8.42%,其基准利率 i_c＝7.3%。因为 IRR＞i_c,所以项目可行。

计算得敏感性因素、投资、产量、成本和销售变化对 IRR 的影响如表 11-21 所示。

表 11-21   %

敏感性因素	−10%	0	＋10%	敏感变化率	允许最大最小变化幅度
投资	9.68	8.42	7.51	0.085	13.18
产量	5.27	8.42	11.46	0.315	−3.56
成本	10.68	8.42	6.16	0.226	4.96
销售价格	2.63	8.42	13.92	0.578	−1.938

结果表明:四个敏感性因素中销售价格最为敏感,其允许最大变化幅度不得减少近2%(−1.938),其次为产量,不得减少 3.56%,再次为成本,不得增加 4.96%,最后为投资

不得增加 13.18%。因此,监控风险应以市场价格为重点,监控变化幅度不得超过其最大允许值 2%,以减少风险,安全生产。其敏感性分析图如图 11-10 所示。

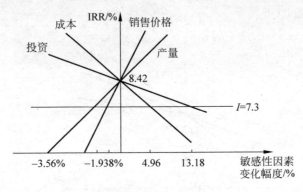

图　11-10

(四) 概率风险分析

某项目初期投资 20 万元,建设期为 1 年,生产期预测有 2、3 年 4 年三种可能,概率分别为 0.2、0.2、0.6;年收益有 5 万元、10 万元和 12.5 万元三种可能,概率分别为 0.3、0.5、0.2。基准利率为 10%。试进行概率风险分析。

1. 风险决策

分析计算决策如表 11-22 所示。

表　11-22

初期投资 /万元	年收益 /万元	概率	生产期 /年	概率	综合概率	净现值 /元	加权净现值 /元
			2	0.2	0.06	−102 930	−6 175
	5	0.3	3	0.2	0.06	−68 767	−4 126
			4	0.6	0.18	−37 722	−6 790
			2	0.2	0.10	−24 032	−2 403
20	10	0.5	3	0.2	0.10	44 268	4 427
			4	0.6	0.30	106 358	31 907
			2	0.2	0.04	15 410	616
	12.5	0.2	3	0.2	0.04	100 785	4 031
			4	0.6	0.12	178 398	21 408
				$\sum$	1.00	$\sum$	42 895

可见,计算净现值期望值,先求各路径综合概率,然后求其净现值,如第一路径的综合概率值 $p(x)=0.3\times0.2=0.06$,净现值为

$$NPV_1=-200\,000[P/F,10\%,1]+50\,000[P/A,10\%,2][P/F,10\%,1]$$
$$=-102\,930(元)$$

加权净现值: $NPV_1 P(x)=-102\,930\times0.06=-6\,175(元)$

其他路径计算相同,其各自结果均标在相应位置上。

加权净现值之和 $\sum NPV(P_x)=42\,895>0$,可见项目可行,其风险不太大。

2. 净现值累计概率

按净现值大小排列,其概率值相加,求其净现值大于或等于零的累计概率值,以此估计所承担风险大小。其结果如表 11-23 所示。

表　11-23

净现值/元	累计概率	净现值/元	累计概率
−102 930	0.06	44 268	0.54(0.44+0.10)
−68 767	0.12(0.06+0.06)	100 785	0.58(0.54+0.04)
−37 722	0.30(0.12+0.18)	106 358	0.88(0.58+0.30)
−24 032	0.40(0.30+0.10)	178 398	1.00(0.88+0.12)
15 410	0.44(0.40+0.04)		

求得净现值大于或等于零的累计概率:

$$1-\left[0.40+(0.44-0.40)\times\frac{|-24\,032|}{15\,410+|-24\,032|}\right]=1-0.424\,4=57.56\%$$

可见:项目尚有一定的抗风险能力,净现值大于或等于零的概率为 57.56%,其风险概率只有 42.44%,不会太大。

此值也可用累计概率图求解,如图 11-11 所示。

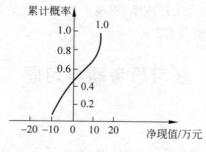

图　11-11

累计概率图曲线表示累计概率的变化情况,其曲线与纵坐标的交点为 0.424 4,表示净现值为零,因此净现值大于或等于零的累计概率为 1－0.424 4＝0.575 6,约等于 57.56%。表示项目有一定的抗风险能力。

概率风险分析简单明了,在实践风险分析中,得到了广泛的应用。但其各概率有时难以确定,带有一定的主观性。

(五)德国奔驰汽车在美国营销失败风险分析

1. 实例

奔驰是德国生产的名牌赛车,1981 年将销售中心转移至美国。比德·休兹出任美国销售部总裁。经过努力在美国建立起营销网络,销售量从 1980 年的 1 万辆提高到 1985 年的 3.5 万辆,增长 2.5 倍。但到 1987 年后,奔驰赛车在美国销售量逐渐下降;到 1993 年,降至 3 000 辆,被迫关闭在美国的销售、零件批发和储运中心。比德·休兹也被迫辞职而离开奔驰公司。此期间德国马克升值,美国美元贬值。请从汇率风险管理的角度,分析奔驰在美国营销失败的原因。

2. 分析

奔驰进入美国市场,忽略了马克对美元汇率变动趋势的预测,也未提出相应对策,以防范汇率风险。因此,此期间汇率变动,马克升值、美元贬值必将影响奔驰在美国的销售,使其营销量急剧下降,最终导致关门倒闭,总裁被迫辞职离去。这是进入新市场缺乏战略风险分析的必然后果。

马克兑美元长期处于被低估状态,马克升值必将导致产品出口销价的提高,从而使产品失去市场竞争力,销售量大减。

进入新目标市场时应考虑汇率风险,应选择进入本货币被高估并将持续被高估的市场。本货币贬值,可增加出口,扩大销售量。若出现本货币升值,可采取直接投资于货币贬值的国家和地区,以降低产品生产成本,提高产品市场竞争力,生产的产品也可再销回本国,从而降低风险,提高经济效益。

复习思考题与习题

一、关键名词

方案比优、互斥方案、独立方案、资本化值、方案可比性原则、静态优选法、动态优选法、差额投资回收期法、差额收益率法、折算费用法、净现值法、净现值率法、净年值法、差额内部收益率法、总费用法、年费用法、方案比优指标的适用范围。

二、复习思考题

1. 投资方案比优有什么重要意义？
2. 方案比优静态法与动态法异同点分析，各有哪些方法，其特点与使用条件是什么？
3. 怎样用差额内部收益率进行方案比优？
4. 怎样用折算费用法、总费用法、年费用法进行方案比优？
5. 方案比优特殊处理方法有哪些？寿命期不同应该怎样处理？

三、习题

1. 用年费用法进行项目比优，其年等额费用等于项目计算寿命期内各年费用现值之和乘以（　　）。

    A. $(A/P, i, n)$ B. $(A/F, i, n)$ C. $(P/A, i, n)$ D. $(F/A, i, n)$

2. 已知 A 方案投资额大于 B 方案，且 A 优于 B，下列情况中不可能出现的是（　　）。

    A. A 方案 AE 大于 B   B. A 方案 AC 大于 B

    C. 差额内部收益率大于基准折现率   D. 差额投资回收期小于基准回收期

3. 对错判断（对的打"√"；错的打"×"）

    A. 净现值越大，净现值率越高。   （　　）

    B. IRR 最高，项目最优。   （　　）

    C. 折算费用最小，方案最优。   （　　）

    D. 年值法和年费用法方案比优时，取值标准相同。   （　　）

    E. 差额内部收益率方案比优，往往与 NPV 指标比优结果相反。 （　　）

    F. 对于不同收益率要求的方案比优，应以 NPVR 为准。   （　　）

4. 有 A、B 两个投资方案，初期投资和年经营成本各为 80 万元和 75 万元、100 万元和 70 万元。若基准回收期 $n_0 = 5$ 年，基准收益率 $i_0 = 0.2$，试用差额投资回收期法和差额收益率法优选方案。

5. 有 4 个投资方案 A、B、C、D，初期投资和年收益各为 533 万元和 100 万元、960 万元和 200 万元、1 524 万元和 300 万元、1 727 万元和 400 万元，$n = 8$ 年，$i_c = 12\%$，$S_V = 0$，试用 ΔIRR 优选方案。

6. 有两个投资方案 A、B，$n = 10$ 年，$i_c = 10\%$，其他数据如下表所示。

万元

费　用	现 金 流 量					
	A 方案			B 方案		
	1	2～9	10	1	2～9	10
I	300			200		
C		100	100		120	120
S_v			−40			−30
W			−100			−50
$\sum$	300	100	−40	200	120	40

试用总费用现值法和年费用法优选方案,并加以分析比较。

7. 有 A、B 两方案,计算寿命期分别为 10 年和 15 年,$i_c = 12\%$,净现金流量如下表所示。

万元

项　目	年　份						
	1	2	3	4～9	10	11～14	15
A	−700	−700	480	480	600		
B	−1 500	−1 700	−800	900	900	900	1 400

试用取最小寿命期、最小公倍数和年值法优选方案,并加以分析比较。

8. 拟建水库有 A、B 两个投资方案,初期投资和年维修费分别为 8 000 万元和 600 万元、10 000 万元和 500 万元,$i_c = 5\%$,可长期使用,试用资本化值优选方案。

9. 某公司需要一台小型计算机,购买现市场价为 30 000 元,使用寿命期为 6 年,6 年后残值为 6 000 元,运行费每天 50 元,年维修为 3 000 元。这种计算机也可以租到:每天租金为 160 元。如果公司一年中用机天数预计为 180 天。所得税税率为 25%,采用直线折旧,基准收益率 $i_c = 12\%$。

试问该公司决定采购还是租赁计算机较为经济。

B&E

第 十 二 章
改扩建和技改项目经济评估

第一节　改扩建和技改项目经济评估概述

一、改扩建和技改项目经济评估的概念

改扩建和技改项目是指现有企业在技术进步和市场需求扩大的作用下,通过新技术、新工艺、新设备对原有的设施进行改建和扩建,提高产品质量和数量,满足市场需求,促进产品更新换代,节约能源,降低成本,扩大生产规模,以全面提高企业经济和社会效益为目的的投资活动。改扩建和技改是扩大再生产的主要形式。通过固定资产投资,对企业落后的技术进行改造,实现以内涵为主的扩大再生产。

从目标来看,改建项目主要是为了提高产品级别,改变产品结构,改变生产工艺,提高技术水平。扩建项目的目标主要是为了扩大原有产品的生产能力,提高产量,增加效益。技改项目的目标主要是为了提高产品质量,降低原材料消耗,节约能源,提高技术装备水平,改善劳动条件,进行环境保护等。

从手段来看,改建项目主要是通过改进原有的生产工艺,提高生产技术水平来实现目标。扩建项目是通过在原有企业的基础上增加新的工厂或车间来达到扩大生产规模目标的。技改项目主要是通过更新改造旧设备,选用新型设备或对原设备进行改造,使之达到新的技术水平而达到目标的。

从效益来看,改建项目表现为扩大品种、改变产品结构、节约能源等方面,扩建项目表现为增加产品、降低能耗、扩大经济规模等方面,技改项目表现为产品质量提高、产品结构合理、能源消耗降低等方面。

二、改扩建和技改项目的特点

改扩建和技改项目是在现有企业的基础上进行建设和改造的,它与新建项目相比具有以下特点:

1. 以现有企业为基础

改扩建和技改项目是在现有企业的基础上,主要依靠企业自身力量进行的,因此它在

不同程度上利用了现有企业的资产和资源,再追加适当的投入,实现增量与存量的有机结合,以增量调动存量,即调动原有生产要素的潜能和效率,以较小的新增投入取得较大的新增效益,不断实现以内涵为主的扩大再生产。这一特殊性决定了它在经济评估时,必须采用差额增量分析比较法和有无项目对比分析比较法。

2. 目标的多样性

由于改扩建和技改项目在技术、工艺、设备等方面千差万别,致使它的内容和目标具有多样性。如有的是为了实现产品更新换代;有的是为了提高产品质量;有的是为了节约能源;有的是为了改善劳动条件,减轻劳动强度;有的是为了环境保护,等等。

在实践中,改扩建和技改项目的目标并不都是单一的,往往是多样的,而且现有企业的生产经营状况也会发生变化,这样也就决定了它的经济评估、效益和费用的识别与计算,要比新建项目复杂得多。

3. 改扩建和技改是一个连续的动态过程

生产发展的过程是新的科学技术成果在生产中不断应用的过程,是新技术不断取代旧技术的过程,这就必然决定着改扩建和技改在不同的历史时期具有不同的内容要求。任何一个企业要想求生存和不断发展,就必须随着科学技术的不断进步和生产力的不断发展,不断地进行改扩建和技改,方能使企业具有旺盛的生命力。

4. 项目与环境的相关性

改扩建和技改项目的对象是现有企业,它与现有企业之间存在着既有相对独立又有相对依存的特定关系。改扩建和技改是企业实现技术进步和提高经济效益的必然举措,而现有企业都担负着繁重的生产任务。因此,在项目实施期间,实施建设与现有企业的生产活动是同步进行的,会产生一些矛盾,有时会造成停产或减产。所以,在其经济评估中,应将这些损失考虑进去。

从以上分析可见,改扩建和技改项目的经济评估除遵循一般项目的经济评估原则和方法外,还必须针对以上特点,对其作一些特殊处理。

三、改扩建和技改项目经济评估的特殊性

1. 改扩建和技改项目效益与费用的范围广泛

由于改扩建和技改项目的目标不同,实施方法各异,其效益可能表现在增加产量、扩大品种、提高质量、降低能耗、合理利用资源、改善劳动条件、提高技术装备水平、保护环境和综合利用等一个方面或几个方面。其费用不仅包括新增经营投资、新增经营费用,而且还包括由于改扩建和技改可能带来的停产或减产损失以及原有固定资产拆除费用等。所有的效益和费用都应反映在项目的经济评估中。对于难以定量计算的效益和费用应作定性描述。

2. 改扩建和技改项目经济评估应采用"有无对比法"

改扩建和技改项目经济评估方法，原则上应采用"有无对比法"计算其相对应的增量效益和增量指标作为判断项目的可扩性和经济合理性。必要时，也可计算其总量效益指标。

3. 增量指标计算的差异性

若改扩建和技改项目的效益和费用可以与原来企业分开计算（如新建生产车间或生产线），可视为建设项目，直接采用增量效益和费用计算增量指标；若改扩建和技改项目难以与原有企业分开计算，应先计算改扩建和技改后（即有项目）与不改建和技改（即无项目）时两种情况下的效益和费用，然后再通过两套数据的差额增量，计算增量指标。

4. 合理计算项目投资

计算改扩建和技改后的效益，其项目投资应包括新增投资和企业原有固定资产价值。原有固定资产价值一般取账户折余值计算；涉及产权转移时，采用重估值计算。这一原则也同样适用于计算原有流动资产的价值。

四、改扩建和技改项目经济评估的意义

科学技术的飞速发展，使许多现有企业都感觉到了危机，为了生存和发展，必须进行改扩建和技术改造。任何一个工业化发达的国家都越来越重视现有企业的改扩建和技术改造。

随着我国的经济体制改革的深入，现代企业制度的建立，我国相当一部分企业必须进行改扩建和技术改造，不仅是经营管理等体制上的改革，在技术设备工艺等方面也必须进行改进，这是今后社会发展、企业壮大、提高社会环境和经济效益所需的。因此对改扩建和技改项目进行正确的经济评估就显得越来越重要。

通过经济评估，正确地分析估算其所需要的增量投资，充分利用原有企业的厂房、设备及公用设施等潜力，有利于节约固定资产投资，达到投资少、见效快、效益好的目标。

通过经济评估，可充分利用原有企业的场地和空间，尽量减少新征土地或不征土地，有利于节约国家有限的土地资源。同时还可以充分利用原有企业的熟练工人和剩余劳动力，提高劳动生产率，提高生产效率，节约工资支出，有利于降低成本和提高企业的经济效益。

通过正确的经济评估，有利于缩短项目建设周期，还可以调运企业自筹资金和国外投资的积极性，加快国家的经济建设步伐。

五、改扩建和技改项目经济评估的内容

改扩建和技改项目经济评估的内容应包括如下几个方面:

1. 原有企业概况及改扩建和技改必要性评估

了解原有企业的基本情况,尤其是产品状况、经营状况、盈利水平、还贷能力和信誉等情况是极为必要的。

针对原有企业的特点所提出的改扩建和技改项目的基本情况,如投资、收益、风险情况,并对原有企业的发展有何影响等。

对上述诸情况进行初步分析,并得出是否有必要进行改扩建和技改。

2. 市场调查与预测

充分的市场调查,是预测项目未来发展的基础,必须进行详细的市场调查,以预测项目产品的市场需求情况。

3. 基本建设条件评估

主要是对改扩建和技改项目所涉及的原材料、资源、能源、基础设施等基本建设条件的评估。

4. 技术评估

分析评估改扩建和技改项目的技术是否先进、工艺流程是否合理可行,所选设备是否先进和经济等。

5. 改扩建和技改项目的经济评估

主要进行基础经济数据的预测与分析,并计算基本经济评估指标,不确定性分析,并得出最后综合性的经济评估结论。

六、改扩建和技改项目经济评估的方法

改扩建和技改项目经济评估的方法有:

1. 前后对比法

通过对项目改扩建和技改前后分析对比,得出结论,进而确定项目实施的必要性。此法因时间前后的不一致性导致时间上的不可比,因此,只适用于简单的设备或生产线增量效益的计算。

2. 有无对比法

对项目进行改扩建和技改(有项目)与不进行改扩建和技改(无项目)进行分析比较,在未来同一时间,将有无项目两个方案的经济效益差作为增量效益进行分析比较,评估项目有无的必要性及其经济上的合理性,从而得出评估结论。这种方法的效益和费用的计算范围、计算时期应保持一致,具有可比性。因此,被广泛采用。评估时,要注意和现状相

比,项目不进行改扩建和技改,即无项目情况下,效益和费用可能增加,也可能减少,或者保持不变。必须充分考虑这些情况,进行正确预测,以避免人为地低估或夸大项目的效果。

第二节　改扩建和技改项目的经济效益评估指标

一、项目增量效益的计算

(一)增量效益的含义

增量效益是指进行改扩建和技改与不进行改扩建和技改相比较所得增加的效益,即有项目与无项目在同一时点上的收益之差,得出增量净效益。增量效益包括有形效益和无形效益两种。

1．有形增量效益

一般是由扩大产量,提高产品质量,降低成本和增加收益等所带来的效益,通常是几种效益的综合相加而得。

2．无形增量效益

主要是指社会效益,如就业、地区发展、环保、生态平衡、社会发展、教育卫生和国防安全等难以定性分析的方面所带来的效益,一般进行定性分析,能量化的要尽量量化。

(二)增量效益的计算原则

(1)单纯增加产量的扩建项目,其增量效益就是新增产量的销售收入。新增产量是与无项目相对而言的,它不是一个固定的数据。无项目对产量有可能会由于经营管理水平的提高而逐年增长,也可能由于生产条件的恶化而逐年下降。所以,在评估计算时,必须充分预计到这种变化情况。

(2)单纯增加产品品种的改扩建项目,其增量效益就是新增产品品种的销售收入。必须注意到原有品种的产量不发生变化时方能这样计算。

(3)改变产品结构的项目(增加新品种,淘汰部分落后产品),其增量效益就是新产品结构总销售收入与老产品结构总销售收入的差值。

(4)单纯为提高产品质量的项目(不增加产量),其增量效益就是产品随质量提高而增加的销售收入,也就是产品售价提高所带来的差值。

(5)单纯为降低成本的项目,其增量效益就是经营成本的节省额。

(6)为改善生产劳动条件和环境保护的项目,其增量效益就是提高劳动生产率、劳动出勤率,减少职工医疗费用,增强职工健康,以及由于环境保护而带来的各种无形效益的综合,难以计量评价时,可进行适当的定性分析。

(7) 停建后又建的项目,其增量效益与所建项目效益相同。

此外,在实际改扩建和技改项目中,其目标往往是综合性的,并非单一性的。因此,具体计算中应运用"有无对比法"进行综合评估,用有项目的总净效益减去无项目的总净效益来作为其增量效益,但要避免重复计算或漏算。

例 12-1 某项目通过改扩建和技改,使年产量由 100 万 t 提高到 200 万 t,并提高了产品的质量,使销售价也由 10 元/t 提高到 12 元/t。产品的税率为 5%,假定计算期内售价与成本不变,产品产量呈下降趋势,则其各年份的增量效益计算如表 12-1 所示。

表 12-1

项 目	有 项 目				无 项 目			
	生产年份				生产年份			
	1	2	3	…	1	2	3	…
生产量/万 t	200	180	160		100	80	60	
销售收入/万元	2 400	2 160	1 920		1 000	800	600	
经营成本/万元	1 200	1 080	960		800	640	480	
销售税金/万元	120	108	96		50	40	30	
财务净收入/万元	1 080	972	864		150	120	90	
增量效益/万元	930	852	774					

(三) 增量效益的计算方法

(1) 增量效益能与无项目时企业的效益分开计算的,可以直接用增量效益指标,计算其增量效益,即采用"直接划分法"。

(2) 如果难以与无项目时企业的效益分开计算的,则必须分别计算有项目和无项目两种情况的总效益,再求二者之差,此差值即为增量效益,即必须采用"有无对比法"。

二、项目增量费用的计算

(一) 增量费用的含义

增量费用是指项目进行改扩建和技改与不进行改扩建和技改相比较所增加的各种费用之和。主要包括以下几部分:

(1) 增量投资,即有项目与无项目的投资差额;

(2) 增量经营成本,即有项目与无项目的经营成本之差值;

(3) 由停产和减产所造成的损失。

（二）增量费用的计算原则

1. 沉没成本

对于无项目的各种现行成本费用，与将要进行的改扩建和技改项目无关，但仍能够利用的原有固定资产投资成本，称为"沉没成本"。这些成本费用不计入增量费用之中。

2. 增量投资

包括新增投资和可利用的原有固定资产价值，但对于原有固定资产价值应进行重新估价，可以采用以下方法：

（1）收益现值法；

（2）重估成本法；

（3）现行市价法；

（4）清算价格法。

对于无项目时的投资，如预计将来变化不大，则可以全部用现值计量；若预计将来有较大变化，则要用终值计量。无论将来有无变化，都要采取重新估算的价值，而不能用原来的投资额。

3. 增量经营成本

需综合考虑，如由于增加产量和提高质量而增加的经营成本。但同时由于先进技术的采用也会降低经营成本，要逐项计算有项目与无项目的差值，综合分析评估，特别注意不要漏算或重复计算。

4. 停产或减产的损失

停产或减产损失一般已经反映在改扩建和技改期间的各年销售收入和经营成本中了。因此，这部分损失不需要单独计算。

（三）增量费用的计算方法

1. 对于原有固定资产，可采用下列公式计算

$$V_0 = \sum_t^n \frac{NB_t}{(1-i)^t} \tag{12-1}$$

式中：V_0——原固定资产重估值；

NB_t——使用该固定资产第 t 年的净收入；

n——固定资产的寿命期，年；

i——折现率。

2. 对于增量投资，可按下列公式计算

$$增量投资 = 有项目投资 - 无项目资产净值$$

$$\Delta I = (I' + I - B) - I = I' - B \qquad (12\text{-}2)$$

式中：I'——新增投资；

　　I——可利用的原有固定资产净值；

　　B——拆除旧资产回收的净值。

例 12-2 某企业原有固定资产的重估值为 1 000 万元，进行改扩建和技改需追加投资 2 000 万元添置新技术设备等，拆除原旧设备可卖得 500 万元，则增量投资：

$$\Delta I = 2\,000 + 1\,000 - 500 - 1\,000 = 1\,500（万元）$$

或
$$\Delta I = 2\,000 - 500 = 1\,500（万元）$$

三、项目效益评估指标

根据上述计算原则和方法，可计算出项目每年的增量效益和增量费用，将增量效益作为现金流入，将增量费用作为现金流出，即可得到现金流量表，依据此表可进行各项评估指标的测算。

（一）财务效益指标

在进行财务效益评估时，需要计算的主要指标有：

1. 增量财务内部收益率 ΔFIRR

增量财务内部收益率 ΔFIRR 是常用的评估指标，是指有项目和无项目在计算期内各年增量净现值累计为零时的折现率。其判别准则为：只有当 ΔIRR 大于或等于基准收益率时，项目方可接受，否则是不可接受的。其计算式为：

$$\sum \left[(CI - CO)_{有} - (CI - CO)_{无} \right]_t (1 + \Delta FIRR)^{-t} = 0 \qquad (12\text{-}3)$$

或
$$\sum (\Delta CI - \Delta CO)_t (1 + \Delta FIRR)^{-t} = 0$$

式中：ΔCI——增量现金流入；

　　ΔCO——增量现金流出。

ΔFIRR 的计算与一般 IRR 的计算方法相同，可用试算法求解。

2. 增量财务净现值 ΔFNPV

增量财务净现值 ΔFNPV 是指有项目和无项目计算期各年增量净现金流量按基准收益率折现到开始时点的现值之和。其判别准则为：ΔFNPV$\geqslant$0，项目方可接受；否则，项目是不可接受的。其计算式为：

$$\Delta FNPV = \sum_{1}^{n} (\Delta CI - \Delta CO)_t (1 + i_c)^{-t} \qquad (12\text{-}4)$$

3. 增量投资回收期限 ΔP_t

增量投资回收期限 ΔP_t 是以增量净收益抵偿增量投资所需要的时间。计算式为：

$$\sum_{1}^{\Delta P_t} (\Delta CI - \Delta CO)_t = 0 \qquad\qquad (12\text{-}5)$$

只有当 $\Delta P_t \leqslant t_0$（基准投资回收期），项目方可接收；否则，项目是不可接受的。

若项目涉及商品出口或替代进口，尚需计算换节汇指标。其计算式和判别准则，同财务评估相似，不同的只是其差额计算。需要时，尚需计算投资利润率、投资利税率和增量投资贷款偿还期等静态评估指标。

（二）经济效益指标

1. 增量经济内部收益率 $\Delta EIRR$

增量经济内部收益率 $\Delta EIRR$ 是指有项目和无项目在计算期内各年增量净现值累计为零时的折现率。其计算式为：

$$\sum (\Delta CI - \Delta CO)_t (1 + \Delta EIRR)^{-t} = 0 \qquad\qquad (12\text{-}6)$$

判别准则：$\Delta EIRR \geqslant i_s$（社会折现率），项目方可接受，否则是不可接受的。

2. 增量经济净现值 $\Delta ENPV$

增量经济净现值 $\Delta ENPV$ 是指有项目和无项目在计算期内各年增量现金流量按社会折现率 i_s 折现到开始时点的现值之和。其计算式为：

$$\Delta ENPV = \sum (\Delta CI - \Delta CO)_t (1 + i_s)^{-t} \qquad\qquad (12\text{-}7)$$

判别准则：$\Delta ENPV \geqslant 0$，项目方可接受，否则是不可接受的。

（三）增量效益评价所需报表

在进行总量或增量效益经济评价时需编制各种报表。见表 12-2 至表 12-7。

表 12-2　增量财务现金流量表（全部投资）　　　　　　　　　　　　万元

年份 项目	技改期			生产期							合计
	0	1	…	1	2	…	…	…	…	n	
生产负荷（%）											
一、新增现金流入											
1. 增量销售收入											
2. 回收增量固定资产余值											
3. 回收增量流动资金											
流入小计											
二、新增现金流出											
1. 增量固定资产投资											

续表

项目＼年份	技改期			生产期							合计
	0	1	…	1	2	…	…	…	…	n	
2. 增量流动资金											
3. 增量经营成本费用											
4. 增量销售税金											
流出小计											
三、增量净现金流量											
四、累计增量净现金流量											
五、流现值											
六、累计净现值											

计算指标：财务内部收益率(全部增量投资)

财务净现值($i_c =$ ％)

投资回收期

表 12-3 增量财务现金流量表(自有资金)　　万元

项目＼年份	技改期			生产期			合计
	0	1	…	1	…	n	
生产负荷(％)							
一、新增现金流入							
1. 增量销售收入							
2. 回收增量固定资产余值							
3. 回收增量流动资金							
流入小计							
二、新增现金流出							
1. 增量固定资产投资							
2. 增量流动资金							
3. 增量经营成本费用							
4. 增量销售税金							
流出小计							
三、增量净现金流量							
四、累计增量净现金流量							
五、流现值							
六、累计净现值							

计算指标：财务内部收益率＝

财务净现值＝

表 12-4 增量财务外汇流量表 　　　　　　万美元

项目 ＼ 年份	技改期		生产期			合计
	1	...	...	...	*n*	
生产负荷(%)						
一、新增外汇流入						
1. 增量产品外销收入						
2. 其他增量外销收入						
流入小计						
二、新增外汇流出						
1. 增量进口原材料						
2. 增量进口零配件						
3. 增量技术转让费						
4. 偿还增量外汇贷款本息						
5. 其他增量外汇支出						
流出小计						
三、新增净外汇流量						
四、新增替代进口收入						
五、净外汇效果						
折现率($i=$　%)						
计算指标：						
外汇净现值($i_c=$　%)						
财务换汇成本或财务节汇成本						

表 12-5 增量经济现金流量表(全部投资) 　　　　　　万元

项目 ＼ 年份	技改期			生产期			合计
	0	1	...	1	...	*n*	
生产负荷(%)							
一、新增现金流入							
1. 增量销售收入							
2. 回收增量固定资产余值							
3. 回收增量流动资金							
4. 项目外部增量效益							
流入小计							
二、新增现金流出							
1. 增量固定资产投资							

续表

项目 \ 年份	技改期			生产期			合计
	0	1	...	1	...	n	
2. 增量流动资金							
3. 增量经营成本费用							
4. 项目外部增量费用							
流出小计							
三、新增净现金流量							
四、累计增量净现金流量							
五、净现值							
六、累计净现值							

计算指标:经济内部收益率＝

经济净现值($i=$　%)

表 12-6　增量经济现金流量表(国内投资)　　　　　　　　万元

项目 \ 年份	技改期			生产期			合计
	0	**1**	**...**	**...**	**n**		
一、新增现金流入							
1. 增量销售收入							
2. 回收增量固定资产余值							
3. 回收增量流动资金							
4. 项目外部增量效益							
流入小计							
二、新增现金流出							
1. 增量固定资产投资(国内资金)							
2. 增量流动资金(国内资金)							
3. 增量经营成本费用							
4. 增量国外借款本息偿还							
5. 其他流出国外增量资金							
6. 项目外部增量费用							
流出小计							
三、新增净现金流量							
四、累计增量净现金流量							
五、社会折现率净现值							
六、累计社会折现率净现值							

计算指标:经济内部收益率

经济净现值($i=$　%)

表 12-7　增量经济外汇流量表　　　　　　　　万元

项目 ＼ 年份	技改期		生产期			合计
	…	1	…	…	n	
一、外汇流入						
1. 新增产品外销收入						
2. 新增产品替代进口节汇收入						
3. 其他新增外汇收入						
外汇流出小计						
二、外汇流出						
1. 新增进口原材料						
2. 新增进口零部件						
3. 新增技术转让费						
4. 新增偿还外汇借款本息						
5. 新增其他外汇支出						
三、外汇净流量						
（外汇流入小计－外汇流出小计）						

计算指标：经济外汇现值(i_s)；

　　　　　经济换汇成本或经济节汇成本：

复习思考题与习题

一、关键名词

改扩建、技改、前后对比法、有无对比法、增量效益、有形增量效益、无形增量效益、增量费用、沉没成本、原有固定资产重估值、财务效益评估指标、增量内部收益率、增量净现值、增量投资回收期、经济效益评估指标。

二、复习思考题

1. 改扩建和技改项目的特点及其评估的特殊性。

2. 改扩建和技改项目评估的内容、方法及其意义。

3. 增量效益的计算原则和方法。

4. 增量费用的计算原则和方法。

5. 项目效益评估指标及其判别准则。

三、习题

1. 某项目进行技术改造前后生产能力不变,年产量均为 34 万 t,技改投资 1 000 万元,寿命期为 10 年,$i_c = 12\%$,生产成本由 136.5 元/t 降到 130.5 元/t,请评估项目。

2. 某项目改扩建和技改,年产量由 100 万 t 提高到 150 万 t,由于产品质量有所提高,每吨售价由 8 元增加到 10 元。采用先进技术,经营成本由 6.5 元/t 降到 6 元/t,寿命期为 5 年,每单位售价与生产成本在此期内不变,产品税率为 5%,年产量无项目逐年减少 5t,基准收益率 $i_c = 10\%$,增量投资为 1 000 万元,请用不同指标评估项目。

参 考 文 献

1. 周惠珍. 投资项目评估学. 第 5 版. 大连：东北财经大学出版社，2013
2. 王立国等. 投资项目评估学. 大连：东北财经大学出版社，1998
3. 邱华炳. 投资项目经济评估. 厦门：厦门大学出版社，1995
4. 苏益，张延民. 项目评估. 北京：中国商业出版社，1995
5. 葛宝山. 工程项目评估. 北京：清华大学出版社，2004
6. 蒋景楠. 工程经济与项目评估. 上海：华东理工大学出版社，2004
7. 孙元欣. 投资项目评估实务与案例. 上海：上海科学技术文献出版社，2003
8. 吴大军. 项目评估. 大连：东北财经大学出版社，2003
9. 国家计委和建设部联合发布. 建设项目经济评估方法与参数. 第 2 版. 北京：中国计划出版社，1993
10. 简德三. 投资项目评估. 上海：上海财经大学出版社，1999
11. 国家发展改革委与建设部：建设项目经济评价方法与参数. 第 3 版，北京：中国计划出版社，2006
12. 李开孟，张小利. 投资项目环境影响经济分析. 北京：机械工业出版社，2008
13. UNCTAD：World Investment Report，2002. www. unctad. org
14. Robert J C. International Economics. Wadworth Publishing Company，1992
15. Crown Agents. General Economic principles for Environmental management，Economics for Environmental Management. Vol. 1[M]. Cown Agents for oversea Goverments and Administration Limited，UK，2009
16. 沈悦. 项目评估. 北京：北京师范大学出版社，2013
17. 陈宪. 项目决策分析与评价. 北京：中国计划出版社，2013
18. 戚安邦. 项目评估学. 北京：科学出版社，2012
19. 闫军印，马晓国. 建设项目评估. 第 3 版. 北京：机械工业出版社，2016
20. 成其谦. 投资项目评估. 第 4 版. 北京：中国人民大学出版社，2014
21. 苏益. 投资风险管理. 北京：清华大学出版社，2008
22. 何俊德. 项目评估理论与方法. 武汉：华中科技大学出版社，2015
23. 王永祥，陈进，李明. 工程项目经济分析. 北京：北京理工大学出版社，2011
24. 高志云，邵志华. 建设项目评估. 北京：北京大学出版社，2012

附 录 A
新建项目财务评估案例

一、项目概况

某新建项目,年产 A 产品 50 万吨,其主要技术和设备拟从国外引进。厂址位于某城市近郊,占用农田约 30 公顷,靠近铁路、公路、码头,水陆交通运输方便,靠近主要原料和燃料产地,供应有保证,水、电供应可靠。

该项目拟两年建成,3 年达产,即在第 3 年投产当年生产负荷达到设计生产能力的 40%,第 4 年达到 60%,第 5 年达到设计产量。生产期按 10 年计算,加上两年建设期,计算期为 12 年。

二、项目财务数据测算

1. 投资估算及资金筹集(见表 A-1)

表 A-1 投资计划与资金来源表
万元

项 目	合计	建设期		投产期	达产期
		1	2	3	4	5
总投资	53 597	23 219	30 378			
固定资产投资	50 000	22 400	27 600			
建设期利息	3 597	819	2 778			
国外借款利息	1 479	333	1 146			
建行借款利息	2 118	486	1 632			
流动资金	12 000	0	0	4 800	2 400	4 800
资金来源	65 597	23 219	30 378	4 800	2 400	4 800
自有资金	13 600	5 000	5 000	3 600		
固定资产投资	10 000	5 000	5 000			
流动资金	3 600			3 600		
固定资产投资借款	43 597	18 219	25 378			
国外借款						

续表

项　　目	合计	建设期		投产期		达产期
		1	2	3	4	5
当年借款	17 400	7 400	10 000			
待还利息	1 479	333	1 146			
建行借款						
当年借款	22 600	10 000	12 600			
待还利息	2 118	486	1 632			
流动资金借款	8 400			1 200	2 400	4 800

2. 销售收入与销售税金及附加(见表 A-2)

表 A-2　销售收入与销售税金及附加估算表　　　　万元

项　　目	合计	投产期		达　产　期							
		3	4	5	6	7	8	9	10	11	12
产品销售收入	405 000	18 000	27 000	45 000	45 000	45 000	45 000	45 000	45 000	45 000	45 000
销售税金及附加	56 681	2 519	3 778	6 298	6 298	6 298	6 298	6 298	6 298	6 298	6 298
增值税	51 525	2 290	3 435	5 725	5 725	5 725	5 725	5 725	5 725	5 725	5 725
城建税(7%)	3 608	160	240	401	401	401	401	401	401	401	401
教育费附加(3%)	1 548	69	103	172	172	172	172	172	172	172	172

3. 总成本费用估算(见表 A-3)

表 A-3　总成本费用估算表　　　　万元

项　　目	合计	投产期		达　产　期							
		3	4	5	6	7	8	9	10	11	12
外购原材料	90 000	4 000	6 000	10 000	10 000	10 000	10 000	10 000	10 000	10 000	10 000
外购燃料动力	13 500	600	900	1 500	1 500	1 500	1 500	1 500	1 500	1 500	1 500
工资及福利费	10 940	1 094	1 094	1 094	1 094	1 094	1 094	1 094	1 094	1 094	1 094
修理费	25 000	2 500	2 500	2 500	2 500	2 500	2 500	2 500	2 500	2 500	2 500
折旧费	50 000	5 000	5 000	5 000	5 000	5 000	5 000	5 000	5 000	5 000	5 000
摊销费	1 000	100	100	100	100	100	100	100	100	100	100
利息支出	29 064	4 234	4 254	11 647	2 941	1 378	922	922	922	922	922
其他费用	25 000	2 500	2 500	2 500	2 500	2 500	2 500	2 500	2 500	2 500	2 500
总成本费用	244 504	20 028	22 348	34 341	25 635	24 072	23 616	23 616	23 616	23 616	23 616
固定成本							11 194				
可变成本							12 422				
经营成本	164 440	10 694	12 994	17 594	17 594	17 594	17 594	17 594	17 594	17 594	17 594

4. 利润总额及分配估算(见表 A-4)

表 A-4　损益表(不含增值税)

项　目	合计	投产期		达　产　期							
		3	4	5	6	7	8	9	10	11	12
生产负荷/%		40	60	100	100	100	100	100	100	100	100
产品销售收入/万元	405 000	18 000	27 000	45 000	45 000	45 000	45 000	45 000	45 000	45 000	45 000
销售税金及附加/万元	5 156	229	343	573	573	573	573	573	573	573	573
总成本费用/万元	244 504	20 028	22 348	34 341	25 635	24 072	23 616	23 616	23 616	23 616	23 616
利润总额/万元	155 340	−2 257	4 309	10 086	18 792	20 355	20 811	20 811	20 811	20 811	20 811
弥补以前年度亏损/万元	2 257	0	2 257	0	0	0	0	0	0	0	0
应纳税所得额/万元	153 083	−2 257	2 050	10 086	18 792	20 355	20 811	20 811	20 811	20 811	20 811
所得税/万元	51 173	0	677	3 238	6 201	6 717	6 868	6 868	6 868	6 868	6 868
税后利润/万元	104 167	−2 257	3 632	6 848	12 591	13 638	13 943	13 943	13 943	13 943	13 943
盈余公积金/万元	10 641	0	363	685	1 259	1 364	1 394	1 394	1 394	1 394	1 394
应付利润/万元	8 334	0	0	0	0	1 364	1 394	1 394	1 394	1 394	1 394
未分配利润/万元	85 192	−2 257	3 269	6 163	11 332	10 910	11 155	11 155	11 155	11 155	11 155
累计未分配利润/万元		−2 257	1 012	7 175	18 507	29 417	40 572	51 727	62 882	75 431	87 980

三、财务效益分析

1. 财务盈利能力分析(见表 A-5 及表 A-6)

表 A-5　全部投资现金流量表　　　　　　　　　　万元

项　目	合计	建设期			投产期				达　产　期				
		1	2	3	4	5	6	7	8	9	10	11	12
现金流入	419 597			18 000	27 000	45 000	45 000	45 000	45 000	45 000	45 000	45 000	59 597
现金流出	282 769	22 400	27 600	15 723	16 414	26 205	24 368	24 884	25 035	25 035	25 035	25 035	25 035
净现金流量	136 828	−22 400	−27 600	2 277	10 586	18 795	20 632	20 116	19 965	19 965	19 965	19 965	34 562
所得税前净现金流量	188 001	−22 400	−27 600	2 277	11 263	22 033	26 833	26 833	26 833	26 833	26 833	26 833	41 430

表 A-6　自有资金现金流量表　　　　　　　　　　万元

项　目	合计	建设期			投产期				达　产　期				
		1	2	3	4	5	6	7	8	9	10	11	12
现金流入	421 474			19 877	27 000	45 000	45 000	45 000	45 000	45 000	45 000	45 000	59 597
现金流出	308 912	5 000	5 000	23 477	26 637	44 315	43 741	30 957	25 957	25 957	25 957	25 957	25 957
净现金流量	112 567	−5 000	−5 000	−3 600	363	685	1 259	14 048	19 043	19 043	19 043	19 043	33 640

各项评估指标计算结果如表 A-7 所示：

表 A-7　　评价指标计算结果

指 标 名 称	所得税后	所得税前
按全部投资计算		
IRR/%	23.66	28.7
NPV($i_c = 20\%$)/万元	6 967	18 278
全部投资回收期	5.9	5.5
按自有资金计算		
IRR/%	34.63	
NPV($i_c = 20\%$)/万元	12 601	

　　财务内部收益率(IRR)均远远大于行业基准收益率($i_c = 20\%$)，全部投资回收期均小于行业基准投资回收期，表明该项目在财务上是可行的。

　　2. 不确定性分析

　　盈亏平衡分析。所得税前以生产能力利用率表示的盈亏平衡点(BEP)为：

$$BEP = \frac{年固定总成本}{年产品销售收入 - 年可变总成本 - 年销售税金及附加} \times 100\%$$

$$= \frac{11\ 194}{45\ 000 - 12\ 422 - 573} \times 100\% = 34.98\%$$

　　计算结果表明，该项目达到设计生产能力的 34.98%，企业可以不亏不盈。由此可见，该项目抗风险能力是较强的。项目盈亏平衡图如图 A-1 所示：

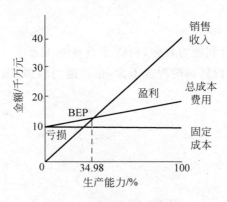

图 A-1　项目盈亏平衡图

　　主要就销售收入、经营成本和固定资产投资三个变量因素变化对所得税前全部投资内部收益率的影响进行了敏感性分析。计算结果见表 A-8 及图 A-2。

表 A-8 敏感性分析表

变动因素	−10%	基本方案(IRR)	+10%	敏感度(变化率)
销售收入	23.79	28.70	33.25	−0.49～+0.46
经营成本	30.70	28.70	26.68	+0.20～−0.20
固定资产投资	31.24	28.70	26.47	+0.25～−0.22

由表及图可见,三个变动因素中,销售收入较为敏感,因为销售收入的敏感度(变化率)最大(−0.49～+0.46),当销售收入减少17%时,项目财务内部收益率将为20.07%,如果销售收入减少幅度超过17%时,项目财务内部收益率将低于财务基准收益率,项目将变为不可行。

四、项目财务评估结论

根据财务效益分析结果,各项指标是:

所得税后:IRR = 23.66%>行业基准收益率 $i_c = 20\%$

NPV($i_c = 20\%$) = 6 967>0

投资利润率=23.7%

投资利税率=32.3%

资本金利润率=114.2%

国内借款偿还期=6.3年

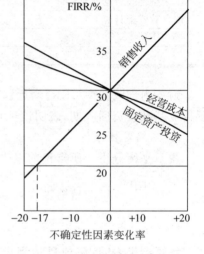

图 A-2 敏感性分析图

上述指标说明该项目盈利能力较强,均优于行业基准水平。通过敏感性分析和资产负债分析,说明项目面临的投资风险程度不大,偿债能力较强,因此,该项目在财务上是可行的。

附录 B
水利工程项目国民经济评估案例

一、工程概况

某水利枢纽及引水工程是一项跨省、区工程项目,由水利枢纽工程和引水工程两部分组成。水利枢纽库区内自然条件较差,经济相对落后,生活水平低下。而引水供水地区则是我国重要的能源和重化工基地,在国民经济建设中占有非常重要的地位。但是,由于该地区水资源贫乏,多年平均水资源总量列在全国最后,为了保证该地区的能源生产和开发,不得不挤占农业、生活用水和其他用水。随着国民经济的发展,缺水已成为制约该地区工农业生产发展的主要因素,只有从外部引水,才能满足能源、重化工基地生产和城乡人民生活的需要。水利枢纽工程作为引水工程的首部,可减少引水的含沙量,改善水质,提高引水保证率,降低引水成本。兴建水利枢纽,不仅可以为能源基地提供可靠的水源,还可以为华北电网修建骨干调峰电站。因此,水利枢纽和引水工程是一个有机的整体,其任务是供水结合发电,兼有防洪效益,主要解决能源基地和附近城市生活用水问题。

二、基础数据

1. 建设规模

根据水文及有关资料综合分析,该水利枢纽电站可装机 108 万 kW,投入电网时各月峰荷电力的均值为 87.8 万 kW,多年平均发电量 26.52 亿 kW·h。建设期为 7 年,第 6 年第 1 台机组投产,第 7 年又有 3 台机组投产,第 8 年全部 6 台机组投产。

2. 实施进度

引水工程分两期实施,一期工程工期 4 年,另有半年尾工,第 5 年开始供水,年净供水量为 2.4 亿 m³,以后逐年增加,第 6 年实施二期工程,继续安装各级泵站的泵组,直到第 7 年达到最终供水规模,年净供水量 5.43 亿 m³。

项目经济评估采用折现计算方法,经济计算期不宜太长,工业项目一般为 15～20 年。但是,由于此水利工程建设期较长,整个项目使用期限也长,因此,可以考虑适当延长项目的计算期,该项目取经济计算期为 30 年,大坝和引水工程的建筑工程部分的经济寿命按

40 年计,按线性回收残值,而其他设备则不考虑在计算期内的更新投资。

3. 逐年供电供水量

预计水电站逐年电量见表 B-1。

表 B-1 水电站逐年电量表　　　　　　　　　　　　亿 kW·h

项　目	建　设　期		生　产　期	备　注
	6	7	8(及以后各年)	
发电量	4.42	17.68	26.52	逐年电量按投产装机容量平均分配计算。
供电量	4.41	17.65	26.46	
售电量	4.08	16.32	24.48	

预计引水工程逐年供水量及抽水用电量见表 B-2。

表 B-2 引水工程逐年供水量及抽水用电量表

年　序	净供水量/亿 m³	抽水电量/亿 MW·h	年　序	净供水量/亿 m³	抽水电量/亿 MW·h
5	2.04	3.73	17	4.90	6.69
6	2.50	3.90	18	4.90	6.69
7	3.00	4.09	19	5.00	6.84
8	3.10	4.24	20	5.00	6.84
9	3.10	4.24	21	5.20	7.10
10	3.20	4.37	22	5.20	7.10
11	3.20	4.37	23	5.20	7.10
12	3.90	5.33	24	5.30	7.23
13	4.00	5.46	25	5.30	7.23
14	4.00	5.46	26	5.40	7.38
15	4.20	5.74	27	5.43	7.24
16	4.20	5.74	…	…	…

三、国民经济评估经济数据的估算与调整

1. 投资费用估算及调整

本项目是采用直接估算方法进行国民经济评估投资费用估算,先参照有关资料及方法估算工程的实物量,再用各项影子价格直接估算其价值量。影子价格的取值根据影子价格的定价原则和方法估算。

(1) 对进口设备和材料的费用采用项目最可能进口港口的口岸价格乘影子汇率加上国内运输费用和贸易费用计算。影子汇率采用中国人民银行公布的当期外汇牌价(取 8.7 元/美元)乘以影子汇率换算系数(1.08)得到 9.4 元/美元。贸易费用取到岸价的 6% 计,国内运输费用取平均铁路运距 500 公里计算,其影子价格换算系数为 1.84(见《建设项目经济评价方法与参数》第三版)。

(2) 对国内设备费用,采用当地市场价格或出厂价格加运输费用和贸易费用的方法计算,对其他材料采用同设备类似的处理办法。

(3) 对于特殊投入物的影子价格的测算按《建设项目经济评价方法与参数》(第三版)的规定办理。例如,对人工费用,由于大坝和引水渠大量雇用当地民工,经分析测算,劳动力的影子工资换算系数为 0.67。对项目用地的费用,分库区和引水区两部分分别测算其影子价格,采用农用土地机会成本的测算办法进行。由于库区经济较落后,土地的生产率低,部分还是荒地,经调查估算项目占有土地的前一年的年净产出值 200 元/亩,引水区年净产出值 450 元/亩,年增长率取 2%。流动资金按扩大指标估算,枢纽工程的流动资金按 5 元/千瓦计算,引水工程按工程固定资产投资的 3% 计算。

总投资费用估算见表 B-3,分年度投资计算见表 B-4。

表 B-3 国民经济评估总投资调整估算表　　　　亿元

项　目	建筑工程	机电设备及安装	输电线路及安装	其他	合计
一、枢纽工程					25.76
1. 固定资产投资	14.16	5.37	3.74	2.44	25.71
1.1 工程费用	12.87	4.88	3.40	0.00	21.15
1.2 其他费用	0.00	0.00	0.00	2.22	2.22
1.3 基本预备费	1.29	0.49	0.34	0.22	2.34
2. 流动资金					0.05
二、引水工程					33.04
1. 固定资产投资	21.72	1.45	1.70	7.21	32.08
1.1 工程费用	19.75	1.32	1.55	0.00	22.62
1.2 其他费用	0.00	0.00	0.00	6.55	6.55
1.3 基本预备费	1.98	0.13	0.16	0.66	2.93
2. 流动资金					0.96
三、合计					58.80
1. 固定资产投资	35.88	6.82	5.44	9.65	57.79
2. 流动资金					1.01

表 B-4　分年度投资计算表　　　　　　　　　　　　　万元

项　目	年　度									合计
	1	2	3	4	5	6	7	8	9	
一、枢纽工程										25.76
1. 工程工资	3.09	2.57	2.31	3.34	5.66	6.68	2.06			25.71
2. 流动资金						0.01	0.03	0.02		0.06
二、饮水工程										33.04
1. 工程投资	8.34	8.66	7.06	5.77	0.64					30.47
2. 流动资金					0.91					0.91
三、合计										58.80
1. 工程投资	11.43	11.23	9.37	9.11	6.30	6.68	2.06	0.00	1.61	57.79
2. 流动资金	0.00	0.00	0.00	0.00	0.91	0.01	0.03	0.02	0.05	1.02

2. 经营费用估算

项目的经营费用主要是工程的维护费用和运行的电费,分枢纽工程和引水工程。经测算,水利枢纽电站的经营费用为 0.64 亿元/年,投产期经营费用按投产装机容量的比例计算。引水工程的经营费用按工程的维修费用(总投资的 2%)和各年抽水用电量乘影子电价 0.20 元/度逐年计算,参见国民经济评估经营费用估算表(表 B-5)。

表 B-5　国民经济评估经营费用估算表　　　　　　　　　亿元

年　序	1	2	3	4	5	6	7	8	9	10	11	12	13	14	15
枢纽工程						0.11	0.43	0.64	0.64	0.64	0.64	0.64	0.64	0.64	0.64
饮水工程						1.36	1.40	1.43	1.46	1.50	1.52	1.52	1.72	1.74	1.80
合　计						1.36	1.51	1.86	2.10	2.14	2.16	2.16	2.36	2.38	2.44
年　序	16	17	18	19	20	21	22	23	24	25	26	27	28	29	30
枢纽工程	0.64	0.64	0.64	0.64	0.64	0.64	0.64	0.64	0.64	0.64	0.64	0.64	0.64	0.64	0.64
饮水工程	1.80	1.99	1.99	2.02	2.02	2.07	2.07	2.10	2.13	2.13	2.13	2.13	2.13	2.13	2.13
合　计	2.44	2.63	2.63	2.66	2.66	2.71	2.71	2.71	2.74	2.77	2.77	2.77	2.77	2.77	2.77

(1)发电效益。由于该水电站向华北电网供电,而该电网电力供应紧张,调峰能力差,不建该水利枢纽将出现两种情况:一是该电网严重缺电,制约能源化工基地乃至整个国民经济的发展;二是建设火电站来代替水利枢纽电站发电。而最有可能发生的是第二种情况。水电站的发电效益可用节约替代方案的费用来估算。水利枢纽电站以燃煤调峰火电机组电站为替代方案计算其效益,替代容量和替代电量见替代电站经济指标表(表 B-6)。

表 B-6　替代电站经济指标表

序号	项　　　目	数　　　量
1	替代容量/万 kW	96.58
2	替代电力/亿 kW·h	27.85
3	单位千瓦投资/(元/kW)	2 600
4	替代电站总投资＝①×③/亿元	25.11
5	标准煤耗率/(g/MW·h)	380
6	原煤价格/(元/t)	100
7	标准煤价格/(元/t)	154
8	年经营费用/亿元	2.38
9	其中：固定运行费＝⑧－⑩/亿元	0.75
10	燃料费＝②×⑤×⑦/亿元	1.63

A. 替代电站投资。经分析,替代方案的火电机组的综合影子造价为 2 600 元/kW,总投资及分年投资见替代电站经济指标表和替代电站分年投资表(表 B-7)。

表 B-7　替代电站分年投资

年　序	3	4	5	6	7	合计
比例/%	16	29	24	23	8	100
投资额/亿元	4.02	7.28	6.03	5.78	2.01	25.12

B. 替代方案运行费用包括固定运行费和燃料费。

(2) 供水效益。由于该地区水资源贫乏,又远离大海,也没有能够完全替代引水工程的合理的替代方案,采用一些节水措施可以缩小引水规模,考虑到用水大户,有两种节水方案：一是农业灌溉节水；二是火电空冷机组节水。农业灌溉节水是将地面灌溉改为喷灌,这一措施据调查分析不是现实可行的方案。火电空冷机组节水措施在该地区已经采用,根据已运行的 2×20 万 kW 空冷机组的资料分析,2×20 万 kW 空冷机组每年节水量为 600 万 m³,增加煤耗 2.4 万 t,少发电 58.4kW·h；增加管理人员 53 人；增加投资约 17 000 万元；由于设备本身的原因,可抵消厂用电量 716 万 kW·h。取上网电力影子价格 0.2 元/度,根据上述技术指标采用影子价格可计算出节约 1m³ 水所需的年费用,计算结果见表 B-8。

由表 B-8 可知,每节省 1m³ 水所需的年费用为 3.8 元,该数据可以近似作为本项目供水的影子价格,项目各年的供水效益计算如下：

年供水效益＝年供水量×供水影子价格

各年效益流量见年供水效益流量表(表 B-9)。

表 B-8 2×20万 kW 空冷机组节水方案经济计算

项　　　目	数　量	金额/万元	年费用/万元	备　　　注
增加煤耗/(万 t/年)	2.40	240	240	
减少发电量/(度/年)	58.4	11.77	11.77	
抵消厂用电量/(万度/年)	716	144.27	144.27	$(A/P,12\%,30)=0.124\ 1$ $2\ 110=17\ 000(A/P,12\%,30)$
投资增加/(万元)		17 000	2 110	
增加管理人员/人	53	63.6	63.6	
节省水量/(万 m³/年)	600			
合计/万元			2 281.09	
每立方米水年费用/(元/m³)			3.8	$2\ 281.09÷600=3.8$

表 B-9 年供水效益流量表

年序	1	2	3	4	5	6	7	8	9	10	11	12	13	14	15
供水量/亿 m³					2.4	2.5	3.0	3.1	3.1	3.2	3.2	3.9	4.0	4.0	4.2
供水效益/亿元					9.12	9.5	11.41	11.79	11.79	12.17	12.17	14.83	15.21	15.21	15.97

年序	16	17	18	19	20	21	22	23	24	25	26	27	28	29	30
供水量/亿 m³	4.2	4.9	4.9	5.0	5.0	5.2	5.2	5.2	5.3	5.3	5.4	5.43	5.43	5.43	5.43
供水效益/亿元	15.97	18.63	18.63	19.01	19.01	19.77	19.77	19.77	20.15	20.15	20.53	20.64	20.64	20.64	20.44

四、国民经济效益分析评估(见表 B-10)

表 B-10 国民经济评价费用、效益表　　　　　　　亿元

年序	1	2	3	4	5	6	7	8	9	10	11	12	13	14	15
效益流量	0.00	0.00	4.02	7.28	15.15	15.68	15.00	14.17	14.17	14.55	14.55	17.21	17.59	17.59	18.35
费用流量	11.43	11.23	9.37	9.11	8.57	8.19	3.95	2.12	3.80	2.16	2.16	2.36	2.38	2.38	2.44
净效益流量	−11.43	−11.23	−5.35	−1.83	6.58	7.49	11.05	12.04	10.37	12.38	12.38	14.85	15.21	15.21	15.91

年序	16	17	18	19	20	21	22	23	24	25	26	27	28	29	30
效益流量	18.35	21.01	21.01	21.39	21.39	22.15	22.15	22.15	22.53	22.53	22.91	23.03	23.03	23.03	33.01
费用流量	2.44	2.63	2.63	2.66	2.66	2.72	2.72	2.72	2.74	2.74	2.77	2.77	2.77	2.77	2.77
净效益流量	15.91	18.38	18.38	18.73	18.73	19.44	19.44	19.44	19.79	19.19	20.14	20.26	20.26	20.26	30.24

由表 B-10 可计算项目的经济指标如下:

(1) 经济内部收益率(EIRR)

根据费用、效益流量表计算得到项目的经济内部收益率 EIRR＝23.48％,大于社会折现率12％,表明项目超过社会对资金的盈利能力的要求。

(2) 经济净现值(ENPV)

计算结果为:ENPV(12％)＝41.57(亿元)。

五、不确定性分析

1. 敏感性分析

将工程项目的投资和效益的可能变化对经济内部收益率指标的影响进行单因素敏感性分析,敏感性分析表及敏感性分析图如表 B-11 和图 B-1 所示。

表 B-11　敏感性分析表　　　　　　　　　　　　　　　　　　　　　%

	基本方案	投资变化		效益变化	
		＋10	－10	＋10	－10
内部收益率	23.48	21.48	25.97	25.86	21.12
较基本方案增减		－2.0	2.49	2.38	－2.36

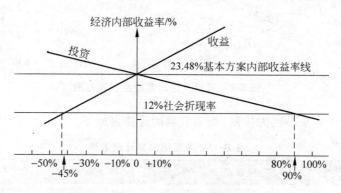

图 B-1　敏感性分析图

由图可知,投资费用提高的临界点为 90％,效益降低的临界点为 45％,说明该项目是能够承担一定风险的。

2. 概率分析

为了简便起见,设定各因素变化的情况是相互独立的。经分析,各因素变化的概率如表 B-12 所示。

表 B-12　各因素可能发生变化的概率

变　　化	+10%	0	−10%
投资	0.4	0.4	0.2
效益	0.2	0.4	0.4
经营费用	0	1	0

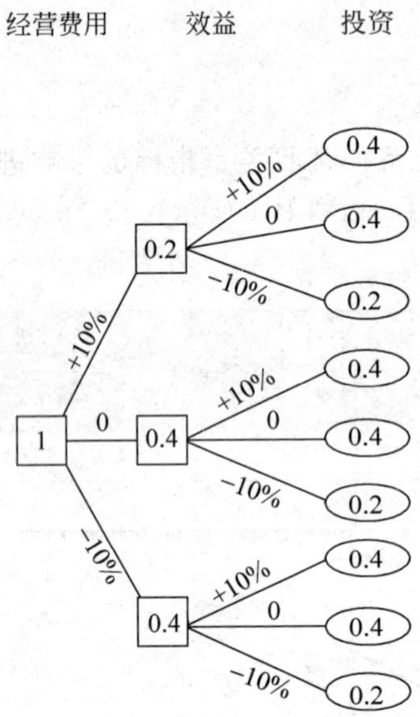

发生可能性	净现值（亿元）	加权净现值（亿元）
0.08	46.19	3.70
0.08	50.74	4.06
0.04	55.30	2.21
0.16	36.93	5.91
0.16	41.57	6.65
0.08	46.05	3.68
0.16	27.68	4.43
0.16	32.23	5.16
0.08	36.79	2.94
Σ1.00	期望值	Σ38.74

图 B-2　可能发生因素的经济指标图

按净现值 NPV 从小到大排列，概率值累加计算表如下：

表 B-13　净现值的累计概率表

净现值	累计概率	净现值	累计概率
27.68	0.16	46.05	0.80(0.72+0.08)
32.23	0.32(0.16+0.16)	46.19	0.88(0.80+0.08)
36.79	0.40(0.32+0.08)	50.74	0.96(0.88+0.08)
36.93	0.56(0.40+0.16)	55.30	1.00(0.96+0.04)
41.57	0.72(0.56+0.16)		

由图 B-2 和表 B-13 可知，该项目净现值的期望值为 38.74 亿元，净现值大于或等于

零的概率为 1。

六、国民经济评估结论

由上述国民经济评估分析可以看出,本项目的国民经济效益是非常好的,投资的经济内部收益率远大于社会折现率,项目的风险很小,所以,从国民经济的角度考虑,本项目是可行的。

行业名称	基准投资回收期/年	基准收益（基准贴现）率/%	平均投资利润率/%	平均投资利税率/%	备　注
大型钢铁联合企业	14.3	9	9	14	包括矿山
中型钢铁联合企业	13.3	9	9	14	包括矿山
特殊钢厂	12.0	10	9	15	
炼焦制气	15.0	7	5	6	
矿井（井工）开采	8.0	15	10	11	
邮政业	19.0	2	3	4	
市内电话业	13.0	6	7	7	
大中型拖拉机	13.0	8	5	7	
小型拖拉机	10.0	13	9	11	
自动化仪表	8.0	17	14	18	
工业锅炉	7.0	23	20	24	
汽车	9.0	16	15	19	
农药	9.0	14	22	28	
原油加工	10.0	12	4	8	
棉、毛、麻纺织	10.1	14	10	17	
合成纤维	10.6	12	11	15	不包括普通长丝
日用机械	7.1	25	24	36	
日用化学制品	8.7	19	17	26	
制盐	10.5	12	11	16	
食品	8.3	16	16	21	
塑料制品	7.8	19	14	20	
家用电器	6.8	26	19	30	
烟草	9.7	17	14	223	
水泥	13.0	8	8	12	
平板玻璃	11.0	10	14	23	

注：1. 表中各参数适用于计算所得税前财务评估指标；

2. 表中各参数均不含通货膨胀因素。

Asian infrastructure investment bank(AIIB/AIB)	亚洲基础设施投资银行（亚投行）
Accelerating method of depreciation	加速折旧法
Accumulative total of net cash flow	累计净现金流量
Actual C. I. F	实际到岸价格
Actual F. O. B	实际离岸价格
Actual social price	实际社会价格
Adjustment factor	调整率
Adjustment tax	调节税
Analysis of cash flow	现金流量分析
Analysis of financial balance	财务平衡分析
Analysis of foreign exchange benefit	外汇效益分析
Analysis of management effects	经营效益分析
Analysis of unceriainty	不确定性分析
Annuity	年金
Annuity method of depreciation	年金折旧法
Application rate of fixed assets	固定资产交付使用率
Auxiliary material	辅助材料
BRICS DB(development bank)	金砖国家开发银行
Balance sheet of loan repayment	贷款偿还平衡表
Basic parameter	基准参数
Basic return rate	基准收益率
Benefit transfer method(BTM)	成果参照法
Business enviroment risk index(BERI)	商业环境风险指数
Border price	口岸价格
Break-even analysis	盈亏平衡分析
Break-even point(BEP)	盈亏平衡点
Building area	建筑面积
Business tax	营业税
Calculating method of fixed assets depreciation	固定资产折旧计算方法

Calculating parameter	计算参数
Cash flow	现金流量
Cash flow table for total investment	财务现金流量表(全部投资)
Cost insurance and freight(CIF)	到岸价
Circulating fund	流动资金
Clear-up ability	清偿能力
Commencement date of construction	开工日期
Competition on marker	市场竞争
Complete sets of equipment	成套设备
Completion date of construction	竣工日期
Compound interest value	复利,复利值
Construction	建筑工程
Construction and installation investment	建筑安装工程投资
Construction cost	建筑工程费
Construction cycle	建设周期
Construction enterprise	施工单位
Construction project	建设项目
Construction quality	工程质量
Construction unit	建设单位
Consumer	消费者
Consumer price index(CPI)	物价指数
Consumer behavior study	消费者行为研究
Consumption	消费
Contingent valuation method(CVM)	调查评价法
Cost	成本
Cost of illness approach(CIA)	医疗费用法
Cost calculation	成本计算
Cost of natural resources	自然资源成本
Cost-benefit analysis	成本效益分析
Custom tax	关税
Date of production commencement	投产日期
Decision	决策
Defensive expenditure approach(REA)	防护费用法
Depreciation	折旧
Depreciation rate	折旧率
Design unit	设计单位
Designed productive capacity	设计生产能力
Direct benefit	直接效益

Direct cost	直接成本
Discount	折现
Dynamic method	动态法
Economic benefit	经济利益
Economic decision	经济决策
Economic effect	经济效果
Economic forecasting	经济预测
Economic information	经济信息
Economic internal rate of return(EIRR)	经济内部收益率
Economic leverage	经济杠杆
Economic net present value(ENPV)	经济净现值
Economic net present value rate(ENPVR)	经济净现值率
Economic policy	经济政策
Economic price	经济价格
Economic structure	经济结构
Economics	经济学
Economy	经济
Employment	就业
Energy	能源
Engineering geology	工程地理
Environmental disruption	环境污染
Equipment	设备
Equipment installation cost	设备安装工程费
Equipment investment	设备投资
Equipment matching	设备配套
Equipment renewals	设备更新
Equipment transformation	设备改造
Equipment utilization rate	设备利用率
Estimate table of foxed assets investment	固定资产投资估算表
Estimates of total investment	总投资估算
Expansion project	扩建项目
Expenses for large scale repairs	大修理费
Factor cost	生产要素成本
Factory cost	工厂成本
Feasibility study	可行性研究
Final acceptance of construction	竣工验收
Financial balance sheet	财务平衡表
Financial net present value of foreign exchange	财务外汇净现值

Financial conversion cost of foreign exchange	财务换汇成本
Financial economizing cost of foreign exchange	财务节汇成本
Financial evaluation of project	项目财务评价
Financial forecast of project	项目财务预测
Financial internal rate of return(FIRR)	财务内部收益率
Financial market	金融市场
Financial net present value	财务净现值
Financial net present value rate(FNPVR)	财务净现值率
Fixed assets investment	固定资产投资
Fixed cost	固定成本
Foreign exchange market	外汇市场
Foreign income(FI)	外汇流入
Foreign out(FO)	外汇流出
Fund cost	资金成本
Future	期货交易
Free on boad(FOB)	离岸价
Government investment	国家投资
Gross national product(GNP)	国民生产总值
High-technology product	高技术产品
Human capital approach(HCA)	人力资本法
Hydro geology	水文地理
Import substitute	进口替代
Income per head(IPH)	人均收入
Income tax	所得税
Incremental national income from investment	投资新增国民收入
Incremental productive capacity	新增生产能力
Incremental cost	增量成本
Indirect cost	间接成本
Industrial project	工业项目
Industrial property	工业产权
Infrastructure	基础设施
Installation of equipment	设备安装工程
Internal rate of return(IRR)	内部收益率
International investment	国际投资
International market	国际市场
International market price	国际市场价格
Investment	投资
Investment fund	投资基金

Investment cycle	投资周期
Investment decision	投资决策
Investment direction	投资方向
Investment environment	投资环境
Investment of enterprise	企业投资
Investment payback period of equipment	设备投资回收期
Investment ratio	投资比例
Investment result	投资效果
Investment risk	投资风险
Investment scale	投资规模
Items of cost	成本项目
Joint investment	联合投资
Knowledge intensive product	知识密集型产品
Land acquisition	土地征用
Land expenses	土地费用
Large scale temporary facilities	大型临时设施
Large-size equipment	大型设备
Law of economy	经济规律
Loss	亏损
Loss in productivity approach(LPA)	生产力损失法
Main construction	主体工程
Main material	主要材料
Main project	重点项目
Management decision	经营决策
Management strategy	经营战略
Manufacturer of equipment	设备制造厂商
Marginal investment	边际投资
Market adjustment	市场调节
Market	市场
Market analysis	市场分析
Market capacity	市场容量
Market demand stage	市场需求层次
Market development strategy	市场发展战略
Market feedback	市场反馈
Market for capital goods	生产资料市场
Market for consumer goods	消费品市场
Market forecasting model	市场预测模型
Market information	市场信息

Market occupancy	市场占有率
Market saturation	市场饱和
Market survey	市场调查
Market trends study	市场倾向性研究
Market price	市场价格
Matching construction	配套工程
National economic evaluation of project	项目国民经济评价
National income	国民收入
National net value added	国民净增值
National parameter	国家参数
National profitability	国家盈利率
National value added	国民增值
Net cash flow	净现金流量
Net present value(NPV)	净现值
Net present value of naional income	国民收入净现值
Net residual value	净残值
Net residual value rate	净残值率
Net value added	净增值
New project	新建项目
Newly-increased fixed assets	新增固定资产
Non-industrial project	非工业项目
Odds	概率
Operation cost	经营成本
Opportunity cost	机会成本
Option	期权
Overall budgetary estimate of construction project	建设项目总概算
Parameter	参数
Pay-back period of loan	贷款偿还期
Period of depreciation	折旧年限
Portfolio	证券投资组合
Preliminary feasibility study	初步可行性研究
Preparation work of a construction	三通一平
Present value	现值
Price	价格
Price of construction and installation	建筑安装工程造价
Product	产品
Product cost	生产成本
Product design	产品设计

Product life cycle	产品生命周期
Product structure	产品结构
Product tax	产品税
Productive capacity	生产能力
Profit	利润
Profit rate of marginal investment	边际投资收益率
Profit ratio of investment	投资利润率
Profit statement	利润表
Profit ratio	利润率
Progressive-decreased balance method of depreciation	余额递减折旧法
Project	项目
Project benefit	项目效益
Project design	项目设计
Project feasibility study	项目可行性研究
Project input	项目投入
Project investment appraisal	项目投资评价
Project loan	项目贷款
Project management	项目管理
Project output	项目产出
Project proposal	项目建议书
Random sampling survey method	随机抽样调查法
Rate of incremental national income from investment	投资新增国民收入率
Rate of net present value	净现值率
Raw material	原料
Reconstruction project	改建项目
Related investment	相关投资
Relating cost	相关成本
Renovation and reformation investment	更新改造投资
Renovation and reformation project	更新改造项目
Report on feasibility study	可行性研究报告
Replacement cost approach(RCA)	重置费用法
Residual value	残值
Resource tax	资源税
Resources	资源
Return period of investment	投资回收期
Risk investment	风险投资
Sales cost	销售成本
Sales price	销售价格

Sales tax	销售税金
Scale economy	规模经济
Scope of project	项目范围
Selection of project site	厂址选择
Self-financing investment	自筹投资
Sensitivity analysis	敏感性分析
Service market	劳务市场
Shadow exchange rate	影子汇率
Shadow price	影子价格
Shadow wage	影子工资
Single construction	单项工程
Size	规模
Size of construction	建设规模
Size of project	项目规模
Size of total investment of fixed assets	固定资产投资总规模
Social benefit	社会效益
Social cost	社会成本
Social environment of project	项目社会环境
Social evaluation	社会评价
Social net income rate of investment	投资社会纯收入率
Social rate of discounting	社会折现率
Social value of investment	投资的社会价值
Source of investment	投资来源
Special equipment	专用设备
Standard equipment	标准设备
Statement financialforeign exchange flow	财务外汇流量表
Static method	静态法
Statistical forecast	统计预测
Straight-line method of depreciation	直线折旧法
Subject of investment	投资主体
Sunk cost(SC)	沉没成本
Surtax for education expenses	教育费附加
Survey and design expenses	勘察设计费
Swap	调期交易
Table of total cost	总成本表
Tax	税金
Tax holiday	免税期
Tax of vehicle and ship licenses	车船牌照税

Technical and economic evaluation	技术经济评价
Technical and economic feasibility study	技术经济可行性研究
Technical evaluation	技术评价
Technical evaluation of project	项目技术评价
Technical policy	技术政策
Technique	技术
Technology	工艺
Technology intensive product	技术密集型产品
Technology investment	技术投资
Technology transfer expense	技术转让费
Theoretical price	理论价格
Time limit for construction	建设工期
Time value for capital money	资本金时间价值
Total cost	总成本
Total investment expenses	总投资费用
Total investment return period	全部投资回收期
Total value added	总增值
Treasury notes	国库券
Uncertainty	不确定性因素
Unexpected expenses	不可预见费
Unit cost	单位成本
Unitersal equipment	通用设备
Urban maintenance and construction tax	城市维护建设税
Urban real-estate tax	房地产税
Utilization rate of productive capacity	生产能力利用率
Value added	增值
Value parameter	价值参数
Value-added tax	增值税
Variable cost	变动成本
Whole sale price index(WPI)	批发价格指数
Workshop cost	车间成本
Working drawing budget	施工图预算
Working time method of depreciation	工作时间折旧法
Years of reaching design capacity	达到设计能力年限

B&E

附录 E

复利计算系数表

1. 复利换算系数表

$i=5\%$

期限	F/P	F/A	A/F	P/F	P/A	A/P
1	1.050 000	1.000 000	1.000 000	0.952 381	0.952 381	1.050 000
2	1.102 500	2.050 000	0.487 805	0.907 029	1.859 410	0.537 805
3	1.157 625	3.152 500	0.317 209	0.863 838	2.723 248	0.367 209
4	1.215 506	4.310 125	0.232 012	0.822 702	3.545 951	0.282 012
5	1.276 282	5.525 631	0.180 975	0.783 526	4.329 477	0.230 975
6	1.340 096	6.801 913	0.147 017	0.746 215	5.075 692	0.197 017
7	1.407 100	8.142 008	0.122 820	0.710 681	5.786 373	0.172 820
8	1.477 455	9.549 109	0.104 722	0.676 839	6.463 213	0.154 722
9	1.551 328	11.026 564	0.090 690	0.644 609	7.107 822	0.140 690
10	1.628 895	12.577 893	0.079 505	0.613 913	7.721 735	0.129 505
11	1.710 339	14.206 787	0.070 389	0.584 679	8.306 414	0.120 389
12	1.795 856	15.917 127	0.062 825	0.556 837	8.863 252	0.112 825
13	1.885 649	17.712 983	0.056 456	0.530 321	9.393 573	0.106 456
14	1.979 932	19.598 632	0.051 024	0.505 068	9.898 641	0.101 024
15	2.078 928	21.578 564	0.046 342	0.481 017	10.379 658	0.096 342
16	2.182 875	23.675 492	0.042 270	0.458 112	10.837 770	0.092 270
17	2.292 018	25.840 366	0.038 699	0.436 297	11.274 066	0.088 699
18	2.406 619	28.132 385	0.035 546	0.415 521	11.689 587	0.085 546
19	2.526 950	30.539 004	0.032 745	0.395 734	12.085 321	0.082 745
20	2.653 298	33.065 954	0.030 243	0.376 889	12.462 210	0.080 243
21	2.785 963	35.719 252	0.027 996	0.358 942	12.821 153	0.077 996
22	2.925 261	38.505 214	0.025 971	0.341 850	13.163 003	0.075 971
23	3.071 524	41.430 475	0.024 137	0.325 571	13.488 574	0.074 137
24	3.225 100	44.501 999	0.022 471	0.310 068	13.798 642	0.072 471
25	3.386 355	47.727 099	0.020 952	0.295 303	14.093 945	0.070 952
26	3.555 637	51.113 454	0.019 564	0.281 241	14.375 185	0.069 564
27	3.733 456	54.669 126	0.018 292	0.267 848	14.643 034	0.068 202
28	3.920 129	58.402 583	0.017 123	0.255 094	14.898 127	0.067 123
29	4.116 136	62.322 712	0.016 046	0.242 946	15.141 074	0.066 046
30	4.321 942	66.438 848	0.015 051	0.231 377	15.372 451	0.065 051

$i=8\%$

期限	F/P	F/A	A/F	P/F	P/A	A/P
1	1.080 000	1.000 000	1.000 000	0.925 926	0.925 926	1.080 000
2	1.166 400	2.080 000	0.480 769	0.857 339	1.783 265	0.560 769
3	1.259 712	3.246 400	0.308 034	0.793 832	2.577 097	0.388 034
4	1.360 489	4.506 112	0.221 921	0.735 030	3.312 127	0.301 921
5	1.469 328	5.866 601	0.170 456	0.680 583	3.992 710	0.250 456
6	1.586 874	7.335 929	0.136 315	0.630 170	4.622 880	0.216 315
7	1.713 824	8.922 803	0.112 072	0.583 490	5.206 370	0.192 072
8	1.850 930	10.636 628	0.094 015	0.540 269	5.746 639	0.174 015
9	1.999 005	12.487 558	0.080 080	0.500 249	6.246 888	0.160 080
10	2.158 925	14.486 562	0.069 029	0.463 193	6.710 081	0.149 029
11	2.331 639	16.645 487	0.060 076	0.428 883	7.138 964	0.140 076
12	2.518 170	18.977 126	0.052 695	0.397 114	7.536 078	0.132 695
13	2.719 624	21.495 297	0.046 522	0.367 698	7.903 776	0.126 522
14	2.937 194	24.214 920	0.041 297	0.340 461	8.244 237	0.121 297
15	3.172 169	27.152 114	0.036 830	0.315 242	8.559 479	0.116 830
16	3.425 943	30.324 283	0.032 977	0.291 890	8.851 369	0.112 977
17	3.700 018	33.750 226	0.029 629	0.270 269	9.121 638	0.109 629
18	3.996 019	37.450 244	0.026 702	0.250 249	9.371 887	0.106 702
19	4.315 701	41.446 263	0.024 128	0.231 712	9.603 599	0.104 128
20	4.660 957	45.761 964	0.021 852	0.214 548	9.818 147	0.101 852
21	5.033 834	50.422 921	0.019 832	0.198 656	10.016 803	0.099 832
22	5.436 540	55.456 755	0.018 032	0.183 941	10.200 744	0.098 032
23	5.871 464	60.893 296	0.016 422	0.170 315	10.371 059	0.096 422
24	6.341 181	66.764 759	0.014 978	0.157 699	10.528 758	0.094 978
25	6.848 475	73.105 940	0.013 679	0.146 018	10.674 776	0.093 679
26	7.396 353	79.954 415	0.012 507	0.135 202	10.809 987	0.092 507
27	7.988 061	87.350 768	0.011 448	0.125 187	10.935 165	0.091 448
28	8.627 106	95.338 830	0.010 489	0.115 914	11.051 078	0.090 489
29	9.317 275	103.965 936	0.009 619	0.107 328	11.158 406	0.089 619
30	10.062 657	113.283 211	0.008 827	0.093 770	11.257 783	0.088 827

$i=9\%$

期限	F/P	F/A	A/F	P/F	P/A	A/P
1	1.090 000	1.000 000	1.000 000	0.917 431	0.917 431	1.090 000
2	1.188 100	2.090 000	0.478 469	0.841 680	1.759 111	0.568 469
3	1.295 029	3.278 100	0.305 055	0.772 183	2.531 295	0.395 055
4	1.411 582	4.573 129	0.218 669	0.708 425	3.239 720	0.308 669
5	1.538 624	5.984 711	0.167 092	0.649 931	3.889 651	0.257 092
6	1.677 100	7.523 335	0.132 920	0.596 267	4.485 919	0.222 920
7	1.828 039	9.200 435	0.108 691	0.547 034	5.032 953	0.198 691
8	1.992 563	11.028 474	0.090 674	0.501 866	5.534 819	0.180 674
9	2.171 893	13.021 036	0.076 799	0.460 428	5.995 247	0.166 799
10	2.367 364	15.192 930	0.065 820	0.422 411	6.417 658	0.155 820
11	2.580 426	17.560 293	0.056 947	0.387 533	6.805 191	0.146 947
12	2.812 665	20.140 720	0.049 651	0.355 535	7.160 725	0.139 651
13	3.065 805	22.953 385	0.043 567	0.326 179	7.486 904	0.133 567
14	3.341 727	26.019 189	0.038 433	0.299 246	7.786 150	0.128 433
15	3.642 482	29.360 916	0.034 056	0.274 538	8.060 688	0.124 059
16	3.970 306	33.003 399	0.030 300	0.251 870	8.312 558	0.120 300
17	4.327 633	36.973 705	0.027 046	0.231 073	8.543 631	0.117 046
18	4.717 120	41.301 338	0.024 212	0.211 994	8.755 625	0.114 212
19	5.141 661	46.018 458	0.021 730	0.194 490	8.950 115	0.111 730
20	5.604 411	51.160 120	0.019 546	0.178 431	9.128 546	0.109 546
21	6.108 808	56.764 530	0.017 617	0.163 698	9.292 244	0.107 617
22	6.658 600	62.873 338	0.015 905	0.150 182	9.442 425	0.105 905
23	7.257 874	69.531 939	0.014 382	0.137 781	9.580 207	0.104 382
24	7.911 083	76.789 813	0.013 023	0.126 405	9.706 612	0.103 023
25	8.623 081	84.700 896	0.011 806	0.115 968	9.822 580	0.101 806
26	9.399 158	93.323 977	0.010 715	0.106 393	9.928 972	0.100 715
27	10.245 082	102.723 135	0.009 735	0.097 608	10.026 580	0.099 735
28	11.167 140	112.968 217	0.008 852	0.089 548	10.116 128	0.098 852
29	12.172 182	124.135 356	0.008 056	0.082 155	10.198 283	0.098 056
30	13.267 678	136.307 539	0.007 336	0.075 371	10.273 654	0.097 336

$i=10\%$

期限	F/P	F/A	A/F	P/F	P/A	A/P
1	1.100 000	1.000 000	1.000 000	0.909 091	0.909 091	1.100 000
2	1.210 000	2.100 000	0.476 190	0.826 446	1.735 537	0.576 190
3	1.331 000	3.310 000	0.302 115	0.751 315	2.486 852	0.402 115
4	1.464 100	4.641 000	0.215 471	0.683 013	3.169 865	0.315 471
5	1.610 510	6.105 100	0.163 797	0.620 921	3.790 787	0.263 797
6	1.771 561	7.715 610	0.129 607	0.564 474	4.355 261	0.229 607
7	1.948 717	9.487 171	0.105 405	0.513 158	4.868 419	0.205 405
8	2.143 589	11.435 888	0.087 444	0.466 507	5.334 926	0.187 444
9	2.357 948	13.579 477	0.073 641	0.424 098	5.759 024	0.173 641
10	2.593 742	15.937 425	0.062 745	0.385 543	6.144 567	0.162 745
11	2.853 117	18.531 167	0.053 963	0.350 494	6.495 061	0.153 963
12	3.138 428	21.384 284	0.046 763	0.318 631	6.813 692	0.146 763
13	3.452 271	24.522 712	0.040 779	0.289 664	7.103 356	0.140 779
14	3.797 498	27.974 983	0.035 746	0.263 331	7.366 687	0.135 746
15	4.177 248	31.772 482	0.031 474	0.239 392	7.606 080	0.131 474
16	4.594 973	35.949 730	0.027 817	0.217 629	7.823 709	0.127 817
17	5.054 470	40.544 703	0.024 664	0.197 845	8.021 553	0.124 664
18	5.559 917	45.599 173	0.021 930	0.179 859	8.201 412	0.121 930
19	6.115 909	51.159 090	0.019 547	0.163 508	8.364 920	0.119 547
20	6.727 500	57.274 999	0.017 460	0.148 644	8.513 564	0.117 460
21	7.400 250	64.002 499	0.015 624	0.135 131	8.648 694	0.115 624
22	8.140 275	71.402 749	0.014 005	0.122 846	8.771 540	0.114 005
23	8.954 302	79.543 024	0.012 572	0.111 678	8.883 218	0.112 572
24	9.849 733	88.497 327	0.011 300	0.101 526	8.984 744	0.111 300
25	10.834 706	98.347 059	0.010 168	0.092 296	9.077 040	0.110 168
26	11.918 177	109.181 765	0.009 159	0.083 905	9.160 945	0.109 159
27	13.109 994	121.099 942	0.008 258	0.076 278	9.237 223	0.108 258
28	14.420 994	134.209 936	0.007 451	0.069 343	9.306 567	0.107 451
29	15.863 093	148.630 930	0.006 728	0.063 039	9.369 606	0.106 728
30	17.449 402	164.494 023	0.006 079	0.057 309	9.426 914	0.106 079

$i=11\%$

期限	F/P	F/A	A/F	P/F	P/A	A/P
1	1. 110 000	1. 000 000	1. 000 000	0. 900 901	0. 900 901	1. 110 000
2	1. 232 100	2. 110 000	0. 473 934	0. 811 622	1. 712 523	0. 583 934
3	1. 367 631	3. 342 100	0. 299 213	0. 731 191	2. 443 715	0. 409 213
4	1. 518 070	4. 709 731	0. 212 326	0. 658 731	3. 102 446	0. 322 326
5	1. 685 058	6. 227 801	0. 160 570	0. 593 451	3. 696 897	0. 270 570
6	1. 870 415	7. 912 860	0. 126 377	0. 534 641	4. 230 538	0. 236 377
7	2. 076 160	9. 783 274	0. 102 215	0. 481 658	4. 712 196	0. 212 215
8	2. 304 538	11. 859 434	0. 084 321	0. 433 926	5. 146 123	0. 194 321
9	2. 558 037	14. 163 972	0. 070 602	0. 390 925	5. 537 048	0. 180 602
10	2. 839 421	16. 722 009	0. 059 801	0. 352 184	5. 889 232	0. 169 801
11	3. 151 757	19. 561 430	0. 051 121	0. 317 283	6. 206 515	0. 161 121
12	3. 498 451	22. 713 187	0. 044 027	0. 285 841	6. 492 356	0. 154 027
13	3. 883 280	26. 211 638	0. 038 151	0. 257 514	6. 749 870	0. 148 151
14	4. 310 441	30. 094 918	0. 033 228	0. 231 995	6. 981 865	0. 143 228
15	4. 784 589	34. 405 359	0. 029 065	0. 209 004	7. 190 870	0. 139 065
16	5. 310 894	39. 189 948	0. 025 517	0. 188 292	7. 379 162	0. 135 517
17	5. 895 093	44. 500 843	0. 022 471	0. 169 633	7. 548 794	0. 132 471
18	6. 543 553	50. 395 936	0. 019 843	0. 152 822	7. 701 617	0. 129 843
19	7. 263 344	56. 939 488	0. 017 563	0. 137 678	7. 839 294	0. 127 563
20	8. 062 312	64. 202 832	0. 015 576	0. 124 034	7. 963 328	0. 125 576
21	8. 949 166	72. 265 144	0. 013 838	0. 111 742	8. 075 070	0. 123 838
22	9. 933 574	81. 214 309	0. 012 313	0. 100 669	8. 175 739	0. 122 313
23	11. 026 267	91. 147 884	0. 010 971	0. 090 693	8. 266 432	0. 120 971
24	12. 239 157	102. 174 151	0. 009 787	0. 081 705	8. 348 137	0. 119 787
25	13. 585 464	114. 413 307	0. 008 740	0. 073 608	8. 421 745	0. 118 740
26	15. 079 865	127. 998 771	0. 007 813	0. 066 314	8. 488 058	0. 117 813
27	16. 738 650	143. 078 636	0. 006 989	0. 059 742	8. 547 800	0. 116 989
28	18. 579 901	159. 817 286	0. 006 257	0. 053 822	8. 601 622	0. 116 257
29	20. 623 691	178. 397 187	0. 005 605	0. 048 488	8. 650 110	0. 115 605
30	22. 892 297	199. 020 878	0. 005 025	0. 043 683	8. 693 793	0. 115 025

$i=12\%$

期限	F/P	F/A	A/F	P/F	P/A	A/P
1	1.120 000	1.000 000	1.000 000	0.892 857	0.892 857	1.120 000
2	1.254 400	2.120 000	0.471 698	0.797 194	1.690 051	0.591 698
3	1.404 928	3.374 400	0.296 349	0.711 780	2.401 831	0.416 349
4	1.573 519	4.779 328	0.209 234	0.635 518	3.037 349	0.329 234
5	1.762 342	6.352 847	0.157 410	0.567 427	3.604 776	0.277 410
6	1.973 823	8.115 189	0.123 226	0.506 631	4.111 407	0.243 226
7	2.210 681	10.089 012	0.099 118	0.452 349	4.563 757	0.219 118
8	2.475 963	12.299 693	0.081 303	0.403 883	4.967 640	0.201 303
9	2.773 079	14.775 656	0.067 679	0.360 610	5.328 250	0.187 679
10	3.105 848	17.548 735	0.056 984	0.321 973	5.650 223	0.176 984
11	3.478 550	20.654 583	0.048 415	0.287 476	5.937 699	0.168 415
12	3.895 976	24.133 133	0.041 437	0.256 675	6.194 374	0.161 437
13	4.363 493	28.029 109	0.035 677	0.229 174	6.423 548	0.155 677
14	4.887 112	32.392 602	0.030 871	0.204 620	6.628 168	0.150 871
15	5.473 566	37.279 715	0.026 824	0.182 696	6.810 864	0.146 824
16	6.130 394	42.753 280	0.023 390	0.163 122	6.973 986	0.143 390
17	6.866 041	48.883 674	0.020 457	0.145 644	7.119 630	0.140 457
18	7.689 966	55.749 715	0.017 937	0.130 040	7.249 670	0.137 937
19	8.612 762	63.439 681	0.015 763	0.116 107	7.365 777	0.135 763
20	9.646 293	72.052 442	0.013 879	0.103 667	7.469 444	0.133 879
21	10.803 848	81.698 736	0.012 240	0.092 560	7.562 003	0.132 240
22	12.100 310	92.502 584	0.010 811	0.082 643	7.644 646	0.130 811
23	13.552 347	104.602 894	0.009 560	0.073 788	7.718 434	0.129 560
24	15.178 629	118.155 241	0.008 463	0.065 882	7.784 316	0.128 463
25	17.000 064	133.333 870	0.007 500	0.058 823	7.843 139	0.127 500
26	19.040 072	150.333 934	0.006 652	0.052 521	7.895 660	0.126 652
27	21.324 881	169.374 007	0.005 904	0.046 894	7.942 554	0.125 904
28	23.883 866	190.698 887	0.005 244	0.041 869	7.984 423	0.125 244
29	26.749 930	214.582 754	0.004 660	0.037 383	8.021 806	0.124 660
30	29.959 922	241.332 684	0.004 144	0.033 378	8.055 184	0.124 144

$i=13\%$

期限	F/P	F/A	A/F	P/F	P/A	A/P
1	1. 130 000	1. 000 000	1. 000 000	0. 884 956	0. 884 956	1. 130 000
2	1. 276 900	2. 130 000	0. 469 484	0. 783 147	1. 668 102	0. 599 484
3	1. 442 897	3. 406 900	0. 293 522	0. 693 050	2. 361 153	0. 423 522
4	1. 630 474	4. 849 797	0. 206 194	0. 613 319	2. 974 471	0. 336 194
5	1. 842 435	6. 480 271	0. 154 315	0. 542 760	3. 517 231	0. 284 315
6	2. 081 952	8. 322 706	0. 120 153	0. 480 319	3. 997 550	0. 250 153
7	2. 352 605	10. 404 658	0. 096 111	0. 425 061	4. 422 610	0. 226 111
8	2. 658 444	12. 757 263	0. 078 387	0. 376 160	4. 798 770	0. 208 387
9	3. 004 042	15. 415 707	0. 064 869	0. 332 885	5. 131 655	0. 194 869
10	3. 394 567	18. 419 749	0. 054 290	0. 294 588	5. 426 243	0. 184 290
11	3. 835 861	21. 814 317	0. 045 841	0. 260 698	5. 686 941	0. 175 841
12	4. 334 523	25. 650 178	0. 038 986	0. 230 706	5. 917 647	0. 168 986
13	4. 898 011	29. 984 701	0. 033 350	0. 204 165	6. 121 812	0. 163 350
14	5. 534 753	34. 882 712	0. 028 667	0. 180 677	6. 302 488	0. 158 667
15	6. 254 270	40. 417 464	0. 024 742	0. 159 891	6. 462 379	0. 154 742
16	7. 067 326	46. 671 735	0. 021 426	0. 141 496	6. 603 875	0. 151 426
17	7. 986 078	53. 739 060	0. 018 608	0. 125 218	6. 729 093	0. 148 608
18	9. 024 268	61. 725 138	0. 016 201	0. 110 812	6. 839 905	0. 146 201
19	10. 197 423	70. 749 406	0. 014 134	0. 098 064	6. 937 969	0. 144 134
20	11. 523 088	80. 946 829	0. 012 354	0. 086 782	7. 024 752	0. 142 354
21	13. 021 089	92. 469 917	0. 010 814	0. 076 798	7. 101 550	0. 140 814
22	14. 713 831	105. 491 006	0. 009 479	0. 067 963	7. 169 513	0. 139 479
23	16. 626 629	120. 204 837	0. 008 319	0. 060 144	7. 229 658	0. 138 319
24	18. 788 091	136. 831 465	0. 007 308	0. 053 225	7. 282 883	0. 137 308
25	21. 230 542	155. 619 556	0. 006 426	0. 047 102	7. 329 985	0. 136 426
26	23. 990 513	176. 850 098	0. 005 655	0. 041 683	7. 371 668	0. 135 655
27	27. 109 279	200. 840 611	0. 004 979	0. 036 888	7. 408 556	0. 134 979
28	30. 633 486	227. 949 890	0. 004 387	0. 032 644	7. 441 200	0. 134 387
29	34. 615 839	258. 583 376	0. 003 867	0. 028 889	7. 470 088	0. 133 867
30	39. 115 898	293. 199 215	0. 003 411	0. 025 565	7. 495 653	0. 133 411

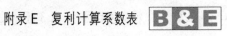

$i=14\%$

期限	F/P	F/A	A/F	P/F	P/A	A/P
1	1. 140 000	1. 000 000	1. 000 000	0. 877 193	0. 877 193	1. 140 000
2	2. 299 600	2. 140 000	0. 467 290	0. 769 468	1. 646 661	0. 607 290
3	1. 481 544	3. 439 600	0. 290 731	0. 674 972	2. 321 632	0. 430 731
4	1. 688 960	4. 921 144	0. 203 205	0. 592 080	2. 913 712	0. 343 205
5	1. 925 415	6. 610 104	0. 151 284	0. 519 369	3. 433 081	0. 291 284
6	2. 194 973	8. 535 519	0. 117 157	0. 455 587	3. 888 668	0. 257 157
7	2. 502 269	10. 730 491	0. 093 192	0. 399 637	4. 288 305	0. 233 192
8	2. 852 586	13. 232 760	0. 075 570	0. 350 559	4. 638 864	0. 215 570
9	3. 251 949	16. 085 347	0. 062 168	0. 307 508	4. 946 372	0. 202 168
10	3. 707 221	19. 337 295	0. 051 714	0. 269 744	5. 216 116	0. 191 714
11	4. 226 232	23. 044 516	0. 043 394	0. 236 617	5. 452 733	0. 183 394
12	4. 817 905	27. 270 749	0. 036 669	0. 207 559	5. 660 292	0. 176 669
13	5. 492 411	32. 088 654	0. 031 164	0. 182 069	5. 842 362	0. 171 164
14	6. 261 349	37. 581 065	0. 026 609	0. 159 710	6. 002 072	0. 166 609
15	7. 137 938	43. 842 414	0. 022 809	0. 140 096	6. 142 168	0. 162 809
16	8. 137 249	50. 980 352	0. 019 615	0. 122 892	6. 265 060	0. 159 615
17	9. 276 464	59. 117 601	0. 016 915	0. 107 800	6. 372 859	0. 156 915
18	10. 575 169	68. 394 066	0. 014 621	0. 094 561	6. 467 420	0. 154 621
19	12. 055 693	78. 969 235	0. 012 663	0. 082 948	6. 550 369	0. 152 663
20	13. 743 490	91. 024 928	0. 010 986	0. 072 762	6. 623 131	0. 150 986
21	15. 667 578	104. 768 418	0. 009 545	0. 063 826	6. 686 957	0. 149 545
22	17. 861 039	120. 435 996	0. 008 303	0. 055 988	6. 742 944	0. 148 303
23	20. 361 585	138. 297 035	0. 007 231	0. 049 112	6. 792 056	0. 147 231
24	23. 212 207	158. 658 620	0. 006 303	0. 043 081	6. 835 137	0. 146 303
25	26. 461 916	181. 870 827	0. 005 498	0. 037 790	6. 872 927	0. 145 498
26	30. 166 584	208. 332 743	0. 004 800	0. 033 149	6. 906 077	0. 144 800
27	34. 389 906	238. 499 327	0. 004 193	0. 029 078	6. 935 155	0. 144 193
28	39. 204 493	272. 889 233	0. 003 664	0. 025 507	6. 960 662	0. 143 664
29	44. 693 122	312. 093 725	0. 003 204	0. 022 375	6. 983 037	0. 143 204
30	50. 950 159	356. 786 847	0. 002 803	0. 019 627	7. 002 664	0. 142 803

$i＝15\%$

期限	F/P	F/A	A/F	P/F	P/A	A/P
1	1.150 000	1.000 000	1.000 000	0.869 565	0.869 565	1.150 000
2	1.322 500	2.150 000	0.465 116	0.756 144	1.625 709	0.615 116
3	1.520 875	3.472 500	0.287 977	0.657 516	2.283 225	0.437 977
4	1.749 006	4.993 375	0.200 265	0.571 753	2.854 978	0.350 265
5	2.011 357	6.742 381	0.148 316	0.497 177	3.352 155	0.298 316
6	2.313 061	8.753 738	0.114 237	0.432 328	3.784 483	0.264 237
7	2.660 020	11.066 799	0.090 360	0.375 937	4.160 420	0.240 360
8	3.059 023	13.726 819	0.072 850	0.326 902	4.487 322	0.222 850
9	3.517 876	16.785 842	0.059 574	0.284 262	4.771 584	0.209 574
10	4.045 558	20.303 718	0.049 252	0.247 185	5.018 769	0.199 252
11	4.652 391	24.349 276	0.041 069	0.214 943	5.233 712	0.191 069
12	5.350 250	29.001 667	0.034 481	0.186 907	5.420 619	0.184 481
13	6.152 788	34.351 917	0.029 110	0.162 528	5.583 147	0.179 110
14	7.075 706	40.504 705	0.024 688	0.141 329	5.724 476	0.174 688
15	8.137 062	47.580 411	0.021 017	0.122 894	5.847 370	0.171 017
16	9.357 621	55.717 472	0.017 948	0.106 865	5.954 235	0.167 948
17	10.761 264	65.075 093	0.015 367	0.092 926	6.047 161	0.165 367
18	12.375 454	75.836 357	0.013 186	0.080 805	6.127 966	0.163 186
19	14.231 772	88.211 811	0.011 336	0.070 265	6.198 231	0.161 336
20	16.366 537	102.443 583	0.009 761	0.061 100	6.259 331	0.159 761
21	18.821 518	118.810 120	0.008 417	0.053 131	6.312 462	0.158 417
22	21.644 746	137.631 638	0.007 266	0.046 201	6.358 663	0.157 266
23	24.891 458	159.276 384	0.006 278	0.040 174	6.398 837	0.156 278
24	28.625 176	184.167 841	0.005 430	0.034 934	6.433 771	0.155 430
25	32.918 953	212.793 017	0.004 699	0.030 378	6.464 149	0.154 699
26	37.856 796	245.711 970	0.004 070	0.026 415	6.490 564	0.154 070
27	43.535 315	283.568 766	0.003 526	0.022 970	6.513 534	0.153 526
28	50.065 612	327.104 080	0.003 057	0.019 974	6.533 508	0.153 057
29	57.575 454	377.169 693	0.002 651	0.017 369	6.550 877	0.152 651
30	66.211 772	434.745 146	0.002 300	0.015 103	6.565 980	0.152 300

$i=18\%$

期限	F/P	F/A	A/F	P/F	P/A	A/P
1	1.180 000	1.000 000	1.000 000	0.847 458	0.847 458	1.180 000
2	1.392 400	2.180 000	0.458 716	0.718 184	1.565 642	0.638 716
3	1.643 032	3.572 400	0.279 924	0.608 631	2.174 273	0.459 924
4	1.938 778	5.215 432	0.191 739	0.515 789	2.690 062	0.371 739
5	2.287 758	7.154 210	0.139 778	0.437 109	3.127 171	0.319 778
6	2.699 554	9.441 968	0.105 910	0.370 432	3.497 603	0.285 910
7	3.185 474	12.141 522	0.082 362	0.313 925	3.811 528	0.262 362
8	3.758 859	15.326 996	0.065 244	0.266 038	4.077 566	0.245 244
9	4.435 454	19.085 855	0.052 395	0.225 456	4.303 022	0.232 395
10	5.233 836	23.521 309	0.042 515	0.191 064	4.494 086	0.222 515
11	6.175 926	28.755 144	0.034 776	0.161 919	4.656 005	0.214 776
12	7.287 593	34.931 070	0.028 628	0.137 220	4.793 225	0.208 628
13	8.599 359	42.218 663	0.023 686	0.116 288	4.909 513	0.203 686
14	10.147 244	50.818 022	0.019 678	0.098 549	5.008 062	0.199 678
15	11.973 748	60.965 266	0.016 403	0.083 516	5.091 578	0.196 403
16	14.129 023	72.939 014	0.013 710	0.070 776	5.162 354	0.193 710
17	16.672 247	87.068 036	0.011 485	0.059 980	5.222 334	0.191 485
18	19.673 251	103.740 283	0.009 639	0.050 830	5.273 164	0.189 639
19	23.214 436	123.413 534	0.008 103	0.043 077	5.316 241	0.188 103
20	27.393 035	146.627 970	0.006 820	0.036 506	5.352 746	0.186 820
21	32.323 781	174.021 005	0.005 746	0.030 937	5.383 683	0.185 746
22	38.142 061	206.344 785	0.004 846	0.026 218	5.409 901	0.184 846
23	45.007 632	244.486 847	0.004 090	0.022 218	5.432 120	0.184 090
24	53.109 006	289.494 479	0.003 454	0.018 829	5.450 949	0.183 454
25	62.668 627	342.603 486	0.002 919	0.015 957	5.466 906	0.182 919
26	73.948 980	405.272 113	0.002 467	0.013 523	5.480 429	0.182 467
27	87.259 797	479.221 093	0.002 087	0.011 460	5.491 889	0.182 087
28	102.966 560	566.480 890	0.001 765	0.009 712	5.501 601	0.181 765
29	121.500 541	669.447 450	0.001 494	0.008 230	5.509 831	0.181 494
30	143.370 638	790.947 991	0.001 264	0.006 975	5.516 806	0.181 264

$i=20\%$

期限	F/P	F/A	A/F	P/F	P/A	A/P
1	1.200 000	1.000 000	1.000 000	0.833 333	0.833 333	1.200 000
2	1.440 000	2.200 000	0.454 545	0.694 444	1.527 778	0.654 545
3	1.728 000	3.640 000	0.274 725	0.578 704	2.106 481	0.474 725
4	2.073 600	5.368 000	0.186 289	0.482 253	2.588 735	0.386 289
5	2.488 320	7.441 600	0.134 380	0.401 878	2.990 612	0.334 380
6	2.985 984	9.929 920	0.100 706	0.334 898	3.325 510	0.300 706
7	3.583 181	12.915 904	0.077 424	0.279 082	3.604 592	0.277 424
8	4.299 817	16.499 085	0.060 609	0.232 568	3.837 160	0.260 609
9	5.159 780	20.798 902	0.048 079	0.193 807	4.030 967	0.248 079
10	6.191 736	25.958 682	0.038 523	0.161 506	4.192 472	0.238 523
11	7.430 084	32.150 419	0.031 104	0.134 588	4.327 060	0.231 104
12	8.916 100	39.580 502	0.025 265	0.112 157	4.439 217	0.225 265
13	10.699 321	48.496 603	0.020 620	0.093 464	4.532 681	0.220 620
14	12.839 185	59.195 923	0.016 893	0.077 887	4.610 567	0.216 893
15	15.407 022	72.035 108	0.013 882	0.064 905	4.675 473	0.213 882
16	18.488 426	87.442 129	0.011 436	0.054 088	4.729 561	0.211 436
17	22.186 111	105.930 555	0.009 440	0.045 073	4.774 634	0.209 440
18	26.623 333	128.116 666	0.007 805	0.037 561	4.812 195	0.207 805
19	31.948 000	154.740 000	0.006 462	0.031 301	4.843 496	0.206 462
20	38.337 600	186.688 000	0.005 357	0.026 084	4.869 580	0.205 357
21	46.005 120	225.025 600	0.004 444	0.021 737	4.891 316	0.204 444
22	55.206 144	271.030 719	0.003 690	0.018 114	4.909 430	0.203 690
23	66.247 373	326.236 863	0.003 065	0.015 095	4.924 525	0.203 065
24	79.496 847	392.484 236	0.002 548	0.012 579	4.937 104	0.202 548
25	95.396 217	471.981 083	0.002 119	0.010 483	4.947 587	0.202 119
26	114.475 460	567.377 300	0.001 762	0.008 735	4.956 323	0.201 762
27	137.370 552	681.852 760	0.001 467	0.007 280	4.963 602	0.201 467
28	164.844 662	819.223 312	0.001 221	0.006 066	4.969 668	0.201 221
29	197.813 595	984.067 974	0.001 016	0.005 055	4.974 724	0.201 016
30	237.376 314	1 181.881 569	0.000 846	0.004 213	4.978 936	0.200 846

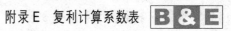

$i=22\%$

期限	F/P	F/A	A/F	P/F	P/A	A/P
1	1.220 000	1.000 000	1.000 000	0.819 672	0.819 672	1.220 000
2	1.488 400	2.220 000	0.450 450	0.671 862	1.491 535	0.670 450
3	1.815 848	3.708 400	0.269 658	0.550 707	2.042 241	0.489 658
4	2.215 335	5.524 248	0.181 020	0.451 399	2.493 641	0.401 020
5	2.702 708	7.739 583	0.129 206	0.369 999	2.863 640	0.349 206
6	3.297 304	10.442 291	0.095 764	0.303 278	3.166 918	0.315 764
7	4.022 711	13.739 595	0.072 782	0.248 589	3.415 506	0.292 782
8	4.907 707	17.762 306	0.056 299	0.203 761	3.619 268	0.276 299
9	5.987 403	22.670 013	0.044 111	0.167 017	3.786 285	0.264 111
10	7.304 631	28.657 416	0.034 895	0.136 899	3.923 184	0.254 895
11	8.911 650	35.962 047	0.027 807	0.112 213	4.035 397	0.247 807
12	10.872 213	44.873 697	0.022 285	0.091 978	4.127 375	0.242 285
13	13.264 100	55.745 911	0.017 939	0.075 391	4.202 766	0.237 939
14	16.182 202	69.010 011	0.014 491	0.061 796	4.264 562	0.234 491
15	19.742 287	85.192 213	0.011 738	0.050 653	4.315 215	0.231 738
16	24.085 590	104.934 500	0.009 530	0.041 519	4.356 734	0.229 530
17	29.384 420	129.020 090	0.007 751	0.034 032	4.390 765	0.227 751
18	35.848 992	158.404 510	0.006 313	0.027 895	4.418 660	0.226 313
19	43.735 771	194.253 503	0.005 148	0.022 865	4.441 525	0.225 148
20	53.357 640	237.989 273	0.004 202	0.018 741	4.460 266	0.224 202
21	65.096 321	291.346 913	0.003 432	0.015 362	4.475 628	0.223 432
22	79.417 512	356.443 234	0.002 805	0.012 592	4.488 220	0.222 805
23	96.889 364	435.860 746	0.002 294	0.010 321	4.498 541	0.222 294
24	118.205 024	532.750 110	0.001 877	0.008 460	4.507 001	0.221 877
25	144.210 130	650.955 134	0.001 536	0.006 934	4.513 935	0.221 536
26	175.936 358	795.165 264	0.011 258	0.005 684	4.519 619	0.221 258
27	214.642 357	971.101 622	0.001 030	0.004 659	4.524 278	0.221 030
28	261.863 675	1 185.743 978	0.000 843	0.003 819	4.528 096	0.220 843
29	319.473 684	1 447.607 654	0.000 691	0.003 130	4.531 227	0.220 691
30	389.757 894	1 767.081 337	0.000 566	0.002 566	4.533 792	0.220 566

$i=24\%$

期限	F/P	F/A	A/F	P/F	P/A	A/P
1	1.240 000	1.000 000	1.000 000	0.806 452	0.806 452	1.240 000
2	1.537 600	2.240 000	0.446 429	0.650 364	1.456 816	0.686 429
3	1.906 624	3.777 600	0.264 718	0.524 487	1.981 303	0.504 718
4	2.364 214	5.684 224	0.175 926	0.422 974	2.404 277	0.415 926
5	2.931 625	8.048 438	0.124 248	0.341 108	2.745 384	0.364 248
6	3.635 215	10.980 063	0.091 074	0.275 087	3.020 471	0.331 074
7	4.507 667	14.615 278	0.068 422	0.221 844	3.242 316	0.308 422
8	5.589 507	19.122 945	0.052 293	0.178 907	3.421 222	0.292 293
9	6.930 988	24.712 451	0.040 465	0.144 280	3.565 502	0.280 465
10	8.594 426	31.643 440	0.031 602	0.116 354	3.681 856	0.271 602
11	10.657 088	40.237 865	0.024 852	0.093 834	3.775 691	0.264 852
12	13.214 789	50.894 953	0.019 648	0.075 673	3.851 363	0.259 648
13	16.386 338	64.109 741	0.015 598	0.061 026	3.912 390	0.255 598
14	20.319 059	80.496 079	0.012 423	0.049 215	3.961 605	0.252 423
15	25.195 633	100.815 138	0.009 919	0.039 689	4.001 294	0.249 919
16	31.242 585	126.010 772	0.007 936	0.032 008	4.033 302	0.247 936
17	38.740 806	157.253 357	0.006 359	0.025 813	4.059 114	0.246 359
18	48.038 599	195.994 162	0.005 102	0.020 817	4.079 931	0.245 102
19	59.567 863	244.032 761	0.004 098	0.016 788	4.096 718	0.244 098
20	73.864 150	303.600 624	0.003 294	0.013 538	4.110 257	0.243 294
21	91.591 546	377.464 774	0.002 649	0.010 918	4.121 175	0.242 649
22	113.573 517	469.056 320	0.002 132	0.008 805	4.129 980	0.242 132
23	140.831 161	582.629 836	0.001 716	0.007 101	4.137 080	0.241 716
24	174.630 639	723.460 997	0.001 382	0.005 726	4.142 807	0.241 382
25	216.541 993	898.091 636	0.001 113	0.004 618	4.147 425	0.241 113
26	268.512 071	1 114.633 629	0.000 897	0.003 724	4.151 149	0.240 897
27	332.954 968	1 383.145 700	0.000 723	0.003 003	4.154 152	0.240 723
28	412.864 160	1 716.100 668	0.000 583	0.002 422	4.156 575	0.240 583
29	511.951 559	2 128.964 828	0.000 470	0.001 953	4.158 528	0.240 470
30	634.819 933	2 640.916 387	0.000 379	0.001 575	4.160 103	0.240 379

$i=25\%$

期限	F/P	F/A	A/F	P/F	P/A	A/P
1	1.250 000	1.000 000	1.000 000	0.800 000	0.800 000	1.250 000
2	1.562 500	2.250 000	0.444 444	0.640 000	1.440 000	0.694 444
3	1.953 125	3.812 500	0.262 295	0.512 000	1.952 000	0.512 295
4	2.441 406	5.765 625	0.173 442	0.409 600	2.361 600	0.423 442
5	3.051 758	8.207 031	0.121 847	0.327 680	2.689 280	0.371 847
6	3.814 697	11.258 789	0.088 819	0.262 144	2.951 424	0.338 819
7	4.768 372	15.073 486	0.066 342	0.209 715	3.161 139	0.316 342
8	5.960 464	19.841 858	0.050 399	0.167 772	3.328 911	0.300 399
9	7.450 581	25.802 322	0.038 756	0.134 218	3.463 129	0.288 756
10	9.313 226	33.252 903	0.030 073	0.107 374	3.570 503	0.280 073
11	11.641 532	42.566 129	0.023 493	0.085 899	3.656 403	0.273 493
12	14.551 915	54.207 661	0.018 448	0.068 719	3.725 122	0.268 448
13	18.189 894	68.759 576	0.014 543	0.054 976	3.780 098	0.264 543
14	22.737 368	86.949 470	0.011 501	0.043 980	3.824 078	0.261 501
15	28.421 709	109.686 838	0.009 117	0.035 184	3.859 263	0.259 117
16	35.527 137	138.108 547	0.007 241	0.028 147	3.887 410	0.257 241
17	44.408 921	173.635 684	0.005 759	0.022 518	3.909 928	0.255 759
18	55.511 151	218.044 605	0.004 586	0.018 014	3.927 942	0.254 586
19	69.388 939	273.555 756	0.003 656	0.014 412	3.942 354	0.253 656
20	86.736 174	342.944 695	0.002 916	0.011 529	3.953 883	0.252 916
21	108.420 217	249.680 869	0.002 327	0.009 223	3.963 107	0.252 327
22	135.525 272	538.101 086	0.001 858	0.007 379	3.970 485	0.251 858
23	169.406 589	673.626 358	0.001 485	0.005 903	3.976 388	0.251 485
24	211.758 237	843.032 947	0.001 186	0.004 722	3.981 111	0.251 186
25	264.697 796	1 054.791 184	0.000 948	0.003 778	3.984 888	0.250 948
26	330.872 245	1 319.488 980	0.000 758	0.003 022	3.987 911	0.250 758
27	413.590 306	1 650.361 225	0.000 606	0.002 418	3.990 329	0.250 606
28	516.987 883	2 063.951 531	0.000 485	0.001 934	3.992 263	0.250 485
29	646.234 854	2 580.939 414	0.000 387	0.001 547	3.993 810	0.250 387
30	807.793 567	3 227.174 268	0.000 310	0.001 238	3.995 048	0.250 310

$i = 27\%$

期限	F/P	F/A	A/F	P/F	P/A	A/P
1	1.270 000	1.000 000	1.000 000	0.787 402	0.787 402	1.270 000
2	1.612 900	2.270 000	0.440 529	0.620 001	1.407 403	0.710 529
3	2.048 383	3.882 900	0.257 539	0.488 190	1.895 593	0.527 539
4	2.601 446	5.931 283	0.168 598	0.384 402	2.279 994	0.438 598
5	3.303 837	8.532 729	0.117 196	0.302 678	2.582 673	0.387 196
6	4.195 873	11.836 566	0.084 484	0.238 329	2.821 002	0.354 484
7	5.328 759	16.032 439	0.062 374	0.187 661	3.008 663	0.332 374
8	6.767 523	21.361 198	0.046 814	0.147 765	3.156 428	0.316 814
9	8.594 755	28.128 721	0.035 551	0.116 350	3.272 778	0.305 551
10	10.915 339	36.723 476	0.027 231	0.091 614	3.364 392	0.297 231
11	13.862 480	47.638 815	0.020 991	0.072 137	3.436 529	0.290 991
12	17.605 350	61.501 295	0.016 260	0.056 801	3.493 330	0.286 260
13	22.358 794	79.106 644	0.012 641	0.044 725	3.538 055	0.282 641
14	28.395 668	101.465 438	0.009 856	0.035 217	3.573 272	0.279 856
15	36.062 499	129.861 106	0.007 701	0.027 730	3.601 001	0.277 701
16	45.799 373	165.923 605	0.006 027	0.021 834	3.622 836	0.276 027
17	58.165 204	211.722 978	0.004 723	0.017 192	3.640 028	0.274 723
18	73.869 809	269.888 182	0.003 705	0.013 537	3.653 565	0.273 705
19	93.814 658	343.757 991	0.002 909	0.010 659	3.664 225	0.272 909
20	119.144 615	437.572 649	0.002 285	0.008 393	3.672 618	0.272 285
21	151.313 661	556.717 264	0.001 796	0.006 609	3.679 227	0.271 796
22	192.168 350	708.030 926	0.001 412	0.005 204	3.684 430	0.271 412
23	244.053 804	900.199 276	0.001 111	0.004 097	3.688 528	0.271 111
24	309.948 332	1 144.253 080	0.000 874	0.003 226	3.691 754	0.270 874
25	393.634 381	1 454.201 412	0.000 688	0.002 540	3.694 295	0.270 688
26	499.915 664	1 847.835 793	0.000 541	0.002 000	3.696 295	0.270 541
27	634.892 893	2 347.751 457	0.000 426	0.001 575	3.697 870	0.270 426
28	806.313 974	2 982.644 350	0.000 335	0.001 240	3.699 110	0.270 335
29	1 024.018 748	3 788.958 324	0.000 264	0.000 977	3.700 087	0.270 264
30	1 300.503 809	4 812.977 072	0.000 208	0.000 769	3.700 856	0.270 208

$i = 29\%$

期限	F/P	F/A	A/F	P/F	P/A	A/P
1	1.290 000	1.000 000	1.000 000	0.775 194	0.775 194	1.290 000
2	1.664 100	2.290 000	0.436 618	0.600 925	1.376 119	0.726 681
3	2.146 689	3.954 100	0.252 902	0.465 834	1.841 953	0.542 902
4	2.769 229	6.100 789	0.163 913	0.361 111	2.203 064	0.453 913
5	3.572 305	8.870 018	0.112 739	0.279 931	2.482 996	0.402 739
6	4.608 274	12.442 323	0.080 371	0.217 001	2.699 997	0.370 371
7	5.944 673	17.050 597	0.058 649	0.168 218	2.868 214	0.348 649
8	7.668 628	22.995 270	0.043 487	0.130 401	2.998 616	0.333 487
9	9.892 530	30.663 898	0.032 612	0.101 086	3.099 702	0.322 612
10	12.761 364	40.556 428	0.024 657	0.078 362	3.178 064	0.314 657
11	16.462 160	53.317 792	0.018 755	0.060 745	3.238 809	0.308 755
12	21.236 186	69.779 952	0.014 331	0.047 089	3.285 899	0.304 331
13	27.394 680	91.016 138	0.010 987	0.036 503	3.322 402	0.300 987
14	35.339 137	118.410 819	0.008 445	0.028 297	3.350 699	0.298 445
15	45.587 487	153.749 956	0.006 504	0.021 936	3.372 635	0.296 504
16	58.807 859	199.337 443	0.005 017	0.017 005	3.389 640	0.295 017
17	75.862 137	258.145 302	0.003 874	0.013 182	3.402 821	0.293 874
18	97.862 157	334.007 439	0.002 994	0.010 218	3.413 040	0.292 994
19	126.242 183	431.869 596	0.002 316	0.007 921	3.420 961	0.292 316
20	162.852 416	558.111 779	0.001 792	0.006 141	3.427 102	0.291 792
21	210.079 617	720.964 195	0.001 387	0.004 760	3.431 862	0.291 387
22	271.002 705	931.043 812	0.001 074	0.003 690	3.435 552	0.291 074
23	349.593 490	1 202.046 518	0.000 832	0.002 860	3.438 412	0.290 832
24	450.975 602	1 551.640 008	0.000 644	0.002 217	3.440 630	0.290 644
25	581.758 527	2 002.615 610	0.000 499	0.001 719	3.442 349	0.290 499
26	750.468 500	2 584.374 137	0.000 387	0.001 333	3.443 681	0.290 387
27	968.104 365	3 334.842 636	0.000 300	0.001 033	3.444 714	0.290 300
28	1 248.854 630	4 302.947 001	0.000 232	0.000 801	3.445 515	0.290 232
29	1 611.022 473	5 551.801 631	0.000 180	0.000 621	3.446 135	0.290 180
30	2 078.218 990	7 162.824 104	0.000 140	0.000 481	3.446 617	0.290 140

$i=30\%$

期限	F/P	F/A	A/F	P/F	P/A	A/P
1	1.300 000	1.000 000	1.000 000	0.769 231	0.769 231	1.300 000
2	1.690 000	2.300 000	0.434 783	0.591 716	1.360 947	0.734 783
3	2.197 000	3.990 000	0.250 627	0.455 166	1.816 113	0.550 627
4	2.856 100	6.187 000	0.161 629	0.350 128	2.166 241	0.461 629
5	3.712 930	9.043 100	0.110 582	0.269 329	2.435 570	0.410 582
6	4.826 809	12.756 030	0.078 394	0.207 176	2.642 746	0.378 394
7	6.274 852	17.582 839	0.056 874	0.159 366	2.802 112	0.356 874
8	8.157 307	23.857 691	0.041 915	0.122 589	2.924 702	0.341 915
9	10.604 449	32.014 998	0.031 235	0.094 300	3.019 001	0.331 235
10	13.785 849	42.619 497	0.023 463	0.072 538	3.091 539	0.323 463
11	17.921 604	56.405 346	0.017 729	0.055 799	3.147 338	0.317 729
12	23.298 085	74.326 950	0.013 454	0.042 922	3.190 260	0.313 454
13	30.287 511	97.625 036	0.010 243	0.033 017	3.223 277	0.310 243
14	39.373 764	127.912 546	0.007 818	0.025 398	3.248 675	0.307 818
15	51.185 893	167.286 310	0.005 978	0.019 537	3.268 211	0.305 978
16	66.541 661	218.472 203	0.004 577	0.015 028	3.283 239	0.304 577
17	86.504 159	285.013 864	0.003 509	0.011 560	3.294 800	0.303 509
18	112.455 407	371.518 023	0.002 692	0.008 892	3.303 692	0.302 692
19	146.192 029	483.973 430	0.002 066	0.006 840	3.310 532	0.302 066
20	190.049 638	630.165 459	0.001 587	0.005 262	3.315 794	0.301 587
21	247.064 529	820.215 097	0.001 219	0.004 048	3.319 842	0.301 219
22	321.183 888	1 067.279 626	0.000 937	0.003 113	3.322 955	0.300 937
23	417.539 054	1 388.463 514	0.000 720	0.002 395	3.325 350	0.300 720
24	542.800 770	1 806.002 568	0.000 554	0.001 842	3.327 192	0.300 554
25	705.641 001	2 348.803 338	0.000 426	0.001 417	3.328 609	0.300 426
26	917.333 302	3 054.444 340	0.000 327	0.001 090	3.329 700	0.300 327
27	1 192.533 293	3 971.777 642	0.000 252	0.000 839	3.330 538	0.300 252
28	1 550.293 280	5 164.310 934	0.000 194	0.000 645	3.331 183	0.300 194
29	2 015.381 264	6 714.604 214	0.000 149	0.000 496	3.331 679	0.300 149
30	2 619.995 644	8 729.985 479	0.000 115	0.000 382	3.332 061	0.300 115

$i＝32\%$

期限	F/P	F/A	A/F	P/F	P/A	A/P
1	1. 320 000	1. 000 000	1. 000 000	0. 757 576	0. 757 576	1. 320 000
2	1. 742 400	2. 320 000	0. 431 034	0. 573 921	1. 331 497	0. 751 034
3	2. 299 968	4. 062 400	0. 246 160	0. 434 789	1. 766 285	0. 566 160
4	3. 035 958	6. 362 368	0. 157 174	0. 329 385	2. 095 671	0. 477 174
5	4. 007 464	9. 398 326	0. 106 402	0. 249 534	2. 345 205	0. 426 402
6	5. 289 606	13. 405 790	0. 074 595	0. 189 041	2. 534 246	0. 394 595
7	6. 982 606	18. 695 643	0. 053 488	0. 143 213	2. 677 459	0. 373 488
8	9. 217 040	25. 678 249	0. 038 943	0. 108 495	2. 785 954	0. 358 943
9	12. 166 492	34. 895 288	0. 028 657	0. 082 193	2. 868 147	0. 348 657
10	16. 059 770	47. 061 780	0. 021 249	0. 062 267	2. 930 414	0. 341 249
11	21. 198 896	63. 121 550	0. 015 842	0. 047 172	2. 977 587	0. 335 842
12	27. 982 543	84. 302 446	0. 011 860	0. 035 737	3. 013 323	0. 331 860
13	36. 936 956	112. 320 988	0. 008 904	0. 027 073	3. 040 396	0. 328 904
14	48. 756 782	149. 239 945	0. 006 701	0. 020 510	3. 060 906	0. 326 701
15	64. 358 953	197. 996 727	0. 005 051	0. 015 538	3. 076 444	0. 325 051
16	84. 953 818	262. 355 680	0. 003 812	0. 011 771	3. 088 215	0. 323 812
17	112. 139 039	347. 309 497	0. 002 879	0. 008 918	3. 097 133	0. 322 879
18	148. 023 532	459. 448 536	0. 002 177	0. 006 756	3. 103 888	0. 322 177
19	195. 391 062	607. 472 068	0. 001 646	0. 005 118	3. 109 006	0. 321 646
20	257. 916 202	802. 863 130	0. 001 246	0. 003 877	3. 112 884	0. 321 246
21	340. 449 386	1 060. 779 331	0. 000 943	0. 002 937	3. 115 821	0. 320 943
22	449. 393 190	1 401. 228 717	0. 000 714	0. 002 225	3. 118 046	0. 320 741
23	593. 199 010	1 850. 621 907	0. 000 540	0. 001 686	3. 119 732	0. 320 540
24	783. 022 694	2 443. 820 917	0. 000 409	0. 001 277	3. 121 009	0. 320 409
25	1 033. 589 955	3 226. 843 611	0. 000 310	0. 000 968	3. 121 977	0. 320 310
26	1 364. 338 741	4 260. 433 566	0. 000 235	0. 000 733	3. 122 710	0. 320 235
27	1 800. 927 138	5 624. 772 307	0. 000 178	0. 000 555	3. 123 265	0. 320 178
28	2 377. 223 823	7 425. 699 446	0. 000 135	0. 000 421	3. 123 685	0. 320 135
29	3 137. 935 446	9 802. 923 268	0. 000 102	0. 000 319	3. 124 004	0. 320 102
30	4 142. 074 789	12 940. 858 710	0. 000 077	0. 000 241	3. 124 246	0. 320 077

$i=34\%$

期限	F/P	F/A	A/F	P/F	P/A	A/P
1	1. 340 000	1. 000 000	1. 000 000	0. 746 269	0. 746 269	1. 340 000
2	1. 795 600	2. 340 000	0. 427 350	0. 556 917	1. 303 186	0. 767 350
3	2. 406 104	4. 135 600	0. 241 803	0. 415 610	1. 718 795	0. 581 803
4	3. 224 179	6. 541 704	0. 152 865	0. 310 156	2. 028 952	0. 492 865
5	4. 320 400	9. 765 883	0. 102 397	0. 231 460	2. 260 412	0. 442 397
6	5. 789 336	14. 086 284	0. 070 991	0. 172 731	2. 433 143	0. 410 991
7	7. 757 711	19. 875 620	0. 050 313	0. 128 904	2. 562 047	0. 390 313
8	10. 395 333	27. 633 331	0. 036 188	0. 096 197	2. 658 244	0. 376 188
9	13. 929 746	38. 028 664	0. 026 296	0. 071 789	2. 730 033	0. 366 296
10	18. 665 859	51. 958 409	0. 019 246	0. 053 574	2. 783 607	0. 359 246
11	25. 012 251	70. 624 268	0. 014 159	0. 039 980	2. 823 587	0. 354 159
12	33. 516 417	95. 636 520	0. 010 456	0. 029 836	2. 853 423	0. 350 456
13	44. 911 998	129. 152 936	0. 007 743	0. 022 266	2. 875 689	0. 347 743
14	60. 182 078	174. 064 934	0. 005 745	0. 016 616	2. 892 305	0. 345 745
15	80. 643 984	234. 247 012	0. 004 269	0. 012 400	2. 904 705	0. 344 269
16	108. 062 939	314. 890 996	0. 003 176	0. 009 254	2. 913 959	0. 343 176
17	144. 804 338	422. 953 935	0. 002 364	0. 006 906	2. 920 865	0. 342 364
18	194. 037 813	567. 758 273	0. 001 761	0. 005 154	2. 926 019	0. 341 761
19	260. 010 669	761. 796 086	0. 001 313	0. 003 846	2. 929 865	0. 341 313
20	348. 414 297	1 021. 806 755	0. 000 979	0. 002 870	2. 932 735	0. 340 979
21	466. 875 157	1 370. 221 051	0. 000 730	0. 002 142	2. 934 877	0. 340 730
22	625. 612 711	1 837. 096 209	0. 000 544	0. 001 598	2. 936 475	0. 340 544
23	838. 321 033	2 462. 708 920	0. 000 406	0. 001 193	2. 937 668	0. 340 406
24	1 123. 350 184	3 301. 029 953	0. 000 303	0. 000 890	2. 938 558	0. 340 303
25	1 505. 289 246	4 424. 380 137	0. 000 226	0. 000 664	2. 939 223	0. 340 226
26	2 017. 087 590	5 929. 669 383	0. 000 169	0. 000 496	2. 939 718	0. 340 169
27	2 702. 897 371	7 946. 756 973	0. 000 126	0. 000 370	2. 940 088	0. 340 126
28	3 621. 882 477	10 649. 654 340	0. 000 094	0. 000 276	2. 940 364	0. 340 094
29	4 853. 322 519	14 271. 536 820	0. 000 070	0. 000 206	2. 940 570	0. 340 070
30	6 503. 452 176	19 124. 859 340	0. 000 052	0. 000 154	2. 940 724	0. 340 052

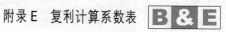

$i = 36\%$

期限	F/P	F/A	A/F	P/F	P/A	A/P
1	1.360 000	1.000 000	1.000 000	0.735 294	0.735 294	1.360 000
2	1.849 600	2.360 000	0.423 729	0.540 657	1.275 952	0.783 729
3	2.515 456	4.209 600	0.237 552	0.397 542	1.673 494	0.597 552
4	3.421 020	6.725 056	0.148 698	0.292 310	1.965 804	0.508 698
5	4.652 587	10.146 076	0.098 560	0.214 934	2.180 738	0.458 560
6	6.327 519	14.798 664	0.067 574	0.158 040	2.338 778	0.427 574
7	8.605 426	21.126 182	0.047 335	0.116 206	2.454 984	0.407 335
8	11.703 379	29.731 608	0.033 634	0.085 445	2.540 429	0.393 634
9	15.916 595	41.434 987	0.024 134	0.062 828	2.603 257	0.384 134
10	21.646 570	57.351 582	0.017 436	0.046 197	2.649 454	0.377 436
11	29.439 335	78.998 152	0.012 659	0.033 968	2.683 422	0.372 659
12	40.037 495	108.437 487	0.009 222	0.024 977	2.708 398	0.369 222
13	54.450 994	148.474 982	0.006 735	0.018 365	2.726 764	0.366 735
14	74.053 351	202.925 976	0.004 928	0.013 504	2.740 267	0.364 928
15	100.712 558	276.979 327	0.003 610	0.009 929	2.750 197	0.363 610
16	136.969 078	377.691 885	0.002 648	0.007 301	2.757 497	0.362 648
17	186.277 947	514.660 963	0.001 943	0.005 368	2.762 866	0.361 943
18	253.338 008	700.938 910	0.001 427	0.003 947	2.766 813	0.361 427
19	344.539 690	954.276 918	0.001 048	0.002 902	2.769 715	0.361 048
20	468.573 979	1 298.816 608	0.000 770	0.002 134	2.771 850	0.360 770
21	637.260 611	1 767.390 587	0.000 566	0.001 569	2.773 419	0.360 566
22	866.674 431	2 404.651 198	0.000 416	0.001 154	2.774 573	0.360 416
23	1 178.677 227	3 271.325 629	0.000 306	0.000 848	2.775 421	0.360 306
24	1 603.001 028	4 450.002 856	0.000 225	0.000 624	2.776 045	0.360 225
25	2 180.081 398	6 053.003 884	0.000 165	0.000 459	2.776 504	0.360 165
26	2 964.910 702	8 233.085 282	0.000 121	0.000 337	2.776 841	0.360 121
27	4 032.278 554	11 197.995 980	0.000 089	0.000 248	2.777 089	0.360 089
28	5 483.898 833	15 230.274 540	0.000 066	0.000 182	2.777 271	0.360 066
29	7 458.102 414	20 714.173 370	0.000 048	0.000 134	2.777 405	0.360 048
30	10 143.019 280	28 172.275 780	0.000 035	0.000 099	2.777 504	0.360 035

$i=38\%$

期限	F/P	F/A	A/F	P/F	P/A	A/P
1	1. 380 000	1. 000 000	1. 000 000	0. 724 638	0. 724 638	1. 380 000
2	1. 904 400	2. 380 000	0. 420 168	0. 525 100	1. 249 737	0. 800 168
3	2. 628 072	4. 284 400	0. 233 405	0. 380 507	1. 630 245	0. 613 405
4	3. 626 739	6. 912 472	0. 144 666	0. 275 730	1. 905 974	0. 524 666
5	5. 004 900	10. 539 211	0. 094 884	0. 199 804	2. 105 778	0. 474 884
6	6. 906 762	15. 544 112	0. 064 333	0. 144 786	2. 250 564	0. 444 333
7	9. 531 332	22. 450 874	0. 044 542	0. 104 917	2. 355 481	0. 424 542
8	13. 153 238	31. 982 206	0. 031 267	0. 076 027	2. 431 508	0. 411 267
9	18. 151 469	45. 135 445	0. 022 156	0. 055 092	2. 486 600	0. 402 156
10	25. 049 027	63. 286 914	0. 015 801	0. 039 922	2. 526 522	0. 395 801
11	34. 567 658	88. 335 941	0. 011 320	0. 028 929	2. 555 451	0. 391 320
12	47. 703 367	122. 903 598	0. 008 136	0. 020 963	2. 576 413	0. 388 136
13	65. 830 647	170. 606 966	0. 005 861	0. 015 190	2. 591 604	0. 385 861
14	90. 846 293	236. 437 613	0. 004 229	0. 011 008	2. 602 612	0. 384 229
15	125. 367 884	327. 283 905	0. 003 055	0. 007 977	2. 610 588	0. 383 055
16	173. 007 680	452. 651 790	0. 002 209	0. 005 780	2. 616 368	0. 382 209
17	238. 750 598	625. 659 470	0. 001 598	0. 004 188	2. 620 557	0. 381 598
18	329. 475 826	864. 410 068	0. 001 157	0. 003 035	2. 623 592	0. 381 157
19	454. 676 640	1 193. 885 894	0. 000 838	0. 002 199	2. 625 791	0. 380 838
20	627. 453 763	1 648. 562 533	0. 000 607	0. 001 594	2. 627 385	0. 380 607
21	865. 886 193	2 276. 016 296	0. 000 439	0. 001 155	2. 628 540	0. 380 439
22	1 194. 922 946	3 141. 902 489	0. 000 318	0. 000 837	2. 629 377	0. 380 318
23	1 648. 993 665	4 336. 825 434	0. 000 231	0. 000 606	2. 629 983	0. 380 231
24	2 275. 611 258	5 985. 819 100	0. 000 167	0. 000 439	2. 630 423	0. 380 167
25	3 140. 343 536	8 261. 430 457	0. 000 121	0. 000 318	2. 630 741	0. 380 121
26	4 333. 674 079	11 401. 773 890	0. 000 088	0. 000 231	2. 630 972	0. 380 088
27	5 980. 470 230	15 735. 447 970	0. 000 064	0. 000 167	2. 631 139	0. 380 064
28	8 253. 048 917	21 715. 918 200	0. 000 046	0. 000 121	2. 631 260	0. 380 046
29	11 389. 207 510	29 968. 967 120	0. 000 033	0. 000 088	2. 631 348	0. 380 033
30	15 717. 106 360	41 358. 174 620	0. 000 024	0. 000 064	2. 631 412	0. 380 024

$i=40\%$

期限	F/P	F/A	A/F	P/F	P/A	A/P
1	1.400 000	1.000 000	1.000 000	0.714 286	0.714 286	1.400 000
2	1.960 000	2.400 000	0.416 667	0.510 204	1.224 490	0.816 667
3	2.744 000	4.360 000	0.229 358	0.364 431	1.588 921	0.629 358
4	3.841 600	7.104 000	0.140 766	0.260 308	1.849 229	0.540 766
5	5.378 240	10.945 600	0.091 361	0.185 934	2.035 164	0.491 361
6	7.529 536	16.323 840	0.061 260	0.132 810	2.167 974	0.461 260
7	10.541 350	23.853 376	0.041 923	0.094 865	2.262 839	0.441 923
8	14.757 891	34.394 726	0.029 074	0.067 760	2.330 599	0.429 074
9	20.661 047	49.152 617	0.020 345	0.048 400	2.378 999	0.420 345
10	28.925 465	69.813 664	0.014 324	0.034 572	2.413 571	0.414 324
11	40.495 652	98.739 129	0.010 128	0.024 694	2.438 265	0.410 128
12	56.693 912	139.234 781	0.007 182	0.017 639	2.455 904	0.407 182
13	79.371 477	195.928 693	0.005 104	0.012 599	2.468 503	0.405 104
14	111.120 068	275.300 171	0.003 632	0.008 999	2.477 502	0.403 632
15	155.568 096	386.420 239	0.002 588	0.006 428	2.483 930	0.402 588
16	217.795 334	541.988 334	0.001 845	0.004 591	2.488 521	0.401 845
17	304.913 467	759.783 668	0.001 316	0.003 280	2.491 801	0.401 316
18	426.878 854	1 064.697 136	0.000 939	0.002 343	2.494 144	0.400 939
19	597.630 396	1 491.575 990	0.000 670	0.001 673	2.495 817	0.400 670
20	836.682 554	2 089.206 386	0.000 479	0.001 195	2.497 012	0.400 479
21	1 171.355 576	2 925.888 940	0.000 342	0.000 854	2.497 866	0.400 342
22	1 639.897 806	4 097.244 516	0.000 244	0.000 610	2.498 476	0.400 244
23	2 295.856 929	5 737.142 322	0.000 174	0.000 436	2.498 911	0.400 174
24	3 214.199 700	8 032.999 251	0.000 124	0.000 311	2.499 222	0.400 124
25	4 499.897 581	11 247.198 950	0.000 089	0.000 222	2.499 444	0.400 089
26	6 299.831 413	15 747.078 530	0.000 064	0.000 159	2.499 603	0.400 064
27	8 819.763 978	22 046.909 940	0.000 045	0.000 113	2.499 717	0.400 045
28	12 347.669 570	30 866.673 920	0.000 032	0.000 081	2.499 798	0.400 032
29	17 286.737 400	43 214.343 490	0.000 023	0.000 058	2.499 855	0.400 023
30	24 201.432 360	60 501.080 890	0.000 017	0.000 041	2.499 897	0.400 017

$i=42\%$

期限	F/P	F/A	A/F	P/F	P/A	A/P
1	1.420 000	1.000 000	1.000 000	0.704 225	0.704 225	1.420 000
2	2.016 400	2.420 000	0.413 223	0.495 933	1.200 159	0.833 223
3	2.863 288	4.436 400	0.225 408	0.349 249	1.549 408	0.645 408
4	4.065 869	7.299 688	0.136 992	0.245 950	1.795 357	0.556 992
5	5.773 534	11.365 557	0.087 985	0.173 204	1.968 562	0.507 985
6	8.198 418	17.139 091	0.058 346	0.121 975	2.090 536	0.478 346
7	11.641 754	25.337 509	0.039 467	0.085 898	2.176 434	0.459 467
8	16.531 290	36.979 263	0.027 042	0.060 491	2.236 925	0.447 042
9	23.474 432	53.510 553	0.186 88	0.042 600	2.279 525	0.438 688
10	33.333 694	76.984 986	0.012 990	0.030 000	2.309 525	0.432 990
11	47.333 845	110.318 680	0.009 065	0.021 127	2.330 651	0.429 065
12	67.214 061	157.652 525	0.006 343	0.014 878	2.345 529	0.426 343
13	95.443 966	224.866 586	0.004 447	0.010 477	2.356 006	0.424 447
14	135.530 432	320.310 551	0.003 122	0.007 378	2.363 385	0.423 122
15	192.453 213	455.840 983	0.002 194	0.005 196	2.368 581	0.422 194
16	273.283 562	648.294 196	0.001 543	0.003 659	2.372 240	0.421 543
17	388.062 658	921.577 758	0.001 085	0.002 577	2.374 817	0.421 085
18	551.048 975	1 309.640 417	0.000 764	0.001 815	2.376 632	0.420 764
19	782.489 544	1 860.689 392	0.000 537	0.001 278	2.377 910	0.420 537
20	1 111.135 153	2 643.178 936	0.000 378	0.000 900	2.378 810	0.420 378
21	1 577.811 918	3 754.314 089	0.000 266	0.000 634	2.379 443	0.420 266
22	2 240.492 923	5 332.126 007	0.000 188	0.000 446	2.379 890	0.420 188
23	3 181.499 950	7 572.618 930	0.000 132	0.000 314	2.380 204	0.420 132
24	4 517.729 930	10 754.118 880	0.000 093	0.000 221	2.380 425	0.420 093
25	6 415.176 500	15 271.848 810	0.000 065	0.000 156	2.380 581	0.420 065
26	9 109.550 630	21 687.025 310	0.000 046	0.000 110	2.380 691	0.420 046
27	12 935.561 890	30 796.575 940	0.000 032	0.000 077	2.380 768	0.420 032
28	18 368.497 890	43 732.137 830	0.000 023	0.000 054	2.380 823	0.420 023
29	26 083.267 000	62 100.635 730	0.000 016	0.000 038	2.380 861	0.420 016
30	37 038.239 150	88 183.902 730	0.000 011	0.000 027	2.380 888	0.420 011

$i = 44\%$

期限	F/P	F/A	A/F	P/F	P/A	A/P
1	1.440 000	1.000 000	1.000 000	0.694 444	0.694 444	1.440 000
2	2.073 600	2.440 000	0.409 836	0.482 253	1.176 698	0.849 836
3	2.985 984	4.513 600	0.221 553	0.334 898	1.511 596	0.661 553
4	4.299 817	7.499 584	0.133 341	0.232 568	1.744 164	0.573 341
5	6.191 736	11.799 401	0.084 750	0.161 506	1.905 669	0.524 750
6	8.916 100	17.991 137	0.055 583	0.112 157	2.017 826	0.495 583
7	12.839 185	26.907 238	0.037 165	0.077 887	2.095 712	0.477 165
8	18.488 426	39.746 422	0.025 159	0.054 088	2.149 800	0.465 159
9	26.623 333	58.234 848	0.017 172	0.037 561	2.187 361	0.457 172
10	38.337 600	84.858 182	0.011 784	0.026 084	2.213 445	0.451 784
11	55.206 144	123.195 782	0.008 117	0.018 114	2.231 559	0.448 117
12	79.496 847	178.401 925	0.005 605	0.012 579	2.244 138	0.445 605
13	114.475 460	257.898 773	0.003 877	0.008 735	2.252 874	0.443 877
14	164.844 662	372.374 233	0.002 685	0.006 066	2.258 940	0.442 685
15	237.376 314	537.218 895	0.001 861	0.004 213	2.263 153	0.441 861
16	341.821 892	774.595 209	0.001 291	0.002 926	2.266 078	0.441 291
17	492.223 524	1 116.417 101	0.000 896	0.002 032	2.268 110	0.440 896
18	708.801 875	1 608.640 625	0.000 622	0.001 411	2.269 521	0.440 622
19	1 020.674 700	2 317.442 500	0.000 432	0.000 980	2.270 501	0.440 432
20	1 469.771 568	3 338.117 200	0.000 300	0.000 680	2.271 181	0.440 300
21	2 116.471 058	4 807.888 768	0.000 208	0.000 472	2.271 653	0.440 208
22	3 047.718 323	6 924.359 826	0.000 144	0.000 328	2.271 982	0.440 144
23	4 388.714 386	9 972.078 149	0.000 100	0.000 228	2.272 209	0.440 100
24	6 319.748 715	14 360.792 530	0.000 070	0.000 158	2.272 368	0.440 070
25	9 100.438 150	20 680.541 500	0.000 048	0.000 110	2.272 478	0.440 048
26	13 104.630 940	29 780.979 400	0.000 034	0.000 076	2.272 554	0.440 034
27	18 870.668 550	42 885.610 340	0.000 023	0.000 053	2.272 607	0.440 023
28	27 173.762 710	61 756.278 880	0.000 016	0.000 037	2.272 644	0.440 016
29	39 130.218 300	88 930.041 590	0.000 011	0.000 026	2.272 669	0.440 011
30	56 347.514 350	128 060.259 900	0.000 008	0.000 018	2.272 687	0.440 008

$i = 46\%$

期限	F/P	F/A	A/F	P/F	P/A	A/P
1	1.460 000	1.000 000	1.000 000	0.684 932	0.684 932	1.460 000
2	2.131 600	2.460 000	0.406 504	0.469 131	1.154 063	0.866 504
3	3.112 136	4.591 600	0.217 789	0.321 323	1.475 385	0.677 789
4	4.543 719	7.703 736	0.129 807	0.220 084	1.695 469	0.589 807
5	6.633 829	12.247 455	0.081 650	0.150 743	1.846 212	0.541 650
6	9.685 390	18.881 284	0.529 63	0.103 248	1.949 460	0.512 963
7	14.140 670	28.566 674	0.035 006	0.070 718	2.020 178	0.495 006
8	20.645 378	42.707 344	0.023 415	0.048 437	2.068 615	0.483 415
9	30.142 252	63.352 723	0.015 785	0.033 176	2.101 791	0.475 785
10	44.007 688	93.494 975	0.010 696	0.022 723	2.124 515	0.470 696
11	64.251 225	137.502 663	0.007 273	0.015 564	2.140 078	0.467 273
12	93.806 789	201.753 889	0.004 957	0.010 660	2.150 739	0.464 957
13	136.957 912	295.560 677	0.003 383	0.007 302	2.158 040	0.463 383
14	199.958 551	432.518 589	0.002 312	0.005 001	2.163 041	0.462 312
15	291.939 484	632.477 140	0.001 581	0.003 425	2.166 467	0.461 581
16	426.231 647	924.416 625	0.001 082	0.002 346	2.168 813	0.461 082
17	622.298 205	1 350.648 272	0.000 740	0.001 607	2.170 420	0.460 740
18	908.555 379	1 972.946 477	0.000 507	0.001 101	2.171 520	0.460 507
19	1 326.490 854	2 881.501 856	0.000 347	0.000 754	2.172 274	0.460 347
20	1 936.676 647	4 207.992 710	0.000 238	0.000 516	2.172 791	0.460 238
21	2 827.547 904	6 144.669 357	0.000 163	0.000 354	2.173 144	0.460 163
22	4 128.219 940	8 972.217 261	0.000 111	0.000 242	2.173 386	0.460 111
23	6 027.201 113	13 100.437 200	0.000 076	0.000 166	2.173 552	0.460 076
24	8 799.713 625	19 127.638 310	0.000 052	0.000 114	2.173 666	0.460 052
25	12 847.581 890	27 927.351 940	0.000 036	0.000 078	2.173 744	0.460 036
26	18 757.469 560	40 774.933 830	0.000 025	0.000 053	2.173 797	0.460 025
27	27 385.905 560	59 532.403 390	0.000 017	0.000 037	2.173 834	0.460 017
28	39 983.422 120	86 918.308 950	0.000 012	0.000 025	2.173 859	0.460 012
29	58 375.796 290	126 901.731 100	0.000 008	0.000 017	2.173 876	0.460 008
30	85 228.662 590	185 277.527 400	0.000 005	0.000 012	2.173 888	0.460 005

$i = 48\%$

期限	F/P	F/A	A/F	P/F	P/A	A/P
1	1.480 000	1.000 000	1.000 000	0.675 676	0.675 676	1.480 000
2	2.190 400	2.480 000	0.403 226	0.456 538	1.132 213	0.883 226
3	3.241 792	4.670 400	0.214 114	0.308 471	1.440 685	0.694 114
4	4.797 852	7.912 192	0.126 387	0.208 427	1.649 111	0.606 387
5	7.100 821	12.710 044	0.078 678	0.140 829	1.789 940	0.558 678
6	10.509 215	19.810 865	0.050 477	0.095 155	1.885 095	0.530 477
7	15.553 639	30.320 081	0.032 981	0.064 294	1.949 388	0.512 981
8	23.019 385	45.873 719	0.021 799	0.043 442	1.992 830	0.501 799
9	34.068 690	68.893 105	0.014 515	0.029 352	2.022 182	0.494 515
10	50.421 662	102.961 795	0.009 712	0.019 833	2.042 015	0.489 712
11	74.624 059	153.383 457	0.006 520	0.013 401	2.055 416	0.486 520
12	110.443 608	228.007 516	0.004 386	0.009 054	2.064 470	0.484 386
13	163.456 539	338.451 124	0.002 955	0.006 118	2.070 588	0.482 955
14	241.915 678	501.907 663	0.001 992	0.004 134	2.074 722	0.481 992
15	358.035 204	743.823 342	0.001 344	0.002 793	2.077 515	0.481 344
16	529.892 102	1 101.858 546	0.000 908	0.001 887	2.079 402	0.480 908
17	784.240 311	1 631.750 647	0.000 613	0.001 275	2.080 677	0.480 613
18	1 160.675 660	2 415.990 958	0.000 414	0.000 862	2.081 538	0.480 414
19	1 717.799 977	3 576.666 618	0.000 280	0.000 582	2.082 121	0.480 280
20	2 542.343 965	5 294.466 595	0.000 189	0.000 393	2.082 514	0.480 189
21	3 762.669 069	7 836.810 560	0.000 128	0.000 266	2.082 780	0.480 128
22	5 568.750 222	11 599.479 630	0.000 086	0.000 180	2.082 959	0.480 086
23	8 241.750 328	17 168.229 850	0.000 058	0.000 121	2.083 081	0.480 058
24	12 197.790 490	25 409.980 180	0.000 039	0.000 082	2.083 163	0.480 039
25	18 052.729 920	37 607.770 670	0.000 027	0.000 055	2.083 218	0.480 027
26	26 718.040 280	55 660.500 580	0.000 018	0.000 037	2.083 255	0.480 018
27	39 542.699 620	82 378.540 870	0.000 012	0.000 025	2.083 281	0.480 012
28	58 523.195 430	121 921.240 500	0.000 008	0.000 017	2.083 298	0.480 008
29	86 614.329 240	180 444.435 900	0.000 006	0.000 012	2.083 309	0.480 006
30	128 189.207 300	267 058.765 100	0.000 004	0.000 008	2.083 317	0.480 004

$i=49\%$

期限	F/P	F/A	A/F	P/F	P/A	A/P
1	1.490 000	1.000 000	1.000 000	0.671 141	0.671 141	1.490 000
2	2.220 100	2.490 000	0.401 606	0.450 430	1.121 571	0.891 606
3	3.307 949	4.710 100	0.212 310	0.302 302	1.423 873	0.702 310
4	4.928 844	8.018 049	0.124 719	0.202 887	1.626 761	0.614 719
5	7.343 978	12.946 893	0.077 239	0.136 166	1.762 927	0.567 239
6	10.942 527	20.290 871	0.049 283	0.091 387	1.854 313	0.539 283
7	16.304 365	31.233 397	0.032 017	0.061 333	1.915 646	0.522 017
8	24.293 503	47.537 762	0.021 036	0.041 163	1.956 810	0.511 036
9	36.197 320	71.831 265	0.013 922	0.027 626	1.984 436	0.503 922
10	53.934 007	108.028 585	0.009 257	0.018 541	2.002 977	0.499 257
11	80.361 670	161.962 592	0.006 174	0.012 444	2.015 421	0.494 174
12	119.738 888	242.324 261	0.004 127	0.008 352	2.023 772	0.494 127
13	178.410 943	362.063 150	0.002 762	0.005 605	2.029 377	0.492 762
14	265.832 305	540.474 093	0.001 850	0.003 762	2.033 139	0.491 850
15	396.090 135	806.306 398	0.001 240	0.002 525	2.035 664	0.491 240
16	590.174 301	1 202.396 533	0.000 832	0.001 694	2.037 358	0.490 832
17	879.359 709	1 792.570 835	0.000 558	0.001 137	2.038 496	0.490 558
18	1 310.245 966	2 671.930 544	0.000 374	0.000 763	2.039 259	0.490 374
19	1 952.266 490	3 982.176 510	0.000 251	0.000 512	2.039 771	0.490 251
20	2 908.877 070	5 934.443 000	0.000 169	0.000 344	2.040 115	0.490 169
21	4 334.226 834	8 843.320 070	0.000 113	0.000 231	2.040 345	0.490 113
22	6 457.997 983	13 177.546 910	0.000 076	0.000 155	2.040 500	0.490 076
23	9 622.416 995	19 635.544 890	0.000 051	0.000 104	2.040 604	0.490 051
24	14 337.401 320	29 257.961 880	0.000 034	0.000 070	2.040 674	0.490 034
25	21 362.727 970	43 595.363 210	0.000 023	0.000 047	2.040 721	0.490 023
26	31 830.464 680	64 958.091 180	0.000 015	0.000 031	2.040 752	0.490 015
27	47 427.392 370	96 788.555 860	0.000 010	0.000 021	2.040 773	0.490 010
28	70 666.814 630	144 215.948 300	0.000 007	0.000 014	2.040 787	0.490 007
29	105 293.553 800	214 882.762 900	0.000 005	0.000 009	2.040 797	0.490 005
30	156 887.395 200	320 176.316 700	0.000 003	0.000 006	2.040 803	0.490 003

$i=50\%$

期限	F/P	F/A	A/F	P/F	P/A	A/P
1	1. 500 000	1. 000 000	1. 000 000	0. 666 667	0. 666 667	1. 500 000
2	2. 250 000	2. 500 000	0. 400 000	0. 444 444	1. 111 111	0. 900 000
3	3. 375 000	4. 750 000	0. 210 526	0. 296 296	1. 407 407	0. 710 526
4	5. 062 500	8. 125 000	0. 123 077	0. 197 531	1. 604 938	0. 623 077
5	7. 593 750	13. 187 500	0. 075 829	0. 131 687	1. 736 626	0. 575 829
6	11. 390 625	20. 781 250	0. 048 120	0. 087 791	1. 824 417	0. 548 120
7	17. 085 938	32. 171 875	0. 031 083	0. 058 528	1. 882 945	0. 531 083
8	25. 628 906	49. 257 812	0. 020 301	0. 039 018	1. 921 963	0. 520 301
9	38. 443 359	74. 886 719	0. 013 354	0. 026 012	1. 947 975	0. 513 354
10	57. 665 039	113. 330 078	0. 008 824	0. 017 342	1. 965 317	0. 508 824
11	86. 497 559	170. 995 117	0. 005 848	0. 011 561	1. 976 878	0. 505 848
12	129. 746 338	257. 492 676	0. 003 884	0. 007 707	1. 984 585	0. 503 884
13	194. 619 507	387. 239 014	0. 002 582	0. 005 138	1. 989 724	0. 502 582
14	291. 929 260	581. 858 521	0. 001 719	0. 003 425	1. 993 149	0. 501 719
15	437. 893 890	873. 787 781	0. 001 144	0. 002 284	1. 995 433	0. 501 144
16	656. 840 836	1 311. 681 671	0. 000 762	0. 001 522	1. 993 955	0. 500 762
17	985. 261 253	1 968. 522 507	0. 000 508	0. 001 015	1. 997 970	0. 500 508
18	1 477. 891 880	2 953. 783 760	0. 000 339	0. 000 677	1. 998 647	0. 500 339
19	2 216. 837 820	4 431. 675 640	0. 000 226	0. 000 451	1. 999 098	0. 500 226
20	3 325. 256 730	6 648. 513 460	0. 000 150	0. 000 301	1. 999 399	0. 500 150
21	4 987. 885 095	9 973. 770 190	0. 000 100	0. 000 200	1. 999 599	0. 500 100
22	7 481. 827 643	14 961. 655 290	0. 000 067	0. 000 134	1. 999 733	0. 500 067
23	11 222. 741 460	22 443. 482 930	0. 000 045	0. 000 089	1. 999 822	0. 500 045
24	16 834. 112 200	33 666. 224 390	0. 000 030	0. 000 059	1. 999 881	0. 500 030
25	25 251. 168 290	50 500. 336 590	0. 000 020	0. 000 040	1. 999 921	0. 500 020
26	37 876. 752 440	75 751. 504 880	0. 000 013	0. 000 026	1. 999 947	0. 500 013
27	56 815. 128 660	113 628. 257 300	0. 000 009	0. 000 018	1. 999 965	0. 500 009
28	85 222. 692 990	170 443. 386 000	0. 000 006	0. 000 012	1. 999 977	0. 500 006
29	127 834. 039 500	255 666. 079 000	0. 000 004	0. 000 008	1. 999 984	0. 500 004
30	191 751. 059 200	383 500. 118 500	0. 000 003	0. 000 005	1. 999 990	0. 500 003

2. 等差年值换算系数$(A/G,i,n)$表

n \ i	0.75%	1%	1.5%	2%	2.5%	3%	4%	5%	6%
1	0.000 0	0.000 0	0.000 0	0.000 0	0.000 0	0.000 0	0.000 0	0.000 0	0.000 0
2	0.498 1	0.497 5	0.496 3	0.495 0	0.493 8	0.492 6	0.490 2	0.487 8	0.485 4
3	0.995 0	0.993 4	0.990 1	0.986 8	0.983 5	0.980 3	0.973 9	0.967 5	0.961 2
4	1.490 7	1.487 6	1.481 4	1.475 2	1.469 1	1.463 1	1.451 0	1.439 1	1.427 2
5	1.985 1	1.980 1	1.970 2	1.960 4	1.950 6	1.940 9	1.921 6	1.902 5	1.883 6
6	2.473 2	2.471 0	2.456 6	2.442 3	2.428 0	2.413 8	2.385 7	2.357 9	2.330 4
7	2.970 1	2.960 2	2.940 5	2.920 8	2.901 3	2.881 9	2.843 3	2.805 2	2.767 6
8	3.460 8	3.447 8	3.421 9	3.396 1	3.370 4	3.345 0	3.294 4	3.244 5	3.195 2
9	3.950 2	3.933 7	3.900 8	3.868 1	3.835 5	3.803 2	3.739 1	3.675 8	3.613 3
10	4.438 4	4.417 9	4.377 2	4.336 7	4.296 5	4.256 5	4.177 3	4.099 1	4.022 0
11	4.925 3	4.900 5	4.851 2	4.802 1	4.753 4	4.704 9	4.609 0	4.514 4	4.421 3
12	5.411 0	5.381 5	5.322 7	5.264 2	5.206 2	5.148 5	5.034 3	4.921 9	4.811 3
13	5.895 4	5.860 7	5.791 7	5.723 1	5.654 9	5.587 2	5.453 3	5.321 5	5.192 0
14	6.378 6	6.338 4	6.258 2	6.178 6	6.099 5	6.021 0	5.865 9	5.713 3	5.563 5
15	6.860 6	6.814 3	6.722 3	6.630 9	6.540 1	6.450 0	6.272 1	6.097 3	5.926 0
16	7.341 3	7.288 6	7.183 9	7.079 9	6.976 6	6.874 2	6.672 0	6.473 6	6.279 4
17	7.820 7	7.761 3	7.643 1	7.525 6	7.409 1	7.293 6	7.065 6	6.842 3	6.624 0
18	8.298 9	8.232 3	8.099 7	7.968 1	7.837 5	7.708 1	7.453 0	7.203 4	6.959 7
19	8.775 9	8.701 7	8.553 9	8.407 3	8.261 9	8.117 9	7.834 2	7.556 9	7.286 7
20	9.251 6	9.169 4	9.005 7	8.843 3	8.682 3	8.522 9	8.209 1	7.903 0	7.605 1
21	9.726 1	9.635 5	9.455 0	9.276 0	9.098 6	8.923 1	8.577 9	8.241 6	7.915 1
22	10.199 4	10.099 8	9.901 8	9.705 5	9.511 0	9.318 6	8.940 7	8.573 0	8.216 6
23	10.671 4	10.562 6	10.346 2	10.131 7	9.919 3	9.709 3	9.297 3	8.897 1	8.509 9
24	11.142 2	11.023 7	10.788 1	10.554 7	10.323 7	10.095 4	9.647 9	9.214 0	8.795 1

续表

i \ n	0.75%	1%	1.5%	2%	2.5%	3%	4%	5%	6%
25	11.611 7	11.483 1	11.227 6	10.974 5	10.724 1	10.476 8	9.992 5	9.523 8	9.072 2
26	12.080 0	11.940 9	11.664 6	11.391 0	11.120 5	10.853 5	10.331 2	9.826 6	9.341 4
27	12.547 0	12.397 1	12.039 2	11.804 3	11.513 0	11.225 5	10.664 0	10.122 4	9.602 9
28	13.012 8	12.851 6	12.531 3	12.214 5	11.901 5	11.593 0	10.990 9	10.411 4	9.856 8
29	13.477 4	13.304 4	12.961 0	12.621 4	12.286 1	11.955 8	11.312 0	10.693 6	10.103 2
30	13.940 7	13.755 7	13.388 3	13.025 1	12.666 8	12.314 1	11.627 4	10.969 1	10.342 2
31	14.402 8	14.205 2	13.813 1	13.425 7	13.043 6	12.667 8	11.937 1	11.238 1	10.574 0
32	14.863 6	14.653 2	14.235 5	13.823 0	13.416 6	13.016 9	12.241 1	11.500 5	10.798 8
33	15.323 2	15.099 5	14.655 5	14.217 2	13.785 6	13.361 6	12.539 6	11.756 6	11.016 6
34	15.781 6	15.544 1	15.073 1	14.608 3	14.150 8	13.701 8	12.832 4	12.008 3	11.227 6
35	16.238 7	15.987 1	15.488 2	14.996 1	14.512 2	14.037 5	13.119 8	12.249 8	11.431 9
40	18.505 8	18.177 8	17.527 7	16.888 5	18.262 0	15.650 2	14.476 5	13.377 5	12.359 0
45	20.742 1	20.327 3	19.507 4	18.703 4	17.918 5	17.155 6	15.704 7	14.384 4	13.141 3
50	22.947 6	22.436 3	21.427 7	20.442 0	19.483 9	18.557 5	16.812 2	15.223 3	13.796 4
55	25.122 3	24.506 9	23.289 4	22.105 7	20.960 8	19.860 0	17.807 0	15.966 4	14.341 1
60	27.266 5	26.533 3	25.093 0	23.696 1	22.351 8	21.067 4	18.697 2	16.606 2	14.790 9
65	29.380 1	28.521 7	26.839 3	25.214 7	23.660 0	22.184 1	19.490 9	17.154 1	15.160 1
70	31.463 4	30.470 3	28.529 0	26.663 2	24.888 1	23.214 5	20.196 1	17.621 2	15.461 3
75	33.516 3	32.379 3	30.163 1	28.043 4	26.039 3	24.163 4	20.820 6	18.017 6	15.705 8
80	35.539 1	34.249 2	31.742 3	29.357 2	27.116 7	25.035 3	21.371 8	18.352 6	15.903 3
85	37.531 8	36.080 1	33.267 6	30.606 4	28.123 5	25.834 9	21.856 9	18.634 6	16.062 0
90	39.494 6	37.872 4	34.739 9	31.792 9	29.062 9	26.566 7	22.282 6	18.871 2	16.189 1
95	41.427 7	39.626 5	36.160 2	32.918 9	29.938 2	27.235 1	22.655 0	19.068 9	16.290 5
100	43.331 1	41.342 6	37.529 5	33.986 3	30.725 2	27.844 4	22.980 0	19.233 7	16.371 1

3. 等差年值换算系数$(A/G,i,n)$表

i \ n	1%	3%	4%	5%	6%	8%	10%	12%	15%	20%
1	0.000 0	0.000 0	0.000 0	0.000 0	0.000 0	0.000 0	0.000 0	0.000 0	0.000 0	0.000 0
2	0.497 5	0.492 6	0.490 2	0.487 8	0.485 4	0.480 8	0.476 2	0.471 7	0.465 1	0.454 6
3	0.993 4	0.980 8	0.973 9	0.967 5	0.961 2	0.948 8	0.936 6	0.924 6	0.907 1	0.879 1
4	1.487 6	1.463 1	1.451 0	1.439 1	1.427 2	1.404 0	1.381 2	1.358 9	1.326 3	1.274 2
5	1.980 1	1.940 9	1.921 6	1.902 5	1.883 6	1.846 5	1.810 1	1.774 6	1.722 8	1.640 5
6	2.471 0	2.413 8	2.385 7	2.357 9	2.330 4	2.276 4	2.223 6	2.172 1	2.097 2	1.978 8
7	2.960 2	2.881 9	2.843 3	2.805 2	2.767 6	2.693 7	2.621 6	2.551 5	2.449 9	2.290 2
8	3.447 8	3.345 0	3.294 4	3.244 5	3.195 2	3.098 5	3.004 5	2.913 2	2.781 3	2.575 6
9	3.933 7	3.803 2	3.739 1	3.675 8	3.613 3	3.491 0	3.372 4	3.257 4	3.092 2	2.836 4
10	4.417 9	4.256 5	4.177 3	4.099 1	4.022 0	3.871 3	3.725 5	3.584 7	3.383 2	3.073 9
11	4.900 6	4.704 9	4.609 0	4.514 5	4.421 3	4.239 5	4.064 1	3.895 3	3.655 0	3.289 3
12	5.381 5	5.148 5	5.034 4	4.921 9	4.811 3	4.595 8	4.388 4	4.189 7	3.908 2	3.484 1
13	5.860 7	5.587 2	5.453 3	5.321 5	5.192 0	4.940 2	4.698 8	4.468 3	4.143 8	3.659 7
14	6.338 4	6.021 1	5.865 9	5.713 3	5.563 5	5.273 1	4.995 5	4.731 7	4.362 4	4.817 5
15	6.814 3	6.450 1	6.272 1	6.097 3	5.926 0	5.594 5	5.278 9	4.980 3	4.566 0	3.958 9
16	7.288 7	6.874 2	6.672 0	6.473 6	6.279 4	5.904 6	5.549 3	5.214 7	4.752 3	4.085 1
17	7.761 3	7.293 6	7.065 6	8.842 3	6.624 0	6.203 8	5.807 1	5.435 3	4.925 1	4.197 6
18	8.232 3	7.708 1	7.453 0	7.203 4	6.959 7	6.402 0	6.052 6	5.642 7	5.084 3	4.297 5
19	8.701 7	8.117 9	7.834 2	7.556 9	7.286 7	6.769 7	6.286 1	5.837 5	5.230 7	4.386 1
20	9.169 4	8.522 9	8.209 1	7.903 0	7.605 2	7.037 0	6.508 1	6.020 2	5.365 1	4.464 4
25	11.483 1	10.476 8	9.992 5	9.523 8	9.072 2	8.225 4	7.458 0	6.770 8	5.883 4	4.735 2
30	13.755 7	12.314 1	11.627 4	10.969 1	10.342 2	9.189 7	8.176 2	7.297 4	6.206 6	4.873 1
40	18.177 6	15.650 2	14.476 5	13.377 5	12.359 0	10.569 9	9.096 2	7.898 8	6.516 8	4.972 8
50	22.436 3	18.557 5	16.812 3	15.223 3	13.795 4	11.410 7	9.570 4	8.159 7	6.620 5	4.994 5

教师服务

　　感谢您选用清华大学出版社的教材！为了更好地服务教学，我们为授课教师提供本书的教学辅助资源，以及本学科重点教材信息。请您扫码获取。

》 教辅获取

本书教辅资源，授课教师扫码获取

》 样书赠送

企业管理类重点教材，教师扫码获取样书

 清华大学出版社

E-mail: tupfuwu@163.com
电话：010-83470332 / 83470142
地址：北京市海淀区双清路学研大厦 B 座 509

网址：http://www.tup.com.cn/
传真：8610-83470107
邮编：100084